Mais-gozar

Dados Internacionais de Catalogação na Publicação (CIP)
(Câmara Brasileira do Livro, SP, Brasil)

Žižek, Slavoj
   Mais-gozar : um guia para os não perplexos / Slavoj Žižek ; tradução de Fábio Creder. – Petrópolis, RJ : Vozes, 2024.

   Título original: Surplus-enjoyment
   ISBN 978-85-326-6873-8

   1. Ciência política 2. Ecologia 3. Filosofia I. Título.

24-202977   CDD-100

Índices para catálogo sistemático:

1. Filosofia   100
Eliane de Freitas Leite – Bibliotecária – CRB 8/8415

Slavoj Žižek
Mais-gozar
Um guia para os não perplexos

Tradução de Fábio Creder

EDITORA VOZES

Petrópolis

© Slavoj Žižek, 2022.

Tradução do original em inglês intitulado *Surplus-Enjoyment: A Guide for the Non-Perplexed*, primeira edição publicada mediante acordo com Bloomsbury Publishing Plc.

Direitos de publicação em língua portuguesa – Brasil:
2024, Editora Vozes Ltda.
Rua Frei Luís, 100
25689-900 Petrópolis, RJ
www.vozes.com.br
Brasil

Todos os direitos reservados. Nenhuma parte desta obra poderá ser reproduzida ou transmitida por qualquer forma e/ou quaisquer meios (eletrônico ou mecânico, incluindo fotocópia e gravação) ou arquivada em qualquer sistema ou banco de dados sem permissão escrita da editora.

CONSELHO EDITORIAL

Diretor
Volney J. Berkenbrock

Editores
Aline dos Santos Carneiro
Edrian Josué Pasini
Marilac Loraine Oleniki
Welder Lancieri Marchini

Conselheiros
Elói Dionísio Piva
Francisco Morás
Gilberto Gonçalves Garcia
Ludovico Garmus
Teobaldo Heidemann

Secretário executivo
Leonardo A.R.T. dos Santos

PRODUÇÃO EDITORIAL

Aline L.R. de Barros
Marcelo Telles
Mirela de Oliveira
Otaviano M. Cunha
Rafael de Oliveira
Samuel Rezende
Vanessa Luz
Verônica M. Guedes

Conselho de projetos editoriais
Isabelle Theodora R.S. Martins
Luísa Ramos M. Lorenzi
Natália França
Priscilla A.F. Alves

Editoração: Mariana Perlati
Diagramação: Editora Vozes
Revisão gráfica: Heloísa Brown
Capa: Anna Ferreira

ISBN 978-85-326-6873-8 (Brasil)
ISBN 978-1-3502-2625-8 (Reino Unido)

Este livro foi composto e impresso pela Editora Vozes Ltda.

SUMÁRIO

Abertura
Vivendo num mundo de cabeça para baixo, 7

Da catástrofe ao apocalipse... e vice-versa..................8
Um Lustgewinn Inesperado..................14
2 + a..................17
"Boa sorte, Sr. Hegel!"..................22

1
Onde está a cisão?
Marx, capitalismo e ecologia, 31

Comunismo neoconservador..................33
Hegel na crítica da economia política..................48
Vida real versus subjetividade sem substância..................58
Ecoproletários e os limites da valorização..................66
Não há capitalismo – e não há saída dele – sem ciência........77
Será que o trabalho abstrato é universal?..................86
Trabalhadores ou trabalhador?..................97
Ficção e/na realidade..................106
O potencial emancipatório da loucura capitalista..................114
Ecologia com alienação..................121
A última saída para o comunismo..................134

2
Uma diferença não binária?
Psicanálise, política e filosofia, 143

Crítica da crítica..................143
"São ambos piores!"..................149
Uma crítica da ideologia lacaniana..................156
Uma (malévola) neutralidade política do analista..................165
Os limites da historicização..................177

Fórmulas da sexuação 184
Os caprichos da verdade 192
Trans *versus* Cis 199
A diferença sexual não é binária 205
Da teoria especial à teoria geral da queeridade 219
Por que não há amor verdadeiro sem traição 231
Kurc te gleda ... Através do Espelho de Lubitsch 241

3
Mais-gozar, ou por que gozamos nossa opressão, 259

Vikings, Solaris, Katla: o grande Outro e suas vicissitudes ..259
O nascimento do Superego a partir da quebra da Lei 283
Da autoridade à permissividade... e vice-versa 300
Não há liberdade sem impossibilidade 309
Repressão, opressão, depressão 319
Então, o que é mais-gozar? 330
Gozar a alienação 332
Martinho Lutero como personagem de filme noir 343
Um desejo de não ter mãe 361

Final
A destituição subjetiva como uma categoria política, 365

Os dois fins da filosofia 368
O ser humano como uma Katastrophe 378
"Devemos viver até morrer" 390
Do ser-para-a-morte à desmortalidade 394
Autodestituição revolucionária... 399
...versus fundamentalismo religioso......................410
"Les non-dupes errent" 420
Cordeiros para o abate 438
As duas faces do anacronismo 444
Niilismo destrutivo 452
O retorno dos mediadores evanescentes 477

Índice, 485

ABERTURA
VIVENDO NUM MUNDO DE CABEÇA PARA BAIXO

Na sua *Fenomenologia do espírito*, Hegel usa o termo *"die verkehrte Welt"* – geralmente traduzido para o inglês como *"topsy-turvy world"* [mundo de cabeça para baixo] – para designar a loucura da realidade social do seu tempo. "Um exemplo de algo de cabeça para baixo ocorre quando seus planos, elaborados cuidadosamente, ficam confusos no último minuto e todos correm para todo lado sem ter ideia de para onde ir"[1]. Será que essa frase do verbete do Yourdictionary.com para *"topsy-turvy"* [de cabeça para baixo] não encapsula perfeitamente a reversão básica num processo dialético hegeliano no decorrer do qual até mesmo os melhores projetos se transformam no seu oposto – um sonho de liberdade em terror, moralidade em hipocrisia, riqueza excessiva em pobreza da maioria? Em 1576, Thomas Rogers escreveu em seu *A philosophical discourse entitled the anatomy of the mind* [*Um discurso filosófico intitulado a anatomia da mente*]:

> Diabólico é destruir uma cidade, mas mais do que diabólico é eviscerar cidades, trair países, fazer com que servos matem seus senhores, pais seus filhos, filhos seus pais, esposas seus maridos, e virar todas as coisas de cabeça para baixo.

---

1. Nesse sentido, Thomas Carlyle escreveu na sua *História de Frederico II da Prússia* sobre uma "súbita reviravolta dos seus planos".

Três relações básicas de dominação (senhores sobre servos, pais sobre filhos, maridos sobre esposas) são aqui invertidas, ou melhor, viradas do avesso – não é essa uma fórmula sucinta do pensamento de Hegel?

Será então que o presente livro é mais um sobre Hegel? A fim de explicar a lógica da negação (*Verneinung*), Freud evoca uma observação feita por um de seus pacientes: "Você pergunta quem pode ser essa *mulher* no meu sonho. Quem quer que ela seja, não é a minha mãe". A reação de Freud (que desde então se tornou proverbial) é: a questão está resolvida então, podemos ter certeza de que é mesmo a sua mãe[2]. Posso dizer exatamente o mesmo sobre este meu livro: sobre o que quer que este livro seja, não é sobre Hegel, e isso não é uma negação freudiana, mas literalmente verdadeiro. Sim, Hegel está onipresente nele. Mesmo quando não é mencionado diretamente, ele espreita dos bastidores, mas o tema do livro é exatamente o que o título diz: é sobre como os paradoxos do mais-gozar sustentam o fato de hoje em dia as coisas estarem de cabeça para baixo.

Da catástrofe ao apocalipse... e vice-versa

Num espaço ideológico, diferentes posições se conectam no que Ernesto Laclau chamou de "cadeia de equivalências" – por exemplo, teorias da conspiração de extrema direita sobre a pandemia de covid-19 se combinam com a espiritualidade da Nova Era. O foco de Melissa Rein Lively em bem-estar, saúde natural, alimentos orgânicos, ioga, cura ayurvédica, meditação etc., levou-a a uma rejeição violenta das vacinas

---

2. ZUPANČIČ, A. Not-mother: On Freud's Verneinung. *e-flux journal*, n. 33, mar. 2012. Disponível em: http://worker01.e-flux.com/pdf/article_8950992.pdf

como fonte de contaminação perigosa[3]. Hoje, esse processo é palpável ao nosso redor. Vivemos num momento estranho no qual múltiplas catástrofes – pandemia, aquecimento global, tensões sociais, a perspectiva de controle digital total sobre o nosso pensamento ... – competem pela primazia, não apenas quantitativamente, mas também no sentido de qual delas contará como o "ponto de estofo" (o *point-de-capiton* de Lacan) que totaliza todos os outros. Hoje, o principal candidato no discurso público é o aquecimento global, embora ultimamente o antagonismo que, pelo menos em nossa parte do mundo, aparece como crucial é aquele entre os partidários da vacinação e os céticos da vacina. O problema aqui é que, para os céticos da covid, a principal catástrofe hoje é a falsa visão da própria catástrofe (pandêmica) que é manipulada por quem está no poder para fortalecer o controle social e a exploração econômica. Se olharmos mais de perto como a luta contra a vacinação condensa outras lutas (luta contra o controle do Estado, luta contra a ciência, luta contra a exploração econômica corporativa, luta em defesa do nosso modo de vida...), fica claro que esse papel fundamental da luta contra a vacinação é o resultado de uma mistificação ideológica em alguns aspectos até mesmo semelhante ao antissemitismo: da mesma maneira que o antissemitismo é uma forma deslocada-mistificada de anticapitalismo, a luta contra a vacinação é também uma forma deslocada-mistificada de luta de classes contra os que estão no poder.

Para encontrar um caminho nessa confusão, talvez devêssemos mobilizar a distinção entre apocalipse e catástrofe, reservando o termo "catástrofe" para o que Anders chamou de "apocalipse nu". Apocalipse ("um desvelamento", em grego antigo) é uma divulgação ou revelação de conhecimento;

---

3. Cf. WISEMAN, E. The dark side of wellness: The overlap between spiritual thinking and far-right conspiracies. *The Guardian*, 17 out. 2021.

no discurso religioso, o que o apocalipse divulga é algo oculto, a verdade suprema para a qual estamos cegos em nossas vidas comuns. Hoje, comumente nos referimos a qualquer evento catastrófico em larga escala ou cadeia de eventos prejudiciais à humanidade ou à natureza como "apocalíptico". Embora seja fácil imaginar o apocalipse-divulgação sem o apocalipse-catástrofe (digamos, uma revelação religiosa) e o apocalipse-catástrofe sem o apocalipse-divulgação (digamos, um terremoto destruindo um continente inteiro), existe uma ligação interna entre as duas dimensões: quando nós (pensamos que nós) nos deparamos com alguma verdade mais elevada e até então oculta, essa verdade é tão diferente de nossas opiniões comuns que tem de estilhaçar nosso mundo, e vice-versa, todo evento catastrófico, mesmo que puramente natural, revela algo ignorado em nossa existência normal, coloca-nos frente a frente com uma verdade oprimida.

Em seu ensaio "Apocalipse sem reino", Anders introduziu o conceito de *apocalipse nu*: "o apocalipse que consiste na mera ruína, que não representa a abertura de um novo estado de coisas positivo (do 'reino')"[4]. A ideia de Anders era que uma catástrofe nuclear seria precisamente um apocalipse nu: nenhum novo reino surgiria dela, apenas a obliteração de nós mesmos e do nosso mundo. E a pergunta que devemos fazer hoje é: que tipo de apocalipse se anuncia na pluralidade de catástrofes que hoje representam uma ameaça para todos nós? E se o apocalipse no sentido pleno do termo, que inclui a divulgação de uma verdade até então invisível, nunca acontecer? E se a verdade for algo que se constrói depois, como uma tentativa de dar sentido à catástrofe? Alguns argumentariam que a desintegração dos regimes comunistas na Europa Oriental em 1990 foi um autêntico apocalipse: trouxe à tona

---

4. Cf. www.e-flux.com/journal/97/251199/apocalypse-without-kingdom/

a verdade de que o socialismo não funciona, e de que a democracia liberal é o melhor sistema socioeconômico possível finalmente descoberto. No entanto, esse sonho de Fukuyama do fim da história terminou com um rude despertar uma década depois, em 11 de setembro, de modo que vivemos hoje numa era que é mais bem caracterizada como o fim do fim – o círculo está fechado, passamos da catástrofe para o apocalipse e depois de volta para a catástrofe. Ouvimos repetidas vezes que estamos no fim da história, mas esse fim apenas se arrasta e até mesmo produz o seu próprio gozo.

A nossa noção usual de catástrofe é que ela acontece quando a intrusão de algum evento brutal – terremoto, guerra... – arruína a ficção simbólica que é a nossa realidade; mas, talvez, não haja menos catástrofe quando a realidade permanece como é e apenas a ficção simbólica que sustenta a nossa abordagem da realidade se dissolve. Tomemos o caso da sexualidade, uma vez que em nenhum lugar as ficções desempenham um papel mais crucial do que na sexualidade. Num comentário interessante sobre o papel do consentimento nas relações sexuais, Eva Wiseman refere-se a

> um momento em *The butterfly effect* [*O efeito borboleta*], a série de *podcasts* de Jon Ronson sobre pornografia na internet. No set de um filme pornô, um ator perdeu a ereção no meio da cena – para recuperá-la, ele se afastou da mulher, nua debaixo dele, pegou seu telefone e buscou Pornhub. O que me pareceu vagamente apocalíptico.

Observe a palavra "apocalipse" aqui. Wiseman conclui: "Algo está podre no estado do sexo". Concordo, mas acrescentaria a lição da psicanálise: a sexualidade humana é pervertida em si mesma, exposta a inversões sadomasoquistas e, especificamente, à mistura de realidade e fantasia. Mesmo quando estou sozinho com meu parceiro ou parceira, minha interação (sexual) com ele/ela está inextricavelmente entrelaçada com minhas fantasias, ou seja, toda interação sexual é potencialmente estruturada como "masturbação com um parceiro real", eu uso a carne e o corpo do meu parceiro ou da minha parceira como um suporte para realizar/atuar minhas fantasias. Não podemos reduzir essa lacuna entre a realidade corporal do meu parceiro e o universo das fantasias a uma distorção aberta pelo patriarcado e pela dominação ou exploração social – a lacuna existe desde o início. Então, eu entendo perfeitamente o ator que, a fim de recuperar uma ereção, buscou o Pornhub – ele estava procurando um suporte fantasmático para a sua *performance*.

A conclusão um tanto ou quanto triste que somos forçados a tirar de tudo isso é que uma catástrofe não é algo que nos espera no futuro, algo que possa ser evitado com uma estratégia bem pensada. Catástrofe, em (não apenas) seu sentido ontológico mais básico, é algo que sempre-já aconteceu, e nós, os humanos sobreviventes, somos o que resta – em todos os níveis, mesmo no sentido mais empírico: será que as imensas reservas de petróleo e carvão, até agora nossa fonte de energia mais importante, não testemunham as imensas catástrofes que aconteceram em nossa terra antes da ascensão da humanidade? Nossa normalidade é por definição pós-apocalíptica.

Isso traz-nos de volta ao nosso ponto principal: com exceção de alguns "otimistas racionais", a maioria de nós concorda que nós – todos nós, a humanidade – estamos presos numa crise múltipla: pandemia, aquecimento global, protestos sociais... Estamos entrando numa nova era, e os sinais de que o estamos fazendo são abundantes. A perspectiva de uma guerra pelo acesso às águas do Nilo talvez seja um modelo de guerras por vir: do ponto de vista da soberania de Estado-nação, a Etiópia tem o direito de reservar para si o quanto quiser ou precisar, mas se ela o tomar demais, isso pode ameaçar a própria sobrevivência do Egito, que depende do Nilo. Não há solução abstrata para esse problema; tem de haver um compromisso negociado desde uma perspectiva global. Passemos agora a um recente ato de terrorismo de Estado: a Bielorrússia obrigar um avião da Ryanair, que ia de Atenas a Vilnius, a aterrissar para apanhar Roman Protasevich, um dissidente da Bielorrússia (apesar de condenar inequivocamente esse ato de terror, deve-se lembrar que a Áustria fez exatamente a mesma coisa – aterrissar um voo que cruzava o seu espaço aéreo – com o avião do presidente boliviano Evo Morales; isso foi feito por ordem dos Estados Unidos, que suspeitavam que Edward Snowden estava naquele avião tentando ir da Rússia para a América Latina). O que os dois eventos têm em comum? Ambos exemplificam um novo tipo de conflito que caracterizará cada vez mais a nossa era global: a colisão da soberania do Estado com os interesses de comunidades maiores. Embora o capitalismo se alimente de crises, usando-as para reaparecer mais forte do que nunca, cresce a suspeita de que dessa vez a fórmula já bem testada não funcionará.

O foco deste livro não são as diferentes crises enquanto tais, mas como as enfrentamos ou as reproduzimos, às vezes fazendo as duas coisas no mesmo movimento. O que tento alcançar não é apenas analisar a confusão em que nos encontramos, mas, simultaneamente, mostrar como a maioria das críticas e protestos contra o capitalismo global efetivamente funcionam como seu suplemento ideológico e não questionam realmente as suas premissas básicas. Para ver como isso é possível, é preciso analisar a ideologia – não como um sistema abstrato de princípios, mas como uma força material que estrutura a nossa vida real. O que isso requer ainda é que mobilizemos o complexo aparato da teoria psicanalítica que traz à tona os investimentos libidinais que regulam nossa vida diária.

Um Lustgewinn Inesperado

Estamos, assim, levantando a velha questão freudiana: por que gozamos a própria opressão? Ou seja, o poder afirma o seu domínio sobre nós não simplesmente por uma opressão (e repressão) sustentada por um medo de punição, mas subornando-nos por nossa obediência e renúncias forçadas – o que obtemos em troca de nossa obediência e renúncias é um prazer pervertido na própria renúncia, um ganho na própria perda. Lacan chamou esse prazer pervertido de mais-gozar. O mais-gozar implica o paradoxo de uma coisa que é sempre (e nada além de) um excesso em relação a si mesma: em seu estado "normal", ela não é nada. Isso nos leva à noção lacaniana do *objeto a* como o mais-gozar: não há um "gozo básico" ao qual se acrescente o mais-gozar, o gozo é sempre um excedente, um excesso. O *objeto a* tem uma longa história no ensino de Lacan. Precede em décadas as referências sistemáticas de Lacan à análise das mercadorias em *O Capital* de Marx. Contudo, é sem dúvida essa referência a Marx, especialmente à noção de mais-valia (*Mehrwert*) de Marx, que permitiu a Lacan postular a sua noção "madura" de *objeto a* como mais-gozar (*plus-de-jouir, Mehrlust*): o motivo predominante que permeia todas as referências de Lacan à análise das mercadorias de Marx é a homologia estrutural entre a mais-valia de Marx e o que Lacan denominou mais-gozar, o fenômeno que Freud chama de *Lustgewinn,* um "ganho de prazer", que não designa uma simples intensificação de prazer, mas o prazer adicional proporcionado pelos próprios desvios formais no esforço do sujeito para atingir prazer. Outra figura de *Lustgewinn* é a reversão que caracteriza a histeria: a renúncia ao prazer reverte ao prazer da/na renúncia, a repressão do desejo reverte ao desejo de repressão etc. Tal reversão encontra-se no coração mesmo da lógica do capitalismo: como Lacan apontou, o capitalismo moderno começou *contando* o prazer (de obter lucro), e essa contagem de prazer reverte imediatamente ao *prazer de contar* (lucro). Em todos esses casos, o ganho ocorre num nível "performativo": é gerado pelo próprio desempenho de trabalhar para um objetivo e por não alcançar o objetivo[5].

Uma portuguesa voluptuosa uma vez me contou uma anedota maravilhosa: quando o seu amante mais recente a viu completamente nua pela primeira vez, disse-lhe que, se ela perdesse apenas um ou dois quilos, o seu corpo estaria perfeito. A verdade, obviamente, é que, se ela tivesse perdido peso, provavelmente teria parecido mais comum – o mesmo elemento que parece perturbar a perfeição cria a ilusão da perfeição que ele perturba: se retiramos o elemento excessivo, perdemos a própria perfeição. Portanto, eis o paradoxo do *objeto a* em sua forma mais pura: há uma mulher atraente, mas curvilínea, que carece daquilo que gera um verdadeiro charme – o que ela deve fazer? *Não* se tornar mais perfeita ou bonita, mas introduzir em seu corpo algum sinal de imperfeição, algum detalhe que perturbe a perfeição – esse elemento adicional *pode* (nada é garantido nesse domínio!) funcionar como algo que perturba sua perfeição, de modo que cria a miragem de perfeição que ele perturba. Vamos dar outro exemplo (um tanto insípido) – filmes pornográficos *hardcore*. Minha intuição espontânea me diz que deve ser muito desconfortável realizar o ato íntimo supremo diante de uma câmera muito próxima de mim, obedecendo às ordens do diretor – emitir sons de prazer ou mudar as posições das partes do corpo quando solicitado... Será que isso não representa um obstáculo que os *performers* podem superar somente por um longo treinamento que lhes permita ignorar emocional-

---

5. Para uma descrição mais detalhada dessa noção, cf. "The varieties of surplus" em meu livro *Incontinence of the void*. Cambridge: MIT Press, 2017.

mente a sua situação que parece impedir a rendição a prazeres extáticos? Será que o sexo não é algo que a maioria de nós só consegue fazer fora da vista do público? No entanto, e se levarmos em conta a possibilidade de que, pelo menos com algumas pessoas, o fato de se encontrarem numa situação tão desestimulante possa gerar um prazer peculiar? Algo como "é ainda mais prazeroso realizar o ato mais íntimo como se fosse uma atividade regulada que exige o cumprimento de ordens externas?"...

Se, então, toda renúncia ao prazer gera um prazer nessa renúncia mesma, e se não há prazer direto "normal", de modo que todo prazer capturado na teia simbólica é marcado por essa torção pervertida, será que há uma maneira de sair desse ciclo vicioso de prazer e dor? A resposta que Lacan sugere algumas vezes é uma "destituição subjetiva", um movimento misterioso de adquirir uma distância de tudo o que forma a riqueza de nossa "pessoa interior", toda a merda que está escondida no fundo de mim mesmo, embora eu permaneça um sujeito – um sujeito vazio "puro", um sujeito que se assemelha a um morto-vivo, um sujeito que parece um zumbi. O que – se alguma coisa – isso significa politicamente? O final do livro arrisca algumas hipóteses nessa direção.

No entanto, antes de chegar a esse ponto final, o livro avança passo a passo. Começa com o capitalismo global como a forma social e fonte última da loucura do nosso mundo, focando na complexa relação entre a crítica marxista da economia política e a ecologia. A partir daqui, aventura-se no que se poderia chamar de crítica da economia libidinal: as formas profundamente enraizadas da vida psíquica que sustentam relações sociais de dominação e exploração. Em seguida, lida diretamente com o desarranjo básico da nossa economia libidinal: o mais-gozar. Por fim, o livro propõe uma saída dessa situação: o gesto radical da destituição subjetiva.

Cada capítulo é também, em certo sentido, o relatório de um leitor: cada um foi instigado por um texto notável. Kohei Saito permitiu-me ver sob uma nova luz o papel fundamental da ecologia no marxismo; Gabriel Tupinambá quebrou minha complacência lacaniana com uma análise aguda das limitações ideológicas não apenas dos lacanianos, mas do próprio Lacan; Yanis Varoufakis me fez perceber como os impasses do desejo afetam o próprio cerne dos nossos projetos políticos; o apelo provocador de Frank Ruda a abolir a liberdade trouxe à tona as raízes teológicas dos projetos emancipatórios; e, por último, mas não menos importante, Saroj Giri converteu-me instantaneamente à sua noção de destituição subjetiva como uma categoria política fundamental. Então, onde está Hegel em tudo isso? Embora esses autores tenham tornado visíveis as falhas em nossa resposta contemporânea às emergências globais, tive algumas discordâncias liminares (mas talvez importantes) com cada um deles e, em cada caso, descobri que a leitura de Hegel pode suprir essa falta.

2 + a

Então, como este livro lida com os sinais ambíguos da nova era? Sua fórmula é 2 + a. Os dois primeiros capítulos tratam de Marx e Freud, os dois fundadores da moderna "hermenêutica da suspeita" que denuncia a ordem visível (sociopolítica e psíquica) como um "teatro de sombras" regulado por mecanismos ocultos (da economia política, do inconsciente): Marx analisou a modernidade capitalista na qual toda a tradição é virada de cabeça para baixo; e Freud postulou os antagonismos e reveses das nossas vidas psíquicas. Em ambos os casos, o objetivo da minha leitura é evitar a leitura "reducionista" de Marx e Freud, que afirma que ambos veem a vida social como determinada por mecanismos "objetivos", e afirmar a dimensão subjetiva irredutível dos processos sociais e psíquicos.

Tal como acontece com todas as obras filosóficas, este livro é uma ontologia do seu próprio (nosso, nesse caso) presente, por isso os clássicos são lidos a partir da nossa própria experiência histórica: como é que Marx e Freud nos permitem compreender o nosso presente e os seus impasses? Eles estão todos enraizados numa constelação histórica precisa: Marx testemunhou a inaudita expansão capitalista e analisou seus efeitos destrutivos; na virada do novo século, Freud sondou os recessos sombrios da mente humana contra o pano de fundo do que foi chamado de "declínio do Ocidente" e o choque traumático da Primeira Guerra Mundial. O livro lê Marx e Freud desde o nosso ponto de vista contemporâneo: Marx e a crise ecológica; Freud e a sociopolítica da psicanálise. Marx e Freud são clássicos do passado indispensáveis para uma compreensão do nosso presente.

Mas, e quanto ao nosso próprio presente? Não há nenhum autor clássico cuja teoria nos permita apreender diretamente a nossa época em sua estrutura nocional – estamos completamente presos na sua confusão, falta-nos um mapeamento cognitivo, e o capítulo final mergulha diretamente nessa confusão. A noção de *objeto a* ou mais-gozar de Lacan (modelada na mais-valia de Marx) foi escolhida aqui como um ponto de referência central, porque funciona exatamente como o operador da reviravolta: você pega um campo de fenômenos, adiciona mais-gozar, e o equilíbrio desse campo é irrevogavelmente perdido, tudo se transforma – a dor vira prazer, a falta vira excedente, o ódio vira amor... Esse capítulo é o pivô do livro, e, a fim de não perder o foco, o leitor deve acompanhar com atenção a maneira como ele aborda gradativamente a sua tese central. Partindo de duas figuras opostas do "grande Outro" (a ordem simbólica virtual e a máquina do Id), ele liga a inconsistência estrutural da ordem simbólica à dualidade entre a Lei simbólica e o superego, e então passa a mostrar como a injunção do superego a gozar regula a economia libidinal das nossas sociedades "permissivas". O resultado inevitável dessa permissividade é a depressão, que pode ser definida como o sufocamento do desejo quando seu objeto está livremente disponível – o que falta é o mais-gozar como o objeto-causa do desejo. O final do livro tenta então articular a postura existencial que nos permitiria sair do impasse da permissividade sem regredir a velhas formas de fundamentalismo. Baseando-me na obra de Saroj Giri, proponho uma leitura política da noção lacaniana de destituição subjetiva.

Será que o enraizamento do livro no nosso presente implica um relativismo historicista? O primeiro movimento a se fazer aqui é radicalizar o próprio historicismo. Bruno Latour escreveu que não faz sentido falar de tuberculose na Idade Média: a tuberculose é uma categoria científica moderna que não tem lugar no horizonte do pensamento medieval – se encontrássemos um homem daquela época e lhe disséssemos "Seu irmão morreu de tuberculose!", isso não significaria nada para ele. O passo seguinte é que a modernidade (que, para Latour, não existe) não apenas introduz um novo horizonte de compreensão, mas também muda todo o campo e também redefine o que nos aparece como uma "era medieval" – nossa noção da era medieval está enraizada na nossa época, é sempre-já "mediada" pela nossa experiência contemporânea, não podemos nunca ocupar um lugar neutro e isento de história a partir do qual poderíamos comparar épocas diferentes.

Então, mais uma vez, será que isso significa que não podemos escapar da armadilha do historicismo? A saída do impasse historicista é indicada pela conhecida passagem dos *Grundrisse*, em que Marx postula, a propósito da noção de trabalho, como noções universais, embora universais ("eternas", trans-históricas, válidas para todas as épocas), aparecem enquanto tais (tornam-se reais, parte da nossa experiência) apenas numa época particular. Não alcançamos universalidade abstraindo de características concretas de épocas particulares, mas focando numa época particular na qual a universalidade em questão aparece enquanto tal – esse ponto é para Hegel o ponto da universalidade concreta. A hipótese deste livro é que o mesmo vale para as reviravoltas da história humana: embora universais, elas se tornam parte da nossa experiência cotidiana apenas na nossa época, a época após "o fim da história", em 1990, quando novos antagonismos "pós-históricos" explodiram.

Hoje, a ideia predominante na interpretação de Hegel é que, para ser útil, Hegel deve ser lido com base em alguma teoria pós-hegeliana. Leitores liberais de Hegel (como Robert Brandom) que se concentram no reconhecimento mútuo o submetem a uma leitura pragmático-linguística. Para os ecomarxistas (como Saito), a noção de Hegel do automovimento da Ideia deve ser reinterpretada como o processo produtivo coletivo da humanidade enraizado na natureza. Os psicanalistas que se referem a Hegel (como Lacan) veem na dialética de Hegel uma expressão distorcida dos processos do Inconsciente e sua reintegração pelo *Self*. A confusão político-ideológica em curso (violência populista que se aproxima da guerra civil) não pode ser explicada apenas por interesses econômicos escusos e manipulações ideológicas – é preciso introduzir um gozo (racista, sexista) claramente discernível em eventos públicos carnavalescos da direita alternativa.

Em cada um desses casos, o livro argumentará que há mais em Hegel do que em suas leituras críticas contemporâneas: a noção de natureza de Hegel é mais aberta a contingências do que o foco marxista no processo produtivo; em vez de ler Hegel por meio de Freud, deve-se ler Freud (assim como Lacan) de maneira hegeliana para detectar suas fatídicas limitações; e finalmente, longe de simplesmente descartar a religião como uma maneira finita de representar a verdade conceitual, Hegel viu claramente o papel do mais-gozar nos rituais coletivos religiosos, a satisfação que eles trazem. Então, mais uma vez, o alvo da minha crítica é a já mencionada postura predominante segundo a qual só podemos recuperar o que está vivo em Hegel (bem como em Marx e Freud) se o lermos por meio de alguma figura de orientação posterior: Freud por meio de Lacan, Marx por meio dos problemas ecológicos de hoje, e o próprio Hegel por meio da teoria liberal do reconhecimento mútuo. Mas e se o movimento oposto também for necessário: temos de ler Hegel por meio de eventos e pensamentos posteriores e depois retornar a Hegel para compreender sobre o que esses novos eventos e pensamentos realmente versam? E se aqueles que leem a noção de liberdade de Hegel através das lentes do progresso gradual para o livre reconhecimento mútuo deixarem escapar a negatividade radical como o cerne de um processo dialético?[6] E se só pudermos compreender adequadamente os impasses do marxismo e da ecologia se lermos Marx por meio de Hegel? E se só pudermos compreender a ruptura radical em Freud e Lacan se os lermos por meio de Hegel?

---

6. Não se deve, contudo, negar a noção de progresso ético. A série de TV *Vikings* merece elogios por retratar diretamente a brutalidade daquela época (século VIII), com assassinatos sem sentido e torturas terríveis (como a "águia de sangue") – deve-se, no entanto, notar que essa tortura extrema não é um ato selvagem de crueldade, mas realizada como um ritual sagrado, em certo sentido até mesmo honrando a vítima. O próprio fato de nós (ou a maioria de nós, pelo menos) nos sentirmos desconfortáveis com tais cenas é uma indicação de algum tipo de progresso ético – é difícil para nós nos identificarmos totalmente, mesmo com os "mocinhos", nesse mundo cruel, já que todos eles cometem regularmente atos que são silenciosamente ignorados em outros filmes sobre os vikings.

Então, vamos concluir com uma saudação hegeliana ao nosso tempo viral: todas as grandes batalhas hoje, no início do século XXI, são batalhas de vírus. O espírito é um vírus que parasita o animal humano, e esse parasitar ficou mais perigoso com a perspectiva de um cérebro conectado no qual os nossos processos mentais serão diretamente controlados pelo grande Outro de uma rede digital global. Os vírus bioquímicos ameaçam nossa sobrevivência: a covid-19 com certeza será seguida por outras epidemias provavelmente piores. E, por último, mas não menos importante, o próprio Capital global é um vírus gigantesco que impiedosamente nos usa como meio de sua autorreprodução expandida.... Sim, este século será hegeliano.

"Boa sorte, Sr. Hegel!"

Segundo uma lenda (provavelmente não mais do que isso), as primeiras palavras pronunciadas por Neil Armstrong após dar o primeiro passo na lua em 20 de julho de 1969 não foram as oficialmente relatadas "Um pequeno passo para um homem, um grande salto para a humanidade", mas a observação enigmática: "Boa sorte, Sr. Gorsky". Muitas pessoas na NASA pensaram que fosse uma observação casual sobre algum cosmonauta soviético rival. Tivemos de esperar até 5 de julho de 1995, quando, ao responder às perguntas após um discurso, o enigma foi explicado:

> Em 1938, quando era criança numa pequena cidade do centro-oeste, estava jogando beisebol com um amigo no quintal. Seu amigo acertou a bola, que caiu no quintal do vizinho, perto da janela do quarto. Seus vizinhos eram o Sr. e a Sra. Gorsky. Quando se abaixou para pegar a bola, o jovem Armstrong ouviu a Sra. Gorsky gritando para o Sr. Gorsky: "Sexo! Você quer sexo?! ... Você vai ter sexo quando o vizinho andar na lua!"[7]

---

7. Cf. "Good luck, Mr. Gorsky" true or false? *Parkes Champion-Post*, Parkes, NSW, 14 jul. 2016. Disponível em: https://www.parkeschampionpost.com.au/

Isso é o que literalmente aconteceu 31 anos depois... Ao ouvir essa anedota, imaginei a minha própria versão. E se por volta de 1800, quando Hegel ainda era pouco conhecido, algum velho (e agora esquecido) professor gritasse com ele: "Fama! Você quer ser um famoso clássico filosófico? ... Você vai ter fama quando um cara de algum pequeno país eslavo pouco conhecido como a Eslovênia escrever um livro grande e gordo sobre você que será traduzido para muitas outras línguas!" Foi isso o que aconteceu quando o meu *Menos que nada*, de mais de 1.000 páginas, apareceu, embora não haja dúvida de que algum inimigo meu acrescentaria imediatamente: "Este livro pode ser um salto gigantesco para Žižek, mas é um pequeno passo para a filosofia".

Entre esses inimigos estava definitivamente Roger Scruton, que escreveu há alguns anos: "Com efeito, se não houvesse razão maior para lamentar o colapso do comunismo na Europa Oriental, a liberação de Žižek no mundo da erudição ocidental talvez já fosse suficiente"[8]. Deve-se parar por um momento para ponderar a loucura dessa afirmação (mesmo se levarmos em conta o momento de exagero retórico): que sou mais perigoso e destrutivo do que todos os horrores do totalitarismo comunista... (Aliás, alegações semelhantes abundavam na década de 1990: quando os conservadores ocidentais foram lembrados de que o comunismo foi minado muito mais pela cultura pop e pela revolução sexual do que pelos valores tradicionais, alguns deles retrucaram que esse fato por si só já fazia com que se lamentasse o colapso dos regimes comunistas.) Pode-se imaginar como essa acusação alimenta minhas fantasias megalomaníacas: Hegel escreveu que o resultado espiritual da Guerra do Peloponeso é o livro que Tucídides escreveu sobre ela – milhares tiveram de mor-

---

8. SCRUTON, R. *Fools, frauds and firebrands – The thinkers of the new left*. Londres: Bloomsbury, 2019, p. 260.

rer para que um livro fosse escrito; de maneira semelhante, o resultado espiritual do comunismo com seu terror de tirar o fôlego é a minha liberação na erudição ocidental – toda a Europa Oriental teve que passar por uma turbulência perigosa para que eu pudesse me tornar conhecido na academia ocidental... Se sairmos dessa loucura megalomaníaca, há um indício de qual é o papel de um intelectual hoje. Quando um sistema que merece desaparecer (como o comunismo soviético) efetivamente se desintegra, e (quase) todo mundo fica entusiasmado com a sua queda, a tarefa do pensamento – nossa tarefa hoje – é vislumbrar os perigos potenciais da nova ordem emergente. Mais uma vez, deve-se praticar uma crítica da crítica e evitar a qualquer custo a satisfação presunçosa de apenas chutar a cabeça de um sistema que já está morto à nossa frente. É por isso que hoje, na confusão das obscenidades da direita alternativa e da rigidez moralista politicamente correta pseudoesquerdista, os conservadores moderados são frequentemente os únicos parceiros razoáveis (do que remanesce) da esquerda radical. Numa conversa recente por telefone com um editor do *Die Welt*, o jornal alemão moderadamente conservador, expressei minha surpresa por eles estarem dispostos a me publicar, um autodeclarado comunista moderadamente conservador. A resposta maravilhosa que recebi foi que eu não deveria ficar tão surpreso, já que eles são um jornal conservador moderadamente comunista...

Há, no entanto, uma característica deste livro que incomodará muitos leitores, mesmo alguns daqueles que costumam simpatizar com as minhas ideias: o estilo fica cada vez mais maluco, de modo que o próprio livro pode parecer uma deriva gradual para a loucura. Embora o primeiro capítulo ainda pudesse passar por um tratado acadêmico, lê-se o texto cada vez mais como um salto confuso de um exemplo para outro, de uma citação ou imagem para outra... (Aliás, a mesma acusação recaiu sobre Hegel nas primeiras reações à sua *Fenomenologia do espírito*.) Minha resposta é que, embora me declare culpado por essa reprovação, eu a considero uma característica positiva – uma estratégia essencial para desvendar os antagonismos de um texto, bem como de uma época histórica. Aí reside a limitação fatal do esforço de reconstruir fielmente o sentido pretendido pelo autor de quem citamos: e se o autor ou autora interpretada/citada for ele ou ela própria inconsistente, presa em antagonismos e tensões históricas, de modo que a real violência seja uma leitura que ofusque esses antagonismos? Nesse sentido, defendo (e pratico) uma leitura violenta, uma leitura que dilacera (o que aparece como) unidades orgânicas e as passagens que cita fora de seu contexto, estabelecendo novas ligações inesperadas entre fragmentos. Essas ligações não operam no nível do progresso histórico linear contínuo; antes emergem em pontos de "dialética parada" (Benjamin) nos quais um momento presente, numa espécie de curto-circuito trans-histórico, ecoa diretamente momentos homólogos do passado... em suma, tento praticar o que, em *Politically red* [*Politicamente vermelho*], Eduardo Cadava e Sara Nadal-Melsio[9] desenvolveram como uma prática materialista de leitura engajada, uma leitura que é, em sua própria forma linguística, política.

Tal leitura foge do espaço da oposição padrão entre a leitura imanente, que tenta se manter fiel ao texto interpretado, e a prática da citação que apenas usa fragmentos de um texto para justificar medidas ideológicas e políticas presentes. O caso exemplar de tal prática é encontrado no stalinismo: a chave para o leninismo como ideologia (stalinista) é fornecida por Mikhail Suslov, o membro do Politburo responsável pela ideologia desde os últimos anos de Stalin até Gorbachev. Nem Khrushchev nem Brezhnev divulgariam qualquer docu-

---

9. Baseio-me aqui em CADAVA, E.; NADAL-MELSIÓ, S. *Politically red*. Cambridge: MIT Press, 2022.

mento até que Suslov o examinasse. Por quê? Suslov tinha uma enorme biblioteca de citações de Lenin em seu escritório no Kremlin; elas foram escritas em fichas de biblioteca, organizadas por temas e guardadas em fichários de madeira. Cada vez que uma nova campanha política, medida econômica ou política internacional era introduzida, Suslov encontrava uma citação apropriada de Lenin para apoiá-la. As citações de Lenin na coleção de Suslov foram isoladas de seus contextos originais. Como Lenin era um escritor extremamente prolífico, que comentava todos os tipos de situações históricas e desenvolvimentos políticos, Suslov podia encontrar citações apropriadas para legitimar como "leninistas" quase qualquer argumento ou iniciativa, às vezes até mesmo se se opusessem entre si: "exatamente as mesmas citações dos fundadores do marxismo-leninismo que Suslov usou com sucesso sob Stalin e pelas quais Stalin o valorizou tanto, Suslov mais tarde empregou para criticar Stalin"[10]. Essa era a verdade do leninismo soviético: Lenin servia como referência última; uma citação sua legitimava qualquer medida política, econômica ou cultural, mas de uma maneira totalmente pragmática e arbitrária – exatamente da mesma maneira, aliás, como a Igreja Católica se referia à Bíblia. A ironia é, portanto, que as duas grandes orientações do marxismo, a stalinista e a autêntica, podem ser perfeitamente apreendidas por meio de dois modos diferentes de citação.

O que Benjamin conceituou e praticou (juntamente a Hegel, Marx, Lenin, Brecht, Jameson e muitos outros) foi uma prática radicalmente diferente de citação, citação como uma forma de luta com o texto citado, bem como com a própria situação do escritor. A citação materialista é interna ao original citado por sua própria externalidade a ele: sua violenta desfi-

---

10. Cf. www.haujournal.org/index.php/hau/article/view/hau7.2.021/2980

guração do original é, em certo sentido, mais fiel ao original do que o próprio original, pois ecoa as lutas sociais que atravessam a ambos[11]. É por isso que salto de Hegel para as comédias de Hollywood, de Kant para os vampiros e os mortos-vivos da cultura pop, dos LGBT+ para as expressões vulgares eslovenas, da subjetividade revolucionária para *Coringa*... com a esperança de que, nessas combinações loucas, eu – às vezes, pelo menos – consiga fazer o que Benjamin pretendia.

Portanto, este livro é definitivamente um guia para os não perplexos: ele não tenta esclarecer as coisas para os perplexos, mas tenta deixar perplexos os não perplexos que nadam confortavelmente na água da ideologia cotidiana, não apenas tentando deixá-los perplexos, mas demonstrando que sua perplexidade recém-adquirida já reside na própria coisa. Na mesma linha, este livro definitivamente não oferece um "espaço seguro" para aqueles expostos ao racismo e ao sexismo. Num incidente recente ocorrido na Universidade de Alberta, Kathleen Lowrey, professora da faculdade de antropologia, estava sob ameaça de perder o emprego por alegar que o sexo é não apenas uma construção cultural, mas principalmente um fato biológico. Tecnicamente, ela foi demitida de seu cargo de diretora associada dos programas de graduação do departamento de antropologia por criar um ambiente "inseguro" para os alunos – como? Em poucas palavras, ela não acredita que o sexo seja um "constructo social"[12]. Para

---

11. Não apenas isso – às vezes sou censurado por me "autoplagiar" (o que, aliás, faz tanto sentido quanto chamar a masturbação de autoestupro). É verdade que por vezes incluo nos meus novos textos pequenos trechos de textos publicados anteriormente, mas um leitor atento pode sempre notar a violência dessa operação: arranco um fragmento do seu contexto original e insiro-o num novo contexto que impõe uma nova leitura do fragmento, às vezes até oposta à "original".
12. Cf. "Canadian professor canned for opinion that biological sex is a real thing". *The College Fix*. Disponível em: https://www.thecollegefix. com/

esclarecer as coisas, deve-se acrescentar aqui que a oposição entre fato biológico e constructo simbólico não é exaustiva: há uma terceira opção, a própria diferença sexual como real/impossível que não é um fato biológico, mas um corte/antagonismo traumático que não pode ser completamente simbolizado. Entretanto, o que nos deve chamar a atenção é a palavra "inseguro": "inseguro" equivale, em última análise, a algo que ameaça a visão e a autopercepção da (autodeclarada) vítima. Tomemos o caso de um homem que se transforma numa mulher: se a identidade de gênero é (também) biologicamente determinada, isso em nada limita a sua liberdade de mudar a identidade de gênero. O que ela ameaça é a sua ideia de que a sua identidade é um constructo puramente cultural que depende, em última análise, da sua livre decisão, a ideia de que posso me reconstruir livremente, jogar com múltiplas identidades e de que todos os obstáculos a essa plasticidade devem ser localizados na opressão cultural.

Não se pode deixar de notar como, no caso das identidades sexuais, a passagem de uma identidade para outra – como o *crossdressing* – é saudada como progressista, como minando a lógica binária, enquanto no caso das identidades raciais, as transições – especialmente brancos se vestindo como pretos – são rejeitadas como apropriação racial, como uma forma de racismo. Eis um caso recente: Bright Sheng é um compositor de nível internacional que leciona na Universidade de Michigan desde 1995. Em 10 de setembro de 2021, David Gier, reitor da Faculdade de Música, Teatro e Dança da Universidade de Michigan, anunciou que Sheng deixaria de lecionar em seu curso de graduação em composição musical; a decisão veio um mês depois de Sheng exibir para a classe a adaptação cinematográfica de 1965 de *Otelo* de Shakespeare, com Laurence Olivier interpretando Otelo com maquiagem preta. Sheng foi "entregue", de acordo com o

Michigan Daily, por uma de suas alunas calouras, Olivia Cook, que notou que Olivier estava interpretando Otelo com maquiagem preta. Ela escreveu. "Numa faculdade que prega a diversidade e tendo a certeza de que entendem a história das PDC (pessoas de cor) na América, fiquei chocada de que (Sheng) mostrasse uma coisa assim em algo que deveria ser um espaço seguro". Numa declaração ao *Michigan Daily*, o professor de redação Evan Chambers – que está substituindo Sheng no curso – escreveu: "Exibir o filme agora, especialmente sem enquadramento substancial, aviso de conteúdo e foco no seu racismo inerente, é em si uma atitude racista, independentemente das intenções do professor"[13].

O mesmo foi feito na União Soviética por volta de 1970, quando a produção da BBC de *The Forsythe Saga* (1967) foi exibida na TV: para evitar contaminação ideológica, cada episódio foi introduzido por um comentário de cinco a dez minutos de um cientista literário soviético que forneceu "enquadramento substancial e aviso de conteúdo", alertando os espectadores de como, a despeito de seu humanismo universal e postura crítica ocasional, a série celebra o modo de vida burguês... E, para ir ainda mais longe no passado, até cerca de um século atrás, em países católicos era proibido para crianças (e em alguns casos até para adultos) ler a Bíblia diretamente, sem um comentário apropriado que fornecesse "enquadramento substancial e aviso de conteúdo", pois, sem tal comentário, muitas passagens poderiam incitar pensamentos impuros ou cruéis (pense na história de Davi e Betsabé...). É triste ver essa tradição ressuscitada hoje em nome do politicamente correto... No caso de *Otelo*, impor essas condições – "enquadramento substancial, aviso de conteúdo e foco no seu racismo inerente" – ao exibir o filme efetivamente é em si um ato racista, independen-

---

13. Cf. www.wsws.org/en/articles/2021/10/11/she1-o11.html

temente das intenções de Chambers: ele trata os espectadores de forma extremamente paternalista, como criaturas ingênuas que devem ser protegidas do impacto direto do texto.

Olhando mais de perto, percebe-se facilmente que se trata de uma dupla proteção: ao assistir a um filme como *Otelo*, os brancos são reassegurados no seu racismo; e os pretos não são tão seduzidos ao racismo que os humilha quanto insultados e ficam furiosos com a maneira como o racismo prossegue na cultura (e em suas vidas cotidianas). E aqui começam os problemas. *Otelo* oferece um espaço seguro para racistas brancos, assegurando-lhes que, mesmo numa cultura oficialmente não racista, seus privilégios estão seguros; viola o *campus* como um espaço seguro para os pretos que são atormentados mesmo aí pelo racismo na alta cultura. Mas será que a estratégia proposta – "enquadramento substancial, aviso de conteúdo e foco no seu racismo inerente" – funciona? Não, porque os insultos propriamente que afetam a vítima são imunes à negação: não importa quantas qualificações sejam acrescentadas, o insulto continua sendo um insulto – é por isso que, dentre outras, a palavra-N[14] é proibida e não pode ser usada, não importa quantas qualificações acrescentemos. Todavia, uma proibição direta de todas as obras que possam ser percebidas por alguém como insultos também é contraproducente: só pode gerar um imenso aparato de censura que acabaria por empobrecer não só as próprias supostas vítimas, mas também abrir espaço para uma ironia cínica que insultaria ainda mais as vítimas. O problema reside no próprio conceito de academia como um "espaço seguro": devemos lutar para tornar o mundo *fora* da academia seguro para todos, e se a academia quiser contribuir para essa luta, deve ser precisamente o espaço onde enfrentamos abertamente todos os horrores racistas e sexistas. Este livro com certeza faz isso.

---

14. *The N-word*: *"nigger"* (negro) [N.T.].

1
ONDE ESTÁ A CISÃO?
MARX, CAPITALISMO E ECOLOGIA

Quando, décadas atrás, a ecologia emergiu como uma questão teórica e prática crucial. Muitos marxistas (bem como críticos do marxismo) notaram que a natureza – mais precisamente, o estatuto ontológico exato da natureza – é o único tópico em que mesmo o mais grosseiro materialismo dialético tem uma vantagem sobre o marxismo ocidental: o materialismo dialético nos permite pensar a humanidade como parte da natureza, enquanto o marxismo ocidental considera a dialética sócio-histórica como o horizonte último de referência e, em última análise, reduz a natureza a um pano de fundo do processo histórico – a natureza é uma categoria histórica, como Georg Lukács o coloca. *O ecossocialismo de Karl Marx*[15], de Kohei Saito, é a última tentativa mais consistente de restabelecer o equilíbrio e pensar no enraizamento da humanidade na natureza sem regredir à ontologia geral materialista-dialética.

Uma vez que a principal referência filosófica do marxismo ocidental é Hegel, não admira que Saito rejeite agressivamente a herança hegeliana. Em contraste com Saito e outros ecossocialistas, nossa premissa é que os problemas que estamos enfrentando agora (pandemia, aquecimento global)

---

15. SAITO, K. *Karl Marx's ecosocialism*. Nova York: Monthly Review Press, 2017.

obrigam-nos a não abandonar Hegel, mas a retornar de Marx a Hegel – com uma ressalva: devemos retornar a Hegel *depois de passar por Marx*, por sua crítica da economia política. Quando Robert Brandom aponta que Hegel está, em última análise, contando a mesma história repetidas vezes, a história da ascensão da modernidade, da passagem da sociedade "orgânica" tradicional para uma sociedade "alienada" moderna, ele se concentra em dois aspectos dessa passagem, sem dúvida a passagem mais radical de toda a história da humanidade desde a ascensão do Neolítico: a ruptura na religião e na filosofia (protestantismo, subjetividade cartesiana), e a Revolução Francesa – o que está faltando aqui? Embora Hegel tenha lido Smith e outros dos primeiros economistas políticos, ele ignora o papel fundamental do capitalismo e da Revolução Industrial. Duane Rousselle observou perspicazmente a ambiguidade básica da busca desesperada por alternativas ao capitalismo:

> Se os filósofos radicais, inclusive Marx e Bakunin, foram rápidos em perguntar "e as alternativas?", é porque às vezes eles não conseguiram ver que o capitalismo assumiu a posição de "alternativa". O capitalismo é a alternativa (ao autoritarismo, o dogmatismo, o socialismo e assim por diante)[16].

Não é apenas que o capitalismo só pode prosperar pela autorrevolução permanente, como Marx apontou; é que o capitalismo sempre surge como a única alternativa, a única maneira de avançar, a força dinâmica que intervém quando a vida social fica presa em alguma forma fixa. Hoje, o capitalismo é muito mais revolucionário do que a esquerda tradicional, obcecada em proteger as velhas conquistas do Estado de bem-estar social – basta lembrar o quanto o capitalismo

---

16. CASTRILLÓN, F.; MARCHEVSKY, T. (eds.). *Coronavirus, Psychoanalysis, and Philosophy*: conversations on pandemics, politics, and society. Londres: Routledge, 2021, p. 153-154.

mudou toda a textura de nossas sociedades nas últimas décadas. Muitos esquerdistas no Ocidente estão tão obcecados com a crítica ao capitalismo neoliberal que negligenciam a grande mudança, a passagem do capitalismo neoliberal para um estranho pós-capitalismo que alguns analistas chamam de "neofeudalismo corporativo". Como se chegou a isso?

Comunismo neoconservador

Quando, devido ao papel crucial do "intelecto geral" (conhecimento social e cooperação) na criação de riqueza, as formas de riqueza são cada vez mais desproporcionais ao tempo de trabalho direto gasto em sua produção, o resultado não é, como Marx esperava, a autodissolução do capitalismo, mas a transformação gradual do lucro gerado pela exploração do trabalho em renda apropriada pela privatização do "intelecto geral" e outros bens comuns. Tomemos o caso de Bill Gates: como ele se tornou um dos homens mais ricos do mundo? Porque a Microsoft impôs-se como um padrão quase universal, (quase) monopolizando o campo, uma espécie de personificação direta do "intelecto geral". Algo semelhante se passa com Jeff Bezos e a Amazon, com a Apple, o Facebook etc. – em todos esses casos, as plataformas (espaços de nosso intercâmbio e interação social), elas próprias bens comuns, são privatizadas, o que nos coloca, seus usuários, na posição de servos pagando uma renda ao proprietário de um bem comum como nosso senhor feudal. Recentemente aprendemos que "2% da riqueza de Elon Musk poderia resolver a fome mundial, diz o diretor do Programa Mundial de Alimentos da ONU"[17] – uma clara indicação de neofeudalismo corporativo. Com relação ao Facebook,

---

17. MCSWEENEY, E.; POURAHMADI, A. 2% da riqueza de Elon Musk poderiam resolver a fome no mundo, afirma o diretor da organização da ONU para a escassez de alimentos. *CNN Business*, 1 nov. 2021. Disponível em: https://l1nq.com/TqL2H

Mark Zuckerberg "tem controle unilateral sobre 3 bilhões de pessoas" devido à sua posição inatacável no topo do Facebook, disse a denunciante Frances Haugen aos membros do parlamento britânico ao pedir regulação externa urgente para controlar a gestão da empresa de tecnologia e reduzir os danos causados à sociedade[18].

A grande conquista da modernidade, o espaço público, está, assim, desaparecendo.

Essa nova fase da economia global também implica um funcionamento diferente da esfera financeira. Yanis Varoufakis[19] notou um fato estranho que se tornou evidente na primavera de 2020: no mesmo dia em que as estatísticas de Estado dos Estados Unidos e do Reino Unido registraram uma queda vertiginosa no PIB, comparável à queda na época da Grande Recessão, as bolsas registraram uma alta gigantesca. Em suma, embora a economia "real" esteja estagnando ou mesmo encolhendo, as bolsas de valores sobem – uma indicação de que o capital financeiro fictício está preso em seu próprio círculo, dissociado da economia "real". É aqui que entram em jogo as medidas financeiras justificadas pela pandemia: de certa forma elas invertem o procedimento keynesiano tradicional, ou seja, o seu objetivo não era ajudar a economia "real", mas investir enormes montantes de dinheiro na esfera financeira (para evitar um colapso financeiro como o de 2008), garantindo que a maior parte desse dinheiro *não* fluísse para a economia "real" (uma vez que isso poderia causar hiperinflação).

Mas o que torna a situação realmente perigosa, empurrando-nos para uma nova barbárie, é que os bens comuns

---

18. WATERSON, J.; MILMO, D. Facebook whistleblower Frances Haugen calls for urgent external regulation. *The Guardian*, 25 out. 2021. Disponível em: https://l1nq.com/ja6CM
19. Conversa privada.

privatizados coexistem com uma nova onda de forte competição entre os Estados-nação que vai diretamente de encontro à necessidade urgente de estabelecer um novo modo de se relacionar com os nossos arredores – uma mudança político-econômica radical que Peter Sloterdijk chama de "a domesticação da cultura animal selvagem". Até agora, cada cultura disciplinou/educou os seus próprios membros e garantiu a paz cívica entre eles, mas a relação entre diferentes culturas e estados esteve permanentemente sob a sombra de uma guerra potencial, sendo cada período de paz nada mais que um armistício temporário. A ética inteira de um Estado culmina no mais alto ato de heroísmo, a disposição a sacrificar a própria vida pelo próprio Estado-nação, o que significa que as selvagens relações bárbaras entre os Estados servem como o fundamento da vida ética dentro de um Estado[20].

Hoje, as coisas estão ficando ainda piores. Em vez de civilizar (as relações entre) as culturas, a privatização dos bens comuns que está em curso mina a substância ética dentro de cada cultura, empurrando-nos de volta para a barbárie. No entanto, no momento em que aceitamos plenamente o fato de vivermos numa Nave Espacial Terra, a tarefa que se impõe com urgência é a de forjar a solidariedade universal e a cooperação entre todas as comunidades humanas. Não há uma maior necessidade histórica que nos empurre nessa direção – a história não está do nosso lado, ela tende ao nosso suicídio coletivo. Como escreveu Walter Benjamin, nossa tarefa hoje não é fazer avançar o trem do progresso histórico, mas puxar o freio de emergência antes que acabemos todos na barbárie pós-capitalista. Nos últimos meses, as formas muitas vezes alarmantes pelas quais a crise da pandemia da covid-19 tem sido entre-

---

20. Cf. SLOTERDIJK, P. *Was geschah im 20. Jahrhundert?* Unterwegs zu einer Kritik der extremistischen Vernunft. Frankfurt: Suhrkamp Verlag, 2016.

laçada com as crises social, política, climática e econômica em curso são cada vez mais aparentes. A pandemia deve ser tratada juntamente ao aquecimento global, os antagonismos de classe em erupção, o patriarcado e a misoginia e as muitas outras crises em curso que ressoam com ela e entre si numa complexa interação. Essa interação é incontrolável e cheia de perigos, e não podemos contar com nenhuma garantia do Céu para tornar a solução claramente imaginável. Tal situação de risco torna nosso momento eminentemente político.

É somente nesse contexto que podemos entender o que está acontecendo agora na China. A recente campanha chinesa contra as grandes corporações e a abertura de uma nova bolsa de valores em Pequim dedicada à promoção de pequenas empresas também podem ser vistas como movimentos contra o corporativismo neofeudal, ou seja, como tentativas de trazer de volta o capitalismo "normal". A ironia da situação é óbvia: é necessário um regime comunista forte para manter vivo o capitalismo contra a ameaça do pós-capitalismo corporativista neofeudal...É por isso que devemos seguir com grande interesse os escritos de Wang Huning, atual membro do Comitê Permanente do Politburo do partido e diretor da Comissão Central de Orientação para a Construção da Civilização Espiritual. Wang tem razão ao enfatizar o papel fundamental da cultura, do domínio das ficções simbólicas. A verdadeira forma materialista de se opor ao tema da "ficção da realidade" (dúvidas subjetivistas do tipo "será que o que percebemos como realidade não é apenas mais uma ficção?") não é distinguir estritamente entre ficção e realidade, mas focar na *realidade das ficções*. As ficções não estão fora da realidade, elas se materializam em nossas interações sociais, em nossas instituições e costumes – como podemos ver na bagunça de hoje, se destruirmos as ficções nas quais as nossas interações sociais estão baseadas, a nossa própria realidade social começa a desmoronar.

Wang designou-se como um neoconservador – o que isso significa? Se pudermos confiar na nossa grande mídia, Wang é a luz principal contra a recente nova orientação da política chinesa. Quando li que uma das medidas recentemente impostas pelo governo chinês é a proibição do "996", devo admitir que minha primeira associação foi sexual: em nosso jargão "69" significa a posição em que o homem realiza cunilíngua na mulher e a mulher, felação no homem, e eu pensei que "996" devesse se referir a alguma prática sexual mais pervertida que estivesse se espalhando na China e envolvendo dois homens e uma mulher (já que há uma relativa falta de mulheres lá). Então aprendi que "996" significa um ritmo de trabalho brutal imposto por muitas corporações na China (um dia útil das 9h às 21h, seis dias por semana). Porém, em certo sentido, eu não estava completamente errado: a campanha em curso na China tem um duplo objetivo: mais igualdade econômica, inclusive de melhores condições de trabalho, e a eliminação da cultura popular ocidentalizada focada em sexo, consumismo e *fandom*.

Então, o que significa ser um neoconservador nas condições de hoje? Em meados de outubro de 2019, a mídia chinesa lançou uma ofensiva promovendo a alegação de que "manifestações na Europa e na América do Sul são o resultado direto da tolerância ocidental com a agitação de Hong Kong". Num comentário publicado no Beijing News, o ex-diplomata chinês Wang Zhen escreveu que "o impacto desastroso de uma 'Hong Kong caótica' começou a influenciar o mundo ocidental", ou seja, que os manifestantes no Chile e na Espanha estavam se inspirando em Hong Kong. Na mesma linha, um editorial do Global Times acusou os manifestantes de Hong Kong de "exportar a revolução para o mundo":

> O Ocidente está pagando o preço por apoiar os tumultos em Hong Kong, os quais rapidamente inflamaram a violência em outras partes do mundo e prenunciaram os riscos políticos que o Ocidente não pode administrar... Existem muitos problemas no Ocidente e todos os tipos de tendências subjacentes de insatisfação. Muitos deles acabarão por se manifestar da mesma forma que os protestos de Hong Kong.

A sinistra conclusão foi que "a Catalunha é provavelmente apenas o começo"[21].

Embora a ideia de que as manifestações em Barcelona e no Chile estejam se inspirando em Hong Kong seja absurda, esses acessos explodiram num descontentamento geral que obviamente já estava lá, à espreita, à espera de um gatilho contingente para explodir, de modo que, mesmo quando determinada lei ou medida foi revogada, os protestos persistiram. A China comunista discretamente joga com a solidariedade daqueles que estão no poder em todo o mundo contra a população rebelde, alertando o Ocidente para não subestimar a insatisfação em seus próprios países – como se, sob tensões ideológicas e geopolíticas, todos eles compartilhassem o mesmo interesse básico em manter o poder... Mas será que essa defesa vai funcionar?

Wang vê sua tarefa como impor uma nova substância ética comum, e não devemos descartar isso como uma desculpa para impor o controle total do Partido Comunista sobre a vida social. Wang está abordando um problema real. Trinta anos atrás, ele escreveu um livro, *America against America* [A América contra a América], no qual apontava perspicazmente os antagonismos do estilo de vida americano, inclusive seus lados mais sombrios: desintegração social, falta de

---

21. Cf. WESTCOTT, B. West is paying the price for supporting Hong Kong riots, Chinese state media says. *CNN World*, 21 out. 2019. Disponível em: https://encr.pw/YVDfa

solidariedade e valores compartilhados, consumismo niilista e individualismo...[22] O populismo de Trump foi uma saída falsa: foi o ápice da desintegração social, porque introduziu a obscenidade no discurso público e assim o privou de sua dignidade – algo não apenas proibido, mas totalmente inimaginável na China. Definitivamente, nunca veremos um político chinês sênior fazendo o que Trump fez publicamente: falar sobre o tamanho do seu pênis, imitar os sons orgásticos de uma mulher... O receio de Wang era que a mesma doença pudesse se disseminar para a China – o que está agora acontecendo no nível popular da cultura de massa e as reformas em curso são uma tentativa desesperada de acabar com essa tendência. Mais uma vez, será que vai funcionar? É fácil perceber na campanha em curso uma tensão entre conteúdo e forma: o conteúdo – o estabelecimento de valores estáveis que mantenham uma sociedade coesa – é aplicado na forma de uma mobilização que é vivida como uma espécie de estado de emergência imposto pelo aparelho do Estado. Embora o objetivo seja o oposto da Revolução Cultural, há semelhanças com ela na forma como a campanha é realizada. O perigo é que tais tensões possam produzir descrença cínica na população. De modo mais geral, a campanha em curso na China parece muito próxima das tentativas conservadoras padrão de desfrutar dos benefícios do dinamismo capitalista, mas controlar seus aspectos destrutivos por meio de um Estado-nação forte que promova valores patrióticos.

Aí reside a armadilha. Carlo Ginzburg propôs a noção de que a vergonha do próprio país, não o amor a ele, pode ser a verdadeira marca da pertença a ele[23]. Um exemplo supremo dessa vergonha ocorreu em 2014, quando centenas de sobreviventes do Holocausto e descendentes de sobreviventes

---

22. Disponível em: https://dokumen.pub/america-against-america.html
23. Cf. GINZBURG, C. The Bond of Shame. *New Left Review*, n. 120, p. 35-44, nov./dez. 2019.

compraram um anúncio no *New York Times* de sábado condenando o que eles chamavam de "o massacre de palestinos em Gaza e a ocupação e colonização em curso da Palestina histórica": "Estamos alarmados com a extrema desumanização racista dos palestinos na sociedade israelense, que atingiu um paroxismo", disse o comunicado. Talvez, hoje, alguns israelenses tenham coragem de sentir vergonha do que os israelenses estão fazendo na Cisjordânia e mesmo em Israel – não, é claro, no sentido de sentir vergonha de ser judeu, mas, ao contrário, de sentir vergonha pelo que a política israelense na Cisjordânia está fazendo com o legado mais precioso do próprio judaísmo. "Meu país, certo ou errado" é um dos lemas mais repugnantes, e ilustra perfeitamente o que há de errado com o patriotismo incondicional. O mesmo vale para a China hoje. O espaço no qual podemos desenvolver tal pensamento crítico é o espaço do uso público da razão. Na famosa passagem de seu "O que é o Esclarecimento?", Immanuel Kant opõe o uso "público" e o uso "privado" da razão: "privado" não é o espaço individual de alguém em oposição aos laços comunitários, mas a própria ordem institucional-comunitária da identificação particular de alguém; ao passo que "público" é a universalidade transnacional do exercício da própria Razão:

> O uso público da própria razão deve ser sempre livre, e somente ele pode trazer esclarecimento entre os homens. O uso privado da própria razão, por outro lado, pode muitas vezes ser restringido de maneira muito restrita, sem impedir particularmente o progresso do esclarecimento. Por uso público da própria razão, entendo o uso que uma pessoa faz dela como um estudioso perante o público leitor. De uso privado chamo aquele que se pode fazer dela num determinado cargo ou gabinete civil que lhe seja confiado[24].

---

24. KANT, I. What is Enlightenment? *In:* KRAMNICK, I. *The Portable Enlightenment Reader*. Nova York: Penguin Books, 1995, p. 5.

É por isso que a fórmula do Iluminismo de Kant não é "Não obedeça, pense livremente!", e não é "Não obedeça, pense e se rebele!", mas: "Pense livremente, declare seus pensamentos publicamente, *e obedeça!*" O mesmo vale para os que duvidam da vacina: debatam, publiquem suas dúvidas, mas obedeçam às normas que o poder público imponha. Sem tal consenso prático, iremos vagarosamente derivar para uma sociedade composta de facções tribais, como está acontecendo em muitos países ocidentais. Porém, sem o espaço para o uso público da razão, o próprio Estado corre o risco de se tornar apenas mais uma instância do uso privado da razão. O espaço para o uso público da razão não é o mesmo que a democracia no sentido liberal ocidental – em seu último ano ativo, o próprio Lenin viu a necessidade de tal órgão incorporando o uso público da razão. Embora admitisse a natureza ditatorial do regime soviético, ele propôs o estabelecimento de uma Comissão Central de Controle – um órgão independente, educacional e controlador com uma aresta "apolítica", composta pelos melhores professores e especialistas tecnocratas monitorando o "politizado" CC e seus órgãos. Ao "sonhar" (expressão dele) com o tipo de trabalho a ser feito pela CCC, ele descreve como esse órgão deve recorrer

> a algum truque semi-humorístico, dispositivo astuto, truque ou algo desse tipo. Eu sei que nos Estados sóbrios e sérios da Europa Ocidental tal ideia horrorizaria as pessoas e que nem um único funcionário decente sequer a consideraria. Espero, no entanto, que ainda não tenhamos nos tornado tão burocráticos assim e que, em nosso meio, a discussão dessa ideia não gere nada além de diversão. Com efeito, por que não combinar prazer com utilidade? Por que não recorrer a algum truque humorístico ou semi-humorístico para expor algo ridículo, algo nocivo, algo semirridículo, seminocivo etc.?[25]

25. LENIN, V. I. Better Few, But Better (1923). *In: Lenin's Collected Works*. 2. ed. Moscou: Progress Publishers, 1965. Disponível em: https://www.marxists.org/archive/lenin/works/1923/mar/02.htm

Talvez a China precise de uma Comissão Central de Controle semelhante. Com a virada neoconservadora na China, todo um ciclo de política emancipatória se fechou. Em suas *Notas para a definição de cultura*, o grande conservador T. S. Eliot observou que há momentos em que a única escolha é entre a heresia e a descrença, quando a única maneira de manter uma religião viva é realizar uma separação sectária de seu principal cadáver. Lenin o fez em relação ao marxismo tradicional, Mao o fez à sua própria maneira, e é isso que tem de ser feito hoje.

Quando, em 1922, depois de alcançar a vitória na Guerra Civil contra todas as probabilidades, os bolcheviques tiveram que recuar para a NPE (a "Nova Política Econômica" de permitir um escopo muito mais amplo para a economia de mercado e a propriedade privada), Lenin escreveu o texto curto "Sobre escalar uma grande montanha". Ele usa o símile de um alpinista que tem de recuar para o vale de sua primeira tentativa de alcançar um novo pico de montanha a fim de descrever o que significa um recuo num processo revolucionário, ou seja, como alguém recua sem trair oportunisticamente a sua própria fidelidade à causa. Depois de enumerar as conquistas e os fracassos do Estado Soviético, Lenin conclui:

> Os comunistas que não têm ilusões, que não cedem ao desânimo e que preservam sua força e flexibilidade "para começarem do começo" reiteradamente ao abordarem uma tarefa extremamente difícil, não estão condenados (e com toda a probabilidade não perecerão)[26].

Isso é o Lenin em seu melhor estilo beckettiano, ecoando a frase de *Worstward Ho*: "Tente novamente. Fracasse novamente. Fracasse melhor". A sua conclusão – "começar sempre do início reiteradas vezes" – deixa claro que não se trata

---

26. Cf. www.marxists.org/archive/lenin/works/1922/feb/x01.htm

meramente de abrandar o progresso e consolidar o que já foi alcançado, mas, precisamente, *de voltar ao ponto de partida*: deve-se "começar desde o início", não de onde alguém conseguiu ascender no esforço anterior. Nos termos de Kierkegaard, um processo revolucionário não é um progresso gradual, mas um movimento repetitivo, um movimento de *repetir o começo* reiteradas vezes... e é exatamente aí que estamos hoje, depois do "obscuro desastre" de 1989, o fim definitivo da época que começou com a Revolução de Outubro. Deve-se, portanto, rejeitar a continuidade com o que a Esquerda significou nos últimos dois séculos. Embora momentos sublimes como o clímax jacobino da Revolução Francesa e a Revolução de Outubro fiquem para sempre na memória, essa história acabou, tudo deve ser repensado, deve-se começar do zero.

Como observado acima, o capitalismo é mais revolucionário hoje do que a esquerda tradicional, obcecada em proteger as conquistas do Estado de Bem-estar Social. Mais uma vez, devemos lembrar como o capitalismo mudou nossas sociedades nas últimas décadas. É por isso que a estratégia da esquerda radical hoje deve combinar o pragmatismo com uma postura baseada em princípios de uma forma que não pode deixar de lembrar a Nova Política Econômica (NPE) de Lenin do início dos anos 1920, quando o poder soviético permitiu um certo grau de propriedade privada e economia de mercado. A NPE foi obviamente o modelo original para as reformas de Deng Xiaoping que abriram caminho para um livre mercado capitalista (sob o controle do Partido Comunista governante) – em vez de meia década de liberalização do mercado, já temos na China meio século do que chamam eufemisticamente de "socialismo com características chinesas". Será então que a China, há mais de meio século, segue uma gigantesca Nova Política Econômica? Ao invés de zombar dessas medidas ou simplesmente denunciá-las como uma derrota do socialismo, como um passo para o capitalismo (autoritário), deveríamos correr o risco de levar essa lógica ao extremo. Após a desintegração do socialismo do Leste Europeu em 1990, circulou uma piada segundo a qual o socialismo é uma transição do capitalismo de volta ao capitalismo.

Mas e se fizermos o movimento oposto e definirmos o *próprio capitalismo* como uma Nova Política Econômica socialista, como *uma passagem do feudalismo (ou sociedades pré-modernas de dominação em geral) para o socialismo*? Com a abolição das relações pessoais diretas pré-modernas de servidão e dominação, com a afirmação de princípios de liberdade pessoal e direitos humanos, a modernidade capitalista já é em si mesma socialista – não é de admirar que a modernidade, repetidas vezes, tenha dado origem a revoltas contra a dominação que já apontavam para a igualdade econômica (grandes revoltas camponesas na Alemanha no início dos anos 1500, os jacobinos etc.). O capitalismo é uma passagem da pré-modernidade para o socialismo no sentido de uma formação de compromisso: ele aceita o fim das relações diretas de dominação, ou seja, o princípio de liberdade pessoal e igualdade, mas (como Marx o colocou em sua formulação clássica) ele transpõe a dominação das relações entre pessoas para as relações entre coisas (mercadorias): como indivíduos, somos todos livres, mas a dominação persiste na relação entre mercadorias que trocamos no mercado. É por isso que, para o marxismo, a única maneira de se alcançar uma verdadeira vida de liberdade é abolir o capitalismo. Para os partidários do capitalismo, é claro, essa solução é utópica: a lição do stalinismo não é precisamente que, se você abolir o capitalismo, a liberdade também é abolida e a dominação pessoal retorna de forma direta e brutal? E quando o capitalismo está em crise, ele também pode ressuscitar elementos feudais para sobreviver – não é isso o que está acontecendo hoje com o papel das megacorporações, o que levou alguns economistas e analistas sociais a falar sobre capitalismo corporativo neofeudal? Esta, então, é a verdadeira alternativa hoje: nem "capitalismo ou socialismo" nem "democracia liberal ou populismo de direita", mas *que tipo de pós-capitalismo*, neofeudalismo corporativo ou socialismo? Será que o capitalismo enfim vai ser apenas uma passagem de um estágio inferior para um estágio superior do feudalismo, ou vai ser uma passagem do feudalismo para o socialismo?

Então voltamos à pergunta de Lenin: o que fazer? *"Ne demande que faire, que celui dont le désir s'éteint"* ("Somente aquele cujo desejo se apaga pergunta o que fazer"). Será que a maravilhosa fórmula de Lacan deve ser lida como uma crítica implícita a Lenin? Não. Embora o título de Lenin seja uma pergunta, o livro é uma resposta clara, fornece orientações precisas sobre o que deve ser feito. O título funciona como títulos semelhantes de livros didáticos introdutórios: "O que é Física Quântica?", "O que é Biogenética?" etc. Quando os pós-marxistas de hoje escrevem tratados nos quais ponderam interminavelmente sobre o que fazer, sobre quem deve ser o agente de uma mudança radical, sua dúvida e busca desesperadas testemunham efetivamente o apagamento do seu desejo de realmente embarcar numa mudança radical: eles não desejam realmente mudança, eles preferem desfrutar da reflexão autocrítica sem fim que, como eles bem sabem, não levará a nenhum resultado claro.

Referindo-se à mudança de Lenin em direção à NPE nos últimos anos de sua vida, Álvaro García Linera[27] forneceu uma análise precisa de como, quando um autêntico partido de esquerda radical toma o poder do Estado por meio

---

27. Cf. ALLEN, N. Former bolivian VP Álvaro García Linera on how socialists can win, *Jacobin*, 4 maio 2021. Disponível em: https://jacobin.com/2021/04/interview-alvaro-garcia-linera-mas-bolivia-coup

de eleições, não deve tentar impor medidas radicais (como a abolição do capitalismo) diretamente por meio de decisões e leis estatais: ele adverte que a nacionalização (a passagem da propriedade privada para a propriedade estatal) não elimina a lacuna entre produtores e meios de produção, e que se deve proceder com muita cautela na superação do capitalismo. Toda autêntica socialização dos meios de produção não deve ser imposta pelo Estado, mas deve nascer da auto-organização da sociedade civil e, nesse meio tempo, o poder estatal de esquerda deve encontrar uma maneira de coexistir com os negócios privados, mesmo com as grandes corporações, para evitar uma crise econômica, da mesma forma que a igualdade das mulheres não pode simplesmente ser imposta pelo Estado, mas deve nascer da luta auto-organizada das mulheres. Embora eu apoie totalmente essas premissas, acho que Linera ainda confere muito peso à democracia de base nas comunidades locais ou, em geral, à sociedade *versus* o Estado: nas sociedades complexas de hoje, algo *como* o Estado é necessário para fornecer uma estrutura funcional de comunidades locais auto-organizadas (a rede global de serviços de saúde e educação, de água e eletricidade etc.), e essa rede não pode crescer "de baixo", de alguma cooperação entre as comunidades locais, uma vez que deve estar sempre-já presente para as comunidades sobreviverem. Essa rede também é necessária para evitar que comunidades locais ou grupos de interesse sejam pegos na competição por privilégios – em suma, por mais "alienado" que seja, o interesse global tem de existir numa forma institucional "reificada" para controlar os excessos das comunidades locais, bem como para coordenar suas interações. A democracia parlamentar definitivamente não é a única forma de estabelecer e controlar a forma institucional que dá corpo ao interesse global: se entendermos por "democracia" o que esse termo significa predominantemente hoje (democracia representativa parlamentar), então definitivamente não sou um socialista democrático, mas sim um comunista não democrático. No entanto, do que devemos estar cientes é do limite fatídico do anarquismo. Um anarquista responde à censura de que não é capaz de fornecer um modelo positivo de como deve ser a sociedade futura: "Não quero dizer às pessoas o que pensar, quero que pensem". Embora essa seja uma boa resposta retoricamente eficaz, ela se baseia numa falsa pressuposição: que as "pessoas" queiram pensar por si mesmas se tiverem a oportunidade. Como insistiu Deleuze, "as pessoas" espontaneamente não querem pensar, pensar é um esforço que vai contra a natureza de nossas inclinações espontâneas, de modo que é necessária uma forte pressão para fazê-las pensar.

Se quisermos perceber claramente o potencial comunista do que acontece hoje, devemos ter em mente a ruptura fundamental na relação entre os dois sexos que já está ocorrendo em movimentos como o LGBT+ e o MeToo: esses movimentos ameaçam minar a mais elementar ordem patriarcal que surgiu antes do surgimento da própria sociedade de classes, com o Neolítico que levou ao estabelecimento de assentamentos permanentes. Marx negligenciou o significado dessa ruptura, cuja importância é igual à da revolução industrial capitalista. Em toda a história da humanidade, só houve duas rupturas verdadeiramente radicais, o neolítico e a Revolução Industrial capitalista[28]. Os críticos do patriarcado, que o atacam como se ainda fosse uma posição hegemônica, ignoram o que Marx e Engels escreveram há mais de 150 anos, no primeiro capítulo do *Manifesto comunista*: "A burguesia, onde quer que tenha vantagem, pôs fim a todas as relações feudais, *patriarcais* e idílicas". O que acontece com os valores da família patriarcal quando uma criança pode processar seus pais por negligência e abuso, ou seja, quando a família e a

---

28. Devo essa ideia a Robin Dolar.

própria parentalidade são *de iure* reduzidas a um contrato temporário e solúvel entre indivíduos independentes? Embora o capitalismo tardio ainda seja uma sociedade de classes, ele enfraquece a ordem patriarcal que surgiu nas sociedades pré-classe, e esse aspecto do capitalismo deve ser incondicionalmente apoiado por todos os partidários da emancipação radical (isso, é claro, de forma alguma significa que não devamos resistir ferozmente a contratempos temporários como o atual "patriarcado de desastre", um processo paralelo ao capitalismo de desastre em que "os homens exploram uma crise para reafirmar o controle e o domínio, e rapidamente apagam direitos das mulheres duramente conquistados. Em todo o mundo, o patriarcado tirou o máximo proveito do vírus para recuperar o poder – por um lado, escalando o perigo e a violência contra as mulheres e, por outro, assumindo o papel de seu suposto controlador e protetor"[29]. O desastre é aqui, obviamente, o da pandemia da covid-19).

Marx era aqui mais hegeliano do que Hegel: o que ele via era precisamente a estrutura "hegeliana" da reprodução do Capital. Porém, aqui surge uma ambiguidade: há duas maneiras opostas nas quais a dialética de Hegel e a lógica do capital estão ligadas.

Hegel na crítica da economia política

De um modo geral, existem quatro formas básicas de referência a Hegel no Marxismo, mas podemos descartar com segurança duas delas como irrelevantes para um estudo sério do pensamento de Hegel: Hegel como um predecessor de uma nova ontologia geral materialista ("materialismo dialé-

---

29. Cf. ENSLER, E. Disaster patriarchy: how the pandemic has unleashed a war on women. *The Guardian*, 1 jun. 2021. Disponível em: https://acesse.dev/Hhm9h

tico"); e a ideia inicial de Althusser de que Marx estava apenas "flertando" com a dialética hegeliana a fim de formular ideias (sobredeterminação etc.) que são totalmente estranhas a Hegel[30]. As duas leituras marxistas remanescentes de Hegel são a proposta em *História e consciência de classe* de Lukács (a noção hegeliana de substância-devindo-sujeito como uma versão idealista mistificada da noção materialista-histórica do proletariado como o sujeito da história que, no ato de revolução, se reapropria da sua substância alienada), a proposta na Escola de Frankfurt e, mais tarde, na chamada orientação da "lógica do capital" (a dialética de Hegel como uma versão idealista mistificada da lógica da autorreprodução do capital).

Quando John Rosenthal afirma que "Marx fez a curiosa descoberta de um domínio de objeto no qual a relação invertida entre o universal e o particular que constitui o princípio distintivo da metafísica hegeliana *de fato* prevalece", ele assim fornece a formulação mais concisa da noção da "lógica de Hegel como a lógica do capital": o fato mesmo de que a lógica de Hegel pode ser aplicada ao capitalismo significa que o capitalismo é uma ordem pervertida de alienação: "Todo o enigma da 'relação Marx-Hegel' consiste em nada mais do que isso: ... precisa e paradoxalmente nas fórmulas *místicas* da 'lógica' hegeliana para as quais Marx encontra uma aplicação científica racional"[31]. Em suma, embora, em sua crítica inicial a Hegel, Marx tenha rejeitado o pensamento de Hegel

---

30. Deve-se, no entanto, acrescentar que um argumento a favor do "materialismo dialético" é que ele se adapta melhor do que o marxismo hegeliano ocidental ao tópico da ecologia, uma vez que trata a natureza como uma esfera autônoma com suas leis globais e, assim, evita a armadilha hegeliano-marxista de reduzir a natureza a uma categoria social, como o jovem Lukács o coloca. Quanto a Althusser, deve-se acrescentar que nos seus últimos escritos ele já viu em Hegel elementos para a noção marxista de um "processo sem sujeito".

31. Cf. ROSENTHAL, J. *The myth of dialectics: reinterpreting the Marx-Hegel relation.* Disponível em: https://l1nq.com/deOGq

como uma reversão especulativa maluca do atual estado de coisas, ele foi depois atingido pela percepção de que existe um domínio que se comporta de maneira hegeliana, nomeadamente o domínio da circulação do capital.

Lembre-se do clássico motivo marxista da inversão especulativa da relação entre o Universal e o Particular. O Universal é apenas uma propriedade de objetos particulares que realmente existem, mas quando somos vítimas do fetichismo da mercadoria, parece que o conteúdo concreto de uma mercadoria (seu valor de uso) é uma expressão de sua universalidade abstrata (seu valor de troca) – o Universal abstrato, o Valor, aparece como uma Substância real que se encarna sucessivamente numa série de objetos concretos. Essa é a tese básica de Marx: já é o mundo efetivo das mercadorias que se comporta como uma substância-sujeito hegeliana, como um Universal passando por uma série de encarnações particulares – é por isso que Marx fala da "metafísica da mercadoria", da "religião da vida cotidiana". As raízes do idealismo especulativo filosófico estão na realidade social do mundo das mercadorias; é esse mundo que se comporta "idealisticamente" – ou, como Marx o coloca no apêndice "Wertform" ao primeiro capítulo da primeira edição de *O Capital*:

> Essa *inversão* (*Verkehrung*) pela qual o sensivelmente concreto conta apenas como a forma de aparição do abstratamente geral e não, ao contrário, o abstratamente geral como propriedade do concreto, caracteriza a expressão do valor. Ao mesmo tempo, dificulta a compreensão. Se eu disser: o Direito Romano e o Direito Alemão são ambos direitos, isso é óbvio. Mas se eu disser: o Direito (*Das Recht*), essa abstração (*Abstraktum*) *se realiza* no Direito Romano e no Direito Alemão, nesses direitos concretos, a interconexão se torna mística[32].

---

32. Cf. www.marxists.org/archive/marx/works/1867-c1/appendix.htm

Devemos ter muito cuidado ao ler estas linhas: Marx não está simplesmente criticando a "inversão" que caracteriza o idealismo hegeliano (no estilo de seus escritos juvenis, especialmente *A ideologia alemã*); o seu ponto não é que, enquanto "efetivamente" o Direito Romano e o Direito Alemão são dois tipos de Direito, na dialética idealista, o próprio Direito é o agente ativo – o sujeito de todo o processo – que "se realiza" no Direito Romano e no Direito Alemão. A tese de Marx é que essa "inversão" caracteriza a própria realidade social capitalista, o que significa que *ambas as posições – tanto a inversão alienada quanto o pressuposto estado "normal" das coisas – pertencem ao espaço da mistificação ideológica*. Ou seja, o estado "normal" das coisas no qual o Direito Romano e o Direito Alemão são simplesmente ambos direitos é a forma cotidiana de aparição da sociedade alienada, de sua verdade especulativa. O desejo de realizar plenamente esse estado "normal" é, portanto, ideologia na sua forma mais pura e só pode terminar em catástrofe. A fim de vermos isso, temos de traçar outra distinção fundamental: aquela entre a situação "alienada" na qual nós, sujeitos vivos, estamos sob o controle de um Monstro/Mestre virtual (o Capital), e a "alienação" mais elementar, uma situação na qual (nós NÃO controlamos diretamente os processos objetivos, de modo a que se tornem transparentes, mas na qual), para colocá-lo de uma maneira um tanto ou quanto simplificada, ninguém está no controle: não apenas nós, mas o processo "objetivo" também está "descentrado", inconsistente – ou, para repetir a fórmula de Hegel, na qual os segredos dos egípcios também são segredos para os próprios egípcios.

A pergunta a fazer é, portanto: onde está a ilusão aqui? Como inúmeras análises têm demonstrado, o Direito (no sentido de ordenamento jurídico) é em si uma noção contraditória, tem de se basear em violência ilegal – já em nosso entendimento cotidiano, "lei é lei" significa o seu oposto, a coincidência da lei com a violência arbitrária: "O que se pode fazer? Mesmo que seja injusta e arbitrária, lei é lei, deve-se obedecê-la"! Múltiplas formas de lei são, em última análise, nada além de apenas tentativas de resolver a tensão que habita a lei enquanto tal. Esse movimento de uma para outra forma particular é o cerne do processo dialético.

Temos, portanto, três níveis diferentes num processo dialético de inversões que produz um efeito fetichista. Para permanecer com o nosso exemplo do Direito Romano e do Direito Alemão, primeiro, há a nossa noção nominalista de senso comum do Direito Romano e do Direito Alemão como os dois tipos de Direito. Depois, há a inversão fetichista: o Direito, essa abstração, realiza-se no Direito Romano e no Direito Alemão. Finalmente, há o que não se pode deixar de chamar de real histórico: a "contradição" imanente inscrita na própria noção universal do Direito, que empurra o movimento de uma para outra forma particular.

A lição de Marx é, portanto, que a fetichização é necessariamente redobrada: um sujeito capitalista não vive diretamente no mundo mágico dos fetiches, ele se considera um racionalista utilitarista que sabe muito bem que o dinheiro é apenas um pedaço de papel que me dá direito a uma parte de um produto social etc. – o fetichismo está na realidade social, em como ele age, não em como ele pensa. A análise, portanto, tem de proceder em duas etapas: primeiro, trazer à tona as "sutilezas teológicas" que subjazem à nossa consciência cotidiana de senso comum e a sustentam; depois, discernir o movimento real ofuscado pela teologia das mercadorias – e não há nenhum traço de senso comum nesse movimento real.

No capitalismo global de hoje, esse redobramento da inversão fetichista é mais prevalente do que nunca. No nível de nossa autoconsciência direta, somos subjetivados (interpelados) como agentes livres que tomam decisões e fazem escolhas permanentemente e, portanto, somos responsáveis pelo nosso próprio destino. A ideologia da livre escolha está em toda parte, é o ar que respiramos: somos bombardeados por escolhas, a liberdade de escolha aparece como a forma básica de liberdade. Uma vez que, em nossa sociedade, a liberdade de escolha é elevada a um valor supremo, o controle social e a dominação já não podem parecer infringir a liberdade do sujeito – têm de aparecer como (e ser sustentados por) a própria autoexperiência dos indivíduos como livres. Há uma multiplicidade de formas dessa falta de liberdade que aparece sob o disfarce do seu oposto: quando somos privados de serviços de saúde universais, dizem-nos que nos é dada uma nova liberdade de escolha (para escolher o nosso prestador de serviços de saúde); quando já não podemos contar com um emprego de longo prazo e somos compelidos a procurar uma nova posição precária a cada dois anos, dizem-nos que nos foi dada a oportunidade de nos reinventarmos e descobrirmos novos potenciais criativos inesperados que espreitam em nossa personalidade; quando temos de pagar pela educação dos nossos filhos, dizem-nos que nos tornamos "empreendedores de nós mesmos", agindo como capitalistas que têm de escolher livremente como investir os recursos que possuímos (ou tomamos emprestados) – em educação, saúde, viagens... Constantemente bombardeados por "escolhas livres" impostas, forçados a tomar decisões para as quais na maioria das vezes não estamos sequer apropriadamente qualificados (ou acerca das quais não possuímos informações suficientes), cada vez mais experimentamos a nossa liberdade como o que efetivamente ela é – um fardo que nos priva da verdadeira escolha de mudança. A sociedade burguesa geralmente oblitera castas e outras hierarquias, igualando todos os indivíduos como sujeitos de mercado divididos apenas pela diferença de classe, mas o capitalismo tardio de hoje, com a sua ideologia "espontânea", se esforça para obliterar a própria divisão de classes por meio da proclamação de todos nós como "autoempreendedores", sendo as diferenças entre nós meramente quantitativas (um grande capitalista toma emprestado centenas de milhões para seu investimento, um trabalhador pobre toma emprestados alguns milhares para sua educação suplementar).

No entanto, essa característica tende a ser acompanhada por seu oposto: a característica básica da subjetividade hodierna é a estranha combinação do sujeito livre que experimenta a si mesmo como, em última instância, o responsável pelo seu destino com o sujeito que fundamenta a autoridade do seu discurso no seu estatuto de vítima de circunstâncias além do seu controle. Todo contato com outro ser humano é experimentado como uma ameaça potencial – se o outro fuma, se me lança um olhar cobiçoso, ele já me machuca; essa lógica da vitimização é hoje universalizada, indo muito além dos casos padrões de assédio sexual ou racista – lembre-se da crescente indústria financeira de pagamento de indenizações, desde o acordo com a indústria do tabaco nos Estados Unidos e as reivindicações financeiras de vítimas do holocausto e trabalhadores forçados na Alemanha nazista, até a ideia de que os Estados Unidos deveriam pagar aos afro-americanos centenas de bilhões de dólares por tudo de que foram privados devido ao seu passado de escravidão... A noção do sujeito como vítima envolve a perspectiva narcísica extrema: cada encontro com o Outro aparece como uma ameaça potencial ao precário equilíbrio imaginário do sujeito. Essa noção não é o oposto, mas sim o complemento inerente ao sujeito livre liberal: na forma de individualidade predominante hoje, a afirmação egocêntrica do sujeito psicológico paradoxalmente se sobrepõe à percepção de si mesmo como vítima das circunstâncias.

O que rege o universo da nossa autoexperiência fenomenal é, portanto, um misto de liberdade (de escolha) e absoluta contingência: o nosso sucesso depende de nós, da nossa iniciativa, mas simultaneamente precisamos de sorte. As duas pessoas mais ricas da Eslovênia hoje são um casal de programadores que criaram um aplicativo e o venderam para uma empresa chinesa por quase um bilhão de dólares americanos – eles demonstraram iniciativa, mas ao mesmo tempo tiveram sorte, encontraram-se no lugar certo no momento certo... No entanto, o que se esconde sob essa tensão entre iniciativa e sorte é o domínio obscuro do Destino, cujo exemplo bem conhecido foi o colapso financeiro de 2008 – que pegou quase todos os economistas de surpresa. O "Destino" aparece hoje como a misteriosa circulação global do Capital cheia de sutilezas teológicas e que pode sempre atacar de forma imprevisível.

De volta à nossa linha principal: pode-se dizer também que o movimento especulativo autogerador do Capital indica um limite para o processo dialético hegeliano, algo que escapa à compreensão de Hegel. É nesse sentido que Gerard Lebrun menciona a "imagem fascinante" do Capital apresentada por Marx (especialmente em seus *Grundrisse*):

> uma mistura monstruosa do bom infinito e do mau infinito, o bom infinito que cria seus pressupostos e as condições de seu crescimento, e o mau infinito que nunca cessa de superar suas crises, e que en contra seu limite em sua própria natureza[33].

Na verdade, é em *O Capital* mesmo que, na descrição da circulação do capital, abundam referências hegelianas: com o capitalismo, o valor não é uma mera universalidade abstrata "muda", uma ligação substancial entre a multiplicidade das

---

33. LEBRUN, G. *L'envers de la dialectique*. Paris: Editions du Seuil, 2004, p. 311.

mercadorias; do meio de troca passivo, ele se torna o "fator ativo" de todo o processo. Em vez de assumir apenas passivamente as duas formas diferentes de sua existência real (dinheiro – mercadoria), ele aparece como o sujeito "dotado de um movimento próprio, passando por um processo de vida próprio": ele diferencia-se de si mesmo, postulando sua outridade, e então novamente supera essa diferença – todo o movimento é *seu próprio* movimento. Nesse sentido preciso, "em vez de simplesmente representar as relações de mercadorias, ele entra... em relações privadas consigo mesmo: a "verdade" da sua relação com a sua outridade é a sua autor-relação, ou seja, em seu automovimento, o capital retroativamente "suprassume" as suas próprias condições materiais, transformando-as em momentos subordinados de sua própria "expansão espontânea" – em puro hegelês, ele postula os seus próprios pressupostos.

Nesse sentido, Rebecca Carson postulou a "externalidade intrínseca" do dinheiro no que diz respeito à circulação do capital:

> O dinheiro enquanto dinheiro só aparece formalmente como uma interrupção do processo de vida do capital enquanto um processo que avança para a acumulação do capital, sua valorização (que sempre depende da circulação pela produção e da extração de trabalho abstrato). Em contraste, quando o dinheiro é dinheiro enquanto capital, ele está constantemente em movimento. Torna-se dinheiro enquanto dinheiro quando em repouso de seu movimento de valorização[34].

Embora, uma vez que a circulação do capital se faça presente, o dinheiro seja um de seus momentos, ele também permanece externo a ela em sua existência material direta: posso

---

34. Cf. o capítulo 6 da dissertação de Rebecca Carson: *Marx's social theory of reproduction* (manuscrito não publicado de 2021).

mantê-lo em casa ou depositá-lo num cofre, onde fica "em repouso"... Fica a pergunta: o que acontecerá com a virtualização total do dinheiro, quando ele for apenas uma nota no espaço digital? Será que ainda haverá um lugar para ele estar em repouso?

Crucial é aqui a expressão "um caráter automaticamente ativo", uma tradução inadequada das palavras alemãs usadas por Marx para caracterizar o capital como *automatischem Subjekt*", um "sujeito automático", o oximoro que une subjetividade viva e automatismo morto. O capital é isso: um sujeito, mas um sujeito automático, não vivo – e, novamente, será que Hegel pode pensar essa "mistura monstruosa", um processo de automediação subjetiva e postulação retroativa de pressupostos que, por assim dizer, é capturado num "infinito espúrio" substancial, um sujeito que se torna ele mesmo uma substância alienada?

Essa, talvez, seja também a razão pela qual a referência de Marx à dialética de Hegel em sua "crítica da economia política" é ambígua, oscilando entre tomá-la como a expressão mistificada da lógica do Capital e tomá-la como modelo do processo revolucionário de emancipação. Qual dessas duas posições então é a correta? Será que Marx baseou-se na dialética hegeliana como uma formulação mistificada do processo revolucionário de emancipação, ou ele a usou como a formulação idealista da própria lógica da dominação capitalista? A primeira coisa a notar é que a leitura da dialética de Hegel como uma formulação idealista da lógica da dominação capitalista não vai até o fim: o que, nessa visão, Hegel propõe é a expressão mistificada da *mistificação* imanente à circulação de capital ou, em termos lacanianos, de sua fantasia "objetivamente social" – para colocá-lo em termos um tanto ou quanto ingênuos, para Marx, o capital não é "realmente" uma substância-sujeito que se reproduz por meio da postulação dos seus próprios pressupostos etc.; o que essa fantasia hegeliana de reprodução autogeradora do capital oblitera é a exploração dos trabalhadores, ou seja, como o círculo da autorreprodução do capital extrai sua energia da fonte de valor externa (ou melhor, "ex-tima"), como tem de parasitar os trabalhadores. Então, por que não passar diretamente à descrição da exploração dos trabalhadores, por que se preocupar com fantasias que sustentam o funcionamento do capital? É crucial para Marx incluir na descrição do capital esse nível intermediário de "fantasia objetiva" que não é nem o modo como o capitalismo é experimentado por seus sujeitos (eles são bons nominalistas empíricos inconscientes das "sutilezas teológicas" do capital), nem o "estado real das coisas" (trabalhadores explorados pelo capital).

Vida real *versus* subjetividade sem substância

No entanto, o problema é como pensar a circulação hegeliana do capital e sua causa descentrada (a força de trabalho) juntas, ou seja, como pensar a causalidade de um sujeito produtivo externa à circulação de capital sem recorrer à positividade aristotélica dos potenciais produtivos dos trabalhadores. Para Marx, o ponto de partida é precisamente essa positividade (a força produtiva do trabalho humano), e ele aceita esse ponto de partida como insuperável, rejeitando a lógica do processo dialético que, como Hegel o coloca, progride "do nada, através do nada, para o nada". De acordo com o realismo pós-hegeliano, Marx concebe a "vida real" como um processo positivo externo ao movimento do capital, como seu pressuposto substancial: a "vida" do capital é uma pseudovida espectral que parasita a vida real, uma espécie de vampiro sugando a vida da vida real. O reino do Capital é, portanto, o reino de um Sujeito monstruoso que surge da vida real e a subordina ao seu próprio movimento: a autopostulação do capital parasita a Vida (externa ao capital) como um vampiro, um morto-vivo. Essa passagem da Substância (da vida real) para o (Capital como) Sujeito é a verdade da premissa de Hegel de que devemos conceber o Absoluto não apenas como substância, mas também como sujeito...

No entanto, um olhar mais atento nos obriga a rejeitar tal referência à Vida positiva como o fundamento que é pervertido na alienação: não há vida real externa à alienação que sirva como seu fundamento positivo. O verdadeiro fetiche não é a inversão fetichista da hierarquia "natural" (em vez da vida produtiva real servir de fundamento à vida espectral do capital, a própria vida real é reduzida a um momento subordinado da dança louca do capital especulativo); *o verdadeiro fetiche é a própria noção de vida positiva direta precedendo a alienação, uma vida orgânica cujo equilíbrio foi destruído pela alienação capitalista*. Tal noção é um fetiche, uma vez que nega os antagonismos que atravessam o próprio cerne da vida real.

De um ponto de vista estritamente hegeliano, o próprio sujeito é uma inversão "patológica" da substância da qual ele surge: num movimento violento de abstração, o que é no início um elemento subordinado da substância se autopostula e, retroativamente, postula os seus pressupostos substanciais, estabelecendo-se assim como universal. Em outras palavras, o movimento que define a subjetividade não é a alienação do sujeito e depois a reapropriação do conteúdo alienado: o sujeito retorna a si mesmo da externalidade, mas esse retorno produz aquilo a que ele retorna – o sujeito emerge POR MEIO DA alienação.

Na passagem hegeliana da substância para o sujeito, o sujeito é a verdade da substância, e a liberdade subjetiva é a verdade da necessidade substancial. Contudo, aqui Marx complica as coisas: na medida em que o capital é um Sujeito que surge da substância da vida social, a integração retroativa da substância/vida no sujeito/capital falha, a substância da vida produtiva permanece externa à vida do capital. Isso implica não apenas que a substância da vida não pode ser reduzida a um momento de automediação do capital-sujeito, mas que também deve haver uma subjetividade na própria substância-vida em oposição à subjetividade do capital. A vida do capital é cegamente repetitiva, o capital como sujeito é uma vida mecanicamente autorreprodutora, o que significa que a passagem da necessidade para a liberdade não funciona aqui: o capital não é livre, o verdadeiro potencial de liberdade deve residir na substância da vida externa ao capital. Temos assim dois modos de subjetividade: a subjetividade espectral do capital e a subjetividade proletária pura que é o que resta quando todo o conteúdo substancial é apropriado pelo Capital. O paradoxo é que, na oposição entre a Vida substancial e a subjetividade espectral do Capital, o verdadeiro sujeito está do lado da Vida substancial – a oposição entre Vida e Capital implica que a Vida é em si mesma já antagônica, dividida entre a Vida substancial e o vazio da subjetividade pura.

Qual será então a substância-sujeito do nosso mundo, o capital ou o proletariado? Devemos seguir de perto a lição de Hegel aqui: a substância torna-se sujeito por meio do movimento de alienação, ou seja, o proletariado emerge como sujeito puro quando a substância é sugada de sua Vida. É por isso que há duas referências principais a Hegel no marxismo hegeliano: a lógica de Hegel como a forma mistificada da lógica da emancipação e a lógica de Hegel como a forma mistificada da lógica do capital. A verdade dessa dualidade é, obviamente, a identidade oculta dos dois polos: a lógica do capital é em si mesma (potencialmente) a lógica da emancipação. No entanto, essa identidade oculta só pode ser concebida se introduzirmos outra leitura do processo dialético de Hegel, não aquela que reduz Hegel ao modelo de "o sujeito se aliena em substância e depois se reapropria do seu conteúdo substancial"[35]. Décadas atrás, nos primeiros anos da ecologia moderna, alguns leitores inteligentes de Hegel perceberam que a especulação idealista hegeliana não implica uma apropriação absoluta da natureza – em contraste com a apropriação produtiva, a especulação deixa o seu Outro ser, e não intervém nele.

Isso nos leva ao tema das ficções: será que esse gesto de liberar a realidade, de a deixar-ser o que quer que ela seja, significa que aceitamos a realidade como ela é em si mesma, fora da rede das ficções simbólicas? Aqui as coisas ficam mais complexas. Para Hegel, a forma desse "deixar-ser" é o conhecimento, o conhecimento científico (no sentido que ele dá à palavra) que não mexe com seu objeto, mas meramente observa seu automovimento. O que o conhecimento científico observa não é o seu objeto em si, mas a interação entre o em-si e as nossas ficções, na qual as ficções são uma parte imanente do em-si – e o mesmo ocorre com Marx, para quem, se subtrairmos as ficções, a própria realidade social se desintegra. A ciência experimental de hoje, no entanto, exibe uma postura em relação ao seu objeto que é oposta à de He-

---

35. Deve-se notar também aqui a homologia entre o processo hegeliano de alienação e sua superação por intermédio da mediação subjetiva, isto é, a reapropriação reflexiva, do conteúdo substancial alienado, e o processo freudiano de repressão e sua superação por meio do processo analítico no qual o paciente é levado a reconhecer o seu próprio conteúdo naquilo que lhe aparecia como estranhas formações do inconsciente (as duas articulações mais sistemáticas dessa homologia são encontradas em *Conhecimento e interesse*, de Habermas, e em *Libido und Gesellschaft*, de Helmut Dahmer). Assim como a reflexão hegeliana, a psicanálise não gera um conhecimento neutro-objetivo, mas um conhecimento "prático" que, quando subjetivamente assumido, muda radicalmente seu portador. E devemos acrescentar que o que Lacan fez em seu "retorno a Freud" foi reformular as coordenadas básicas da psicanálise da mesma forma que tentamos fornecer uma nova leitura de Hegel fora do paradigma segundo o qual "o sujeito se apropria da substância".

gel: não uma postura de observação impassível do automovimento do objeto em sua interação com ficções, mas a postura de intervenção ativa em seu objeto e sua manipulação tecnológica, até mesmo a criação de novos objetos (por mutações biogenéticas), que simultaneamente visa como esse objeto é em si mesmo, independentemente da nossa interação com ele. Tomemos o caso exemplar da ciência de hoje, a ciência do cérebro: neurobiólogos e cientistas cognitivos gostam de minar nosso senso comum de sermos agentes livres autônomos com a alegação de que a liberdade subjetiva é uma ficção – na realidade, em si, nossos processos cerebrais são totalmente determinados por mecanismos neurais. A resposta hegeliana a isso é que sim, a liberdade está imanentemente ligada à ficção, mas de uma forma mais sutil – para citar uma passagem bem conhecida do "Prefácio" da *Fenomenologia do espírito* de Hegel:

> A atividade de dissolução é o poder e a obra do *Entendimento*, o mais surpreendente e o mais poderoso dos poderes, ou melhor, o poder absoluto. O círculo que permanece fechado em si mesmo e, como substância, mantém seus momentos juntos, é uma relação imediata, uma relação, portanto, que não tem nada de surpreendente. Mas que um acidente como tal, separado do que o circunscreve, daquilo a que está vinculado e é real apenas em seu contexto com outros, deva alcançar uma existência própria e uma liberdade separada – esse é o tremendo poder do negativo; é a energia do pensamento, do puro Eu[36].

O poder do Entendimento é o poder de dilacerar na mente o que na realidade deve estar íntegro – em suma, o poder de criar ficções. É preciso estar atento a um detalhe fundamental na citação de Hegel: esse poder não é apenas a forma básica da liberdade humana, é o poder de uma "liberdade se-

---

36. HEGEL, G.W.F. *Phenomenology of spirit*. Nova York: Oxford University Press, 1977, p. 18-19.

parada" adquirida por um objeto mesmo quando é arrancado de seu contexto de vida e assim obtém uma existência própria separada. Mas será que esse poder está ativo apenas na nossa mente enquanto a realidade permanece a mesma em si mesma? Em outras palavras, estamos lidando com uma nova versão da oposição de Sartre entre a realidade do ser-em--si e a consciência como o vórtice do ser-para-si? Devemos recordar aqui a definição de trabalho humano de Marx, do capítulo 7 de *O Capital I*:

> Uma aranha realiza operações que se assemelham às de um tecelão, e uma abelha envergonha muitos arquitetos na construção de suas células. Porém, o que distingue o pior arquiteto da melhor das abelhas é que o arquiteto levanta sua estrutura na imaginação antes de erguê-la na realidade. Ao final de cada processo de trabalho, obtemos um resultado que já existia na imaginação do trabalhador no seu começo[37].

Essas imaginações – ficções – estão, é claro, não apenas na cabeça do trabalhador, elas emergem da interação sociossimbólica dos trabalhadores que pressupõe o "grande Outro", a ordem das ficções simbólicas. Então, como será que o "grande Outro" se relaciona com (o que experimentamos como) uma realidade externa? Essa é a questão filosófica básica com a qual lidamos em outro lugar, então voltemos a Saito, que se atém à versão padrão de "o sujeito se aliena na substância e depois se reapropria do seu conteúdo substancial", rejeitando-a como inadequada para lidar com a ecologia. No entanto, Saito não escolhe o oposto do marxismo ocidental, a ontologia geral do materialismo dialético: seu ponto de partida não é a natureza enquanto tal, mas o trabalho humano como o processo de metabolismo entre a humanidade (como parte da natureza) e seu ambiente natural, um proces-

---

37. Cf. www.marxists.org/archive/marx/works/1867-c1/ch07.htm

so que é, obviamente, parte do metabolismo universal (troca de matéria) dentro da própria natureza. Na sua forma mais básica, o trabalho é um processo material de troca que situa a humanidade num contexto muito mais amplo de processos naturais e, como tal, não pode ser reduzido a nenhuma forma de automediação hegeliana: a externalidade da natureza é irredutível. Esse ponto aparentemente abstrato tem consequências cruciais para a maneira como lidamos com a nossa situação ecológica. Saito vê a raiz da crise ecológica na cisão entre o metabolismo material do nosso processo de vida e a lógica autônoma da reprodução do capital que representa uma ameaça a esse metabolismo. No decorrer do livro, Saito admite que houve cisões anteriores[38]:

> a despeito da aparência de produção sustentável de longo prazo nas sociedades pré-capitalistas, sempre houve uma certa tensão entre a natureza e os humanos. O capitalismo sozinho não cria o problema da desertificação *ex nihilo*, ... ele transforma e aprofunda a contradição trans-histórica ao reorganizar radicalmente o metabolismo universal da natureza desde a perspectiva da valorização do capital[39].

Mas o esquema geral continua sendo um progresso linear na alienação. É por isso que Marx também estava, em seus últimos anos, cada vez mais interessado na "tendência socialista inconsciente" nos remanescentes persistentes de formas pré-capitalistas de vida comunal e especulou que eles podem passar diretamente para uma sociedade pós-capitalista (p. ex., em sua famosa carta a Vera Zasulich, Marx joga com a ideia de que, talvez, as comunas de aldeia russas pudessem funcionar como lugares de resistência contra o capital e estabelecer

---

38. SAITO, K. *Karl Marx's ecosocialism*. Nova York: Monthly Review Press, 2017, p. 250.
39. Um caso exemplar de cisão nas sociedades pré-modernas é fornecido pela Islândia: estava totalmente florestada quando os noruegueses lá chegaram, no século VIII, e pouco depois foi totalmente desflorestada.

o socialismo sem passar pelo capitalismo) – essas formas pré-
-capitalistas mantêm mais dos laços íntimos do ser humano
com a terra. Nesse sentido, o título do primeiro capítulo do
livro de Saito – "Alienation of nature as the emergence of
the modern" [A alienação da natureza como o surgimento
do moderno][40] – localiza claramente a "cisão" na modernidade capitalista: "Depois da dissolução histórica da unidade
original entre os humanos e a terra, a produção só pode se
relacionar com as condições de produção como uma propriedade alheia"[41]. E espera-se que o projeto comunista de Marx
cure essa cisão:

> Somente se alguém compreender o estranhamento
> na sociedade capitalista como uma dissolução da
> unidade original dos humanos com a terra, torna-
> -se evidente que o projeto comunista de Marx visa
> consistentemente a uma reabilitação consciente da
> unidade entre humanos e natureza[42].

O fundamento último dessa cisão é que, no capitalismo,
o processo do trabalho não atende às nossas necessidades,
seu objetivo é expandir a reprodução do próprio capital,
independentemente do dano que isso cause ao nosso meio
ambiente – os produtos contam apenas na medida em que
são valorizados, e as consequências para o meio ambiente literalmente não contam. O metabolismo real do nosso
processo de vida está assim subordinado à "vida" artificial
da reprodução do capital, há uma cisão entre os dois e o
objetivo último da revolução comunista não é tanto abolir a
exploração quanto abolir essa cisão por meio da abolição da
valorização do trabalho.

---

40. SAITO, K. *Karl Marx's ecosocialism*. Nova York: Monthly Review
Press, 2017, p. 25.
41. *Ibid.*, p. 26.
42. *Ibid.*, p. 42.

Ecoproletários e os limites da valorização

No capitalismo, a exploração como troca desigual (a apropriação do excedente produzido pelos trabalhadores) ocorre na forma da valorização (a redução da força de trabalho a uma mercadoria). Como David Harvey apontou, a divisão fundamental que caracteriza o capitalismo é a divisão entre trabalho valorizado e não valorizado: o trabalho doméstico das mulheres não conta, porque não é valorizado, não é comprado e pago como uma mercadoria. Isso, é claro, não significa que as mulheres não sejam exploradas: seu trabalho não contabilizado é o que torna possível a exploração propriamente dita (digamos, de seu marido), e o que permite que futuros trabalhadores sejam explorados. Essa parte não valorizada do trabalho não é apenas um lembrete do passado pré-capitalista: cada época do capitalismo necessita de uma medida adequada de equilíbrio entre trabalho formalmente reduzido a uma mercadoria e trabalho não contabilizado, trabalho que é necessário, embora apareça como improdutivo (uma vez que não é valorizado). A solução não é valorizar todo o trabalho na mercantilização global, mas reconhecer socialmente o trabalho que contribui para a reprodução social, embora não esteja incluído no processo de valorização.

A maldisfarçada irracionalidade da predominância do valor de troca foi formulada da melhor maneira há dois séculos por James Maitland, Oitavo Conde de Lauderdale, conhecido na França como "Cidadão Maitland" (esteve em Paris durante a Revolução Francesa, foi amigo pessoal de Jean-Paul Marat e ajudou a fundar a Sociedade Britânica dos Amigos do Povo em 1792). Ele é conhecido como o autor do chamado "paradoxo de Lauderdale", que afirma uma correlação inversa entre a riqueza pública [*public wealth*] e as riquezas privadas [*private riches*], de modo que um aumento nas últimas muitas vezes serviu para diminuir a primeira. "A riqueza pública", escreveu ele, "pode ser precisamente definida – consiste em tudo o que o homem deseja, o que lhe seja útil ou prazeroso". Esses bens têm valor de uso e, portanto, constituem riqueza. Contudo, as riquezas privadas, em oposição à riqueza pública, requerem algo adicional (isto é, têm uma limitação adicional), consistindo "em tudo o que o homem deseja como útil ou prazeroso para si; o que existe num grau de escassez". A escassez, em outras palavras, é um requisito necessário para que algo tenha valor de troca e aumente as riquezas privadas. No entanto, esse não é o caso da riqueza pública, que engloba todo o valor de uso e, portanto, inclui não apenas o que é escasso, mas também o que é abundante. Esse paradoxo levou Lauderdale a argumentar que o aumento da escassez de elementos da vida anteriormente abundantes, mas necessários, como ar, água e comida, se valores de troca fossem então vinculados a ele, aumentaria as riquezas privadas individuais e, com efeito, as riquezas do país – concebidas como "a soma total das riquezas individuais" – mas apenas às custas da riqueza comum. Por exemplo, se alguém pudesse monopolizar a água que antes estava disponível gratuitamente cobrando uma taxa sobre os poços, as riquezas medidas da nação aumentariam às custas da crescente sede da população.

O último exemplo ganha uma atualidade adicional hoje, quando a privatização da água está na agenda neoliberal: os donos das empresas de abastecimento de água enriquecem enquanto a massa dos que precisam de água empobrece... A lógica subjacente a esse paradoxo é clara: para que algo conte no mercado, tem de ter valor, e o valor é um atributo apenas daqueles objetos que são escassos – se estiverem disponíveis gratuita e abundantemente, não poderão ser vendidos e não terão valor. A riqueza mais preciosa de uma sociedade consiste precisamente em objetos que estão disponíveis gratuitamente, como a água ou o ar, mas não contam como valores que possam torná-lo rico. Se a água estiver facilmente disponível, ninguém ficará rico com ela; se o seu abastecimento for controlado por empresas privadas, os proprietários dessas empresas ficarão ricos, portanto, no sentido técnico da riqueza incorporada em valores, há mais riqueza na sociedade, uma vez que a água disponível gratuitamente não conta como riqueza...

Deve-se, no entanto, ter o cuidado de não ignorar aqui a lógica libidinal que sustenta essa irracionalidade: o papel da inveja e da vantagem comparativa. Se um recurso como a água ou o ar está comumente disponível como uma dádiva gratuita da natureza, ele não conta como riqueza – só conta como tal quando diferencia a mim (quem o possui ou controla) dos outros, quando me dá superioridade sobre eles. Em outras palavras, a riqueza só conta como riqueza se houver quem NÃO seja rico. Encontramos aqui um paradoxo propriamente hegeliano já formulado por Epicuro: "A pobreza, se medida pelo fim natural, é uma grande riqueza; mas a riqueza, se não for limitada, é uma grande pobreza". Se a água estiver disponível gratuitamente, seremos todos igualmente pobres devido à nossa grande riqueza; se apenas algumas pessoas possuírem e controlarem a água, sua riqueza excessiva (ilimitada) resultará em pobreza para outras.

De modo mais geral, o grande *insight* do novo ecossocialismo marxista é dissipar o mito da exploração dos trabalhadores assalariados (baseada no livre intercâmbio) como a forma "verdadeira" e "pura" do capitalismo e analisar como essa exploração "pura" dos trabalhadores assalariados sempre, e por razões estruturais necessárias, opera em tensão dialética com formas de expropriação brutal direta. Existem três formas principais dessa expropriação: o roubo de recursos naturais e a destruição do meio ambiente; a expropriação de outras raças e o domínio sobre elas (escravidão direta ou racismo mais refinado); e o trabalho das mulheres (reprodutivo e doméstico). Essas formas *não* fazem parte de uma relação de valor: um escravo ou uma mulher que faça tarefas domésticas não recebe salário e não é explorado da mesma forma que um trabalhador assalariado (a isso devemos acrescentar a expropriação digital, a maneira como somos "roubados" de nossos dados por máquinas digitais que nos controlam). A conclusão é que o capitalismo *nunca* é estruturalmente puro; a exploração salarial tem de ser sempre sustentada por esses outros modos de expropriação. O que Jason Moore afirma é verdade: "O valor não funciona a menos que a maior parte do trabalho não seja valorizada"[43]. Todavia, não devemos extrair desse *insight* uma afirmação universal de que o valor deve ser atribuído a todos os processos, humano, animal ou natural, ou seja, de que o valor é criado onde quer e sempre que energia seja gasta, de modo que não só os trabalhadores são explorados, mas também os animais (cavalos, vacas…), e estamos "explorando" até mesmo os recursos naturais quando queimamos carvão ou usamos petróleo…

Na situação global de hoje, devemos, portanto, colocar em primeiro plano o que alguns analistas chamam de ecoproletários: os pobres do Terceiro Mundo que sofrem expropriação ecológica e pobreza econômica, mesmo que não sejam explorados no sentido capitalista clássico. Seu meio ambiente é destruído pela pilhagem de seus recursos naturais por mercados estrangeiros e seu modo de vida tradicional é gradualmente substituído pela frágil existência de tornarem-se refugiados sem-teto em sua própria terra. O mantra liberal-capitalista segundo o qual os países ricos estão lidando melhor com todos os problemas, de modo que a solução consiste em os pobres ficarem mais ricos, é um modelo do que Hegel

---

43. Cf. MOORE, J. *Capitalism in the web of life*. Londres: Verso Books, 2015.

chamou de pensamento abstrato: no mundo global de hoje, desenvolvidos e menos desenvolvidos estão interconectados, ricos são ricos também por causa de sua interação com os pobres (explorando seus recursos, usando sua mão de obra barata etc.), de modo que os ricos são ricos também porque os pobres são pobres.

O que é interessante aqui é como a colonização do meio ambiente pode ser justificada nos termos dos direitos dos trabalhadores. John Locke, o grande filósofo iluminista e defensor dos direitos humanos, justificou os colonos brancos que estavam tomando terras dos nativos americanos com um estranho argumento, que parece de esquerda, contra a propriedade privada excessiva. Sua premissa era que um indivíduo deveria ser autorizado a possuir apenas a quantidade de terra que ele fosse capaz de usar produtivamente, não grandes extensões de terra que ele não fosse capaz de usar (e, então, eventualmente, dá-la a outros para usá-la e auferir aluguel por ela). Na América do Norte, os nativos afirmam que vastas extensões de terra eram suas, embora não fossem capazes de usá-las produtivamente, mas principalmente apenas para a caça de animais não domesticados, de modo que suas terras foram improdutivamente desperdiçadas e os colonos brancos que queriam usá-las para agricultura intensiva tinham o direito de se apropriar delas em benefício da humanidade...

Devemos manter a cisão e a tensão entre o metabolismo material dos processos de vida e a circulação do capital na qual valor cria mais valor: a fim de que a exploração no sentido estrito de apropriação de mais-valia funcione, tem de haver muito trabalho feito que não seja "valorado" no sentido capitalista. A tentação a ser resistida aqui é a de reajustar a injustiça da apropriação direta invisível de dentro do horizonte de valor por uma mercantilização ou valoração global radical (o trabalho doméstico e reprodutivo feminino também deve ser pago, o valor de elementos naturais, ar, água…). Em vez de tentar incluir tudo o que contribui para a riqueza no domínio do valor, devemos nos esforçar para liberar cada vez mais esferas do domínio do valor.

No entanto, isso de forma alguma implica que devemos simplesmente excluir cada vez mais domínios da esfera da valorização. A valorização também pode e deve ser explodida "de dentro", por meio da exploração dos paradoxos e dos resultados inesperados da inclusão de novas esferas no processo de valoração capitalista. A crítica de Paolo Virno ao capitalismo é baseada na distinção entre potencialidade e atualidade – digamos, a linguagem falada pelas pessoas é uma potencialidade, ela sustenta a possibilidade de se produzir um conjunto infinito de enunciações. Essa potencialidade nunca é exaurida por todas as proposições atualmente feitas, e essas proposições não apenas atualizam a potencialidade, mas em certo sentido a negam – o que toda enunciação atual nega é o excedente de potencialidade sobre atualidade, uma vez que nela a potencialidade infinita evapora e tudo o que temos é uma enunciação (ou um conjunto de enunciações) como uma entidade positiva determinada. O argumento de Virno é que o mesmo vale para a noção de força de trabalho de Marx: é uma potencialidade atualizada no trabalho que produziu mercadorias, e o que Marx chama de "alienação" não é primariamente a apropriação pelo capital da mais-valia, mas a apropriação pelo capital da potencialidade infinita da força de trabalho – quando a força de trabalho é comprada como uma mercadoria, sua potencialidade infinita é reduzida a um objeto finito, ou seja, a lacuna que separa potencialidade e atualidade desaparece num curto-circuito entre as duas dimensões. Aqui, no entanto, devemos dar um passo adiante: o verdadeiro curto-circuito ocorre não apenas quando a própria força de trabalho se torna uma mercadoria, mas quando ela é diretamente produzida como uma mercadoria. Há, portanto, três (e não apenas duas) etapas de mercantilização: primeiro, proprietários individuais (ou coletivos de produtores) vendem seus produtos no mercado; então, a própria força de trabalho (usada na produção de mercadorias) torna-se uma mercadoria vendida no mercado; finalmente, a produção da mercadoria "a força de trabalho" torna-se um campo de investimento capitalista. Somente nesse ponto alcançamos o que Balibar chama de "a subsunção total" do processo produtivo sob o capital[44]:

> Embora Marx tenha explicado que o "capital" em última análise poderia ser reduzido a trabalho (produtivo) ou nada mais era do que trabalho numa forma diferente, apropriado por uma classe diferente, a teoria do capital humano explica que o trabalho – mais precisamente a "capacidade de trabalho" (*Arbeitsvermögen*) – pode ser reduzido ao capital ou passar a ser analisado em termos de operações capitalistas de crédito, investimento e lucratividade. Isso, obviamente, é o que subjaz à ideologia do indivíduo como um "autoempreendedor", ou "empreendedor de si mesmo"[45]. A questão aqui "não é tanto descrever um crescimento de mercados para produtos existentes; é muito mais ampliar o alcance do mercado para além dos limites da "esfera da produção" no sentido tradicional, portanto acrescentar novas fontes de "mais-valia extra" permanentes que possam se integrar à valorização, superando suas limitações, porque o capital é valorizado tanto do lado "objetivo" do trabalho e da produção quanto do lado "subjetivo" do consumo e do uso[46].

---

44. BALIBAR, E. Towards a new critique of political economy: from generalized surplus-value to total subsumption. *In: Capitalism*: concept, idea, image. Kingston: CRMEP Books, 2019.
45. *Ibid.*, p. 51.
46. *Ibid.*, p. 53.

Portanto, não se trata apenas de tornar a força de trabalho mais produtiva; mas de conceber a própria força de trabalho diretamente como outro campo de investimento capitalista: todos os aspectos da sua própria vida "subjetiva" (saúde, educação, vida sexual, estado psíquico...) são considerados não apenas importantes para a produtividade dos próprios trabalhadores, mas como campos de investimento que podem gerar mais-valia adicional. Os serviços de saúde não atendem simplesmente aos interesses do capital ao tornarem os trabalhadores mais produtivos; eles próprios são um campo de investimento incrivelmente poderoso, não apenas para o capital (os serviços de saúde são o ramo mais forte da economia dos Estados Unidos, muito mais forte do que a defesa), mas para os próprios trabalhadores (que tratam o pagamento do seguro de saúde como um investimento em seu futuro). O mesmo vale para a educação: ela não o prepara simplesmente para o trabalho produtivo – ela é em si mesma um campo lucrativo de investimento para instituições e para indivíduos que investem em seu futuro. É como se, dessa forma, a mercantilização não apenas se tornasse total, mas também fosse apanhada numa espécie de laço autorreferencial: a força de trabalho como a máxima "fonte da riqueza (capitalista)", a origem da mais-valia, torna-se ela mesma um momento de investimento capitalista. Em nenhum lugar esse laço é mais claramente expresso do que na ideia do trabalhador como "autoempreendedor", um capitalista que decide livremente em que investir seus (míseros) recursos excedentes (ou, principalmente, recursos adquiridos por meio de empréstimos): na educação, na saúde, na propriedade habitacional... Será que esse processo tem limite? Quando, precisamente no último parágrafo do seu ensaio, Balibar aborda essa questão, ele estranhamente recorre a uma referência lacaniana, à lógica do não todo de Lacan (a partir das suas "fórmulas da sexuação"):

Isso é o que eu chamo de uma subsunção total (depois de uma subsunção "formal" e outra "real"), porque não deixa nada de fora (nenhuma reserva para uma vida "natural"). Ou, qualquer coisa que seja deixado de fora deve aparecer como um resíduo e um campo para posterior incorporação. Ou, será que deve? É claro que essa é toda a questão, tanto ética quanto política: será que há limites para a mercantilização? Será que existem obstáculos internos e externos? Um lacaniano poderia querer dizer: toda tal totalização inclui um elemento de impossibilidade que pertence ao "real"; deve ser *pas tout*, ou não todo. Se esse fosse o caso, os elementos heterogêneos, os restos intrínsecos da subsunção total, poderiam aparecer de muitas formas diferentes, algumas aparentemente individualistas, como patologias ou resistências anarquistas, outras comuns ou mesmo públicas. Ou podem se manifestar em certas dificuldades na implementação da agenda neoliberal, tal como a dificuldade de desmantelar um sistema Medicare depois de legalizado[47].

O que Balibar diz aqui é muito estranho para um lacaniano: ele condensa (ou melhor, simplesmente confunde) os dois lados das fórmulas da sexuação de Lacan e simplesmente lê a exceção como não todo: a totalidade da subsunção é não toda, uma vez que há exceções que resistem a serem subsumidas ao Capital. Porém, Lacan precisamente opõe não todo e exceção: toda universalidade se baseia numa exceção, e quando não há exceções, o conjunto é não todo, não pode ser totalizado (uma exceção interessante ao controle politicamente correto do discurso público são as letras de rap: aí você pode dizer tudo, celebrar o estupro e o assassinato etc. Por que essa exceção? A razão é fácil de adivinhar: os negros são considerados a imagem privilegiada da vitimização

---

47. BALIBAR, E. Towards a new critique of political economy: from generalized surplus-value to total subsumption. *In: Capitalism*: concept, idea, image. Kingston: CRMEP Books, 2019, p. 57.

e o rap, a expressão da miséria da juventude negra, então a brutalidade das letras de rap é absolvida de antemão como a expressão autêntica do sofrimento e da frustração negra). Essa oposição também deve ser aplicada ao tópico da subsunção: deve-se passar da busca da exceção, para aqueles que resistem à subsunção (universal) e são enquanto tais o "lugar da resistência", a endossar a subsunção sem exceção e contar com o seu não-todo. A subsunção de vidas individuais a que Balibar se refere não pode ser reduzida a um caso particular de subsunção capitalista universal; elas permanecem um caso particular que, devido à sua natureza autorrelacional (a própria força de trabalho se torna capital), redobra a produção de mais-valia.

Na crítica da economia política de Marx, há dois casos principais de universalidade por meio de exceção: o dinheiro e a força de trabalho. O campo das mercadorias só pode ser totalizado por meio de uma mercadoria especial que funcione como um equivalente geral de todas as mercadorias, mas seja como tal privada de valor de uso; o campo do intercâmbio de mercadorias só se totaliza quando os produtores individuais não apenas vendem seus produtos no mercado, mas quando a força de trabalho (como uma mercadoria cujo valor de uso é gerar mais-valia) também é vendida no mercado como uma mercadoria. Então, eis talvez um terceiro caso: quando essa mercadoria que produz a própria mais-valia se torna um objeto de investimento de capital trazendo mais-valia, de modo que temos dois tipos de mais-valia, a mais-valia "normal" gerada pelos produtos da força de trabalho e o excedente gerado pela produção da própria força de trabalho. Um bom exemplo do entendimento de Hegel sobre como o Absoluto sempre envolve autodivisão e é, nesse sentido, não todo: com a produção da própria força de trabalho como um campo de investimento de capital, a subsunção sob o capital se torna total – mas, precisamente como tal, ela se torna não toda, não pode ser totalizada, o elemento autorreferencial da própria força de trabalho como um investimento de capital introduz uma lacuna que introduz desequilíbrio no campo inteiro. Por exemplo, o que significam os enormes investimentos em educação? Muitos estudos empíricos demonstram que a maior parte do ensino superior não é realmente útil para a reprodução do capital – até mesmo as escolas de negócios efetivamente fazem muito pouco para treinar indivíduos para se tornarem gerentes eficazes. Consequentemente, embora sejamos bombardeados pela mensagem da mídia de que a educação é crucial para uma economia bem-sucedida, a maioria dos estudos universitários é irrelevante para propósitos comerciais. É por isso que as instituições estatais e empresariais reclamam o tempo todo sobre como as Humanidades não servem para nada e como as universidades deveriam ser feitas para atender às necessidades da vida real (isto é, do capital). Mas e se for precisamente isso que torna o nosso enorme sistema educacional tão precioso? Não serve a nenhum objetivo claramente definido, apenas multiplica a cultura "inútil", o pensamento refinado, a sensibilidade para a arte etc.? Por conseguinte, nos encontramos numa situação paradoxal: no exato momento em que, formalmente, até mesmo a educação se torna cada vez mais subsumida ao capital como um campo de investimento, o resultado real dessa subsunção é que enormes quantias de dinheiro são gastas no cultivo de conhecimento e arte como fim em si mesmo ... Temos, portanto, centenas de milhares de indivíduos altamente educados que não têm qualquer utilidade para o capital (que não conseguem encontrar empregos) e, em vez de protestarmos contra esse gasto sem sentido de recursos financeiros, será que não deveríamos celebrar esse resultado como um sinal inesperado da expansão do "reino da liberdade"?

Não há capitalismo – e não há saída dele – sem ciência

Para explicar a cisão entre a vida real e a vida do capital não basta evocar o fato de, no capitalismo, o processo metabólico entre os humanos e a natureza estar subordinado à valorização do capital. O que fez essa cisão explodir foi o vínculo íntimo entre o capitalismo e a ciência moderna: a tecnologia capitalista que desencadeou mudanças radicais nos ambientes racionais não pode ser imaginada sem a ciência, razão pela qual alguns ecologistas já propuseram mudar o termo para a nova época em que estamos entrando de Antropoceno para capitaloceno. Aparatos baseados na ciência permitem aos humanos não apenas conhecer o real que está fora do escopo da sua realidade experiencial (como ondas quânticas); mas também lhes permitem construir novos objetos "antinaturais" (inumanos) que não podem deixar de aparecer em nossa experiência como aberrações da natureza (*gadgets*, organismos geneticamente modificados, ciborgues etc.). O poder da cultura humana não é apenas construir um universo simbólico autônomo além do que experimentamos como natureza, mas produzir novos objetos naturais "antinaturais" que materializam o conhecimento humano. Nós não apenas "simbolizamos a natureza", nós, por assim dizer, a desnaturalizamos de dentro.

Hoje, essa desnaturalização da natureza é abertamente palpável, faz parte do nosso cotidiano, razão pela qual a política emancipatória radical não deve visar nem ao domínio completo sobre a natureza, nem à aceitação humilde pela humanidade da predominância da Mãe-Terra. Em vez disso, a natureza deve ser exposta em toda a sua contingência e indeterminação catastrófica e a agência humana deve assumir toda a imprevisibilidade das consequências da sua atividade. Apesar da adaptabilidade infinita do capitalismo que, no caso de uma catástrofe ou crise ecológica aguda, pode facilmente transformar a ecologia num novo campo de investimento e competição capitalista, a própria natureza do risco envolvido impede fundamentalmente uma solução de mercado – por quê?

O capitalismo só funciona em condições sociais precisas: implica confiança no mecanismo objetificado/"reificado" da "mão invisível" do mercado que, como uma espécie de Astúcia da Razão, garante que a competição dos egoísmos individuais funcione para o bem comum. No entanto, estamos no meio de uma mudança radical. Até agora, a Substância histórica desempenhou seu papel de meio e fundamento de todas as intervenções subjetivas: o que quer que os sujeitos sociais e políticos fizessem, ela era mediada e, em última instância, dominada, sobredeterminada, pela Substância histórica. O que hoje se vislumbra no horizonte é a possibilidade inaudita de que uma intervenção subjetiva intervenha diretamente na Substância histórica, perturbando catastroficamente o seu curso por meio do desencadeamento de uma catástrofe ecológica, uma mutação biogenética fatídica, uma catástrofe social-militar nuclear ou similar etc. Já não podemos contar com o papel de salvaguarda do escopo limitado de nossos atos: já não se sustenta que, façamos o que fizermos, a história prosseguirá. Pela primeira vez na história da humanidade, o ato de um único agente sociopolítico pode efetivamente alterar e até mesmo interromper o processo histórico global, de modo que, ironicamente, só hoje podemos dizer que o processo histórico deve efetivamente ser concebido "não apenas como Substância, mas também como Sujeito".

A famosa afirmação de Marx de que, com o capitalismo, "tudo o que é sólido se desmancha no ar, tudo o que é sagrado é profanado", hoje assume um novo significado: com os últimos desenvolvimentos biogenéticos, estamos entrando numa nova fase na qual é simplesmente *a própria natureza* que se desmancha no ar: a principal consequência dos avanços científicos na biogenética é o fim da natureza. Ao conhecermos as regras de sua construção, os organismos naturais são transformados em objetos suscetíveis de manipulação. A natureza, humana e inumana, é assim "dessubstancializada", privada de sua densidade impenetrável, daquilo que Heidegger chamou de "terra". Isso nos obriga a dar uma nova torção no título de Freud, *Unbehagen in der Kultur* – descontentamento, mal-estar, na cultura. Com os últimos desenvolvimentos, o descontentamento se desloca da cultura para a própria natureza: a natureza já não é "natural", o confiável pano de fundo "denso" de nossas vidas; agora aparece como um mecanismo frágil que, a qualquer momento, pode explodir numa direção catastrófica.

Crucial aqui é a interdependência do ser humano e da natureza: ao reduzir o ser humano a apenas outro objeto natural cujas propriedades podem ser manipuladas, o que perdemos não é (apenas) a humanidade, mas a *própria natureza*. Não há um alicerce firme, um lugar de refúgio com o qual se possa seguramente contar. Significa aceitar plenamente que a "natureza não existe", ou seja, consumar plenamente a lacuna que separa a noção de natureza como mundo da vida e a noção científica de realidade natural: a "natureza" enquanto o domínio da reprodução equilibrada, do desenvolvimento orgânico no qual a humanidade intervém com a sua *hubris*, descarrilando brutalmente o seu movimento circular, é uma fantasia do ser humano; a natureza já é em si mesma uma "segunda natureza", o seu equilíbrio é sempre secundário, uma tentativa de negociar um "hábito" que restauraria alguma ordem após interrupções catastróficas. Isso é o que significa que a humanidade não tem para onde recuar: não apenas "não há um grande Outro" (ordem simbólica autocontida como a garantia última do Significado); também não há *Natureza enquanto* ordem equilibrada de autorreprodução cuja homeostase é perturbada – descarrilada, por intervenções humanas desequilibradas. Não apenas o grande Outro é "barrado", mas a Natureza também é barrada. Com efeito, o que precisamos é de *ecologia sem natureza*: o obstáculo último à proteção da natureza é a própria noção de natureza na qual nos baseamos[48]. A verdadeira fonte de problemas não é "o evento mais significativo a afetar a cultura ocidental durante os últimos séculos", nomeadamente a "ruptura da relação entre o homem e a natureza"[49], o recuo da relação de confiança. Ao contrário, essa própria "relação de fé com a realidade mesma" é o principal obstáculo que nos impede de enfrentar a crise ecológica em toda a sua radicalidade[50].

Uma vez que o operador dessa desnaturalização da natureza é a ciência moderna, o fato de que devemos endossar completamente a desnaturalização significa que não devemos reduzir a ciência ao seu papel no capitalismo: a implicação mútua, cumplicidade mesmo, da ciência e do capitalismo não é perfeita, ela implica uma tensão imanente em cada um dos dois termos. A ciência se oferece ao capitalismo na medida em que ela é em si mesma cega para uma dimensão fundamental de sua existência sinalizada por Lacan em algumas formulações codependentes: a ciência foraclui a dimensão do sujeito: a ciência opera no nível do conhecimento e ignora a verdade; a ciência não tem memória. Vamos começar com essa última característica:

---

48. Cf. MORTON, T. *Ecology without nature*. Cambridge: Harvard University Press, 2007.
49. *Ibid.*, p. 35.
50. Tratei desse tema mais detalhadamente no capítulo "Unbehagen in der Natur" do meu livro *In defense of lost causes* [*Em defesa das causas perdidas*]. Londres: Verso Books, 2008.

o fato é que a ciência, se a observarmos de perto, não tem memória. Uma vez constituída, ela forja o caminho tortuoso pelo qual veio a existir; dito de outra forma, ela esquece uma dimensão de verdade que a psicanálise põe seriamente em funcionamento. Devo, no entanto, ser mais preciso. É amplamente conhecido que a física teórica e a matemática – depois de cada crise que é resolvida de uma forma para a qual o termo "teoria generalizada" não pode de modo algum ser entendido como "uma mudança para a generalidade" – amiúde mantêm o que generalizam em sua posição na estrutura precedente. Esse não é o meu ponto aqui. Minha preocupação é a taxa [drama], a taxa subjetiva que cada uma dessas crises cobra dos eruditos. A tragédia [drama] tem suas vítimas, e nada nos permite dizer que seu destino possa ser inscrito no mito edipiano. Digamos que o assunto não foi muito estudado. J. R. Mayer, Cantor – bem, não vou fornecer uma lista de tragédias de primeira linha, levando às vezes ao ponto da loucura; os nomes de alguns de nossos contemporâneos, em cujos casos considero exemplar a tragédia do que está acontecendo na psicanálise, logo teriam de ser acrescentados à lista[51].

O que Lacan visa aqui vai muito além das tragédias psíquicas dos grandes inventores científicos (ele menciona Cantor cuja revolução da noção de infinito desencadeou uma agitação interior que o conduziu ao limite da loucura e até mesmo o levou a praticar coprofagia) – do ponto de vista científico, tais tragédias são detalhes irrelevantes da vida privada que de forma alguma afetam o estatuto de uma descoberta científica. Esses detalhes *devem* ser ignorados se quisermos compreender uma teoria científica – essa ignorância não é uma fraqueza da teoria científica, mas sua força. Uma teoria científica é "objetiva": ela suspende sua posição de enuncia-

---

51. LACAN, J. *Écrits*. Nova York: Norton, 1997, p. 738.

ção – não importa quem a enuncie; tudo o que importa é seu conteúdo. Nesse sentido, o discurso da ciência foraclui seu sujeito. Lacan, no entanto, que tenta pensar o sujeito da ciência moderna, traz à tona tais detalhes "psicológicos" – não a fim de relativizar a validade das teorias científicas, mas para responder à questão: que mudanças têm de ocorrer na subjetividade de um cientista para que tal teoria possa ser formulada? Uma teoria pode ser "objetivamente válida", mas sua enunciação pode, no entanto, basear-se em mudanças subjetivas traumáticas – não há harmonia preestabelecida entre sujeito e objeto.

O que Lacan visa também vai além da chamada "responsabilidade ética" dos cientistas pelo (mau) uso de suas realizações científicas – em algumas ocasiões, Lacan menciona J. R. Oppenheimer, o chefe do Laboratório de Los Alamos durante a guerra, muitas vezes creditado com sendo o "pai da bomba atômica". Quando a primeira bomba atômica foi detonada com sucesso em 16 de julho de 1945, ele observou que isso trouxe à mente palavras do *Bhagavad Gita*: "Agora eu me tornei a Morte, o destruidor de mundos". Assolado por escrúpulos éticos, manifestou publicamente as suas dúvidas e, em consequência, sofreu a revogação do seu credenciamento de segurança e foi efetivamente destituído de influência política direta... Por louvável que seja, uma posição crítica como essa não é suficiente, ela permanece no nível de "comitês de ética" que proliferam hoje e tentam restringir o progresso científico na camisa de força das "normas" predominantes (até onde devemos ir com a manipulação biogenética etc.). Isso não é suficiente – apenas equivale a um controle secundário sobre uma máquina que, se pudesse seguir seu curso imanente, teria engendrado resultados catastróficos.

A armadilha a ser evitada aqui é dupla. Por um lado, não basta localizar o perigo de determinados usos indevidos da ciência devidos à corrupção (como os cientistas que apoiam a negação da mudança climática) ou algo semelhante – o perigo reside num nível muito mais geral; diz respeito ao próprio modo de funcionamento da ciência. Por outro lado, também devemos rejeitar a generalização precipitada do perigo no que Adorno e Horkheimer chamaram de "razão instrumental" – a ideia de que a ciência moderna é, na sua própria estrutura básica, dirigida para dominar, manipular e explorar a natureza, além da ideia concomitante de que a ciência moderna é, em última análise, apenas uma radicalização de uma tendência antropológica básica (para Adorno e Horkheimer em sua *Dialética do esclarecimento*, há uma linha reta do uso primitivo da magia para influenciar processos naturais até a tecnologia moderna). O perigo reside na conjunção específica entre ciência e capital.

Para obter a dimensão básica do que Lacan visa na passagem citada acima, temos de voltar à diferença entre saber e verdade, na qual "verdade" adquire todo o seu peso específico – para indicar esse peso, relembre como, hoje, os populistas anti-imigrantistas lidam com o "problema" dos refugiados: eles o abordam numa atmosfera de medo, da luta que se aproxima contra a islamização da Europa, e eles são apanhados numa série de absurdos óbvios. Para eles, os refugiados que fogem do terror são equiparados ao terrorista do qual escapam, alheios ao fato óbvio de que, embora entre os refugiados haja também terroristas, estupradores, criminosos etc., a grande maioria são pessoas desesperadas em busca de uma vida melhor. A causa dos problemas que são imanentes ao capitalismo global de hoje é projetada num intruso externo. Encontramos aqui *fake news* que não podem ser reduzidas a uma simples inexatidão – se elas (pelo menos parcialmente) expressam corretamente (alguns dos) fatos, são ainda mais perigosamente "falsas". O racismo e o sexismo anti-imigrantista não são perigosos porque mentem, são perigosos sobretudo quando sua mentira é apresentada na forma de uma verdade factual (parcial).

É essa dimensão da verdade que escapa à ciência: da mesma maneira que o meu ciúme é "inverídico" mesmo que as suas suspeitas sejam confirmadas por conhecimento objetivo, da mesma maneira que o nosso medo de refugiados é falso no que diz respeito à posição subjetiva de enunciação que ele implica mesmo que alguns fatos possam confirmá-lo, a ciência moderna é "inverídica" na medida em que é cega para a maneira como está integrada à circulação do capital, por sua vinculação com a tecnologia e seu uso capitalista, isto é, pelo que, nos velhos termos marxistas, foi chamado de "mediação social" de sua atividade. É importante ter em mente que essa "mediação social" não é um fato empírico externo ao procedimento científico imanente: é uma espécie de *a priori* transcendental que estrutura de dentro o procedimento científico. Portanto, não é apenas que os cientistas "não se importam" com o eventual mau uso de seu trabalho (se esse fosse o caso, bastariam cientistas mais "socialmente conscientes"), esse "não se importar" está inscrito em sua estrutura, ele colore o próprio "desejo" que motiva a atividade científica (que é o que Lacan visa com sua afirmação de que a ciência não tem memória) – como?

Nas condições do capitalismo desenvolvido, prevalece uma divisão estrita entre os que fazem o trabalho (trabalhadores) e os que o planejam e coordenam – estes últimos estão do lado do capital, seu trabalho é maximizar a valorização do capital, e quando a ciência é usada para aumentar a produtividade, ela também se restringe à tarefa de facilitar o processo de valorização do capital. A ciência está, portanto, firmemente entrincheirada no lado do capital, é a figura última do conhecimento que é tirado dos trabalhadores e apropriado pelo capital e seus executores. Os cientistas que trabalham também são pagos, mas seu trabalho não está no mesmo nível do trabalho dos operários: eles, por assim dizer, trabalham para o outro lado (oposto), eles são de certa forma os fura-greves do processo de produção... Isso, claro, não significa que a ciência natural moderna esteja inexoravelmente do lado do capital: hoje, a ciência é necessária mais do que nunca em qualquer resistência contra o capitalismo. A questão é apenas que a própria ciência não é suficiente para fazer esse trabalho, uma vez que "não tem memória", pois ignora a dimensão da verdade.

Devemos, portanto, distinguir dois níveis do que torna a ciência problemática. Em primeiro lugar, há, a um nível geral, o fato de a ciência "não ter memória", fato que faz parte da sua força, que é constitutivo da ciência. Depois, há a conjunção específica de ciência e capitalismo – aqui, "sem memória" refere-se a uma cegueira específica por sua própria mediação social. No entanto, Greta Thunberg está certa quando afirma que os políticos devem ouvir a ciência – o dito de Wagner, *Die Wunde schliest der Speer nur, der Sie schlug* ("A ferida só pode ser curada pela lança que a fez"), adquire, assim, uma nova realidade. As ameaças de hoje não são principalmente externas (naturais), mas autogeradas pela atividade humana permeada pela ciência (as consequências ecológicas de nossa indústria, as consequências psíquicas da biogenética descontrolada etc.), de modo que as ciências são simultaneamente (uma das) fonte(s) de riscos e o único meio que temos para apreender e definir as ameaças (mesmo que culpemos a civilização científico-tecnológica pelo aquecimento global, precisamos da mesma ciência não só para definir o alcance da ameaça, mas muitas vezes até mesmo para perceber a ameaça). O que precisamos não é de uma ciência que redescubra sua fundamentação na sabedoria pré-moderna – a sabedoria tradicional é precisamente algo que nos impede de perceber a ameaça real de catástrofes ecológicas. A sabedoria "intuitivamente" nos diz para confiarmos na mãe natureza, que é a base estável do nosso ser – mas é precisamente essa base estável que é minada pela ciência e tecnologia modernas. Portanto, precisamos de uma ciência que seja dissociada de ambos os polos, tanto do circuito autônomo do capital quanto da sabedoria tradicional, uma ciência que poderia finalmente se manter sozinha. O que isso significa é que não há retorno ao sentimento autêntico de nossa unidade com a natureza: a única maneira de enfrentar os desafios ecológicos é aceitar plenamente a desnaturalização radical da natureza.

Será que o trabalho abstrato é universal?

Ao passar em silêncio sobre esse papel fundamental da ciência moderna, Saito pensa abstratamente (no sentido hegeliano de abstrair ou ignorar circunstâncias concretas) e as implicações e consequências dessa abstração são de longo alcance. Como Marx, Saito vê o trabalho humano como uma característica trans-histórica de todas as sociedades, como uma base histórico-natural para diferentes organizações sociais do trabalho. Mas – de uma forma que, pelo menos à primeira vista, não pode deixar de parecer enigmática – ele vai um passo além e também afirma o caráter trans-histórico do trabalho abstrato: ele insiste que o trabalho abstrato já existe nas sociedades pré-modernas, que não é – como o valor – uma forma puramente social que emerge apenas por meio da troca de mercadorias; ele cita Marx para provar que "o trabalho abstrato é também um elemento material do processo de trabalho"[52]: "Todo trabalho é um dispêndio de força de trabalho humana, no sentido fisiológico, e é nessa qualida-

---

52. SAITO, K. *Karl Marx's ecosocialism*. Nova York: Monthly Review Press, 2017, p. 109.

de de ser trabalho humano igual, ou abstrato, que ele forma o valor das mercadorias". Mas será que realmente segue-se disso que o trabalho abstrato seja "um certo aspecto material da atividade humana, nesse caso, o puro dispêndio fisiológico do trabalho"[52]? Não será que, como Marx demonstrou na sua Introdução aos *Grundrisse*, a própria abstração é um fato social, o resultado de um processo social de abstração?

> embora a categoria mais simples possa ter existido historicamente antes da mais concreta, ela pode alcançar seu pleno desenvolvimento (intensivo e extensivo) precisamente numa forma combinada de sociedade, enquanto a categoria mais concreta foi mais plenamente desenvolvida numa forma menos desenvolvida de sociedade. O trabalho parece uma categoria bastante simples. A concepção do trabalho nessa forma geral – como trabalho enquanto tal – também é imensuravelmente antiga. No entanto, quando é economicamente concebido nessa simplicidade, o "trabalho" é uma categoria tão moderna quanto as relações que criam essa simples abstração[53].

Será que o mesmo não vale para o trabalho abstrato? Quando Marx escreve que "ao equipararem seus diferentes produtos uns aos outros na troca como valores", os homens "equiparam seus diferentes tipos de trabalho como trabalho humano", será que ele não indica que diferentes tipos de trabalho são equiparados apenas por meio da troca mercantil? Somente numa sociedade cujo metabolismo é regulado pela troca de mercadorias o "trabalho abstrato" é postulado como tal, por si mesmo. Numa sociedade capitalista, sua "abstração" é um fato social (um trabalhador recebe um salário por seu trabalho medido em sua abstração). Saito argumenta que o trabalho abstrato se refere ao que todo trabalho humano

---

53. Cf. www.marxists.org/archive/marx/works/1857/grundrisse/ch01.htm

tem em comum, um dispêndio puramente fisiológico de energia humana no tempo. No entanto, será que isso não permanece uma "universalidade muda", não uma abstração real que marca o trabalho de forma imanente, tornando a lacuna entre o abstrato e o concreto parte da própria identidade do trabalho? Além disso, seguindo a definição de trabalho de Marx que Saito endossa, o trabalho não é apenas dispêndio fisiológico, mas também uma atividade mental de planejamento e atenção contínua, e esse aspecto é aqui ignorado por Saito.

O principal argumento de Saito para sua leitura é que o trabalho abstrato é fisiológico "porque desempenha um papel social de forma trans-histórica em qualquer sociedade"[54]: a quantidade total de trabalho é inevitavelmente limitada a um certo período, e é por isso que sua alocação é crucial para a reprodução da sociedade – o trabalho abstrato é operativo em qualquer divisão social do trabalho. Mas será que esse argumento se sustenta? Imediatamente chama a atenção que a definição de Saito do trabalho como dispêndio fisiológico seja ela mesma historicamente específica, enraizada no espaço anti-hegeliano do século XIX – somente dentro desse espaço pode-se conceber o "simples trabalho médio" como um padrão de nível zero ao qual todas as suas formas mais complexas podem ser reduzidas:

> O trabalho mais complexo conta apenas como trabalho simples *intensificado*, ou melhor, *multiplicado*, de modo que uma quantidade menor de trabalho complexo é considerada igual a uma quantidade maior de trabalho simples. A experiência mostra que essa redução é feita constantemente. Uma mercadoria pode ser o resultado do trabalho mais complicado, mas por seu valor ela é postulada como igual ao produto do trabalho simples, por-

---

54. SAITO, K. *Karl Marx's ecosocialism*. Nova York: Monthly Review Press, 2017, p. 108.

tanto ela representa apenas uma quantidade específica de trabalho simples. As várias proporções nas quais diferentes tipos de trabalho são reduzidos a trabalho simples como sua unidade de medida são estabelecidas por um processo social que ocorre pelas costas dos produtores; essas proporções, portanto, parecem aos produtores ter sido transmitidas pela tradição[55].

O termo enigmático fundamental aqui é "experiência" – como David Harvey observou em seu comentário clássico, "Marx nunca explica que 'experiência' ele tem em mente, tornando essa passagem altamente controversa"[56]. O mínimo que se pode acrescentar é que essa "experiência" tem de ser concebida como referindo-se a uma situação histórica específica: não só o que conta como trabalho simples, mas *a própria prática de reduzir trabalho complexo a trabalho simples* é algo historicamente específico e não uma característica universal da produtividade humana, limitada não só ao capitalismo, mas também ao capitalismo industrial clássico. Como Anson Rabinbach demonstrou, apenas na ruptura do século XIX, com Hegel, é operativa a afirmação do motor termodinâmico como um paradigma de como a força de trabalho opera, o paradigma que substitui o paradigma hegeliano do trabalho como o desdobramento expressivo da subjetividade humana ainda operativo nos textos do jovem Marx:

> O motor termodinâmico era o servo de uma natureza poderosa concebida como um reservatório de poder motivador inalterado e inesgotável. O corpo trabalhador, a máquina a vapor e o cosmos estavam conectados por uma cadeia única e ininterrupta, por uma energia indestrutível, onmipresente no universo e capaz de mutação infinita, embora

---

55. Cf. www.marxists.org/archive/marx/works/1857/grundrisse/ch01.htm
56. HARVEY, D. *A Companion to Marx's Capital*. Londres: Verso Books, 2010, p. 29.

imutável e invariante... Essa descoberta também teve um efeito profundo, revolucionário sobre o pensamento de Marx acerca do trabalho. Depois de 1859, Marx passou a considerar cada vez mais a distinção entre trabalho concreto e abstrato na linguagem da força de trabalho, como um ato de *conversão* em vez de *geração*... Dito de outra maneira, Marx sobrepôs um modelo termodinâmico do trabalho ao modelo ontológico de trabalho que ele herdou de Hegel. Como resultado, para Marx, a força de trabalho tornou-se quantificável e equivalente a todas as outras formas de força de trabalho (na natureza ou nas máquinas)... Marx tornou-se um "produtivista", quando já não considerava o trabalho como sendo simplesmente um modo de atividade antropologicamente "paradigmático", e quando, em harmonia com a nova física, ele viu a força de trabalho como uma magnitude abstrata (uma medida do tempo de trabalho) e uma força natural (um conjunto específico de equivalentes de energia localizados no corpo)[57].

Uma questão surge aqui: será que esse paradigma que se baseia no fluxo linear mecânico do tempo (de trabalho) como medida de valor ainda é atual em nossas sociedades pós-industriais do capitalismo tardio? Essa questão tem de ser respondida precisamente para evitar as tentativas da ideologia dominante de descartar a crítica de Marx da economia política como pertencente a outra era e para celebrar o potencial do capitalismo pós-fordista de hoje para usar a força de trabalho de uma maneira muito mais criativa e cooperativa:

> Um novo discurso intelectualmente vigoroso de "antidisciplinaridade" encontrou um nicho nas diretorias das corporações e nas páginas editoriais de jornais e periódicos influentes. Tomemos como exemplo aquele jornal de estudos pós-marxistas,

---

57. RABINBACH, A. *From emancipation to the science of work:* the labor power dilemma (citado do manuscrito).

The Wall Street Journal, que na década de 1990 fez campanha contra as consequências persistentes do local de trabalho taylorista-fordista, por exemplo, empresas que aderem a um modelo ultrapassado no qual a administração desconfia da autonomia dos trabalhadores, prescreve tarefas monótonas e rotinizadas, contém a criatividade e cria um local de trabalho inadequado para "trabalhadores letrados e de mentalidade independente"[58].

De volta a Marx e Saito, no âmbito do seu arcabouço conceitual da universalidade do trabalho abstrato, o comunismo não é apenas a unidade restaurada do ser humano e da natureza, mas simultaneamente a realização de sua cisão: no capitalismo, a produção social permanece "irracional", não regulada por planejamento social (o que caracteriza a humanidade) e, nesse sentido, pré-humana, parte da "história natural". O problema subjacente é aqui filosófico: Saito deixa escapar *essa* cisão, porque aceita inquestionavelmente a definição de Marx (de *O Capital*) da especificidade humana: embora toda espécie viva esteja envolvida no metabolismo, a troca de matéria entre o seu próprio organismo e seu ambiente natural, apenas a espécie humana realiza esse metabolismo pelo trabalho no sentido de uma atividade conscientemente regulada – lembre-se da passagem já citada do capítulo 7 de *O Capital I* sobre a diferença entre a aranha e o homem. A obviedade dessa distinção não deve nos seduzir[59].

A obviedade dessa definição não deve nos seduzir. A questão persiste: o planejamento consciente de um processo de trabalho requer algum tipo de distância do próprio imediatismo natural, e a forma dessa distância é a linguagem, portanto, não há trabalho, no sentido humano específico, sem linguagem. Isso implica muito: a linguagem não é apenas um

---

58. *Ibid.*
59. Cf. www.marxists.org/archive/marx/works/1867-c1/ch07.htm

instrumento de comunicação, ela forma o que Lacan chama de "grande Outro", a substância de nosso ser social, a densa rede social de regras e padrões escritos e não escritos. Consequentemente, Marx vai rápido demais na sua definição de trabalho – ele ofusca ou ignora uma outra ruptura. Antes da passagem citada, ele escreve:

> Não estamos agora lidando com aquelas formas primitivas de trabalho instintivas que nos lembram do mero animal. Um imensurável intervalo de tempo separa o estado de coisas em que um homem traz sua força de trabalho para o mercado para a venda como mercadoria daquele estado em que o trabalho humano ainda estava em seu primeiro estágio instintivo. Pressupomos o trabalho numa forma que o estampa como exclusivamente humano[60].

A limitação compartilhada por Marx e Saito é clara aqui: ambos postulam uma linha progressiva da animalidade aos humanos, do instintivo ao planejado/consciente, de modo que as fases pré-modernas são percebidas como "formas de trabalho instintivas primitivas que nos lembram do mero animal". No entanto, essas "formas de trabalho instintivas primitivas que nos lembram do mero animal" já envolvem uma ruptura radical com a natureza – a "cisão metabólica" já existe, o "metabolismo" das sociedades antigas está sempre fundamentado num grande Outro simbólico de trocas reguladas. Basta lembrar os antigos astecas e incas cujo metabolismo social era regulado por um enorme aparato simbólico cuja atividade culminava em rituais sacrificiais: temos que realizar sacrifícios humanos de modo que a circulação mais "natural" da natureza prossiga (de modo que o sol nasça novamente etc.), e o sacrifício é, por definição, uma interrupção do bom metabolismo. Em suma, a cisão metabólica com a Vida (animal) é a *própria cultura*, mesmo que – ou especialmente

---

60. *Ibid.*

quando – se funda nos ritmos naturais das estações, quando projeta sentido na natureza. Quando, em seus escritos "antropológicos", Freud investiga as origens de tais rituais, seu resultado é que a verdadeira cisão metabólica (o corte entre natureza e cultura) é a própria sexualidade: a sexualidade humana é imanentemente autossabotadora, envolve paradoxos do desejo, impõe o seu próprio ritmo violento aos ritmos "naturais" – o nome que Freud dá a esses paradoxos é, obviamente, pulsão de morte. Ludovic Tezier (um grande barítono) disse numa entrevista: "Precisamos de música para viver. É uma espécie de droga, e muito saudável"[61]. Uma vida propriamente humana precisa de uma droga que perturbe o ritmo biológico da vida, saudável ou insalubre... Em suma, o capitalismo NÃO é a fonte das assimetrias e desequilíbrios no mundo, o que significa que o nosso objetivo NÃO deve ser restaurar o equilíbrio e a simetria "naturais". Tal projeto de restauração do equilíbrio pré-capitalista não apenas ignora (ou subestima, pelo menos) a cisão que já está em funcionamento nas sociedades pré-capitalistas: ele também ignora a dimensão emancipatória da ascensão da subjetividade moderna que deixa para trás a cosmologia sexualizada tradicional da mãe terra (e do pai céu), de nossas raízes na substancial ordem "maternal" da natureza.

A metáfora de Marx para o capital é a de um vampiro – o morto-vivo – que suga o sangue dos vivos – no mundo de cabeça para baixo do capital, os mortos dominam os vivos e estão mais vivos do que os vivos. A premissa implícita dessa metáfora é que o objetivo da revolução é retornar à normalidade na qual os vivos dominam os mortos. Lacan, no entanto, ensina-nos que uma certa inversão da relação entre os vivos e os mortos define o próprio ser-humano: o

---

61. Cf. www.youtube.com/watch?v=MS4hoppZPG0

sujeito "barrado" é o morto-vivo, afastado da sua substância biológica, porquanto apanhado no grande Outro simbólico que é uma espécie de parasita que vive dos humanos que o servem. O próprio gozo é algo que parasita os prazeres humanos, pervertendo-os de modo que um sujeito possa extrair um mais-gozar do próprio desprazer.

Devemos mesmo dar um passo adiante (ou melhor, atrás) aqui. Não é só que uma cisão metabólica aconteça com a humanidade, uma cisão já opera na própria natureza pré-humana – basta pensar nas nossas principais fontes de energia, petróleo e carvão, que tipo de cisões tiveram de ocorrer para criar essas reservas. Portanto, temos de aceitar o paradoxo: se a humanidade algum dia atingir uma espécie de metabolismo harmonioso (troca com a natureza), será imposto pela humanidade como uma espécie de "segunda natureza". Já circulam diversas ideias sobre como regular todo o metabolismo da Terra para evitar catástrofes ecológicas e algumas delas envolvem intervenções radicais nos ciclos naturais (como pulverizar nossa atmosfera com produtos químicos, o que diminuiria a quantidade dos raios solares que atingem a Terra).

Marx escreve:

> Não é a *unidade* da humanidade viva e ativa com as condições naturais e inorgânicas de sua interação metabólica com a natureza... que requer explicação..., mas antes a *separação* entre as condições inorgânicas da existência humana e essa existência ativa[62].

No entanto, e se uma certa desunião ou cisão for constitutiva da humanidade enquanto tal e, nesse sentido, trans--histórica? Então, o que requer explicação são precisamente

---

62. SAITO, K. *Karl Marx's ecosocialism*. Nova York: Monthly Review Press, 2017, p. 66.

diferentes constructos de unidade historicamente específicos que tentam ofuscar a desunião básica. Saito está em busca de um fundamento pré-capitalista da vida humana e postula o processo de metabolismo entre a natureza e os humanos como o fundamento sobre o qual se baseia o processo do Capital: esse metabolismo foi distorcido pelo Capital que o parasita, de modo que a "contradição" básica do capitalismo é aquela entre o metabolismo natural e o capital – a natureza resiste ao capital, ela impõe um limite à autovalorização do capital. A tarefa dos comunistas é, portanto, inventar uma nova forma de metabolismo social que já não será mediada pelo mercado, mas organizada de maneira humana (planejada racionalmente). É por isso que Saito é profundamente anti-hegeliano: seu axioma é que a dialética hegeliana não pode pensar os limites naturais do Capital, o fato de que o automovimento do Capital nunca pode "suprassumir"/integrar totalmente a sua base natural pressuposta. Nossa tréplica é aqui que Saito avança muito rápido ao conceber o metabolismo trans-histórico da vida humana e natural como a base sobre a qual o capitalismo parasita: há um terceiro termo entre esses dois, a própria ordem simbólica, o universo das ficções simbólicas, a substância simbólica de nossas vidas sociais – o capitalismo não está apenas destruindo nosso habitat natural, mas simultaneamente destruindo nossa substância simbólica compartilhada. Citemos o resumo de Carson da posição da "lógica de Hegel como a lógica do capital":

> em Hegel, um pré-requisito ontológico é completamente interno ao conceito e, portanto, torna-se a sua própria forma de transição da exterioridade para a interioridade. Isso não leva a uma contradição "resiliente", mas a uma reconciliação. Em contraste, em Marx, o pré-requisito ontológico da vida concreta permanece conflituoso e produz interrupções e obstáculos permanentes ao conceito-sujeito-capital, que adquiriu vida autônoma.

No primeiro, a reconciliação é alcançada tornando essa análise fiel ao sistema de Hegel ao implantar o momento final da ideia absoluta e, no último, não há momento de reconciliação e, portanto, não pode ser ontologicamente entendido do ponto de vista da filosofia de Hegel[63].

Deve-se apenas acrescentar dois pontos a isso. Primeiro, será que essa impossibilidade de reconciliação (entre reprodução da vida humana e reprodução do capital) não nos traz de volta à lógica hegeliana da essência, de modo que a capacidade produtiva humana se torna a "essência" do movimento do capital? Em segundo lugar, para Marx, o comunismo é uma verdadeira reconciliação – será então que pode ser concebido em termos hegelianos ou não? Além disso, a expressão que considero problemática aqui é "material, que inclui a vida humana e a natureza em seus modos históricos": será que a substância simbólica de nossas vidas na qual estamos sempre-já jogados e alienados, o "grande Outro" de Lacan, pode realmente ser reduzido a uma dimensão "material"? Será que não é o domínio das ficções simbólicas *par excellence*? Além disso, devemos ter muito cuidado ao opor natureza e cultura, porquanto os dois termos se sobrepõem completamente, embora não de maneira simétrica. A natureza é "tudo o que existe", de modo que a cultura é, em última análise, uma parte da natureza e, mesmo quando destruímos a natureza, a natureza destrói a si mesma por meio de nós, sua parte. Por outro lado (o que entendemos por) "natureza" é sempre uma categoria sociocultural: o que nos aparece como "natural" é sempre sobredeterminado pelo arcabouço ideológico predominante.

---

63. Cf. o capítulo 6 da dissertação de Rebecca Carson: *Marx's social theory of reproduction* (manuscrito de 2021, não publicado).

Trabalhadores ou trabalhador?

Saito, portanto, avança rápido demais ao conceber o metabolismo trans-histórico da vida humana e natural como a base sobre a qual o capitalismo parasita: há um terceiro termo entre esses dois, a própria ordem simbólica, o universo das ficções simbólicas, a substância simbólica de nossas vidas sociais, e o capitalismo não está apenas destruindo nosso habitat natural, está destruindo simultaneamente nossa substância simbólica compartilhada, o que Hegel chamou de *Sitten*. Essa ignorância da ordem simbólica também afeta a noção de comunismo de Marx. Quando, no final do capítulo I de *O Capital*, Marx implanta a matriz dos quatro modos de produção/troca, ele começa e termina com o exemplo imaginado de Robinson – e o que acho importante é que, no final, ele retorna a ele como o modelo para uma sociedade comunista transparente sem inversão fetichista – vale a pena citar na íntegra essa longa passagem:

> Porquanto as experiências de Robinson Crusoé são um tema favorito dos economistas políticos, vamos dar uma olhada nele em sua ilha. Por mais moderado que seja, algumas poucas necessidades ele tem de satisfazer e deve, portanto, executar trabalhinhos úteis de vários tipos, como fazer ferramentas e móveis, domar cabras, pescar e caçar. Suas orações e coisas assim não levamos em conta, uma vez que são uma fonte de prazer para ele, que as considera apenas como recreação. A despeito da variedade de seu trabalho, ele sabe que sua mão de obra, qualquer que seja sua forma, é apenas a atividade de um único e mesmo Robinson e, por conseguinte, consiste apenas em diferentes modos de trabalho humano. A própria necessidade o obriga a repartir seu tempo com precisão entre seus diferentes tipos de trabalho. Se um tipo ocupa um espaço maior em sua atividade geral do que outro, depende das dificuldades, maiores ou menores, conforme o caso, a

serem superadas para alcançar o efeito útil pretendido. Isso nosso amigo Robinson logo aprende por experiência e, tendo resgatado um relógio, um livro contábil e uma caneta e tinta do naufrágio, começa, como um legítimo britânico, a manter um conjunto de livros. Seu livro de estoque contém uma lista dos objetos de utilidade que lhe pertencem, das operações necessárias para sua produção; e, finalmente, do tempo de trabalho que determinadas quantidades desses objetos, em média, lhe custaram. Todas as relações entre Robinson e os objetos que formam essa riqueza de sua própria criação são aqui tão simples e claras que são inteligíveis sem esforço, mesmo para o Sr. Sedley Taylor. E, no entanto, essas relações contêm tudo o que é essencial para a determinação do valor.

Transportemo-nos agora da ilha de Robinson banhada em luz para a idade média europeia envolta em trevas. Aqui, em vez do homem independente, encontramos todos dependentes, servos e senhores, vassalos e suseranos, leigos e clérigos. A dependência pessoal aqui caracteriza as relações sociais de produção tanto quanto as outras esferas da vida organizadas com base nessa produção. Porém, pela mesma razão que a dependência pessoal constitui a base da sociedade, não há necessidade de o trabalho e seus produtos assumirem uma forma fantástica diferente de sua realidade. Eles assumem a forma, nas transações da sociedade, de serviços em espécie e pagamentos em espécie. Aqui a forma particular e natural do trabalho, e não como numa sociedade baseada na produção de mercadorias, a sua forma abstrata geral é a forma social imediata do trabalho. O trabalho compulsório é tão adequadamente medido pelo tempo quanto o trabalho produtor de mercadorias; mas todo servo sabe que o que despende a serviço do seu senhor é uma quantidade definida da sua própria força de trabalho pessoal. O dízimo a ser entregue ao padre é mais um fato do que sua bênção. Não importa, então, o que possamos pensar sobre os papéis desempenhados pelas próprias diferentes classes de pessoas nessa sociedade, as relações sociais entre os indivíduos no desempenho de seu trabalho aparecem em todo caso como as suas próprias relações pessoais mútuas, e não são disfarçadas sob a forma de relações sociais entre os produtos do trabalho.

Como exemplo de trabalho em comum ou trabalho diretamente associado, não convém voltar àquela forma espontaneamente desenvolvida que encontramos no limiar da história de todas as raças civilizadas. Temos um à mão nas indústrias patriarcais de uma família camponesa que produz milho, gado, fio, linho e roupas para uso doméstico. Esses diferentes artigos são, no que diz respeito à família, os muitos produtos do seu trabalho, mas entre si não são mercadorias. Os diferentes tipos de trabalho, como lavoura, criação de gado, fiação, tecelagem e confecção de roupas, que resultam nos vários produtos, são em si mesmos, e tais como são, funções sociais diretas, porque funções da família, que, tanto quanto uma sociedade baseada na produção de mercadorias, possui um sistema de divisão do trabalho desenvolvido espontaneamente. A distribuição do trabalho na família e a regulação do tempo de trabalho dos vários membros dependem tanto das diferenças de idade e sexo quanto das condições naturais que variam com as estações. A força de trabalho de cada indivíduo, por sua própria natureza, opera nesse caso meramente como uma porção definida de toda a força de trabalho da família e, portanto, a medida do dispêndio de força de trabalho individual por sua duração, aparece aqui por sua própria natureza como um caráter social do seu trabalho.

Imaginemos agora, à guisa de mudança, uma comunidade de indivíduos livres, realizando seu trabalho com os meios de produção em comum, na qual a força de trabalho de todos os diferentes indivíduos é conscientemente aplicada como a força de trabalho combinada da comunidade. Todas as características do trabalho de Robinson são aqui repetidas, mas com a diferença de serem sociais, ao invés de individuais. Tudo o que ele produziu foi exclusivamente o resultado do seu próprio trabalho pessoal e, portanto, simplesmente um objeto de uso para si mesmo. O produto total de nossa comunidade é um produto social. Uma porção serve como novos meios de produção e permanece social. No entanto, outra porção é consumida pelos membros como meio de subsistência. Uma distribuição dessa porção entre eles é, por conseguinte, necessária. O modo dessa distribuição variará com a organização produtiva da comunidade e o grau de desenvolvimento histórico alcançado pelos produtores. Vamos assumir, mas apenas para fazer um paralelo com a produção de mercadorias, que a participação de cada produtor individual nos meios de subsistência seja determinada por seu tempo de trabalho. O tempo de trabalho, nesse caso, desempenharia um papel duplo. Sua repartição de acordo com um plano social definido mantém a proporção adequada entre os diferentes tipos de trabalho a serem realizados e as várias necessidades da comunidade. Por outro lado, também serve como medida da parcela do trabalho comum suportada por cada indivíduo e de sua participação na parte do produto total destinada ao consumo individual. As relações sociais dos produtores individuais, tanto no que diz respeito ao seu trabalho quanto aos seus produtos, são nesse caso perfeitamente simples e inteligíveis, não apenas no que diz respeito à produção, mas também à distribuição[64].

Essa série de quatro modos de produção – Robinson sozinho, dominação medieval, família coletiva, comunismo – é surpreendente e contraintuitiva. O primeiro mistério que chama a atenção é: por que obtemos a família quando esperaríamos que o capitalismo fosse o modo que se segue à dominação direta medieval? A família não deveria estar no início,

---

64. Cf. www.marxists.org/archive/marx/works/1867-c1/ch01.htm#S4

como um modo que caracteriza as sociedades "primitivas" pré-classe? Em vez da família, Marx começa com o exemplo de Robinson (um produtor individual) – por que Robinson é o ponto de partida quando (como Marx sabia muito bem) Robinson não é um ponto de partida histórico, mas um mito burguês? Será que não é porque Marx tem de começar com Robinson para que, num círculo dialético (pseudo-)hegeliano, no final ele possa voltar para um Robinson coletivo como um modelo imaginado de sociedade comunista? O paralelo com Robinson permite a Marx imaginar o comunismo como uma sociedade autotransparente na qual as relações entre os indivíduos não são mediadas por um grande Outro opaco e substancial – e nossa tarefa hoje é pensar o comunismo fora desse horizonte. Em sua visão de uma sociedade comunista na qual a produção é regulada de forma Robinson-coletiva, Marx ecoa a famosa passagem de seus manuscritos *Grundrisse* em que imagina o comunismo como uma sociedade na qual o processo de produção é dominado pelo "intelecto geral". Vale a pena citar essa passagem *in extenso*, uma vez que nela Marx emprega uma lógica da autossuperação do capitalismo que ignora totalmente a luta revolucionária ativa – ela é formulada em termos puramente econômicos: "O próprio capital é a contradição em movimento, [na medida em] que pressiona para reduzir o tempo de trabalho ao mínimo, enquanto, por outro lado, postula o tempo de trabalho como a única medida e fonte de riqueza"[65]. A "contradição" que arruinará o capitalismo é, portanto, a contradição entre a exploração capitalista que se baseia no tempo de trabalho como a única fonte de valor (e, portanto, a única fonte de mais--valia) e entre o progresso científico-tecnológico que leva à redução quantitativa e qualitativa do papel do trabalho direto.

---

65. MARX, K. *Grundrisse*. Disponível em: https://encr.pw/8cPSg

À medida que a grande indústria se desenvolve, a criação de riqueza real passa a depender menos do tempo e da quantidade de trabalho empregados do que do poder das agências postas em movimento durante o tempo de trabalho, cuja "poderosa eficácia" é ela mesma, por sua vez, totalmente desproporcional ao tempo de trabalho direto gasto em sua produção, mas depende antes do estado geral da ciência e do progresso da tecnologia, ou da aplicação dessa ciência à produção[66].

A visão de Marx aqui é a de um processo de produção totalmente automatizado no qual o ser humano (trabalhador) "passa a se relacionar mais como vigia e regulador do próprio processo de produção":

> O trabalhador já não insere uma coisa natural modificada [*Naturgegenstand*] como elo intermediário entre o objeto e ele mesmo; ao contrário, ele insere o processo da natureza, transformado em processo industrial, como um meio entre ele e a natureza inorgânica, dominando-a. Ele passa para o lado do processo de produção em vez de ser seu ator principal. Nessa transformação, não é nem o trabalho humano direto que ele mesmo realiza, nem o tempo durante o qual ele trabalha, mas sim a apropriação de sua própria força produtiva geral, sua compreensão da natureza e seu domínio sobre ela em virtude da sua presença como um corpo social – é, numa palavra, o desenvolvimento do indivíduo social que aparece como a grande pedra fundamental da produção e da riqueza. O roubo do tempo de trabalho alheio, no qual a presente riqueza está baseada, parece um fundamento miserável perante esse novo, criado pela própria indústria de larga escala. Assim que o trabalho na forma direta deixou de ser a grande fonte de riqueza, o tempo de trabalho deixa e deve deixar de ser sua medida[67].

---

66. *Ibid.*
67. MARX, K. *Grundrisse*. Disponível em: https://encr.pw/8cPSg

O uso sistemático por Marx do singular ("homem", "trabalhador") é um indicador-chave de como o "intelecto geral" não é intersubjetivo – é "monológico". Lembre-se da conclusão da descrição de Marx do processo de trabalho abstrato, sua sintomática exclusão "ilógica" da dimensão social: "Não era, portanto, necessário representar nosso trabalhador em conexão com outros trabalhadores; o ser humano e seu trabalho de um lado, a Natureza e seus materiais do outro, bastavam". É como se no comunismo, com sua regra de "intelecto geral", esse caráter associal do trabalho fosse realizado diretamente... O que isso significa é que, *pace* Negri, na visão de Marx do "intelecto geral", os objetos do processo de produção precisamente *não* são eles mesmos relações sociais: a "administração das coisas" (controle e dominação sobre a natureza) é aqui separada das relações entre as pessoas, constitui um domínio da "administração das coisas" que já não tem de depender da dominação sobre as pessoas (deve-se aqui ter em mente que todo o desenvolvimento do "intelecto geral" do *Grundrisse* pertence a um manuscrito fragmentário inédito – é uma linha experimental de desenvolvimento que Marx imediatamente depois descartou. No entanto, a ligação dessa passagem com a definição associal de Marx do trabalho em geral, bem como com a passagem de Robinson em *O Capital*, sinaliza claramente que tal visão é imanente ao edifício de Marx). Hoje, essa visão tem sido ressuscitada por (dentre outros) Aaron Bastani[68] para quem "a crise mais premente de todas" as que enfrentamos hoje, mais premente do que as ameaças ecológicas, é "uma ausência de imaginação coletiva":

> O custo cada vez menor da informação e os avanços da tecnologia estão abrindo caminho para um futuro coletivo de liberdade e luxo para todos. Au-

---

68. Cf. BASTANI, A. *Fully automated luxury communism*. Londres: Verso Books, 2019.

tomação, robótica e aprendizado de máquina vão [...] reduzir substancialmente a força de trabalho, criando desemprego tecnológico generalizado. Porém, isso só é um problema se você acha que o trabalho – como caixa, motorista ou trabalhador da construção civil – é algo a ser valorizado. Para muitos, o trabalho é uma labuta. E a automação pode nos libertar disso.

A edição e o sequenciamento de genes podem revolucionar a prática médica, fazendo com que deixe de ser reativa e passe a ser preditiva. Doenças hereditárias poderiam ser eliminadas, inclusive a doença de Huntington, a fibrose cística e a anemia falciforme, e o câncer poderia ser curado antes de atingir o estágio 1[...] Além disso, a energia renovável, que vem experimentando queda anual acentuada em custo por meio século, poderia satisfazer as necessidades energéticas globais e tornar possível o vital abandono dos combustíveis fósseis. Mais especulativamente, a mineração de asteroides – cujas barreiras técnicas estão sendo superadas atualmente – poderia fornecer-nos não apenas mais energia do que podemos imaginar, mas também mais ferro, ouro, platina e níquel. A escassez de recursos seria coisa do passado. As consequências são de longo alcance e potencialmente transformadoras. Para as crises que confrontam nosso mundo hoje – desemprego tecnológico, pobreza global, envelhecimento da sociedade, mudança climática, escassez de recursos – já podemos vislumbrar o remédio.

Mas há um problema. Chama-se capitalismo. Ele criou a abundância recém-emergida, mas é incapaz de compartilhar os frutos do desenvolvimento tecnológico. Um sistema em que as coisas são produzidas apenas com fins lucrativos, o capitalismo busca racionar recursos para garantir retornos. Assim como as de hoje, as empresas do futuro formarão monopólios e buscarão rendas. O resultado será a escassez imposta – onde não há comida, assistência médica ou energia suficientes para todos.

> Portanto, temos de ir além do capitalismo [...]. Podemos ver os contornos de algo novo, uma sociedade tão distinta da nossa quanto a do século XX o era do feudalismo, ou a civilização urbana da vida do caçador-coletor. Baseia-se em tecnologias cujo desenvolvimento vem se acelerando há décadas e que só agora estão definidas para minar as principais características do que antes tínhamos como certo como a ordem natural das coisas.
>
> Para compreendê-lo, no entanto, será necessária uma nova política. Uma em que a mudança tecnológica sirva às pessoas, não ao lucro. Na qual a busca por políticas tangíveis – descarbonização rápida, automação total e cuidado socializado – sejam preferidas a apresentar fantasias. Essa política, que é utópica no horizonte e cotidiana na aplicação, tem um nome: comunismo de luxo totalmente automatizado[69].

É fácil explodir em gargalhadas céticas com essa visão – mas antes de o fazermos, devemos tomar nota das evidências de bom-senso que parecem apoiá-la. Com o desenvolvimento explosivo de novas tecnologias de hoje, uma sociedade de abundância para todos está, pela primeira vez na história da humanidade, se não ao nosso alcance, pelo menos claramente discernível como uma possibilidade. A crescente "contradição" na qual Bastani se detém – o capitalismo criou a abundância que ele tem de conter – parece apoiar seu argumento de que, embora Marx estivesse certo, sua visão do comunismo surgiu cedo demais: só hoje a abundância se tornou objetivamente possível

Há, no entanto, problemas com essa visão tecnológica do comunismo. Os mesmos processos que abrem a perspectiva de uma nova abundância também abrem novas possibilidades inéditas de controle e regulação de nossas vidas. A raiz desses

---

69. Cf. https://www.nytimes.com/2019/06/11/opinion/fully-automated-luxury-communism.html

problemas é: mesmo que o processo de produção seja amplamente automatizado, quem regulará esse processo e como? E como se organizará a própria vida social nessa sociedade da abundância? Há uma forte possibilidade de que, na ausência de mecanismos de mercado, a superação do capitalismo leve ao retorno das relações diretas de dominação e servidão, e essa possibilidade se fundamenta na ignorância de Marx da dimensão do grande Outro.

Podemos ver agora o pano de fundo da decisão de Saito de afirmar o caráter trans-histórico do *trabalho abstrato*: não é contra o espírito de Marx, mas uma característica que apenas trouxe à sua conclusão lógica uma certa noção presente no próprio Marx: a despeito de toda a sua insistência no caráter social do trabalho, Marx faz algumas coisas surpreendentes quando, em *O Capital*, tenta definir o trabalho como tal, independentemente de suas formas particulares. Primeiro, ele diz que temos apenas um trabalhador de um lado e objetos de trabalho do outro lado – a dimensão social desaparece. A mesma abstração da dimensão social reaparece quando Marx tenta imaginar as coordenadas básicas de uma futura sociedade comunista não alienada, eis novamente o trabalhador no singular.

Ficção e/na realidade

No entanto, há em *O Capital* de Marx elementos que indicam como superar essa ignorância – passagens em que ele lida com o papel necessário da ficção na reprodução capitalista, desde o fetichismo da mercadoria como uma ficção que faz parte da própria realidade social até o tópico do capital fictício introduzido em *O Capital II* e elaborado em *O Capital III*. Os três volumes de *O Capital* reproduzem a tríade do universal, do particular e do individual: *O Capital I* articula (o conceito de) a matriz abstrata-universal do capital; *O Capital II* desloca-se para a particularidade, para a vida real do capital em toda a sua contingente complexidade; *O Capital III* postula a individualidade do processo total do capital. Nos últimos anos, os estudos mais produtivos da crítica de Marx da economia política se concentraram em *O Capital II* – por quê? Numa carta enviada a Engels em 30 de abril de 1868, Marx escreveu:

> No Livro 1 [...] nos contentamos com a suposição de que, se no processo de autoexpansão £100 se tornarem £110, estas encontrarão, *já existentes no mercado*, os elementos nos quais se transformarão mais uma vez. No entanto, agora investigamos as condições sob as quais esses elementos se encontram à mão, a saber, o entrelaçamento social dos diferentes capitais, das partes componentes do capital e da renda (= s)[70].

Duas características são cruciais aqui, as quais são os dois lados da mesma moeda. Por um lado, Marx passa da pura estrutura nocional da reprodução do capital (descrita no Volume I) para a realidade na qual a reprodução do capital envolve intervalos temporais, tempo morto etc. Há tempos mortos que interrompem uma reprodução suave e a causa última desses tempos mortos é que não estamos lidando com um único ciclo reprodutivo, mas com um entrelaçamento de múltiplos círculos de reprodução que nunca são completamente coordenados. Esses períodos mortos não são apenas uma complicação empírica, mas uma necessidade imanente, são necessários para a reprodução, complicam a vida real do capital[71]. Por outro lado, aqui intervém a ficção (sob a forma

---

70. Cf. www.marxists.org/archive/marx/works/1868/letters/index.htm
71. Aliás, o mesmo se aplica à concorrência de mercado: um participante nunca tem acesso a dados completos sobre a oferta e a procura que lhe permitiriam tomar decisões ótimas, e essa incompletude (o fato de os indivíduos serem obrigados a decidir sem informação completa) não é apenas uma complicação empírica, é (para colocá-lo em hegelês) parte da própria noção de concorrência de mercado.

de capital fictício cuja noção é aprofundada no Volume III de *O Capital*); a ficção é necessária para superar o potencial destrutivo das complicações, atrasos e períodos mortos, de modo que quando passamos da pura matriz lógica para a vida real, para a realidade, a ficção tem de intervir.

Para entender essa diferença entre *O Capital I* e *O Capital II*, temos de introduzir outro conceito, o de *exemplum* em oposição ao simples exemplo. Exemplos são eventos empíricos ou coisas que ilustram uma noção universal e, devido à textura complexa da realidade, eles nunca se ajustam totalmente à simplicidade de uma noção[72]. Entre os exemplos de *exemplum* de Bayard, há o caso bem provocativo da tese de Hannah Arendt sobre a "banalidade do mal" ilustrada por Adolph Eichmann. Bayard demonstra que, embora Arendt tenha proposto um conceito relevante, a realidade de Eichmann não se encaixa: o verdadeiro Eichmann estava longe de ser um burocrata impensante apenas cumprindo ordens, ele era um fanático antissemita plenamente consciente do que estava fazendo – ele apenas representou uma figura da banalidade do mal para o tribunal em Israel. Outro exemplo muito pertinente de Bayard é o caso de Kitty Genovese, que foi assassinada em frente ao prédio em que morava no Queens às 3h da manhã de 1964. O assassino a seguiu e a esfaqueou por mais de meia hora, seus pedidos desesperados de ajuda foram ouvidos por toda parte, mas embora pelo menos 38 vizinhos tenham acendido as luzes e observado o evento, nenhum deles chamou a polícia, um simples ato anônimo que teria salvado sua vida... Esse evento encontrou um amplo eco, livros foram escritos sobre isso e pesquisas confirmaram a tese de que as pessoas não chamavam a polícia, porque sabiam que outras pessoas também estavam olhando, então raciocinavam que

---

72. Cf. BAYARD, P. *Comment parler des faits qui ne se sont pas produits?* Paris: Les Éditions de Minuit, 2020.

outra pessoa chamaria. Experimentos repetidos provaram que quanto mais pessoas testemunham um evento traumático (incêndio, crime...), menos provável é que uma delas chame a polícia. Analisando os dados originais, Bayard mostra que a realidade do assassinato de Kitty Genovese não se encaixa na descrição popular: havia no máximo três observadores que não viam nada com clareza e um deles *efetivamente* chamou a polícia. Temos aqui outro caso de como um *exemplum* é imaginado a fim de ilustrar uma tese que é em si correta e importante. Bayard argumenta que essa ficção predominou sobre os fatos, porque serviu perfeitamente como um apólogo com uma lição moral que faz com que nós (o público) nos sintamos melhor: ficamos enojados com a história, pressupondo que se estivéssemos entre os observadores definitivamente chamaríamos a polícia[73].

É fácil ver como essa distinção entre exemplo e *exemplum* exemplifica perfeitamente a tríade hegeliana do universal, do particular e do individual: o universal é a noção abstrata, as particularidades são seus exemplos (sempre imperfeitos) e o individual é *exemplum*, uma singularidade na qual o domínio da realidade contingente se une ao universal. Não basta, portanto, insistir que a universalidade seja sempre mediada por seus exemplos particulares; a essa multiplicidade de exemplos deve-se acrescentar o *exemplum* em que uma universalidade retorna a si mesma. Será que o último *exemplum* não é o próprio Cristo? Nós, humanos comuns, somos exemplos imperfeitos de Deus, feitos à sua imagem, enquanto Cristo é (pelo menos para nós, materialistas) uma ficção e, como tal, o *exemplum* no qual a universalidade divina retorna a si mesma.

---

73. O último exemplo de caso de Bayard é o pânico em massa causado pela *performance* de Orson Welles de *A Guerra dos Mundos* como programa de rádio: também aqui a realidade (milhões de pessoas considerando a ficção radiofônica como verdade e fugindo de suas casas) está longe da verdade.

Em *O Capital I*, Marx frequentemente usa um *exemplum* imaginado para ilustrar a troca entre um trabalhador e um capitalista ou o processo de circulação do capital. Eis sua famosa descrição de como, quando um capitalista e um trabalhador se afastam após a assinatura de um contrato de trabalho, a assinatura provoca "uma mudança na fisionomia de nossas *dramatis personae*":

> Ele, que antes era o dono do dinheiro, agora caminha na frente como capitalista; o possuidor da força de trabalho segue como seu trabalhador. Um com ar de importância, sorridente, concentrado nos negócios; o outro, tímido e retraído, como alguém que está trazendo a sua própria pele para o mercado e não tem nada a esperar a não ser – uma surra[74].

Tais casos são casos imaginados de uma situação "pura" que não pode nunca acontecer na textura espessa da realidade em que diferentes momentos se reproduzem em diferentes ritmos que não podem seguir diretamente as demandas do mercado (a força de trabalho precisa de décadas para se reproduzir etc.). O paradoxo do *exemplum* é, portanto, que, embora seja empiricamente uma ficção (nunca "realmente aconteceu exatamente assim"), está em certo sentido "mais próximo da verdade", uma vez que traduz perfeitamente (dá corpo a) a estrutura nocional interna de um fenômeno – ainda outra maneira de entender a afirmação de Lacan de que a verdade tem a estrutura de uma ficção. Temos, portanto, de distinguir entre a ficção de *exemplum* que ilustra a verdade nocional abstrata e a ficção que permite ao capital funcionar e se reproduzir na realidade.

---

74. Manuscritos Econômicos: *O Capital* Vol. I – Capítulo 6. Disponível em: https://www.marxists.org/

Portanto, o Volume II de *O Capital* enfoca o problema da realização da mais-valia, interrompida, antes de mais nada, pelo tempo e pela distância. Como Marx o coloca, durante seu tempo de circulação o capital não funciona como capital produtivo e, portanto, não produz mercadorias nem mais-valia: a circulação do capital geralmente restringe seu tempo de produção e, portanto, seu processo de valorização. É por isso que a indústria está cada vez mais concentrada fora dos centros urbanos, perto de autoestradas e aeroportos, a fim de agilizar a circulação.

Outra implicação é o papel crescente de um sistema de crédito que permita que a produção continue ao longo do processo de circulação. O crédito pode ser usado para preencher a lacuna em situações em que a mais-valia ainda não tenha sido realizada e em condições nas quais os capitalistas esperam o consumo futuro de seus bens e serviços. Isso pode parecer um ponto banal, mas tem consequências reais sobre a maneira como a economia funciona, iluminando uma dependência sistêmica do capital fictício (embora Marx tenha introduzido esse termo mais tarde, em *O Capital*, Volume III). Os valores monetários respaldados por bens e serviços ainda não produzidos ou vendidos são, portanto, a força vital essencial do capitalismo, e não uma consequência excêntrica ou irregular de um sistema de outro modo autossuficiente: a fim de funcionar como capital, o dinheiro deve circular, deve novamente empregar força de trabalho e novamente realizar-se em valor expandido. Tomemos um industrial que tem dinheiro suficiente em sua conta bancária para se aposentar e viver de juros: o banco deve *emprestar* seu capital a outro industrial. O industrial que tomou o dinheiro emprestado deve pagar o empréstimo, isto é, pagar juros com os lucros que obtém. A soma de dinheiro no mercado é, portanto, redobrada: o capitalista aposentado ainda possui seu dinheiro e o outro capitalista também dispõe do dinheiro que tomou empresta-do. Porém, à medida que cresce a classe dos especuladores, banqueiros, corretores, financistas e assim por diante, como é inevitável sempre que a massa de capital de um país atinge uma escala suficiente, o banco descobre que é capaz de emprestar *muito mais* do que depositou em seus cofres; os especuladores podem vender produtos que não possuem, "o tipo certo de pessoa" é boa para o crédito mesmo quando não tem nada. Observe como a confiança (ou seja, as rela-ções interpessoais) entra novamente em cena aqui, no nível do que parecem ser especulações financeiras completamente impessoais: a capacidade do banco de fazer empréstimos não garantidos depende da "confiança":

> Dessa maneira, a forma dinheiro produz não ape-nas relações impessoais de dominação, mas ao mesmo tempo produz formas interpessoais de do-minação, uma vez que o capital fictício existe como uma forma de aparência de valor não com base na substância do trabalho abstrato que produz a in-versão sujeito-objeto, mas pelas formas interpes-soais de dominação que prometem produção fu-tura de valor como substância. Há, portanto, um outro tipo de sujeição atuando sobre os portadores do capital fictício que se dá com base numa relação interpessoal forjada por meio de um contrato[75].

Portanto, uma mesma unidade de capital produtivo pode ter de sustentar não apenas o único industrial aposentado que depositou suas economias no banco, mas também *múltiplos* direitos a um único e mesmo capital. Se o banco aceita um milhão de nosso aposentado, mas empresta dez milhões, cada um desses dez milhões tem direito *igual* a esse mesmo valor – é assim que acontece o *capital fictício*. Em tempos de expan-são e *boom*, a massa de *capital fictício* cresce rapidamente;

---

75. Cf. https://l1nq.com/vGFAx

quando chega o período de contração, o banco se vê pressionado e cobra seus empréstimos, ocorrem inadimplências, falências, fechamentos, os preços das ações caem e as coisas voltam à realidade – o valor fictício é eliminado. Isso nos leva a uma definição formal de capital fictício: é *aquela proporção de capital que não pode ser simultaneamente convertida em valores de uso existentes*. É uma *invenção* que é absolutamente necessária para o crescimento do capital real, é uma ficção que constitui o símbolo da confiança no futuro. Ou, como Rebecca Carson resume todo esse movimento:

> variáveis não capitalistas tornam-se formalmente subsumidas pela circulação, que as torna necessárias para a reprodução do capital, no entanto, mesmo assim são variáveis necessariamente exteriores, descritas por Marx como "interrupções" dentro do movimento do capital[76].

O que isso significa em termos socioeconômicos é que devemos evitar incondicionalmente qualquer noção de comunismo como uma ordem na qual as ficções já não reinam sobre a vida real, ou seja, na qual retornamos à vida real: como Hardt e Negri repetidamente insistiram, há um inesperado potencial emancipatório nas mais loucas especulações com o capital fictício. Uma vez que a valorização da força de trabalho é o aspecto-chave da reprodução capitalista, nunca devemos esquecer que na esfera do capital fictício não há valorização, não há troca mercantil de mercadorias e não há trabalho que produza novo valor – e, porquanto, numa sociedade capitalista, a liberdade pessoal está fundamentada na troca "livre" de mercadorias, inclusive da força de trabalho como mercadoria, a esfera do capital fictício já não exige liberdade e autonomia pessoais: relações interpessoais diretas de subordinação e dominação retornam nela. Pode parecer

---

76. CARSON, R. *Time and schemas of reproduction* (manuscrito).

que esse raciocínio é demasiado formal, mas ele pode ser elaborado de maneira mais precisa: o capital fictício envolve dívida e estar endividado limita a liberdade pessoal; para os trabalhadores, a dívida está envolvida na própria (re)produção de sua força de trabalho e essa dívida limita sua liberdade de barganha por um contrato de trabalho.

O potencial emancipatório da loucura capitalista

Então, onde está o potencial emancipatório? Elon Musk propôs um programa mega-algoritmo que administraria nossos investimentos melhor do que qualquer corretora de valores, permitindo que pessoas comuns investissem pequenas somas sob condições iguais às dos bilionários – a ideia é que, quando esse programa estiver disponível gratuitamente, ele levará a uma distribuição mais justa de riqueza... Embora a ideia seja problemática e ambígua, ela indica o máximo contrassenso dos jogos da bolsa de valores: se um mega-algoritmo pode fazer o trabalho melhor do que os humanos, as bolsas de valores podem se tornar uma máquina automatizada – e se isso funcionar, a propriedade privada de ações também se tornará inútil, porquanto tudo o que precisaremos será de uma gigantesca máquina de IA para a alocação ideal de recursos... é assim que o extremo do capitalismo financeiro pode abrir um caminho inesperado para o comunismo.

A ideia de Musk tornou-se realidade num dos poucos lampejos de espírito em nosso tempo sombrio, embora não exatamente da maneira que ele imaginou. Esse lampejo é condensado nos memes, "WallStreetBets/Robinhood/GameStop" – por alguns dias, notícias sobre isso ofuscaram as grandes más notícias de sempre (a pandemia, o Trump...). A história é bem conhecida, então vamos recapitular os pontos principais no estilo Wikipédia. WallStreetBets (WSB) é um *subreddit* em que milhões de participantes discutem negociação de ações e opções; é notável por sua natureza profana e pela promoção de estratégias comerciais agressivas. A maioria dos membros do *subreddit* são jovens comerciantes de varejo e investidores ou simplesmente jovens amadores que ignoram práticas fundamentais de investimento e técnicas de gerenciamento de risco, portanto, sua atividade é considerada jogo de azar. Muitos membros do *subreddit* usam a plataforma amadora Robinhood, um aplicativo popular para negociar ações e opções – o produto original da Robinhood era um programa que permitia negociações sem comissão de ações e fundos negociados em bolsa. Em suas operações, os membros do WSB também contam com o baixo preço do dinheiro (baixas taxas de juros para empréstimos) hoje. O espaço para o WSB foi obviamente aberto pela incerteza sem precedentes de nossas vidas trazida pela pandemia: ameaça de morte, caos e protestos sociais, mas, ao mesmo tempo, muito tempo livre devido às quarentenas.

Sua operação mais conhecida foi o inesperado investimento maciço nas ações da GameStop (uma empresa que lentamente perdia valor no mercado) que elevou seu preço e causou mais pânico e oscilações no mercado. A decisão de investir na GameStop não se baseou em nada do que estava acontecendo com a empresa (como saber que a GameStop estava desenvolvendo um novo produto lucrativo): foi tomada apenas para aumentar temporariamente o valor de suas ações e depois jogar com suas oscilações. O que isso significa é que há uma espécie de autorreflexividade que caracteriza o WSB: o que se passa nas empresas em cujas ações os participantes investem é de importância secundária, eles contam prioritariamente com os efeitos da sua própria atividade (de comprar ou vender massivamente ações de uma empresa) no mercado.

Os críticos do WSB veem nessa postura um sinal claro de niilismo, de reduzir o comércio de ações a jogos de azar – como disse um dos participantes do WSB: "Passei de um investidor racional a um jogador desesperado, irracional e doentio". Esse niilismo é mais bem exemplificado pelo termo "yolo" (*You Only Live Once* [Só se vive uma vez]) usado na comunidade WSB para caracterizar pessoas que arriscam todo o seu portfólio numa única ação ou negociação de opções. No entanto, não é o simples niilismo que motiva os participantes do WSB: seu niilismo sinaliza indiferença em relação ao resultado – ou, como escreveu Jeremy Blackburn: "Não são sequer os fins que importam. É o meio. É o fato de você estar fazendo essa aposta, é aí que está o valor de tudo isso. Claro, você pode ganhar dinheiro ou acabar falido, mas você jogou o jogo e o fez de uma forma maluca"[77]. Será que isso não é um tipo de desalienação, um ato de sair do jogo – como? Lacan distingue entre prazer direto (gozar do objeto que queremos) e mais-gozar. Seu exemplo elementar é uma criança sugando o seio da mãe: a criança o faz primeiro para saciar sua fome, mas depois começa a gostar do próprio ato de sugar e continua a fazê-lo mesmo quando não há fome. O mesmo acontece com fazer compras (muitas pessoas gostam mais da atividade de fazer compras do que daquilo que realmente compram) ou, basicamente, com a própria sexualidade. Os participantes do WSB trazem à tona esse mais-gozar da jogatina da bolsa de valores.

Como será que isso funciona no nosso espaço político? O WSB é uma rebelião populista politicamente ambígua. Quando Robinhood cedeu às pressões e impediu investidores de varejo de comprarem ações, Alexandria Ocasio-Cortez [AOC] se opôs a essa mudança pelo motivo certo: "Isso é

---

77. SARLIN, J. Inside the Reddit army that's crushing Wall Street. *CNN Business*, 30 jan. 2021. Disponível em: https://tinyurl.com/2p97wsv5

inaceitável. Agora precisamos saber mais sobre a decisão do @RobinhoodApp de impedir que investidores de varejo comprem ações, enquanto os fundos de *hedge* podem negociar livremente as ações como bem entenderem"[78] (Robinhood mais tarde restaurou o comércio). AOC foi apoiada por Ted Cruz desde o ponto de vista populista da direita alternativa de opor-se aos grandes bancos e a Wall Street (ela estava certa em recusar a colaboração).

Pode-se imaginar o horror que o WSB provocou em Wall Street (e nos aparatos de Estado): a intervenção massiva na bolsa de valores de "amadores" que não seguem (e nem querem conhecer) as regras e leis do jogo e que, por conseguinte, parecem, do ponto de vista dos investidores profissionais, lunáticos "irracionais" estragando o jogo. A característica-chave da comunidade WSB é precisamente a função positiva desse não saber: eles geram efeitos destruidores na realidade das trocas mercantis ao ignorarem o conhecimento "racional" das leis e regras de investimento supostamente praticadas por corretores de valores "profissionais".

O apelo popular do WSB significa que milhões de pessoas comuns, não apenas negociantes exclusivos, participam dele. Uma nova frente na guerra de classes da América se abriu – Robert Reich tuitou: "Então, deixe-me ver se entendi: *Redditors* mobilizando-se no GameStop é manipulação de mercado, mas bilionários de fundos de *hedge* vendendo uma ação a descoberto é apenas uma estratégia de investimento?"[79]. Quem poderia esperar isso – uma guerra de classes transposta para um conflito entre investidores de ações e os próprios negociantes?

---

78. Alexandria Ocasio-Cortez no Twitter.

79. ROMANS, C. Analysis: Hedge funds bitching about Reddit can cry me a river. *CNN business*, 29 jan. 2021. Disponível em: https://tinyurl.com/yc7k4dzv

Trata-se, então, de matar os normaizinhos de novo, para repetir o título do livro de Angela Nagle: "Para o WallStreetBets, a cultura normalzinha à qual se opõe é de investimento *mainstream* 'seguro': focar em ganhos de longo prazo, maximizar seus 40(k)s e comprar fundos de índice"[80]. Mas será que dessa vez os normaizinhos deveriam realmente ser "mortos" (eliminados)? – Por quê? A ironia é que Wall Street, o modelo da especulação corrupta e do abuso de informação privilegiada, sempre por definição resistindo à intervenção e regulamentação do Estado, agora se opõe à concorrência desleal e exige regulamentação do Estado... Quanto à acusação de Wall Street de que o que acontece em Robinhood é jogatina, basta lembrar que Elizabeth Warren repetidamente acusou os fundos de *hedge* de usarem o mercado de ações "como seu cassino pessoal". Resumindo, o WSB está fazendo abertamente e de forma legal o que Wall Street está fazendo em segredo e ilegalmente... é como se um grande criminoso acusasse um pequeno larápio que estivesse copiando suas práticas secretas de furto.

A utopia do capitalismo populista do WSB – o ideal de milhões que durante o dia são trabalhadores ou estudantes comuns e à noite brincam com investimentos – é, obviamente, impossível de realizar e só pode terminar num caos autodestrutivo. Porém, será que não é da própria natureza do capitalismo estar periodicamente em crise – a Grande Crise de 1928, o colapso financeiro de 2008 (criado por fundos de *hedge* "racionais"!), para mencionar apenas os dois casos mais conhecidos – e sair delas mais forte? No entanto, em ambos os casos, como na crise do WSB, era (e é) impossível restabelecer o equilíbrio por meio de mecanismos de mer-

---

80. ROMANS, C. Analysis: Hedge funds bitching about Reddit can cry me a river. *CNN business*, 29 jan. 2021. Disponível em: https://tinyurl.com/yc7k4dzv

cado imanentes. O preço é alto demais, então é necessária uma intervenção (estatal) externa massiva. Será que o Estado pode então controlar o jogo novamente, restaurar a velha normalidade arruinada pelo WSB? O modelo aqui é a China, com seu rígido controle estatal sobre a bolsa de valores – no entanto, fazer isso no Ocidente significaria uma mudança radical na política econômica e isso só poderia ser alcançado por meio de uma transformação sociopolítica global.

Será que isso significa que devemos sustentar o chamado aceleracionismo, ou seja, a ideia de que o capitalismo, juntamente à mudança tecnológica que ele instiga, deve ser "acelerado" e drasticamente intensificado para criar uma mudança social radical? Sim, em princípio, o fim do capitalismo só pode ser provocado por meio de sua aceleração – a visão popular, especialmente em alguns países do Terceiro Mundo, de que o papel fundamental na oposição ao capitalismo deve ser desempenhado pelos chamados "lugares de resistência", bolsões locais de formas de vida tradicionais pré-modernas com maior solidariedade social, é um beco sem saída (os talibãs no Afeganistão são definitivamente um desses locais de resistência!). No entanto, não é a aceleração como tal que produz a mudança social: a aceleração apenas nos faz confrontar abertamente o impasse básico do sistema capitalista global.

Qual é então a solução? Só há uma resposta simples: o "excesso" do WSB revelou a latente "irracionalidade" da própria bolsa de valores – é o momento da sua verdade. O WSB não é uma rebelião contra Wall Street, mas algo potencialmente muito mais subversivo: subverte o sistema ao se identificar demais com ele ou, antes, ao universalizá-lo e assim revelar sua absurdidade latente. É como o que um forasteiro croata (um ator de teatro) fez quando se apresentou como candidato nas últimas eleições presidenciais de lá – o ponto principal do seu programa era: "Corrupção para todos! Eu prometo que não apenas a elite poderá lucrar com a corrupção, mas todos vocês poderão lucrar com ela!" Quando cartazes com esse *slogan* apareceram por toda Zagreb, foi o assunto da cidade; as pessoas reagiram entusiasticamente, mesmo sabendo que era uma piada... Sim, o que os participantes do WSB estão fazendo é niilista, mas é niilismo imanente à própria bolsa de valores, niilismo já em ação em Wall Street. Para superar esse niilismo, teremos que de alguma maneira *sair* do jogo da bolsa de valores. O momento do socialismo está à espreita, esperando para ser apreendido – o próprio centro do capitalismo global está começando a desmoronar. O oposto do WSB é, como já vimos, a ideia de Musk de um algoritmo de investimento. Essa ideia, devemos acrescentar, já foi desenvolvida e disponibilizada gratuitamente por dois jovens programadores nos Estados Unidos: em média, ela faz o trabalho de negociar na bolsa, de dizer o que e quando comprar ou vender aí, melhor do que os grandes operadores de Wall Street. A unidade de negociação de ações (realizada por especialistas que trazem conhecimento e experiência com um toque pessoal) está, portanto, dividida em seus dois extremos: um algoritmo objetivo que funciona sozinho e uma jogatina subjetiva que quebra as regras e opera num nível totalmente diferente de manipulações.

Será que esse desmoronamento realmente acontecerá? Quase certamente não, mas o que deve nos preocupar é que a crise do WSB é outra ameaça inesperada ao sistema já sob ataque desde vários lados (pandemia, aquecimento global, protestos sociais...) e essa ameaça vem do próprio coração do sistema, não de fora. Uma mistura explosiva está sendo produzida, e quanto mais a explosão for adiada, mais devastadora ela pode ser.

Ecologia com alienação

Há uma diferença fundamental entre a alienação do sujeito na ordem simbólica e a alienação do trabalhador nas relações sociais capitalistas. Temos de evitar as duas armadilhas simétricas que se abrem se insistirmos na homologia entre as duas alienações: a ideia de que a alienação social capitalista é irredutível, porquanto a alienação significante é constitutiva da subjetividade, bem como a ideia oposta de que a alienação significante poderia ser abolida da mesma maneira que Marx imaginou a superação da alienação capitalista. A questão não é apenas que a alienação significante é mais fundamental e persistirá mesmo se abolirmos a alienação capitalista – ela é mais refinada. A própria figura de um sujeito que superaria a alienação significante e se tornaria um agente livre, senhor do universo simbólico, ou seja, que já não estaria imerso numa substância simbólica, só pode surgir no espaço da alienação capitalista, o espaço no qual indivíduos livres interagem. Indiquemos o domínio dessa alienação simbólica no que diz respeito à tentativa de Brandom de elaborar "o caminho para uma forma pós-moderna de reconhecimento que supere a alienação irônica. Trata-se da estrutura rememorativa-recognitiva da confiança"[81]. Para Brandom, essa:

> pode ser a parte do pensamento de Hegel de maior interesse e valor filosófico contemporâneo. É assim em parte porque ele atribui uma profunda significância política à substituição de um modelo semântico de representação atomística por um de expressão holística... Trata-se de conduzir a uma nova forma de mútuo reconhecimento e inaugurar o terceiro estágio no desenvolvimento do *Geist*: a era da confiança[82].

---

81. BRANDOM, R. *The spirit of trust*. Cambridge: Harvard University Press, 2019, p. 501.
82. *Ibid.*, p. 506.

"Confiança" é aqui confiança na substância ética (o "grande Outro", o conjunto das normas estabelecidas) que não limita, mas sustenta o espaço da nossa liberdade, a certeza de que se abordarmos o mundo racionalmente, o mundo reagirá à nossa investigação e parecerá racional[83]. Referindo-se a Chomsky, Brandom oferece a sua própria leitura da distinção clássica entre liberdade negativa e liberdade positiva: a liberdade negativa é a liberdade de normas e obrigações predominantes que só pode levar a uma distância irônica universalizada em relação a todas as regulamentações positivas (não devemos confiar nelas, são ilusões que mascaram interesses particulares), enquanto a liberdade positiva é a liberdade cujo espaço é aberto e sustentado por nossa adesão a um conjunto de normas. Como Chomsky provou, a linguagem permite a um indivíduo que a habita gerar um número infinito de sentenças – essa é a liberdade positiva de expressão fornecida pela nossa aceitação das regras da linguagem, ao passo que a liberdade negativa só pode levar a uma alienação irônica:

> Quando as instituições implicam as relações recognitivas apropriadas tanto para cima (dos indivíduos para a instituição) quanto para baixo (da instituição para os indivíduos), elas possibilitam a

---

83. Quando ficamos chocados com o que dizem alguns políticos como Trump ou Modi, explodimos em fúria crítica: "Como isso é possível? É inaceitável e ultrajante!". No entanto, ao reagirmos dessa forma, deixamos de perceber o que é relevante: o grande Outro (a autoridade moral a quem nos dirigimos e na qual confiamos) já não está aqui, a nossa reclamação é inútil, não há ninguém que a ouça. Quando houve uma guerra na Bósnia, há quase três décadas, lembro-me dos relatos sobre os suicídios de mulheres estupradas: elas sobreviveram ao estupro; o que as manteve vivas foi a convicção de que deviam viver para contar sua história a sua comunidade. Porém, muitas vezes acontecia que ninguém na sua comunidade estava disposto a ouvi-las – eram vistas com suspeita, tratadas como participantes e corresponsáveis pela sua humilhação, e essa experiência as levou ao suicídio. Algo semelhante aguarda aqueles que explodem de raiva por causa das obscenidades políticas de hoje.

liberdade, no sentido negativo de liberar os indivíduos do "fardo debilitante da constante reflexão e negociação de cada norma" (Heikki Ikäheimo) de interação, bem como no sentido positivo de oferecer e promover objetivos, atividades e papéis sociais significativos[84].

O "sentido positivo" é o que Brandom visa em sua noção de substância ética como fundamento de nossas liberdades, mas deve-se acrescentar-lhe o "sentido negativo" observado por Ikäheimo: "o fardo debilitante da constante reflexão e negociação de cada norma" – aqui, encontra-se o que não se pode deixar de chamar de um mínimo de alienação como condição de liberdade. A única maneira de pensar e interagir livremente implica não apenas que contemos com regras compartilhadas de linguagem e maneiras, mas também que aceitemos essas regras como algo dado do qual não temos consciência reflexiva – se refletíssemos e negociássemos essas regras o tempo todo, nossa liberdade seria autodestruída pelo seu próprio excesso.

Mas será que a liberdade da ironia, da distância irônica, não é também uma forma de liberdade positiva fundamentada numa profunda familiaridade com as regras? Será que algo como a alienação irônica não é inerente a quem realmente habita uma língua? Tomemos o patriotismo: um verdadeiro patriota não é um zelote fanático, mas alguém que pode muitas vezes comentar ironicamente sua nação, e essa ironia paradoxalmente atesta o seu verdadeiro amor pelo seu país (quando as coisas ficam sérias, ele está disposto a lutar por ele). Para poder praticar esse tipo de ironia, tenho que dominar as regras da minha língua muito mais profundamente do que aqueles que a falam de maneira impecável e não irônica. Pode-se até mesmo dizer que habitar realmente uma

---

84. FARELD, V.; KUCH, H. *De Marx a Hegel e Back*. Londres: Bloomsbury, 2020, p. 13.

língua implica não apenas conhecer as regras, mas conhecer as metarregras que me dizem como violar as regras explícitas: não implica não cometer erros, mas cometer o tipo certo de erros. O mesmo vale para as maneiras que mantinham unida uma determinada comunidade fechada – é por isso que, em tempos antigos, quando ainda havia escolas para ensinar as pessoas comuns a se comportar numa sociedade de classe alta, estas geralmente eram um fracasso terrível: não importa o quando lhe ensinassem as regras de comportamento, não eram capazes de lhe ensinar as metarregras que regulam as sutis transgressões dos governantes. Falando de subjetividade expressiva, pode-se também dizer que a subjetividade aparece num discurso apenas por meio de tais violações regulamentadas – sem elas, temos um discurso plano e impessoal.

E se imaginarmos o comunismo de maneira semelhante: como uma nova substância ética (uma estrutura de regras) que possibilita a liberdade positiva? Talvez seja assim que devemos reler a oposição de Marx entre o reino da necessidade e o reino da liberdade: o comunismo não é a liberdade em si, mas a estrutura de um reino da necessidade que sustenta a liberdade. Também é assim que eu deveria ter respondido a Tyler Cowen que, num debate em Bergen, me perguntou por que continuo me apegando à noção ridiculamente ultrapassada de comunismo, por que não a abandono e simplesmente desfruto a escrita dos meus provocativos comentários antipoliticamente corretos? Minha resposta deveria ter sido que preciso do comunismo precisamente como o contexto, o padrão ético firme, o compromisso principal com uma Causa que torna possíveis todos os meus prazeres transgressivos. Em outras palavras, não devemos imaginar o comunismo como uma ordem auto-transparente sem alienação, mas como uma ordem de "boa" alienação, de nossa confiança numa espessa teia invisível de regulamentações que sustentam o espaço da nossa liberdade. No comunismo, devo ser levado a "confiar" nessa teia *e ignorá-la*, focando no que confere sentido à minha vida.

Essa alienação constitutiva na substância simbólica está ausente em Saito devido ao seu foco no metabolismo do processo laboral. É por isso que Saito é profundamente anti-hegeliano: seu axioma é que a dialética hegeliana não pode pensar os limites naturais do Capital, o fato de que o automovimento do Capital nunca pode "suprassumir"/integrar totalmente sua base natural pressuposta:

> A ecologia de Marx lida com a síntese dos aspectos históricos e trans-históricos do metabolismo social ao explicar como as dimensões físicas e materiais do "metabolismo universal da natureza" e o "metabolismo entre humanos e natureza" são modificados e eventualmente interrompidos pela valorização do capital. A análise de Marx visa revelar os limites da apropriação da natureza por meio de sua subsunção pelo capital[85].

Marx não fala sobre subsunção ao capital em termos formais abstratos; ele está interessado em como essa subsunção não é apenas formal, mas gradualmente transforma a própria base material: o ar fica poluído, ocorre desmatamento, a terra se esgota e se torna menos fértil etc. Há três críticas a serem feitas a essa leitura, de outro modo correta, de Marx. Embora Saito escreva muito sobre as consequências materiais da forma do capital, como ela muda não apenas as forças produtivas materiais, mas a própria natureza, ele estranhamente não menciona os dois casos mais óbvios. Em primeiro lugar, o grande número de animais que não só estão na sua forma presente como resultado da produção humana, mas também só podem sobreviver como parte do ciclo produtivo humano (vacas, porcos... eles não podem sobreviver sozinhos na na-

---

85. SAITO, K. *Karl Marx's ecosocialism*. Nova York: Monthly Review Press, 2017, p. 68.

tureza). Em segundo lugar, o papel absolutamente central da força de trabalho reside na sua mistura única de valor e valor de uso: o valor de uso da força de trabalho – o próprio trabalho – é o de produzir valor.

A segunda crítica corre numa direção quase oposta. Saito localiza o limite da economia política "burguesa" clássica no fato de que se concentra exclusivamente na forma(-valor), ignorando o conteúdo, o modo como a forma interage com a sua base material[86]. No entanto, numa passagem crucial de *O Capital*, Marx diz quase exatamente o oposto: os clássicos burgueses focaram no conteúdo (a fonte) do valor e o que eles negligenciaram foi a própria forma-valor, isto é, por que o conteúdo (valor) assume essa forma:

> De onde, então, surge o caráter enigmático do produto do trabalho, assim que ele assume a forma de mercadorias? Claramente a partir dessa própria forma... A Economia Política de fato analisou, ainda que incompletamente, o valor e sua magnitude, e descobriu o que está por trás dessas formas. Porém, nunca se perguntou por que o trabalho é representado pelo valor de seu produto e o tempo de trabalho pela magnitude desse valor[87].

Marx aqui – de uma forma propriamente hegeliana – gira em torno da noção usual de uma forma que esconde algum conteúdo misterioso: o verdadeiro mistério está na própria forma. No que diz respeito à ecologia, isso significa que não basta manter a forma capitalista de produção e regulá-la com padrões ecológicos de modo a que não polua demais nosso meio ambiente – a principal ameaça reside na forma capitalista que é indiferente em relação ao seu conteúdo material. Saito está certo em ver nessa cisão a "contradição" básica do

---

86. SAITO, K. *Karl Marx's ecosocialism*. Nova York: Monthly Review Press, 2017, p. 115.
87. Cf. www.marxists.org/archive/marx/works/1867-c1/ch01.htm#S3.

capitalismo: uma vez que a produção social é subsumida sob a forma do processo de autovalorização do capital, o objetivo do processo passa a ser a autorreprodução ampliada do capital, o crescimento do valor acumulado e, uma vez que o meio ambiente, em última instância, conta apenas como uma externalidade, as consequências ambientais destrutivas são ignoradas, ou seja, elas não contam:

> o capital contradiz a limitação fundamental das forças e recursos naturais por causa do seu impulso para a autovalorização infinita. Essa é a contradição central do modo de produção capitalista, e a análise de Marx visa discernir os limites desse impulso imensurável de acumulação de capital dentro de um mundo material[88].

Quando fala sobre a "contradição" entre capitalismo e natureza, Saito permanece nos limites da oposição entre as demandas explosivas da humanidade e as óbvias limitações do mundo finito no qual habitamos: o mundo inteiro simplesmente não pode se juntar ao consumismo dos países altamente desenvolvidos, uma vez que os recursos naturais de que dispomos são limitados e não renováveis... O que essa abordagem de senso comum ignora é o oposto, o outro lado, do esgotamento, da *escassez* crescente de recursos naturais: o excesso, a *abundância* explosiva de resíduos em todas as suas formas, desde milhões de toneladas de resíduos plásticos que circulam nos oceanos até a poluição do ar (essas poluições feitas diretamente pelo homem são acompanhadas por algo que deveria nos preocupar ainda mais   poderíamos chamá-lo de poluição natural. Em maio de 2021, milhões de ratos invadiram fazendas australianas; em junho de 2021, grandes quantidades de lodo semelhante a alienígenas apareceram na costa turca, perturbando todo o ciclo reprodutivo no mar costeiro,

---

88. SAITO, K. *Karl Marx's ecosocialism*. Nova York: Monthly Review Press, 2017, p. 259.

entre outros[89]. Embora esses fenômenos provavelmente estejam ligados a causas humanas, a ligação permanece obscura. O nome para esse excedente é "emissões" – o que é emitido é um excedente que não pode ser "reciclado", reintegrado na circulação da natureza, um excedente que persiste como um resto "antinatural" crescendo *ad infinitum* e, assim, desestabilizando a "finitude" da natureza e seus recursos. Esse "resíduo" é a contrapartida material dos refugiados sem-teto que formam uma espécie de "resíduo humano" (resíduos, claro, do ponto de vista da circulação global do capital)[90].

A ecologia está, portanto, no centro da crítica da economia política de Marx e é por isso que, nas últimas décadas de sua vida, Marx lia extensivamente livros sobre a química e a fisiologia da agricultura (a razão pela qual Marx se voltou para a fisiologia e a química da agricultura é clara: ele queria estudar o processo vital do metabolismo sem cair na armadilha de conceber a vida que precede o capital nos termos de uma "força vital" romântica). A premissa central de Saito é que *essa* "contradição" não pode ser compreendida em termos hegelianos – é por isso que ele menciona zombeteiramente que o marxismo ocidental "lida principalmente com formas sociais (às vezes com um fetichismo extremo de *A ciência da lógica* de Hegel)"[91]. Contudo, não podemos nos livrar de Hegel tão facilmente. Quando Marx escreveu que a última barreira do capital é o próprio capital (em *O Capital*, Volume III, Capítulo 15, intitulado "Exposição das Contradições Internas da Lei") – "A verdadeira barreira da produção capitalista é o próprio capital" (*"Die wahre Schranke der kapitalistischen Produktion ist*

---

89. Cf. DAMON, A. "Something is very wrong": Alien-like slime is invading Turkey's waters. *CNN,* 4 jun. 2021. Disponível em: https://acesse.dev/fQ9mW

90. Devo essa linha de pensamento a Alenka Zupančič.

91. SAITO, K. *Karl Marx's ecosocialism.* Nova York: Monthly Review Press, 2017, p. 262.

das Kapital selbst") – devemos ser precisos no sentido hegeliano e distinguir claramente *Schranke* de *Grenze*: *Grenze* designa uma limitação externa, enquanto *Schranke* representa a barreira imanente de uma entidade, sua contradição interna. Digamos, no caso clássico da liberdade, a limitação externa da minha liberdade é a liberdade dos outros, mas a sua verdadeira "barreira" é a insuficiência dessa noção de liberdade que opõe a minha liberdade à liberdade dos outros – como Hegel o teria colocado, essa liberdade não é ainda a verdadeira liberdade. O ponto principal de Marx é que o capital não é apenas limitado externamente (por natureza o que não pode ser explorado indefinidamente), mas imanentemente limitado, limitado em seu próprio conceito.

Que modo de se relacionar com Hegel então um marxismo de orientação ecológica deveria assumir hoje? Será que deveria tratar a lógica de Hegel como um modelo mistificado/idealista do processo revolucionário (*Grundrisse*, jovem Lukács), da lógica do Capital, de uma nova ontologia universal? Quando Chris Arthur diz que "é precisamente a aplicabilidade da lógica de Hegel que condena o objeto como uma realidade invertida sistematicamente alienada de seus portadores"[92], ele fornece assim a formulação mais concisa da "lógica de Hegel como a lógica do capital": o próprio fato de a lógica de Hegel poder ser aplicada ao capitalismo significa que o capitalismo é uma ordem pervertida de alienação... No entanto, como já vimos, na leitura de Marx, o movimento especulativo autoengendrável do Capital também indica uma limitação fatídica do processo dialético hegeliano, algo que escapa ao alcance de Hegel, "uma mistura monstruosa do bom infinito e do mau infinito"[93]. Essa, talvez, seja também

---

92. Cf. www.academia.edu/38109734/The_Logic_of_Capital._Interview_with_Chris_Arthur
93. LEBRUN, G. *L'envers de la dialectique*. Paris: Éditions du Seuil, 2004, p. 311.

a razão pela qual a referência de Marx à dialética de Hegel em sua "crítica da economia política" é ambígua, oscilando entre tomá-la como a expressão mistificada da lógica do Capital e tomá-la como o modelo para o processo revolucionário de emancipação. Primeiro, há a dialética como a "lógica do capital": o desenvolvimento da forma-mercadoria e a passagem do dinheiro para o capital são claramente formulados em termos hegelianos (o capital é um dinheiro-substância que se transforma num processo automediador da sua própria reprodução etc.). Então, há a noção hegeliana do proletariado como "subjetividade sem substância", ou seja, o grandioso esquema hegeliano do processo histórico da sociedade pré-classe para o capitalismo como a separação gradual do sujeito de suas condições objetivas, de modo que a superação do capitalismo significa que o sujeito (coletivo) se reapropria da sua substância alienada. A matriz dialética hegeliana, portanto, serve como o modelo da lógica do capital e também como o modelo da sua superação revolucionária.

Então, novamente, que modo de se relacionar com Hegel um marxismo de orientação ecológica deveria assumir hoje? A dialética hegeliana como a expressão mistificada do processo revolucionário, como a expressão filosófica da lógica pervertida do Capital; como a versão idealista de uma nova ontologia materialista-dialética; ou deveríamos simplesmente afirmar (como Althusser o fez) que Marx apenas "flertou" com a dialética hegeliana, que seu pensamento era totalmente estranho a Hegel? Há outra possibilidade: uma leitura diferente do próprio processo dialético de Hegel, não o modelo de "o sujeito se apropria da substância". Como Frank Ruda apontou[94], o Saber Absoluto de Hegel não é uma *Aufhebung* total – uma integração perfeita de toda a realidade na automediação da Noção; é muito mais um ato de *Aufgeben* radical –

---

94. Cf. RUDA, F. *Abolishing Freedom*. Winnipeg: Bison Books, 2016.

de desistir, de renunciar ao esforço violento de agarrar a realidade. O Saber Absoluto é um gesto de *Entlassen*, de liberar a realidade, de a deixar-ser e se manter e, nesse sentido, rompe com o esforço infindável do trabalho de apropriação de sua Outridade, a coisa que para sempre resiste à sua compreensão. O trabalho (e a dominação tecnológica em geral) é um caso exemplar do que Hegel chama de "infinito espúrio", é uma busca que nunca é realizada, porque pressupõe um Outro a ser dominado, ao passo que a especulação filosófica está à vontade, não mais perturbada pelo seu Outro.

O que tal leitura de Hegel implica é que a dialética de Hegel não pode ser reduzida a uma suprassunção total de toda contingência na automediação do conceito. Isso traz-nos de volta à ecologia. Saito se opõe a Hegel, uma vez que Hegel é para ele o próprio modelo da negação da autonomia da natureza – será que a Ideia de Hegel não representa um processo produtivo que já não precisa contar com uma troca metabólica com uma Outridade, mas reduz toda Outridade a um momento subordinado da automediação da Ideia? Se aceitarmos a nossa leitura de Hegel, então Hegel não apenas tolera, mas exige que devamos permitir a irredutível Outridade da natureza. Esse respeito pela contingência da natureza significa que devemos evitar a armadilha de ler as catástrofes ecológicas como sinais que apontam, de uma maneira linear inequívoca, na direção de uma catástrofe final. Precisamente na medida em que devemos levar as ameaças ecológicas extremamente a sério, devemos também estar plenamente conscientes de quão incertas são as análises e projeções nesse domínio – só saberemos com certeza o que está acontecendo quando for tarde demais. Extrapolações rápidas apenas fornecem argumentos para os negadores do aquecimento global, então devemos evitar a todo custo a armadilha da "ecologia do medo", um precipitado fascínio mórbido de uma catástrofe fatal. Apenas uma linha tênue separa a percepção correta dos perigos reais dos cenários fantasiosos sobre uma catástrofe global que nos espera. Existe um prazer específico de viver no fim dos tempos, vivendo à sombra de uma catástrofe, e o paradoxo é que tal fixação na catástrofe que se aproxima é precisamente uma das maneiras de evitar realmente enfrentá-la. Para manter um mínimo de credibilidade, tal visão deve apegar-se a qualquer má notícia que apareça: uma geleira derretendo aqui, um tornado ali, uma onda de calor em outro lugar – tudo isso é lido como sinais de uma catástrofe iminente... Mesmo os extensos incêndios que devastaram o sudeste da Austrália no final de 2019 e início de 2020 não devem ser lidos de maneira tão simplificada. Num comentário recente no *Spectator*, Tim Blair abriu uma nova perspectiva sobre essa catástrofe:

> As queimadas controladas da flora excedente já foram uma prática padrão na Austrália rural, mas agora uma espécie de fundamentalismo religioso ecológico tomou o lugar do bom-senso. Há muitos exemplos de decisões judiciais recentes que puniram aqueles que desmataram terras ao redor de suas propriedades. "Temos queimado menos de 1% de nossas terras propensas a incêndios florestais nos últimos 20 anos", diz o capitão do corpo de bombeiros Brian Williams, "isso significa que a cada ano a carga de combustível continua aumentando". Tentativas bem-intencionadas, mas ignorantes, de proteger os ecossistemas naturais dos animais são, em parte, a razão pela qual esses ecossistemas agora não passam de carvões e cinzas[95].

O viés desse comentário é claro: ele é direcionado contra a presunção do aquecimento global; como tal, deveria ser rejeitado, mas o que devemos aprender com ele é a ambiguida-

---

95. Cf. https://www.spectator.co.uk/article/fight-fire-with-fire-controlled-burning-could-have-protected-australia/.

de dos sinais. Aqui, uma virada para a teologia pode ser útil, uma vez que os ecologistas são frequentemente acusados de nutrir um zelo quase religioso. Em vez de rejeitar essa acusação, devemos aceitá-la orgulhosamente – e qualificá-la. O início do Evangelho de São João contém toda uma teoria dos sinais (ou milagres): Deus produz milagres (ou sinais, como diríamos hoje, quando acontecem coisas chocantes que perturbam nosso senso comum da realidade, como os incêndios na Austrália), mas "se virmos milagres sem acreditar, seremos apenas endurecidos em nosso pecado"[96]. Os sinais estão aqui para convencer os crentes, mas quando ocorrem, simultaneamente fortalecem a oposição a Jesus naqueles que não acreditam nele – essa oposição "torna-se mais dura e beligerante, mais aberta em sua tentativa de silenciá-lo; e cada vez ele sente uma ameaça mais profunda dos poderes dispostos contra ele"[97]. O comentário de Blair deve ser lido de acordo com essas linhas teológicas – embora tenha sido definitivamente destinado a nos fazer "endurecer em nosso pecado" (de negação do aquecimento global), não deve ser descartado como uma mentira corrupta, mas como uma oportunidade bem-vinda de analisar a complexidade da situação, a fim de deixar claro como essa complexidade torna a nossa situação ecológica ainda mais perigosa. Na natureza, esse domínio da contingência no qual a Ideia existe na externalidade no que diz respeito a si mesma, estamos por definição no domínio dos sinais ambíguos e do "infinito espúrio" das interações complexas em que cada ocorrência pode ser um sinal do seu oposto, de modo que toda intervenção humana destinada a restaurar algum tipo de equilíbrio natural pode desencadear uma catástrofe inesperada, e toda catástrofe pode ser um prenúncio de boas notícias.

---

96. Cf. https://bible.org/seriespage/lesson-63-believing-seeing-seeing-not-believing-john-1138-57.
97. Cf. www.raystedman.org/new-testament/john/gods-strange-ways.

A última saída para o comunismo

Os dados mais recentes deixam claro que, mesmo após a disseminação (muito desigual) da vacinação, não podemos nos dar ao luxo de relaxar e voltar ao antigo normal. Não apenas a pandemia ainda não acabou (o número de infecções está aumentando novamente, novos *lockdowns* nos aguardam), outras catástrofes estão no horizonte. No final de junho de 2021, uma "cúpula de calor" – um fenômeno climático em que uma crista de alta pressão aprisiona e comprime o ar quente, elevando as temperaturas e assando a região – sobre o noroeste dos Estados Unidos e o sudoeste do Canadá fez com que as temperaturas se aproximassem dos cinquenta graus Celsius, de modo que Vancouver estava mais quente do que o Oriente Médio. Essa patologia climática é apenas o clímax de um processo muito mais amplo: nos últimos anos, o norte da Escandinávia e a Sibéria registraram regularmente temperaturas superiores a trinta graus Celsius. A Organização Meteorológica Mundial está buscando verificar a temperatura mais alta ao norte do Círculo Polar Ártico desde o início dos registros, depois que uma estação meteorológica em Verkhoyansk, na Sibéria, registrou um dia de 38 graus em 20 de junho. A cidade de Oymyakon, na Rússia, considerada o lugar habitado mais frio da Terra, estava mais quente (31,6 graus Celsius) do que jamais esteve em junho. E, como o creme no topo do bolo: "A fumaça dos incêndios florestais na Sibéria atinge o polo norte pela primeira vez na história"[98]. Resumindo: "a mudança climática está fritando o Hemisfério Norte"[99].

---

98. Cf. www.theguardian.com/world/2021/aug/09/smoke-siberia-wildfires-reaches-north-pole-historic-first

99. Cf. DEWAN, A. Unprecedented heat, hundreds dead and a town destroyed. Climate change is frying the Northern Hemisphere. *CNN*, 4 jul. 2021. Disponível em: https://edition.cnn.com/2021/07/04/world/canada-us-heatwave-northern-hemisphere-climate-change-cmd-intl/index.html

É verdade que a "cúpula de calor" foi um fenômeno local, mas foi o resultado de uma perturbação global de padrões que são claramente resultado de intervenções humanas em ciclos naturais. As consequências catastróficas dessa onda de calor para a vida no oceano já são palpáveis: "Uma 'Cúpula de calor' provavelmente matou 1 bilhão de animais marinhos na costa do Canadá, dizem os especialistas. Cientista da Colúmbia Britânica diz que o calor basicamente cozinhou mexilhões: 'A costa geralmente não parece crocante quando você caminha'"[100]. Embora o clima esteja geralmente ficando mais quente, esse processo atinge um clímax em locais extremos, e estes locais extremos, mais cedo ou mais tarde, se fundirão numa série de pontos críticos globais. As inundações catastróficas na Alemanha e na Bélgica em julho de 2021 é outro desses pontos críticos, e quem sabe o que virá a seguir. Eis uma observação semelhante do Chile:

> No sudoeste do Oceano Pacífico, há uma enorme região de água excepcionalmente quente que cobre uma área do tamanho da Austrália, conhecida como "the Southern Blob" [a bolha austral]. A vários milhares de quilômetros de distância, a nação sul-americana do Chile vem passando por uma megasseca há mais de uma década, com diminuição das chuvas e do abastecimento de água. Na superfície, esses dois eventos não têm nada a ver um com o outro – mas, segundo um novo estudo, eles estão ligados por forças invisíveis de pressão e circulação atmosférica global[101].

Podemos esperar muito mais notícias como essa num futuro próximo – a catástrofe não é algo que começará num futuro

---

100. CECCO, L. "Heat dome" probably killed 1bn marine animals on Canada coast, experts say. *The Guardian*, 8 jul. 2021. Disponível em: https://abrir.link/xGsbA

101. Cf. https://edition.cnn.com/2021/08/26/world/blob-chile-megadrought -study-intl-hnk-scli-scn/index.html

próximo; ela está aqui, e tampouco está em algum país distante da África ou da Ásia, mas bem aqui, no coração do "Ocidente desenvolvido". Para ser franco, teremos que nos acostumar a conviver com múltiplas crises simultâneas. Os contornos de possíveis catástrofes globais já são visíveis: "Cientistas do clima detectaram sinais de alerta do colapso da Corrente do Golfo, um dos principais pontos críticos potenciais do planeta"[102] – se isso acontecer, afetará a vida de bilhões.

Não apenas uma onda de calor é, pelo menos parcialmente, condicionada pela exploração industrial imprudente da natureza, mas seus efeitos também dependem da organização social. No início de julho de 2021, no sul do Iraque, as temperaturas subiram para mais de cinquenta graus Celsius e o que ocorreu simultaneamente foi um colapso total do fornecimento de eletricidade (sem ar-condicionado, sem geladeira e sem luz) que tornou o local um inferno. Esse impacto catastrófico foi claramente causado pela enorme corrupção estatal no Iraque, com bilhões de dinheiro do petróleo desaparecendo em bolsos privados.

Se acessarmos esses (e muitos outros) dados com sobriedade, há uma simples conclusão a ser tirada deles: "nada menos do que transformar a sociedade evitará a catástrofe"[103]. Para cada entidade viva, coletiva ou individual, a saída final é a morte (e é por isso que Derek Humphry estava certo ao intitular seu livro de autoajuda suicida [1992] de *Final exit* [saída final]). As crises ecológicas que explodiram recentemente abrem uma perspectiva bastante realista da saída fi-

---

102. Cf. www.theguardian.com/environment/2021/aug/05/climate-crisis-scientists-spot-warning-signs-of-gulf-stream-collapse
103. Cf. VALLANCE, P. The IPCC report is clear: nothing short of transforming society will avert catastrophe. *The Guardian*, 9 ago. 2021. Disponível em: https://www.theguardian.com/commentisfree/2021/aug/09/ipcc-report-transforming-society-avert-catastrophe-net-zero

nal (ou seja, suicídio coletivo) da própria humanidade. Num voo local recente na Itália, o aviso pré-gravado dizia que, em caso de emergência, os passageiros deveriam localizar a saída mais próxima e seguir o *"sentiero luminoso"* (caminho luminoso – ou, em espanhol, *sendero luminoso*) no chão que leva a 'ela. Estamos todos agora num voo que foi apanhado numa emergência, então qual é o nosso caminho luminoso para fora dele? Será que existe uma última saída do caminho para a nossa perdição ou já é tarde demais, de modo que tudo o que podemos fazer é encontrar uma maneira de tornar o suicídio mais indolor?

Então, o que devemos fazer numa situação tão insuportável – insuportável, porque temos que aceitar que somos uma entre as espécies na Terra, mas ao mesmo tempo estamos sobrecarregados com a tarefa impossível de agir como administradores universais da vida terrestre? Uma vez que não conseguimos pegar outras saídas, talvez mais fáceis (as temperaturas globais estão subindo, os oceanos estão cada vez mais poluídos...), parece cada vez mais que a última saída antes da final (o suicídio coletivo da humanidade) será alguma versão do que já foi chamado de comunismo de guerra. No entanto, o discurso sobre a guerra é enganoso aqui: não estamos lutando contra um inimigo – o único inimigo somos nós mesmos, as consequências destrutivas da produtividade capitalista. Lembre-se de que, após a queda da União Soviética, Cuba proclamou um "período especial em tempo de paz" (*"empos especial eemposos de paz"*): condições de tempo de guerra num tempo de paz. Talvez esse seja o termo que deveríamos usar para a nossa situação hoje: estamos entrando num período muito especial num tempo de paz. Orson Welles estava bastante certo em seu comentário mordaz sobre o dever de trabalhar para o seu país: "Não pergunte o que você pode fazer pelo seu país. Pergunte o que há para o almoço".

Centenas de milhões hoje têm todo o direito de fazer isso – o problema é simplesmente que às vezes você só consegue o almoço que você quer se mudar seu país.

O que tenho em mente aqui não é qualquer tipo de reabilitação ou continuidade com o "socialismo realmente existente" do século XX, muito menos a adoção global do modelo chinês, mas uma série de medidas que são impostas pela própria situação. Quando (não apenas um país, mas) todos nós enfrentamos uma ameaça à nossa sobrevivência, entramos num estado de emergência bélico que durará pelo menos por décadas. Para simplesmente garantir as condições mínimas de nossa sobrevivência, é inevitável mobilizar todos os nossos recursos para lidar com desafios inauditos, inclusive deslocamentos de dezenas, talvez centenas, de milhões de pessoas devido ao aquecimento global. A resposta para a "cúpula de calor" nos Estados Unidos e no Canadá não é apenas ajudar as áreas afetadas, mas atacar suas causas globais. Como a catástrofe em curso no sul do Iraque deixa claro, um aparato de Estado capaz de manter o bem-estar mínimo das pessoas em condições catastróficas será necessário para prevenir explosões sociais.

Todas essas coisas podem – esperamos – ser alcançadas apenas por meio de cooperação internacional forte e obrigatória, controle social e regulamentação da agricultura e da indústria, mudanças em nossos hábitos alimentares básicos – menos carne bovina – saúde global etc. Olhando mais de perto, fica claro que a democracia política representativa por si só não será suficiente para essa tarefa. Um poder executivo muito mais forte, capaz de impor compromissos de longo prazo, terá de ser combinado com auto-organizações locais de pessoas, bem como com um corpo internacional forte, capaz de sobrepor-se à vontade dos Estados-nação dissidentes.

A tese de Badiou, que é "escandalosa" para os liberais, está mais atual do que nunca: "Hoje o inimigo não se chama

Império ou Capital. Chama-se Democracia"[104]. O que hoje impede o questionamento radical do próprio capitalismo é precisamente *a crença na forma democrática da luta contra o capitalismo*. A posição de Lenin contra o "economismo", bem como contra a política "pura" é crucial hoje: sim, a economia é o domínio fundamental – a batalha será decidida aí, é preciso quebrar o feitiço do capitalismo global –, MAS a intervenção deve ser propriamente POLÍTICA, não econômica. Hoje, quando todos são "anticapitalistas", até os filmes de conspiração "sociocríticos" de Hollywood (de *Inimigo do Estado* a *O Informante*) nos quais o inimigo são as grandes corporações com a sua busca implacável do lucro, o significante "anticapitalismo" perdeu sua picada subversiva. O que se deve problematizar é o evidente oposto desse "anticapitalismo": a confiança na substância democrática dos americanos honestos para desfazer a conspiração. ESSE é o núcleo duro do universo capitalista global de hoje, o seu verdadeiro significante-mestre: a democracia. É isso que torna problemático o termo popular "socialismo democrático": quando me perguntam se sou um socialista democrático, minha resposta imediata é: "Não, sou um comunista não democrático!".

O que isso implica é que também devemos reunir forças para dissipar o mito da não violência como um meio efetivo de mudança política radical. Andreas Malm[105] demonstrou de forma convincente que a conhecida tese sobre a natureza não violenta dos movimentos de libertação bem-sucedidos está errada: do movimento contra a escravidão, às sufragistas, ao movimento pela independência indiana, ao Movimento dos Direitos Civis e ao CNA na África do Sul, o uso de ação direta

---

104. BADIOU, A. Prefazione all'edizione italiana. *Metapolitica*. Nápoles: Cronopio, 2002, p. 14.
105. Cf. MALM, A. *How to blow up a pipeline*. Londres: Verso Books, 2021.

envolvendo danos à propriedade era uma parte importante do arsenal tático. Malm refere-se aqui à noção de "efeito de flanco radical" elaborada por Herbert H. Haines[106]: uma ala radical de um movimento pressiona as autoridades a negociar e atender às demandas de uma ala mais moderada. Malm chega à conclusão inevitável na direção do "leninismo ecológico": uma vez que, como os dados mostram abundantemente, os apelos não violentos por emissões mais baixas são amplamente ignorados, o movimento de mudança climática deve considerar a destruição e a sabotagem de propriedade direcionada (dispositivos emissores de CO_2 que causam "emissões de luxo" – como iates de luxo e aviões particulares, infraestrutura de combustível fóssil...). Os métodos não violentos mais convencionais de protesto não farão o trabalho necessário e os pedidos desesperados de ação são mais ou menos apenas a cobertura para os negócios de sempre. Greta Thunberg estava certa quando descartou zombeteiramente advertências pró-verdes e promessas de políticos como apenas um blá-blá-blá: estamos lidando com reclamações ritualizadas cuja função é garantir que nada realmente mude.

Então, como seria essa cooperação global? Não estou falando aqui de um novo governo mundial – tal entidade forneceria uma oportunidade para imensa corrupção. E não estou falando do comunismo no sentido de abolir os mercados – a concorrência de mercado deveria desempenhar um papel, embora um papel regulado e controlado pelo Estado e pela sociedade. Mas será que a China agora não está fazendo exatamente o que precisa ser feito? Está impondo o controle estatal e a regulação dos mercados, permitindo e limitando seletivamente a concorrência; está agora lutando por uma

---

106. Cf. HAINES, H. H. Radical flank effects. *In:* SNOW, D. A. *et al.* (eds.). *The Wiley-Blackwell encyclopedia of social and political movements.* Hoboken: Blackwell Publishing, 2013.

distribuição mais igualitária de riqueza e por limites para as grandes corporações... O problema é que sem um *feedback* adequado do público, sem um espaço público aberto no qual esse *feedback* possa ser formulado, as medidas defendidas agora pela liderança chinesa estão fadadas ao fracasso. Como o bem-estar dos trabalhadores pode ser elevado quando qualquer tentativa dos trabalhadores de se auto-organizarem é recebida por uma repressão brutal? Como lidar com a ameaça de catástrofes ambientais quando investigações independentes são proibidas? Sim, até agora a China tem lidado com sucesso com a pandemia da covid-19, mas há boas razões para acreditar que se as autoridades não tivessem ignorado e até mesmo suprimido os primeiros alertas independentes, o que se tornou uma pandemia global poderia ter sido limitado a um nível local.

Por que então usar o termo "comunismo"? Porque o que teremos de fazer contém quatro aspectos de todo regime verdadeiramente radical. Primeiro, há o voluntarismo: as mudanças que serão necessárias não têm fundamento em qualquer necessidade histórica, elas serão executadas contra a tendência espontânea da história – como Walter Benjamin o colocou, temos de puxar o freio de emergência do trem da história. Depois, há o igualitarismo: solidariedade global, saúde e um mínimo de vida digna para todos. Depois, há elementos do que não pode deixar de parecer aos liberais obstinados como "terror", um gostinho do que experimentamos com medidas para lidar com a pandemia em curso: limites a muitas liberdades pessoais, novos modos de controle e regulação. A opção indizível já é mencionada aqui e ali: entre outras, a atriz "Joanna Lumley sugeriu que um sistema de racionamento semelhante ao visto em tempos de guerra, sob o qual as pessoas teriam um número limitado de pontos para gastar em férias ou bens de consumo luxuosos, poderia eventualmente ajudar a enfrentar a crise climática"[107]. Quanto mais cedo aceitarmos que essa é nossa única escolha racional, melhor para todos nós. Finalmente, há confiança nas pessoas: tudo será perdido sem a participação ativa das pessoas comuns.

Tudo isso não é uma visão distópica mórbida, mas o resultado de uma simples avaliação realista da nossa situação. Se não seguirmos esse caminho, o que acontecerá é a situação totalmente maluca que já está ocorrendo nos Estados Unidos e na Rússia: a elite do poder se prepara para sua sobrevivência em gigantescos *bunkers* subterrâneos nos quais milhares podem sobreviver por meses, com a desculpa de que o governo deveria funcionar mesmo em tais condições... em suma, o governo deveria continuar a funcionar mesmo quando não houvesse pessoas vivas na Terra sobre as quais ele deveria exercer sua autoridade. Nosso governo e elites empresariais já estão se preparando para esse cenário, o que significa que eles sabem que os alarmes estão tocando.

Embora a perspectiva dos megarricos vivendo em algum lugar no espaço fora da nossa terra não seja realista, não se pode evitar a conclusão de que as tentativas de alguns indivíduos megarricos (Musk, Bezos, Branson) de organizar voos privados ao espaço também expressam a fantasia de escapar da catástrofe que ameaça nossa sobrevivência na Terra. Então, nós, que não temos para onde escapar, o que nos espera?

---

107. KHOMAMI, N. Joanna Lumley says wartime-style rationing could help solve climate crisis. *The Guardian,* 26 out. 2021. Disponível em: https://www.theguardian.com/uk/environment

2
UMA DIFERENÇA NÃO BINÁRIA?
PSICANÁLISE, POLÍTICA E FILOSOFIA

Crítica da crítica

A leitura de Hegel de que precisamos hoje não é tanto uma leitura direta de seus textos, mas uma leitura imaginada: a prática anacrônica de imaginar como Hegel teria respondido a novas teorias propostas para substituir a supostamente ultrapassada abordagem hegeliana. Isso também vale para Lacan, que estava em constante diálogo crítico com Hegel. Em seu primeiro grande écrit "Le rapport de Rome", Lacan (sob a influência de Jean Hyppolite) recorre ao paralelo entre a simbolização gradual (integração na ordem simbólica) dos sintomas que ocorre no processo analítico e o processo dialético hegeliano; ele até mesmo compara o fim do processo analítico com o Saber Absoluto de Hegel. Mais tarde, ele se distancia cada vez mais de Hegel, rejeitando a "síntese" dialética como a negação do Real-Impossível, e descarta Hegel como o último filósofo da autoconsciência.

Em vez de defender Hegel diretamente, tentarei delinear um caminho de volta a ele por meio das inconsistências da própria teoria de Lacan. Os lacanianos regularmente me censuram por rejeitar a rejeição crítica de Lacan da filosofia – e eles estão certos: desde o início proclamei abertamente que permaneço um filósofo e mantenho uma distância em relação à clínica analítica. Mais ainda, afirmo que o próprio Lacan perde uma característica fundamental da filosofia e que essa ignorância sinaliza uma séria limitação do seu projeto... Como posso defender algo assim e, no entanto, em algum sentido, permanecer um lacaniano? Tentarei elaborar esse ponto por meio de um diálogo com Gabriel Tupinambá, com sua crítica lacaniana a Lacan.

The Desire of psychoanalysis [O desejo da psicanálise], de Tupinambá, é uma obra-prima revolucionária: é uma surpresa, mas uma surpresa no sentido em que o segundo assassinato em *Psicose*, de Hitchcock (o abate do detetive particular Arbogast na escada da casa da mãe) surpreende o espectador muito mais do que o famigerado assassinato no chuveiro: o efeito surpresa vem do fato de que o que acontece é o que esperávamos que acontecesse. O livro de Tupinambá não apenas estraga o jogo ideológico que predominou nos círculos lacanianos por décadas; não apenas uma certa inocência é perdida para sempre; muito mais importante, Tupinambá nos obriga a confrontar de uma nova maneira crítica as implicações filosóficas da psicanálise.

O tópico da crítica, especialmente de uma crítica ao próprio Lacan, é para mim muito sensível, uma vez que geralmente sou identificado como um hegeliano lacaniano e a lição básica de Hegel é que uma crítica deve ser sempre uma crítica da própria crítica (ou, como Marx e Engels o colocaram com ironia mordaz no subtítulo de um dos seus primeiros trabalhos, *A sagrada família*, uma "crítica da crítica crítica"). Quando se critica um fenômeno, deve-se sempre ter o cuidado de observar até que ponto a crítica compartilha as premissas básicas do objeto da crítica e, longe de representar uma ameaça a ele, permite que funcione sem problemas. Tomemos um caso conhecido por todos hoje: o protesto contra a opressão social praticada pelo chamado Politicamente Correto [PC] em todas as suas versões (embora o PC tenha perdido um pouco de força ultimamente, ele ainda predomina em alguns círculos acadêmicos e públicos). Críticos liberais *mainstream* e conservadores do PC gostam de zombar dos seus chamados "excessos" (proibições ridículas de certas expressões, demandas para censurar textos literários clássicos etc.), alegando que, sob o pretexto de lutar contra o patriarcado e a dominação, o PC impõe novas regras totalitárias. Os partidários do PC devolvem o golpe, apontando como, com seu foco nos "excessos" do PC, no aspecto proibitivo da cultura *woke* e do cancelamento, os críticos conservadores e liberais ignoram uma censura muito mais grave que acontece contra aqueles considerados perigosos para o *establishment*: apenas no Reino Unido, temos o MI6 verificando empregos por todas as agências estatais e de educação, sindicatos sob controle da polícia secreta, regulamentação secreta sobre o que é publicado na mídia e aparece na TV, crianças menores de idade de famílias muçulmanas interrogadas por ligações terroristas, e mesmo eventos singulares como o contínuo aprisionamento ilegal de Julian Assange... Embora eu concorde com essa avaliação de que tal censura grave é muito pior do que os "pecados" da cultura do cancelamento, acho que ela fornece o argumento definitivo contra a cultura *woke* e as regulamentações do PC: por que a esquerda PC foca em regular os detalhes de como falamos etc., em vez de trazer à tona os problemas muito maiores mencionados acima? Não é à toa que Assange também foi atacado por algumas feministas PC (não só) da Suécia, que não o apoiaram, porque levaram a sério as acusações sobre sua má conduta sexual (que mais tarde foram rejeitadas pelas autoridades suecas). Uma infração às regras do PC obviamente supera o fato de ser uma vítima do terror de Estado... Todavia, quando a postura *woke* toca um aspecto realmente importante da reprodução da ideologia hegemônica, a reação do *establishment* muda de ridicularizar o oponente por seus excessos para uma tentativa apavorada de violenta repressão judicial. Frequentemente lemos em nossa mídia reclamações sobre os "excessos" dos estudos críticos de gênero e raça que tentam reavaliar a narrativa hegemônica do passado americano. No entanto, devemos sempre ter em mente que,

> ao lado dessa reavaliação, outra tradição americana ressurgiu: um movimento reacionário empenhado em reafirmar um mito americano branqueado. Essas forças reacionárias visaram os esforços para contar uma versão honesta da história americana e falar abertamente sobre o racismo, propondo leis em assembleias estaduais por todo o país que proibiriam o ensino da "teoria crítica da raça", o Projeto 1619 do New York Times e, eufemisticamente, "conceitos divisivos". O movimento é caracterizado por uma insistência infantil de que as crianças devem aprender uma versão falsa da fundação dos Estados Unidos que se assemelha mais a um nascimento virginal mítico do que à realidade sangrenta e dolorosa. A legislação que visa limitar a forma como os professores falam sobre raça tem sido considerada por pelo menos 15 estados... Em Idaho, o governador Bill Little sancionou uma lei que proíbe as escolas públicas de ensinar a teoria crítica da raça, que alegou que "exacerbará e inflamará divisões baseadas em sexo, raça, etnia, religião, cor, nacionalidade ou outros critérios de maneiras contrárias à unidade da nação e ao bem-estar do estado de Idaho e de seus cidadãos". A vice-governadora do estado, Janice McGeachin, também estabeleceu uma força-tarefa para "examinar a doutrinação na educação de Idaho e proteger nossos jovens do flagelo da teoria crítica da raça, do socialismo, do comunismo e do marxismo"[108].

---

108. WONG, J. C. The fight to whitewash US history: "A drop of poison is all you need". *The Guardian*, 25 maio 2021. Disponível em: https://www.theguardian.com/world/2021/may/25/critical-race-theory-us-history-1619-project

Será que as teorias proibidas são realmente divisivas? Sim, mas apenas no sentido de que se opõem ao (dividem-se do) mito oficial hegemônico que *já é em si mesmo divisor*: exclui alguns grupos ou posições, colocando-os numa posição subordinada. Além disso, é claro que para os partidários do mito oficial a verdade não importa aqui, mas apenas a "estabilidade" dos mitos fundadores – esses partidários, não aqueles descartados por eles como "relativistas historicistas", estão efetivamente praticando a "pós-verdade": eles evocam "fatos alternativos", mas excluem mitos fundadores alternativos.

Um verdadeiro hegeliano deve sempre praticar essa dupla abordagem crítica ao criticar um fenômeno (dominação racista e sexista). Essa abordagem deve simultaneamente criticar a forma predominante da sua crítica (correção política), bem como o contra-ataque das forças do *establishment*. Mesmo quando estamos lidando com fenômenos tão repulsivos quanto o sexismo e o racismo, as coisas, portanto, nunca são simples – por quê? Porque, como Lacan o coloca, não há metalinguagem: quando fazemos uma escolha (no nosso caso, entre a ideologia hegemônica e a sua crítica PC), a escolha nunca é feita de um terreno neutro, o ato de escolha muda a escolha. Tomemos o caso da pandemia no qual ainda estamos presos – que escolhas estamos enfrentando aqui? Ao responder a essa pergunta, Jean-Pierre Dupuy se refere às situações contrafactuais como algo imanente à própria realidade: as coisas não são apenas o que são, sua atualidade é acompanhada pela sombra do que poderia ter acontecido se um curso de ação diferente tivesse sido tomado. Por exemplo, quando decidimos impor uma quarentena para conter a propagação da pandemia da covid-19, fazemos isso para reduzir infecções e mortes. No entanto, há uma distinção fundamental a ser feita aqui:

Eu tenho uma escolha de duas ações, A e B. Escolho A. Estimo que esteja numa situação melhor na opção A do que na opção B, tanto quanto o posso apreciar *após ter escolhido A*. No entanto, não tenho nenhuma garantia de que, se escolhesse B, minha situação teria sido a mesma que imagino para B após ter escolhido A. Em outras palavras, o pressuposto do cálculo econômico é que a escolha "atual" (ou seja, real) de B me coloca no mesmo mundo que a escolha "contrafactual" (ou seja, virtual, "contra os fatos") de B se eu tiver escolhido A. Ainda mais simplesmente, a hipótese oculta é que os mundos "alternativos" têm a mesma realidade que o mundo no qual realmente nos encontramos[109].

Devemos abandonar essa hipótese, não apenas por razões empíricas óbvias (nossa estimação contrafactual do que teria acontecido se escolhêssemos A poderia simplesmente estar errada – lembre-se de como, no verão de 2020, as autoridades do Reino Unido proibiram o acesso às praias, mas quando essa proibição foi amplamente ignorada e as praias ficaram lotadas, quase não houve aumento de infecções). A principal razão é que *A não é a mesma após eu ter escolhido B* – após eu ter escolhido B, A é medida pelos padrões que me fizeram escolher B. Em outras palavras, as razões pelas quais fazemos uma escolha não preexistem à nossa escolha: só sabemos as razões pelas quais escolhemos A (ou B) *após fazermos a escolha*. Tomemos uma decisão no combate à pandemia quando nos deparamos com uma escolha entre A e B: A prioriza a economia, B prioriza saúde. Os defensores de A afirmam que, se escolhermos B, podemos primeiro salvar algumas vidas, mas, a longo prazo, os custos para a economia gerarão mais pobreza e ainda mais problemas de saúde. (O problema com esse raciocínio é que ele assume

---

109. DUPUY, J. P. *La catastrophe ou la vie – Pensées par temps de pandémie*. Paris: Éditions du Seuil, 2021, p. 16.

automaticamente que o mesmo sistema econômico persistirá.) Os defensores de B afirmam que, se escolhermos A, não apenas haverá mais sofrimento e mais mortes, mas devido à prolongada crise de saúde, até mesmo a economia sofrerá mais no longo prazo. Não há maneira neutra de comparar as duas opções, de modo que, talvez, após fazer uma escolha (digamos, de B), a solução seja *olhar para B mesma desde o ponto de vista imaginado de A* – no nosso caso, *como priorizar a saúde parece desde o ponto de vista da economia*. Isso nos leva ao verdadeiro problema: já que, obviamente, o sistema econômico existente não pode tolerar tal priorização da saúde, *como devemos mudar nossa vida econômica de modo a podermos evitar o debilitante dilema "vidas ou economia"?* E o mesmo vale para a diferença sexual: para um homem não basta tomar partido da mulher – ele deve perguntar-se: como escolho ser homem de modo a que, como homem, eu possa evitar a opressão das mulheres?

"São ambos piores!"

Tal crítica da crítica é urgentemente necessária em todas as lutas que animam nossa realidade social. No outono de 2021, uma nova *Historikerstreit* – luta entre historiadores – explodiu na Europa. De um lado, Achille Mbembe, Dirk Moses e alguns outros argumentam que distinguir o Holocausto de outros crimes violentos na história da humanidade é eurocêntrico e negligencia o horror dos crimes colonialistas. Do outro lado, estão Saul Friedlander, Jürgen Habermas e outros que insistem no caráter singular do Holocausto. Eu acho que ambos os lados estão em certo sentido certos e errados – não se pode deixar de repetir aqui a resposta de Stalin à pergunta sobre qual desvio é pior, o de esquerda ou o de direita: "São ambos piores".

É simplesmente verdade que o público em geral no Ocidente desenvolvido não está totalmente ciente dos horrores de tirar o fôlego do colonialismo e de seus subprodutos. Basta lembrar o horror das duas Guerras do Ópio travadas (não apenas) pelo Império Britânico contra a China. As estatísticas mostram que, até 1820, a China era a economia mais forte do mundo. Desde o final do século XVIII, os britânicos exportavam enormes quantidades de ópio para a China, transformando milhões de pessoas em viciados e causando grandes danos. O imperador chinês tentou impedir isso, proibindo a importação de ópio, e os britânicos (juntamente a outras forças ocidentais) intervieram militarmente. O resultado foi catastrófico: logo depois, a economia da China encolheu pela metade. Contudo, o que deve nos interessar é a legitimação dessa brutal intervenção militar: o livre-comércio é a base da civilização e a proibição chinesa da importação de ópio é, portanto, uma ameaça bárbara à civilização... Não se pode deixar de imaginar um ato semelhante hoje: o México e a Colômbia agindo para defender seus cartéis de drogas e declarar guerra aos Estados Unidos por se comportarem de maneira incivilizada ao impedir o livre-comércio de ópio... E a lista é longa, muito longa: o Congo Belga, fomes regulares com milhões de mortos na Índia britânica e a devastação nas duas Américas. A cruel ironia é que, com a modernização europeia, a escravidão ressurgiu no exato momento em que, em nossa ideologia, o tema central era a liberdade, a luta contra a escravidão das mulheres, dos trabalhadores, dos cidadãos em regimes autoritários... a escravidão era descoberta em toda parte, em todos os sentidos metafóricos, mas ignorada onde existia em seu sentido literal.

O colonialismo traz à tona o que não podemos deixar de designar como a catástrofe da modernidade: o impacto muitas vezes aterrorizante da modernização na vida comunal pré-moderna. Basta lembrar que o destino de Attawapiskat, uma remota comunidade aborígine no norte de Ontário, que chamou a atenção da mídia no início de 2016, exemplifica como os aborígines canadenses continuam sendo uma nação quebrada, incapaz de encontrar a estabilidade mínima de um padrão de vida:

> Desde o outono, houve mais de 100 tentativas de suicídio em Attawapiskat, que tem uma população de apenas 2 mil habitantes. A pessoa mais jovem a tentar suicídio tinha 11 anos, e a mais velha, 71. Depois que 11 pessoas tentaram tirar a própria vida na noite de sábado, líderes exaustos declararam estado de emergência. Na segunda-feira, enquanto as autoridades se esforçavam para enviar conselheiros de crise à comunidade, vinte pessoas – incluindo uma criança de 9 anos – foram levadas ao hospital depois de serem ouvidas fazendo um pacto de suicídio. "Estamos clamando por ajuda", disse o chefe Attawapiskat, Bruce Shisheesh. "Quase todas as noites há uma tentativa de suicídio"[110].

Ao pesquisar as razões dessa taxa, deve-se procurar além do óbvio (casas superlotadas cheias de mofo, abuso de drogas e alcoolismo etc.). A principal dentre as razões sistêmicas é o legado devastador do sistema escolar residencial que interrompeu a continuidade entre gerações:

> por décadas, mais de 150 mil crianças aborígines foram levadas numa tentativa de assimilá-las à força à sociedade canadense. Cheias de abusos, as escolas visavam "matar o índio na criança", conforme documentado por uma recente comissão da verdade. Milhares de crianças morreram nessas escolas – a ausência de padrões alimentares nas escolas deixou muitas desnutridas e vulneráveis a doenças como varíola, sarampo e tuberculose – com centenas delas enterradas às pressas em sepulturas sem identificação próximas às instituições. Em quase um terço das mortes, o governo e as escolas sequer registraram os nomes dos alunos que morreram[111].

---

110. Cf. www.theguardian.com/world/2016/apr/16/canada-first-nations-sui cide-crisis-attawapiskat-history

111. *Ibid.*

Não é de admirar, portanto, que estejamos aprendendo lentamente a verdadeira história das escolas residenciais – quase toda semana recebemos notícias como a seguinte: "Um grupo indígena canadense disse na quarta-feira que uma busca usando radar de penetração no solo encontrou 182 restos humanos em sepulturas não identificadas num local próximo a uma antiga escola residencial administrada pela Igreja Católica que abrigava crianças indígenas retiradas de suas famílias"[112]. A isso, devemos acrescentar a exploração sexual massiva em escolas residenciais administradas pela Igreja – em alguns casos, até 80% das crianças foram abusadas. O que acrescenta insulto à injúria é que a própria instituição que pretende encarnar a moral perpetrou tais crimes, como é o caso também na França:

> Membros do clero católico na França abusaram sexualmente de cerca de 216 mil menores nas últimas sete décadas, de acordo com um relatório contundente publicado na terça-feira, 5 de outubro de 2021, que dizia que a Igreja havia priorizado a proteção da instituição em detrimento das vítimas que foram instadas a permanecer em silêncio[113].

O aspecto verdadeiramente chocante aqui é que, uma vez que a maioria desses crimes concernem à homossexualidade pedofílica, a própria instituição responsável por eles é a mesma instituição que se apresenta como a guardiã da moralidade e lidera campanhas públicas contra a homossexualidade. O triste é que não há retorno à normalidade pré-moderna: é fácil descobrir nas sociedades pré-modernas o que só pode aparecer à nossa sensibilidade moderna como abusos brutais dos direitos humanos, dos direitos das mulheres e crianças etc.

---

112. Cf. https://www.cbsnews.com/news/canada-indigenous-children-school-bodies-unmarked-graves-2021-06-30/
113. Cf. https://edition.cnn.com/2021/10/05/europe/france-catholic-church-abuse-report-intl/index.html

Embora admitindo tudo isso, o outro lado enfatiza a singularidade do Holocausto: seu objetivo não era apenas a submissão dos judeus, mas sua aniquilação total, realizada de maneira bem planejada, moderna e industrial. Os judeus não eram uma raça inferior numa hierarquia de raças, eles eram o Outro absoluto, o princípio da corrupção encarnado. Eles não eram uma ameaça externa; eles eram – para usar o neologismo de Lacan – êx-*timo*, um intruso estrangeiro no próprio coração da nossa civilização. É por isso que eles tiveram de ser aniquilados se o objetivo era restabelecer a ordem apropriada das civilizações... Aqui vem a minha primeira hesitação: anos atrás, Étienne Balibar apontou que, no mundo global de hoje, a distinção interno/externo se confunde, razão pela qual todos os racismos se assemelham cada vez mais ao antissemitismo. Meio século atrás, Huey Newton, o fundador e teórico do Partido dos Panteras Negras, viu claramente a limitação da resistência local (nacional) ao reinado global do capital. Ele ainda deu um passo importante adiante e rejeitou o termo "descolonização" como inapropriado – não se pode lutar contra o capitalismo global a partir da posição de unidades nacionais. Eis suas declarações de um diálogo singular com o psicanalista freudiano Erik Erikson, de 1972:

> Nós do Partido dos Panteras Negras vimos que os Estados Unidos já não eram uma nação. Eram outra coisa; eram mais que uma nação. Não apenas expandiram seus limites territoriais, mas também expandiram todos os seus controles. Nós os chamamos de império. Acreditamos que já não existem colônias ou neocolônias. Se um povo é colonizado, deve ser possível para ele descolonizar e se tornar o que era antes. Mas o que acontece quando as matérias-primas são extraídas e a mão-de-obra é explorada dentro de um território disperso por todo o globo? Quando as riquezas de toda a terra são esgotadas e usadas para alimentar uma gigantesca máquina industrial no lar dos imperialistas?

Então o povo e a economia estão tão integrados ao império imperialista que é impossível "descolonizar", voltar às antigas condições de existência. Se as colônias não podem se "descolonizar" e retornar à sua existência original como nações, então as nações já não existem. Acreditamos que elas tampouco existirão novamente algum dia[114].

Será que não é essa a nossa situação hoje, muito mais do que na época de Newton? Além disso, a diferença entre crítica justificada a Israel e antissemitismo é muito ambígua e aberta à manipulação. Bernard-Henri Lévy afirmou que o antissemitismo do século XXI será "progressista" ou não existirá. Levada até o fim, essa tese nos obriga a inverter a velha interpretação marxista do antissemitismo como um anticapitalismo mistificado/deslocado (em vez de culpar o sistema capitalista, a raiva se concentra num grupo étnico específico acusado de corromper o sistema): para Henri Lévy e seus partidários, o anticapitalismo de hoje é uma forma disfarçada de antissemitismo. Será que se pode imaginar uma forma mais perigosa de incitar antissemitismo entre os críticos hodiernos do capitalismo?

No entanto, o que estamos testemunhando hoje é uma estranha inversão de uma crítica não antissemita de Israel: o apoio antissemita a Israel. Alguns antissemitas de direita apoiam o Estado de Israel por três razões óbvias: se os judeus forem para Israel, haverá menos judeus aqui no Ocidente; em Israel, os judeus já não serão um grupo estrangeiro sem-teto no qual não podemos confiar totalmente, eles se tornarão um Estado-nação normal fundamentado em sua terra; e, por último, mas não menos importante, eles funcionarão aí como representantes de valores ocidentais altamente desenvolvidos

---

114. ERIKSON, E. H.; NEWTON, H. P. *In search of common ground: Conversations with Erik H. Erikson and Huey P. Newton.* Nova York: Norton, 1973, p. 69.

contra a barbárie oriental – em suma, com relação à população palestina local, eles farão o trabalho de colonização. Para ganhar o apoio dos Estados ocidentais, os sionistas às vezes se apresentavam como colonizadores. Derek Penslar aponta que existem múltiplas – às vezes contraditórias – questões ideológicas e políticas embutidas no sionismo e em Israel: "O projeto sionista combina colonialismo, anticolonialismo e construção de Estado pós-colonial. Todo o século XX, embrulhado num pequeno Estado"[115].

Theodor Herzl escreveu em seu *Der Judenstaat* (1896), o texto fundador do sionismo: "Para a Europa, construiremos lá (na Palestina) uma parte do muro contra a Ásia, forneceremos baluartes contra a barbárie". Até mesmo o termo "colonização" foi usado pelos primeiros sionistas. Infelizmente, essa postura combina estranhamente com uma série de antissemitas europeus, de Reinhard Heydrich a Breivik e Trump. A clara divisão entre a singularidade dos judeus e o colonialismo europeu fica assim complicada: os próprios sionistas flertaram com o colonialismo para ganhar apoio no Ocidente e a própria luta anticolonial às vezes chega perigosamente perto do antissemitismo. Já se escreveu o suficiente sobre o antissemitismo nos países árabes e entre os muçulmanos – embora eu apoie a resistência palestina na Cisjordânia, estou plenamente ciente desse fato. Deve-se também ter cuidado com descartar todos os apelos para expulsar os muçulmanos de seu país como um caso de islamofobia racista. Em meu próprio país, a Eslovênia, muitas das canções folclóricas sobreviventes falam sobre os horrores infligidos pelas invasões turcas e expulsar os turcos me parece um empreendimento bastante legítimo.

Por todas essas razões, todo o debate sobre Holocausto *versus* colonialismo deve ser rejeitado como algo profunda-

---

115. Citado de *Theodor Herzl and the trajectory of Zionism*, openDemocracy.

mente obsceno. O Holocausto foi um megacrime singularmente aterrorizante; o colonialismo causou um sofrimento inimaginável e um imenso número de mortes. A única maneira correta de abordar esses dois horrores é ver a luta contra o antissemitismo e contra o colonialismo como dois aspectos de uma mesma luta. Aqueles que descartam o colonialismo como um mal menor insultam as próprias vítimas do Holocausto, reduzindo um horror inaudito a moeda de troca para jogos geopolíticos. Aqueles que relativizam a singularidade do Holocausto insultam as próprias vítimas da colonização. O Holocausto não é um numa série de crimes, ele foi único à sua própria maneira, da mesma forma que a colonização moderna foi um horror único de tirar o fôlego realizado em nome de tornar outros civilizados. São monstruosidades incomparáveis que não podem e não devem ser reduzidas a meros exemplos.

Uma crítica da ideologia lacaniana

O que, então, significa tal crítica da crítica em relação à obra de Lacan? Quando Lacan foi excomungado da IPA em 1963 e decidiu criar a sua própria nova organização psicanalítica, essa decisão teve consequências radicais descritas com propriedade por Tupinambá:

> assim como a clínica teria de ser reformulada, a partir de 1963, de acordo com o princípio de que o "inconsciente está do lado de fora", a comunidade analítica teria de se conformar com a ideia de que é uma comunidade composta *apenas pelo seu próprio exterior*, ou seja, uma comunidade cujo centro esotérico coincide com seu material mais exotérico, a fala de quem busca análise por conta de seu sofrimento[116].

---

116. TUPINAMBÁ, G. *The desire of Psychoanalysis* (a ser publicado pela Northwestern University Press). Todas as citações do Tupinambá foram retiradas dessa fonte.

Embora a fórmula proposta por Tupinambá seja maravilhosa – "uma comunidade composta apenas pelo seu próprio exterior" – ela suscita algumas questões. O "exterior" é o próprio Inconsciente, mas como estamos lidando com uma comunidade de sujeitos individuais, esse exterior tem de ser representado dentro da comunidade por um sujeito que representa o conhecimento do Inconsciente, o analista como o sujeito suposto saber (SsS, *sujet suppose savoir*), predestinado a ocupar a posição de um Mestre[117]. O que isso significa é que a comunidade de analistas só pode ser operativa se for mantida unida por uma figura de transferência (conflitando assim com a definição do fim de análise como a queda do SsS) – com efeito, a pertença à comunidade analítica reduz os analistas a analisandos. Por essa razão, acho a ideia de "comunidade" de analistas e analisandos unidos por seu cuidado e preocupação com o Inconsciente problemática – a assimetria entre os dois é simplesmente forte demais. Sim, para Lacan, o verdadeiro fim do tratamento analítico ocorre apenas quando o analisando se torna analista, mas isso é como dizer que num verdadeiro partido comunista todos os trabalhadores se tornarão intelectuais do partido. Embora se possa ao menos imaginar isso como o objetivo ideal de um processo político frustrado apenas por obstáculos empíricos, o tratamento analítico impossibilita essa opção por uma razão formal e não apenas empírica: a radical irreversibilidade das posições do analista e do analisando.

---

117. Nas minhas observações críticas, refiro-me ao (que considero) cerne simplificado da argumentação de Tupinambá, muitas vezes negligenciando a sua complexidade, bem como os gráficos e fórmulas que ele usa para elaborar a sua posição. Além disso, devo acrescentar que considero essas observações parte de um diálogo em curso: em seu livro, Tupinambá me trata com muito respeito – até com respeito demais, uma vez que penso que sou um alvo implícito do que ele criticamente chama de "dialética estrutural", de modo que quero trazer nossas diferenças à tona.

Simpaticamente "democrática" como pode parecer, a prática de Sándor Ferenczi (que, segundo alguns relatos de testemunhas, às vezes interrompia seu paciente no meio do seu fluxo de associações livres, tomava o seu lugar no divã e começava a derramar as suas próprias associações) simplesmente não faz sentido analítico, uma vez que arruína a posição do analista como o sujeito suposto saber. Em suma, quem vai predominar nessa comunidade? Se os analisandos (como no caso de Ferenczi), então os analistas perderão seu estatuto de SsS e simplesmente já não serão analistas. Se os analistas, então a subordinação transferencial de analisandos a analistas permanecerá em pleno vigor – o que aliás é frequentemente o caso na sociedade lacaniana, na qual regularmente temos não apenas aqueles que são só analistas e aqueles que são só analisandos, mas também a crucial terceira categoria, algo como analistas soldados de infantaria: analistas (que recebem os seus próprios pacientes) que estão simultaneamente em análise com analistas "superiores" (que já não estão eles mesmos em análise). Eu mesmo conheci alguns casos de analistas que se encontravam numa situação realmente difícil: eles estavam numa análise interminável com o analista "puro" (muitas vezes pela simples razão de salvaguardar o seu estatuto na comunidade analítica – terminar sua análise poderia acarretar a raiva do analista "puro" que era o seu mestre de fato) e às vezes eles próprios trabalhavam como analistas apenas para ganhar dinheiro para pagar pelas suas próprias análises.

Parafraseando a famosa afirmação de Lacan de que um louco não é apenas um mendigo que pensa ser rei, mas também um rei que pensa ser rei: um louco é também um analista que pensa ser um analista – e é assim que os analistas agem em sua organização. Deve-se ir até o fim nessa direção: afinal, existem analistas? Será que um analista não é um sujeito/analisando que, dentro do *setting* clínico analítico, age como se fosse analista ou mesmo desempenha o papel de analista? Quando substancializamos o analista, no momento em que o concebemos como um sujeito que é um analista em si mesmo, fora do *setting* clínico, os analistas tornam-se um novo grupo de pessoas de um molde especial, feitos de um material especial (como o colocou Stalin a propósito dos bolcheviques), e todos os impasses de como lidar com um Mestre reaparecem.

No breve texto que anuncia sua dissolução, Lacan se dirige a "aqueles que me amam (*a ceux qui m'aiment*)", o que implica inequivocamente que em sua escola a transferência para ele permanece em pleno vigor – não há "queda do sujeito suposto saber" acontecendo... A topologia é aqui a da fita de Möbius: no trabalho de análise, você avança gradualmente em direção ao seu momento conclusivo, a travessia das identificações, mas exatamente nesse ponto em que você é finalmente reconhecido como pertencente ao grupo de analistas, você se encontra de volta numa forma bastante primitiva de identificação de grupo. Num texto recente que trata da ascensão da cultura trans e da obsessão pela vitimização, o próprio Miller afirma não só ter sido vítima do "indizível e incessante abuso de autoridade" de Lacan, mas que até mesmo consentiu com esse abuso, encontrando prazer nele:

> Cinquenta anos após o fato, é hora de *MeToo* [também eu] confessar. *Horresco referens*, é terrível dizê-lo, mas fui, durante anos, uma vítima de um abuso de autoridade indescritível e incessante por parte do meu sogro, tanto em público como em privado, constituindo um verdadeiro crime de incesto moral e espiritual. Eu cedi a algo mais forte do que eu. Eu até mesmo consenti – *Vergonha!* como diria Adèle Haenel – em obter algum prazer nisso, um certo prazer. Permaneci dividido para sempre. Tendo o monstro falecido há quaren-

ta anos, as ações judiciais que eu viria a ajuizar teriam apenas um impacto simbólico, mas, no entanto, decisivo para curar as feridas da minha alma e reparar os danos causados à minha autoestima[118].

Como estas linhas devem ser lidas? É óbvio que elas contêm uma forte dose de ironia: o ponto de Miller é como, desde a cultura politicamente correta de hoje, a sua relação com Lacan, o pivô da sua vida, um caso supremo de como um mestre autêntico pode mudar a vida do seu pupilo, só pode aparecer como um caso de abuso inefável; mas há mais uma ironia (e certamente não intencional) nas linhas citadas: o que quer que Lacan tenha sido, ele certamente não foi um liberal que defendesse o reconhecimento e o respeito mútuos, então como é que nos últimos anos Miller propôs uma leitura do Lacan tardio como um liberal, como alguém que elaborou uma crítica liberal aos protestos estudantis de 1968? Se alguma vez houve um Mestre brutal exercendo plenamente o seu poder e não se importando em como isso afetaria os outros, foi Lacan – o lema liberal básico do respeito mútuo, de "eu só faço com você o que você também pode fazer comigo", era totalmente estranho para Lacan. As inúmeras anedotas que circulavam sobre Lacan evidenciavam claramente seu descaso e desrespeito para com os outros: ele arrotava alto e era flatulento quando estava perto dos outros; e se, num restaurante, após os pratos terem sido pedidos e chegado, ele preferisse o prato que o seu vizinho havia pedido, ele simplesmente trocava os pratos etc. Porém, a minha reação básica às linhas de Miller citadas é que elas são, em última análise, irrelevantes, de nenhum interesse que seja – seu único interesse é que indicam como (uma vez que Lacan também agiu à sua maneira na sua escola) ele certamente falhou em organizar sua escola de modo a permitir aos membros saírem da relação

---

118. Cf. Docile to Trans. *The Lacanian Review* (thelacanianreviews.com).

transferencial com ele. Na sua escola, ele não era um Mestre simbólico (um pai morto que governa usando seu nome), estando muito mais próximo do mítico pai primordial.

Há uma particularidade que demonstra como Lacan continua sendo um sujeito suposto saber: no regime mileriano da sua escola, todas as novas descobertas tinham de ser apresentadas como *insights* sobre o que o próprio Lacan descobriu e articulou, embora de forma obscura, em seus últimos anos – em suma, como *insights* sobre o último segredo de Lacan, o que ele viu antes de morrer. O que obtemos aqui é uma nova versão da luta de Althusser para localizar a "ruptura epistemológica" de Marx: primeiro ele a localizou firmemente na Ideologia Alemã, mas no final da sua carreira como filósofo, ele afirmou que Marx realmente viu os contornos da sua descoberta apenas numa passagem das suas notas críticas sobre Adolph Wagner... De maneira semelhante, Catherine Millot, a última amante "oficial" de Lacan, esteve presente quando ele estava morrendo, e havia um boato nos círculos milerianos de que pouco antes do seu último suspiro, Lacan lhe sussurrou palavras que continham o seu *insight* definitivo sobre o mistério do nosso mundo...

Há um outro aspecto dessa relação transferencial persistente com Lacan: quando se formula algum pequeno ponto crítico acerca de Lacan, a crítica não é apenas rejeitada como baseada numa interpretação equivocada de Lacan, mas é (ou, pelo menos, era quando eu frequentava círculos lacanianos) muitas vezes diretamente clinicada, tratada como um sintoma a ser interpretado analiticamente. Isso aconteceu comigo quando formulei algumas pequenas observações críticas sobre Miller. A reação de seus seguidores foi: "Qual é o seu problema com Miller? Por que você resiste a ele? Você tem algum trauma não resolvido?" As coisas ficam ainda mais complicadas aqui quando levamos em conta a afirmação de

Lacan de que, em seus seminários, ele está na posição do analisando e seu público na de seu analista: é como se a clivagem entre analisando e analista perpassasse o próprio trabalho de Lacan, de modo que em seus seminários falados ele é o analisando, associando livremente sobre temas teóricos, retornando aos mesmos pontos e mudando de rumo, enquanto em seus escritos opacos ele é o analista suposto saber, proferindo fórmulas obscuras destinadas a provocar a nossa (do leitor-analisando) interpretação.

A dinâmica transferencial de grupo que caracteriza as escolas lacanianas leva ao que não pode deixar de ser designado como um verdadeiro fiasco ético: quando explode um conflito entre diferentes grupos (ou melhor, facções), os analistas que chefiam um grupo regularmente mobilizam seus analisandos para os apoiar publicamente e atacar os outros, violando assim o que vejo como a regra ética básica por meio da exploração do apego a eles mesmos fundamentado na transferência, ou seja, a dependência dos analisandos para com eles, pelo propósito político de lutas de poder na comunidade analítica. Pode-se sequer imaginar as crises pessoais que tal combinação de clínica e política pode desencadear?

Deve-se ainda mencionar uma característica que me chocou (pela simples razão de que o meu desejo era publicar um livro): quando, cerca de três décadas atrás, Miller não escrevia muito, mas apenas fazia muitas intervenções faladas, uma proibição tácita tornou-se operacional em sua escola: você não escreve livros propriamente – o máximo que você está autorizado a fazer é coligir um pequeno volume de transcrições de intervenções escritas. Muitos de seus seguidores chegaram perto do desespero dessa forma, pois queriam publicar suas teses, e publicar fora do círculo mileriano era um movimento muito arriscado...

Isso não significa que se deva negar o extraordinário poder produtivo da relação transferencial com a figura de um Mestre também no campo da teoria. A função básica de um Mestre não é servir de modelo de raciocínio racional, fornecendo os argumentos definitivos para a adoção de uma determinada posição, mas, ao contrário, surpreender-nos ao proferir afirmações que vão de encontro à nossa (e à do próprio Mestre) até então *doxa*, isto é, realizando gestos que não podem deixar de parecer arbitrariedade deliberada. Lembro-me de como, num congresso da escola, décadas atrás, Miller improvisou sobre como, no que diz respeito à oposição entre S1 (significante-mestre) e S2 (a cadeia significante), o superego não está do lado do mestre, mas do lado da cadeia significante. Todos ali presentes ficamos chocados com essa afirmação, uma vez que aceitamos como um fato óbvio que a injunção do superego é precisamente um gesto do mestre em sua forma mais pura, uma imposição arbitrária não fundamentada numa cadeia de raciocínio. No entanto, depois de pensar um pouco, não só endossei a afirmação de Miller como a achei extraordinariamente produtiva: ela serviu de base para toda a minha teorização sobre o stalinismo como o caso exemplar do discurso universitário, bem como para minha leitura do papel da burocracia no universo de Kafka.

A propósito da análise freudiana de Dora, Tupinambá propõe um oportuno esclarecimento de como a transferência no tratamento (isto é, a elevação do analista a sujeito suposto saber) está ligada à questão histérica. A questão histérica é "O que, como objeto, eu sou para o Outro?", e *um sujeito suposto saber* é suposto *saber precisamente a resposta para essa questão*: "Dora não pode pensar diretamente o objeto que ela é para algum Outro, mas ela poderia delegar esse pensamento a um outro". O papel crucial da transferência no tratamento analítico é bem retratado por Tupinambá:

a psicanálise descobriu que, no que diz respeito ao sofrimento psíquico, o sujeito que é suposto saber – suposto reconhecer os sinais, suposto dizer ao paciente "você tem tal e tal doença", suposto incluir o sofrimento numa cadeia causal que liga um trauma precoce a um sintoma atual, e suposto esperar que o paciente se ajuste a um determinado critério normativo de felicidade ou saúde – esse sujeito faz parte da patologia.

A afirmação irônica de Karl Kraus de que a própria psicanálise é a doença que ela tenta curar é, portanto, completamente verdadeira, mas Kraus não compreendeu sua verdade: essa coincidência (entre a doença e seu tratamento) não é uma censura à psicanálise, mas a própria premissa do seu tratamento no qual a transferência repete/reatua a doença.

Devemos, portanto, abandonar a visão de que um Mestre como a figura de autoridade apenas reforça velhas sabedorias e visões estabelecidas, ao passo que a mudança vem "de baixo", daqueles que duvidam da sabedoria do Mestre. Nós teóricos somos histéricos e, enquanto tais, precisamos de um Mestre. Não há democracia no desenvolvimento teórico: algo novo não surge por meio de um raciocínio melhor etc., mas principalmente por meio de tentativas desesperadas de descobrir o significado das afirmações "arbitrárias" do Mestre que invertem a *doxa* teórica compartilhada. Tais afirmações "arbitrárias" não são, é claro, isentas de seus próprios riscos: elas podem falhar, não colocar em movimento novas invenções teóricas, mas simplesmente permanecer afirmações arbitrárias irrelevantes – mas é crucial ter em mente que depende de nós, seus pupilos histéricos, como a afirmação do mestre vai resultar. O Mestre não é um gênio em si mesmo, ele só se torna um gênio por meio do nosso trabalho árduo. O que isso significa é que, depois de ter feito seu trabalho, o Mestre deve ser impiedosamente abandonado, deixado pelo que ele é: um ponto de transferência ilusório cuja miséria é finalmente revelada. Será que isso significa que tudo acabou para (aquele que era) o Mestre? Não, mas o único espaço que lhe resta a fim de manter-se vivo é voltar a histerizar-se, começar a trabalhar como analisando – o que o próprio Lacan fazia constantemente em seus seminários... Se, em seus seminários, Lacan agia como analisando, isso não significa que seu público fosse seu analista coletivo: a figura individual do analista como ponto de transferência é substituída aqui pelo coletivo "esclarecido" daqueles que supostamente compartilham o mesmo desejo de psicanálise.

Uma (malévola) neutralidade política do analista

Em questões políticas, no entanto, Miller não exibia essas características de um verdadeiro mestre, mas frequentemente regredia a banalidades liberais. Por exemplo, nas últimas décadas, ele interpretou as observações críticas de Lacan sobre a rebelião estudantil de 68 como uma crítica liberal à esquerda (para não mencionar como ele chocou o público em seu seminário com sua alta avaliação de Sarkozy). As raízes um tanto ou quanto vulgares dessa virada infeliz tornaram-se óbvias na patente absurdidade da argumentação mileriana contra qualquer sublevação política radical – o silogismo que a sustenta é o seguinte: (1) a clínica psicanalítica só pode prosperar numa ordem cívica estável sem agitação pública; (2) Os radicais de esquerda, por definição, querem perturbar a ordem social estável; (3) os psicanalistas devem se opor aos radicais de esquerda, porque eles representam uma ameaça à estabilidade da ordem social (há também uma versão sionista desse argumento: em tempos de instabilidade o antissemitismo aumenta, e como a esquerda radical causa instabilidade, deve-se opor a ela). Tupinambá tem plena razão aqui em apontar a obscena falsidade da mobilização mileriana contra a ameaça de Marine le Pen nas últimas eleições presidenciais francesas. Embora o motivo oficial da mobilização organizada por Miller (cuja primeira escolha eleitoral foi Sarkozy!) fosse evitar a vitória da direita racista-populista, ficou imediatamente claro que o seu verdadeiro alvo era a parte da esquerda que não sucumbiu à chantagem "se você não vota em Macron, você apoia objetivamente le Pen" – Miller chegou a cunhar o termo "lepeno--trotskistas" para aqueles que se recusaram a se engajar em favor de Macron. Tupinambá acerta no alvo ao apontar como a mobilização de Miller contra le Pen oculta o fato de que o negócio psicanalítico teria prosseguido imperturbado no caso de sua vitória: sua mobilização foi um ato contra a esquerda mascarado de resistência antifascista.

Testemunhei um incidente semelhante num congresso lacaniano em Paris, cerca de um ano antes da guerra das Malvinas/Falkland, ou seja, quando a Argentina ainda era uma ditadura militar. Para consternação de muitos dos presentes, Miller propôs que o próximo congresso fosse realizado em Buenos Aires e sua proposta foi apoiada pelos argentinos que vieram da Argentina e afirmaram que, se o congresso não fosse realizado em Buenos Aires, eles (representantes da comunidade analítica mais forte) seriam de fato mantidos num lugar subordinado – por que eles deveriam viajar para outro país para participar do congresso? Os numerosos exilados argentinos (a maioria dos quais teve que fugir da Argentina para salvar suas vidas) imediatamente apontaram que aqueles que continuaram a viver na Argentina pelo menos podiam ir para outro país para participar do congresso ao passo que eles estavam de fato excluídos de participar (seriam presos); mas Miller não cedeu e impôs sua decisão (felizmente, um ano depois, o regime militar entrou em colapso e a democracia foi restaurada.) Obviamente, o regime militar era OK para Miller desde que tolerasse o negócio analítico...

Infelizmente, a mesma triste escolha foi feita em 1934 na Áustria pela comunidade analítica quando Dolfuss dissolveu as instituições democráticas e impôs uma ditadura fascista "suave": quando os sociais-democratas resistiram e as brigas de rua explodiram em Viena, a organização psicanalítica ordenou a seus membros que se abstivessem de qualquer engajamento na luta e prosseguissem normalmente – essencialmente uma decisão em favor dos negócios como de costume, mesmo que isso significasse aceitar silenciosamente uma ditadura fascista. Obviamente, o que importa não é a política democrática, mas os negócios como de costume...

Tupinambá tem razão ao apontar que, embora o tratamento psicanalítico seja em princípio aberto a todos, a economia entra aqui da forma mais brutal: há um vasto grupo de pessoas que simplesmente não tem condições de pagar não só o tratamento completo (que acaba na transformação do analisando em analista), mas qualquer tratamento. Quando os lacanianos lidam com o problema do dinheiro, via de regra limitam-se ao papel desempenhado pelo pagamento das sessões no tratamento: ao pagar o analista, o analisando garante que o analista mantenha a devida distância em relação ao analisando — que o analista permaneça fora do círculo da dívida e das trocas simbólicas. O primeiro grande exemplo que se impõe aqui é o tratamento oferecido por Freud ao Homem dos Lobos: quando a família do Homem dos Lobos perdeu sua riqueza após a Revolução de Outubro, e o Homem dos Lobos já não podia pagar a Freud pelo seu tratamento, Freud não só decidiu prosseguir com o tratamento de graça, como chegou a sustentar o Homem dos Lobos financeiramente, com um resultado facilmente previsível – o Homem dos Lobos reagiu à "bondade" de Freud com sintomas paranoicos. Ele começou a se perguntar por que Freud estava fazendo isso; que planos obscuros ele tinha para ele – será que ele queria que o Homem dos Lobos se casasse com sua filha? Somente a continuação posterior da análise do Homem dos Lobos com Muriel Gardiner esclareceu as coisas e permitiu que o Homem dos Lobos levasse uma vida mais ou menos normal. Então, por que o analista é pago? A troca entre o analista e o analisando é uma troca mercantil muito estranha, pois na troca mercantil usual eu exijo do vendedor um objeto que preciso e estou disposto a pagar – mas "o trabalho do analista é não responder à demanda do paciente".

Algo semelhante também se passou comigo: quando, em certo ponto da minha análise, já não pude evitar o fato de não poder pagar pela sua continuação – tive de sustentar minha esposa desempregada e um filho, e continuar minha análise significaria privá-los seriamente de um padrão de vida muito básico, o que eu achava inaceitável – e propus ao meu analista que devíamos parar, ele imediatamente interpretou minha proposta "imanentemente", como uma forma da minha resistência ao progresso da minha análise. Ele me disse que podíamos continuar a análise: eu não teria de lhe pagar imediatamente, mas meu pagamento por sessão se acumularia numa dívida que eu pagaria mais tarde, quando tivesse dinheiro suficiente. Aceitei estupidamente essa proposta e, felizmente, um grande e inesperado honorário permitiu-me saldar a minha dívida... O que deixei de fazer foi dar um passo adiante e reconhecer a falta de dinheiro do analisando como uma característica externa à lógica imanente do tratamento analítico, como um pedaço de uma realidade social desprovida de sentido que não deveria ser simples e diretamente integrada à lógica imanente do processo analítico.

Quando Tupinambá descreve a suposição de crença que sustenta o papel do dinheiro na troca de mercadorias, ele tem razão em enfatizar o estatuto não psíquico dessa crença: quando agimos no mercado, não supomos que outras pessoas acreditem ingenuamente no fetichismo da mercadoria, apenas supomos que, por assim dizer, o próprio sistema acredita, ou seja, que as mercadorias "se comportam" como se acreditassem no mercado. É por isso que o fetichismo da mercadoria não é uma categoria psicanalítica, não designa um fenômeno que poderia e deveria ser reduzido à dinâmica libidinal, mas é estritamente uma categoria da economia política, das relações sociais "objetivas". Atrelada a isso está a distinção de Tupinambá entre os dois níveis do desejo: o desejo de um determinado sujeito (psicanalista, matemático...) e o desejo que sustenta o próprio campo em questão (o desejo da psicanálise, da matemática). Tupinambá afirma que Lacan reduz o segundo ao primeiro:

> a falta de recursos para distinguir entre o desejo do matemático e o desejo da matemática – o desejo da "maximalidade do pensamento" que se esforça pela consistência de tantas estruturas matemáticas quanto um formalismo possa manter – também o impede de distinguir o desejo do analista, que diz respeito apenas a uma sequência analítica finita, do desejo que participa da instituição da ideia da psicanálise.

Essa distinção é plenamente pertinente: o desejo que sustenta um analista como membro de uma comunidade analítica não é o mesmo que o enigma do "desejo do analista" que traumatiza o analisando e o impele a trabalhar, é um desejo de participar de um trabalho coletivo de teoria e clínica, num espaço onde a princípio ninguém deveria poder ocupar o ponto privilegiado da transferência.

De volta ao papel ambíguo do dinheiro no tratamento analítico, a resposta padrão dos analistas "socialmente conscientes" (que, quando frequentei seus círculos, ouvi repetidamente) é primeiro admitir o problema e depois propor (e praticar) uma solução "humanitária": conheci alguns analistas ricos e bem-sucedidos que se vangloriavam de que, uma ou duas vezes por semana, reservavam suas tardes para receber pacientes das classes populares e tratá-los gratuitamente... Tupinambá tem razão ao apontar que, com essa solução "humanitária", a distinção de classe ressurge de forma brutal e direta, sob o disfarce da distinção entre dois tipos de analisandos: os analisandos "plenos" que podem pagar regularmente o analista e podem também continuar sua análise até sua conclusão "lógica", até o ponto em que se tornam analistas, e os analisandos não pagantes que recebem apenas um tratamento de curto prazo sem chance de levá-lo ao ponto de se tornarem analistas.

Como, então, a política entra no processo analítico? Tupinambá segue Althusser, que condenou a dissolução por Lacan da sua escola: Lacan apresentou o seu ato de dissolução como um ato analítico, um gesto conclusivo de um tratamento psicanalítico, mas uma vez que o seu gesto afetava uma comunidade, era um ato político que se negava como tal, não democrático. Eu estava em Paris nessa época e lembro que, quando membros da escola não concordaram com a dissolução (achavam que Lacan estava senil demais para decidir e que a carta de dissolução foi escrita por Miller), o tribunal concordou com eles que um único indivíduo não tem o direito de dissolver uma organização, de modo que o círculo em torno de Miller teve de mobilizar seus membros e (por pouco) obteve as assinaturas de mais da metade dos membros que concordavam com a dissolução, assim confirmando "democraticamente" o ato de Lacan. Minha posição era (e é) que, na dissolução da escola de Lacan, não se deve fingir que se trata de uma comunidade cuja vida (ou morte) é regulada por regras democráticas: a escola de Lacan foi fundada na transferência incondicional para Lacan como uma pessoa.

E (até certo ponto) o mesmo vale para as organizações políticas: o que as mantêm unidas também pode ser a figura de um Mestre que fornece o "excedente" sobre a reprodução inerte da ordem estabelecida. Deve-se inverter aqui a noção padrão de um Mestre opressor que sustenta a ordem existente enquanto os indivíduos tendem a rebelar-se contra essa ordem – e se, abandonados a si mesmos, os indivíduos forem propensos à inércia, de modo que tenham de ser despertados de seu feitiço por um Mestre autêntico cuja mensagem para eles seja: "Sim, vocês conseguem ... (ir além de si mesmos, mudar as coisas)!" Talvez – hipótese fora de moda – a forma partidária (como encarnada no partido leninista) forneça aqui uma terceira via, resistindo tanto à tentação democrática quanto à subordinação à autoridade, na medida em que essa forma partidária de organização une a inabalável fidelidade "dogmática" a uma Causa com a postura de questionar tudo, inclusive a forma dessa Causa.

Brecht nos dá uma pista aqui. Naquela que é para alguns a canção mais problemática de *A decisão*, a celebração do Partido, Brecht propõe algo muito mais único e preciso do que pode parecer à primeira vista. Ou seja, o que parece é que Brecht está simplesmente elevando o Partido à encarnação do Saber Absoluto, um agente histórico que tem uma visão completa e perfeita da situação histórica, um sujeito suposto saber, se alguma vez houve algum: "Você tem dois olhos, mas o Partido tem mil olhos!". No entanto, uma leitura atenta desse poema deixa claro que algo diferente é o caso: em sua repreensão ao jovem comunista, o coro diz que o Partido *não* sabe tudo, que o jovem comunista pode estar *certo* em seu desacordo com a linha predominante do Partido: "Mostre--nos o caminho que devemos tomar e nós / o seguiremos como você, mas / não tome o caminho certo sem nós. / Sem nós, esse caminho é / o mais falso. / Não se separe de nós".

O que isso significa é que a autoridade do Partido *não* é a do saber positivo determinado, mas a da *forma* do saber, de um novo tipo de saber ligado a um sujeito político coletivo. O ponto crucial em que o Coro insiste é apenas que, se o jovem camarada pensa que tem razão, deve lutar pela sua posição *dentro* da forma coletiva do Partido, não fora dela – para colocá-lo de uma forma um tanto patética, se o jovem camarada está certo, então o Partido precisa dele ainda mais do que de seus outros membros. O que o Partido exige é que se aceite fundamentar o seu "eu" no "NÓS" da identidade coletiva do Partido: lute conosco, lute por nós, lute pela sua verdade contra a linha do Partido, *só não o faça sozinho*, fora do Partido. Exatamente como na fórmula de Lacan do discurso do analista, o que importa com o saber do Partido não é o seu conteúdo, mas o fato de ocupar o lugar da Verdade.

Talvez se deva ler as reflexões de Tupinambá sobre o que acontece no processo analítico após o momento final do tratamento (a travessia da fantasia do analisando) nesse contexto "leninista". Tomando literalmente (e muito mais a sério do que a maioria dos lacanianos) a afirmação de Lacan de que o momento final do processo analítico é a transformação do analisando em analista, e combinando essa afirmação com a ideia de Lacan de *la passe*, o procedimento de "passagem" que torna um sujeito o analista da escola, Tupinambá destemidamente extrai suas consequências. Lacan proclamou que um analista só se autoriza por si mesmo – mas, como então acrescentou com um pouco de sarcasmo, outros têm de confirmar que ele realmente se autorizou (caso contrário, qualquer idiota poderia se autoproclamar analista). Uma nova dimensão de coletividade entra aqui: já não estamos na intimidade da relação entre analisando e analista. O analisando que torna pública a sua intenção de se tornar analista é primeiro solicitado a dar um testemunho do que aprendeu sobre si mesmo em seu tratamento sob a forma de uma narrativa sobre si mesmo que ele deve contar a dois outros membros comuns da escola (seus "passeurs") que são selecionados por sorteio – em suma, após a queda do (analista como) sujeito suposto saber, o analisando tem de se tornar o seu próprio sujeito suposto saber.

A grande mudança aqui é que o analisando candidato ao título de analista tem de formular seu testemunho de tal maneira que todos os traços de verdade subjetiva autêntica sejam apagados dele (ou melhor, tornem-se irrelevantes): sua posição subjetiva de enunciação desaparece; tudo o que importa é o conteúdo enunciado. O analisando tem de formular seu testemunho de tal maneira que os dois "passeurs" comuns e neutros (que não sabem nada sobre as lutas subjetivas do analisando) possam entendê-lo... para fazer o que com ele? Simplesmente para transmiti-lo mais adiante ao júri (composto de três analistas da escola) que, desse modo, confirmarão (ou não) que o candidato é um analista da escola. Então, por que o candidato não é autorizado a prestar seu testemunho diretamente ao júri? Por que não há contato direto entre ele e o júri? A fim de evitar qualquer fechamento iniciático, para evitar que o júri funcione como um corpo iniciático com acesso especial à verdade e contato pessoal profundo com o candidato – tudo tem de acontecer no nível do conhecimento público que pode ser plenamente transmitido por dois idiotas comuns (não se pode deixar de notar uma certa semelhança com o julgamento judicial numa sociedade de sujeitos livres na qual, como Hegel apontou, aqueles que decidem sobre inocência ou culpa não são os juízes, mas um júri selecionado por sorteio e composto dos pares do acusado, não daqueles que possuem algumas habilidades ou qualificações especiais).

Tupinambá ainda aponta que o objetivo do testemunho do analisando não é apenas provar para o júri que ele se enquadra na doxa teórica estabelecida, ou seja, que o analisando é capaz de se interpretar nos termos da teoria lacaniana. A teoria e a prática (clínica) estão interligadas de modo que a teoria nunca é apenas a teoria da prática, mas também a teoria das limitações da prática; e a prática nunca oferece apenas "exemplos" de teoria, mas produz exemplos que deslocam e transformam percepções teóricas. O que isso significa é que o testemunho do candidato abriga o potencial de contribuir para, e transformar, o próprio campo da teoria – parafraseando a famosa máxima de T.S. Eliot, cada nova percepção teórica muda todo o edifício do passado. Aqui passamos do desejo do analista para o desejo da própria psicanálise de se expandir, de obter novas percepções – e esse desejo só pode ser operativo num coletivo "leninista" dos membros do partido (escola) dedicados à mesma Causa.

Como, então, esse núcleo subversivo da "passagem" se perdeu no funcionamento real da escola lacaniana? A fonte das dificuldades nas quais o movimento lacaniano foi apanhado é a "ideologia lacaniana": um movimento duplo, descrito por Tupinambá, como (1) conferindo aos analistas um privilégio epistemológico radical: devido às suas raízes na constelação clínica única, a psicanálise pode ver a "falta constitutiva" ou cegueira da ciência (que foraclui o sujeito), da filosofia (que é, em última análise, uma *Weltanchsauung* que encobre a rachadura da impossibilidade) e da política (que permanece restrita ao domínio das identificações imaginárias e simbólicas e das formações de grupo); e simultaneamente (2) cortando silenciosamente a teoria psicanalítica de suas raízes específicas no *setting* clínico, elevando-a ideologicamente a um estatuto universal por definição mais sábio do que todos os outros discursos (a lógica do significante ou a teoria dos discursos de facto tornou-se uma nova ontologia). O caso exemplar desse duplo movimento é a politização da psicanálise por Miller em seu movimento político, Zadig, em que uma escolha liberal-democrática é diretamente legitimada em termos lacanianos.

Será que Tupinambá não faz para Lacan o que, ao final do seu livro, ele descreve tão admiravelmente como os momentos conclusivos do tratamento analítico: atravessar a fantasia mais nomear e narrar no testemunho o obstáculo não simbolizável que sustentava a transferência? Ele nos permite livrar de nossa transferência para Lacan ao nomear a limitação fatal de Lacan: já não estamos apanhados no processo interminável de apreensão do mistério último de Lacan, obtemos a fórmula de como o próprio Lacan foi apanhado no espaço no qual emerge esse excesso elusivo. Nós não resolvemos o mistério, nós formulamos como – parafraseando a máxima de Hegel sobre os segredos dos antigos egípcios – o mistério que Lacan nos apresenta, o mistério que estamos tentando alcançar ao interpretá-lo, era um mistério para o próprio Lacan, assim como esse mistério emergiu de um impasse teórico preciso.

A fim de romper o cerco da "ideologia lacaniana", Tupinambá mobiliza a noção de paralaxe elaborada por Kojin Karatani. Tomemos o exemplo de um corpo humano nu: podemos abordá-lo como um objeto erótico, o que significa que abstraímos vigorosamente de todos os fatos sobre ele acessíveis a uma abordagem biológica ou médica (as glândulas e suas excreções sob a superfície, o funcionamento harmonioso dos órgãos internos). A fim de notarmos isso, temos de deserotizar o corpo... Essas abordagens são mutuamente exclusivas; não há síntese superior entre as duas. E o mesmo se passa com o tratamento psicanalítico: o isolamento artificial da dupla analisando-analista cria a sua própria realidade, mas há aspectos dela (como o papel do dinheiro) que não podem ser explicados nos termos imanentes da dinâmica da transferência. Por conseguinte, ao lidar com a psicanálise, deve-se tratar suas três dimensões (teoria, prática clínica, organizações analíticas) como um nó borromeano de três dimensões irredutíveis: "não privilegiamos nenhum de seus componentes como aquele que sobredetermina o modelo como um todo". E o mesmo se aplica à forma como a psicanálise em todas as suas dimensões se relaciona com a vida social: os lacanianos estão mergulhados em águas ideológicas lamacentas quando de fato elevam a teoria analítica a uma pista universal que lhes permite ter a última palavra sobre os fenômenos políticos e econômicos – dessa forma, eles ignoram até mesmo a dinâmica política em funcionamento na sua própria organização.

Meu ponto crítico aqui é que a fórmula do nó borromeano das três dimensões não funciona plenamente: o todo É sempre sobredeterminado por uma de suas partes, e para pensar essa sobredeterminação, uma teoria específica é necessária, a teoria analítica não basta aqui. Penso – de um jeito bem tradicional, devo admitir – que aí reside o papel da filosofia, de modo que a fórmula do nó borromeano deve ser estendida a outra dimensão, a 3 mais 1. A tríade ciência (teoria)-clínica--organização deve ser suplementada pela filosofia. A filosofia não é a velha *metaphysica universalis*, uma visão geral do universo, ela sabe muito bem que não existe universalidade neutra, que toda universalidade é sobredeterminada por um domínio específico dentro do qual ela só pode ser formulada – esse é o clássico tema marxista da especificação histórica dos universais ideológicos ("os direitos humanos são efetivamente os direitos de..."). A filosofia também sabe que cada situação específica tem de ser explicada em termos de uma dimensão mais universal dentro da qual surgiu: a relativização histórica não pode se relativizar; ela se pressupõe como universalmente válida.

Enfrentemos o tema da difícil relação entre a clínica analítica (a situação analítica artificial) e a teoria universal que dela emerge (a teoria do significante, os quatro discursos...). Sim, a teoria freudiana está enraizada numa experiência clínica artificial, mas a tarefa da teoria analítica não é apenas relativizar-se dessa maneira, e sim dar conta da própria possibilidade de algo como a experiência clínica em termos da situação humana universal: como o nosso espaço simbólico é estruturado de modo que um par de analisando e analista pode operar da maneira como opera, contrariando a forma padrão das trocas intersubjetivas? Esse círculo abissal é o tema próprio da reflexão filosófica. O que Freud viu nesse sentido é claramente indicado por sua inclusão da psicanálise na lista das "profissões impossíveis": a teoria psicanalítica não é apenas a fundamentação teórica da prática clínica, mas também explica por que essa prática tem de fracassar – como Freud o coloca sucintamente, a psicanálise só seria possível nas condições em que já não fosse necessária.

Os limites da historicização

Uma abordagem filosófica também nos permite formular de forma adequada as implicações da historicização da clínica analítica. Tupinambá se refere aqui, com muita propriedade, à distinção kantiana entre juízos negativos (juízos que negam um predicado, como "ele não está morto") e juízos infinitos (juízos que afirmam um não predicado, como "ele está desmorto"). Na mesma linha, Tupinambá propõe a distinção entre a negação dos universais positivos e a afirmação dos universais negativos:

> Considerada apenas em seu aspecto estrutural, a investigação de Freud poderia simplesmente parecer uma negação de universais positivos – um movimento que liga sem problemas a prática clínica

e a teoria metapsicológica – e, portanto, aparecer como um processo bastante estático, concernente apenas ao analista e sua posição subversiva. No entanto, o que falta a essa imagem é o dinamismo essencial pelo qual a contradição de alegações universais anteriormente sustentadas enriquece nossa compreensão de como ouvir novos pacientes: uma transformação do que é considerado invariante no espaço do possível, e, portanto, uma afirmação de universais negativos – mais pode variar no espaço de soluções subjetivas para a sexuação do que imaginávamos anteriormente.

Aqui encontramos o ponto crucial do problema: embora endosse completamente essa linha de pensamento, eu apenas ofereceria uma leitura ligeiramente diferente. A "negação de universais positivos" permanece presa no que Hegel chamou de "infinito ruim": é "estática" em sua própria superdinamização, um processo que atingiu seu ápice no relativismo historicista "pós-moderno". Toda universalidade positiva é "desconstruída", é possível demonstrar como a sua universalidade é enviesada, como secretamente privilegia e eterniza um conteúdo que é uma variável histórica contingente, mas devemos sempre ter em mente que a historicização também pode ser ideologia, não apenas porque aplica a todas as épocas um procedimento de historicização claramente fundamentado em nosso tempo, mas, mais importante, quando reduz a uma variável histórica uma característica básica de um determinado domínio.

Nesse sentido, Fredric Jameson rejeitou a noção (outrora elegante) de "modernidades alternativas", ou seja, a afirmação de que nossa modernidade liberal-capitalista ocidental é apenas um dos caminhos para a modernização, e que outros caminhos são possíveis para evitar os impasses e antagonismo de nossa modernidade: assim que percebemos que "modernidade" é, em última análise, um codinome para capitalismo, é fácil ver que tal relativização historicista de nossa modernidade é sustentada pelo sonho ideológico de um capitalismo que evitaria seus antagonismos constitutivos – será que o fascismo não era o caso exemplar de modernidade alternativa? De forma estritamente homóloga, a redução dos impasses da sexualidade a uma constelação histórica específica (digamos, do patriarcado ocidental) abre espaço para a utopia de uma sexualidade plena sem seus impasses e perversões que, como Freud demonstrou, habitam a sua própria noção.

Tomemos o conhecido caso do final de *Casablanca*: Rick deixa Ilsa, seu grande amor, ir a Lisboa com o marido e, juntamente ao capitão Renault, decide juntar-se à resistência contra os nazistas... Esse final pode ser lido como o retrato de uma decisão ética em tempos difíceis: é preciso sacrificar a perspectiva do pessoal quando é necessária uma luta coletiva contra o fascismo. No entanto, pode-se aqui também mobilizar o lema de Lacan *il n'y pas de rapport sexuel* e propor uma leitura diferente: a relação sexual é uma confusão tão grande que a única maneira de sair de seu impasse é formar um grupo exclusivamente masculino de combatentes. A ironia dessa solução chama a atenção: os homens só podem escapar da "guerra" (antagonismo) entre os sexos escapando para a guerra propriamente dita...

A saída desse impasse ideológico é suplementar a negação dos universais positivos com a afirmação dos universais negativos, ou seja, com uma impossibilidade constitutiva do domínio inteiro: sim, todos os universais positivos são relativos, instáveis, podem ser transformados, mas não simplesmente por causa da forma dinâmica e mutável da realidade. As formações positivas são tantas tentativas de lidar com o mesmo antagonismo subjacente, e o que desencadeia a mudança é o fracasso definitivo de todas as tentativas de resolver esse antagonismo. Um dos universais negativos de Lacan é "não há relação sexual", o que significa que não basta apontar a instabilidade imanente e o caráter histórico do tradicional binarismo de gênero – deve-se acrescentar ainda que toda forma determinada de relação de gênero, não importa quão aberta e flexível ela seja, não conseguirá superar a impossibilidade constitutiva da sexualidade humana.

Talvez haja algum tipo de relação sexual entre as abelhas. Um zangão é uma abelha melífera macho que, ao contrário da abelha operária fêmea, não tem ferrão: não coleta nem néctar, nem pólen e não consegue se alimentar sem a ajuda das abelhas operárias. A única função de um zangão é acasalar com uma rainha não fertilizada. Os acasalamentos ocorrem em voo; se um zangão conseguir acasalar, a primeira coisa que acontece é que todo o sangue do corpo do zangão corre para seu endófalo, o que o faz perder o controle de todo o corpo. Seu corpo cai, deixando uma parte do seu endófalo presa à rainha, o que ajuda a guiar o próximo zangão até a rainha... Será que isso não parece ser um preço bastante alto para uma relação sexual completa? Não é de admirar que a palavra latina para o zangão de abelha macho seja *fucus*, que também significa "pretensão, disfarce, farsa", e que *fūcum facere* signifique (não "foder", mas) pregar uma peça". E não é de admirar que o termo "drone" [zangão, em inglês] seja hoje amplamente utilizado para uma aeronave controlada remotamente (veículo aéreo não tripulado)[119] – será que os *drones* não são uma espécie de falos separados dos corpos humanos e, portanto, controlados remotamente?

É, portanto, crucial ter em vista como a limitação ideológica funciona em duas direções opostas. A ideologia não é apenas a eternização de uma situação histórica específica, é também a redução a uma propriedade contingente específi-

---

119. Todos esses dados foram retirados da Wikipédia.

ca de algo que é constitutivo do campo inteiro. A ideologia não é apenas a elevação do capitalismo à ordem econômica mais apropriada e racional; é também a rejeição de crises e antagonismos, que caracterizam o capitalismo, como desvios devidos a circunstâncias contingentes particulares, e a ideia associada de que outro capitalismo é possível, o qual evitaria crises e antagonismos.

No que diz respeito a esse estatuto anfíbio de limitação ideológica, acho problemática a crítica de Tupinambá à "dialética estrutural" que se baseia na sua tentativa de historicizar o real: a "lógica do significante", o núcleo da dialética estrutural, ontologiza num arcabouço universal a estrutura diferencial capturada num movimento autorreferencial que circula em torno da sua impossibilidade constitutiva, e o real aparece nesse arcabouço como o "impossível" dessa estrutura e, como tal, como um limite a-histórico – como o excesso elusivo que define a própria estrutura. No entanto, essa ontologização da lógica do significante baseia-se em ignorar o fato de que ela está enraizada na situação analítica produzida artificialmente, produzida pelo "recinto do espaço clínico" (analista-analisando): o real é o "impossível" excluído dessa e por essa situação, e, assim, uma variável histórica que pode ser analisada como parte de uma outra realidade mais ampla.

Podemos agora entender em que sentido, para Tupinambá, as limitações de Lacan devem-se afinal aos seus "compromissos filosóficos", tal como discerníveis na sua elevação da lógica do significante a um *a priori* ontológico. A lógica do significante, a estrutura última do nosso acesso à realidade, não é, obviamente, uma estrutura lógica homogênea, é autorreflexivamente distorcida, frustrada e estruturada em torno da sua impossibilidade imanente; no entanto, uma vez que fornece uma espécie de estrutura transcendental para o nosso acesso à realidade, o que lhe escapa não pode ser conceitualizado em si mesmo como uma outra realidade, mas pode apenas aparecer como um fenômeno-limite, um ponto de referência virtual elusivo definido, em última análise, apenas pela nossa incapacidade de alcançá-lo. Por medo de regredir a um realismo ingênuo de uma realidade externa pressuposta que o nosso arcabouço simbólico nunca pode capturar totalmente, Lacan, portanto, propõe a sua própria versão do lema de Wittgenstein "os limites da nossa linguagem são os limites da nossa realidade": o fato de o nosso espaço simbólico circular em torno de um ponto elusivo impossível de apreender não deve ser reduzido meramente a um sinal da nossa limitação cognitiva, essa impossibilidade deve valer também para a própria realidade. O real não é apenas impossível para nós o apreendermos, ele é impossível em si mesmo, coincide completamente em sua própria impossibilidade, e Tupinambá refere-se de maneira um tanto desdenhosa a essa duplicação da impossibilidade, à afirmação de Lacan de que só tocamos o real por meio do fracasso de nossas tentativas de apreendê-lo, como uma "prova por impotência": "A impotência do modelo conta como a potência da prova".

É aqui que discordo de Tupinambá: acho que ele se livra facilmente demais do poder subversivo da "prova por impotência" que indica o ponto fundamental no qual o tema lacaniano da sobreposição de duas faltas (a falta do sujeito e a falta no Outro) ecoa o tema hegeliano básico do problema/impasse como a sua própria solução. Em meus trabalhos anteriores, retornei obsessivamente a esse tema, enumerando exemplos, digamos, da conhecida análise de Adorno do caráter antagônico da noção de sociedade. Numa primeira abordagem, a cisão entre as duas noções de sociedade (a noção individualista-nominalista anglo-saxã e a noção organicista durkheimiana da sociedade como uma totalidade que preexiste aos indivíduos) parece irredutível, parecemos estar lidando com uma verdadeira antinomia kantiana que não pode ser resolvida por uma "síntese dialética" superior, e que eleva a sociedade a uma Coisa-em-si inacessível. No entanto, numa segunda abordagem, deve-se meramente falar não de como essa antinomia radical que parece impedir nosso acesso à Coisa JÁ É A PRÓPRIA COISA – a característica fundamental da sociedade hodierna É o antagonismo irreconciliável entre a Totalidade e o individual. O que isso significa é que, em última análise, o estatuto do Real é puramente paralático e, como tal, não substancial: não tem densidade substancial em si mesmo; é apenas uma lacuna entre dois pontos de perspectiva, perceptível apenas na passagem de um para o outro. A paralaxe Real é, portanto, oposta à noção (lacaniana) padrão do Real como aquilo que "sempre retorna ao seu lugar", isto é, como aquilo que permanece o mesmo em todos os universos (simbólicos) possíveis: a paralaxe Real é antes aquilo que representa a própria *multiplicidade* de aparências do mesmo Real subjacente – não é o núcleo duro que persiste como o Mesmo, mas o osso duro da discórdia que pulveriza a mesmice na multidão de aparências.

Para Tupinambá, essa recusa a pensar o Real em si, essa redução do Real a uma marca da sua própria impossibilidade, é, na medida em que o Inconsciente é um dos nomes do Real, também, "em última instância, a razão pela qual, para Lacan, o inconsciente deve ser concebido como uma instância 'ética', e não como um conceito psicanalítico". Porém, vejo isso como uma alternativa errada: "ético" é aqui um conceito psicanalítico, designa a dimensão do Dever na fórmula de Freud "*wo es war soll ich werden* (onde isso era, eu devo vir a ser)" que aponta para a recusa de Lacan a ontologizar o Inconsciente numa base substancial da vida psíquica do sujeito. Aqui encontramos uma "prova por impotência" na sua forma mais incisiva: a inacessibilidade do Inconsciente não é apenas um sinal da nossa limitação epistemológica, da nossa incapacidade de alcançar um outro local onde o Inconsciente "exista plenamente" – o Inconsciente "em si" não existe plenamente, porquanto reside no domínio do nem-ser-nem-não-ser.

Fórmulas da sexuação

A crítica de Tupinambá à confiança de Lacan na "prova por impotência" também motiva sua leitura das fórmulas da sexuação de Lacan: ele afirma que

> Lacan silenciosamente reintroduz aqui a diferença entre o real do espaço psíquico – o "outro-no--outro" que funciona como causa da insatisfação estrutural do desejo – e o real que Freud marcou com um "x" em sua teoria dos ideais – a alteridade radical da "coisa" além de sua apreensão representacional – uma diferença que a gramática da "dialética estrutural" teve dificuldade em manter sem implicar um referente "pré-simbólico".

Sério? Deixe-me retornar aqui pela vigésima vez a um dos meus exemplos eternos: a análise exemplar de Claude Lévi-Strauss, de sua *Antropologia estrutural*, da disposição espacial dos edifícios no Winnebago, uma das tribos do Grande Lago, pode ser de alguma ajuda aqui. A tribo é dividida em dois subgrupos ("metades"), "os que são de cima" e "os que são de baixo"; quando pedimos a um indivíduo que desenhe num pedaço de papel, ou na areia, a planta baixa da sua aldeia (a disposição espacial das cabanas), obtemos duas respostas bem diferentes, dependendo da sua pertença a um ou ao outro subgrupo. Ambos percebem a aldeia como um círculo; mas para um subgrupo, há dentro desse círculo outro círculo de casas centrais, de modo que temos dois círculos concêntricos, enquanto para o outro subgrupo, o círculo é dividido em dois por uma linha divisória clara. Em outras palavras, um membro do primeiro subgrupo (vamos chamá-lo de "conservador-corporativista") percebe a planta baixa da vila como um anel de casas mais ou menos simetricamente dispostas em torno do templo central, enquanto um membro do segundo subgrupo ("revolucionário-antagonista") percebe a sua aldeia como dois grupos distintos de casas separadas por uma fronteira invisível[120].

O que Lévi-Strauss quer demonstrar é que esse exemplo não deve de forma alguma nos induzir ao relativismo cultural, segundo o qual a percepção do espaço social depende da pertença de grupo do observador: a própria cisão em duas percepções "relativas" implica uma referência oculta a uma constante – não a disposição objetiva e "real" dos edifícios, mas um núcleo traumático, um antagonismo fundamental que os habitantes da aldeia não conseguiram simbolizar, explicar, "internalizar", aceitar – um desequilíbrio nas relações sociais que impedia a comunidade de se estabilizar num todo harmonioso. As duas percepções da planta baixa são simplesmente dois esforços mutuamente excludentes para lidar com esse antagonismo traumático, para curar sua ferida pela imposição de uma estrutura simbólica equilibrada.

Obtemos aqui uma clara distinção entre a realidade externa – a disposição "efetiva", "objetiva" das casas – e o Real que se anuncia no choque das duas diferentes simbolizações, as quais ambas distorcem, de uma maneira anamórfica, a disposição efetiva. O "real" não é aqui a disposição efetiva, mas o núcleo traumático de algum antagonismo social que distorce a visão que os membros da tribo têm da disposição efetiva das casas em sua aldeia. E seria fácil acrescentar numerosos exemplos semelhantes da vida política contemporânea – digamos, se alguém pedisse a um partidário de Trump ou da

---

120. LÉVI-STRAUSS, C. Do dual organizations exist? *In:* LÉVI-STRAUSS, C. *Structural Anthropology.* Nova York: Basic Books, 1963, p. 131-163; os desenhos estão nas p. 133-134.

centro-esquerda liberal para descrever as coordenadas básicas do cenário político dos Estados Unidos, obteríamos cada vez uma descrição fundamentalmente diferente (Trump teria se apresentado como a voz do povo trabalhador contra os "inimigos do povo" corruptos e não patrióticos, e um esquerdista liberal teria se apresentado como o último baluarte dos direitos humanos e da liberdade contra a demagogia fascista) e o Real dessa oposição não é fornecido pela descrição da realidade social como ela é, mas pelo antagonismo que ambos os polos da oposição ofuscam, cada um à sua maneira[121].

Então, penso que não apenas aquilo a que Tupinambá se refere criticamente como "dialética estrutural" pode diferenciar entre o real do espaço psíquico e o real externo, como que a diferença entre eles é a característica básica da "dialética estrutural": é fácil para Lacan "diferenciar entre o que é inacessível de um ponto de vista finito e a infinitude do mundo externo". Assim, quando Tupinambá afirma que, "dentro da dialética estrutural, o infinito só pode ser pensado como o inacessível – como sendo absolutamente outro para o finito e, portanto, presente apenas virtualmente, como um suplemento indireto", ele parece esquecer a lição de Hegel, O filósofo do infinito atual: o verdadeiro infinito não é um fora transcendente no que diz respeito ao finito, ele nada mais é do que a automediação imanente/automediação do próprio finito.

Agora chegamos ao próximo tema central da crítica de Tupinambá a Lacan: a maneira como ele estende a censura de que a "dialética estrutural" de Lacan não pode pensar o

---

121. Outro exemplo é fornecido pelo fato bem conhecido de que, quando se pede às vítimas de tortura, estupro ou traumas semelhantes que relatem as suas experiências, os seus relatos são sempre incertos, ambíguos e até mesmo autocontraditórios. No entanto, essa inexatidão, essa discordância parcial com os fatos objetivos, é em si um argumento a favor da veracidade do relato. Um relato comedido e preciso sobre o que aconteceu seria muito mais suspeito.

infinito atual positivamente, em si, mas apenas de um ponto de vista finito, como um ponto-limite sempre elusivo, a uma leitura crítica das fórmulas da sexuação de Lacan. Para simplificar um pouco a linha de argumentação, Tupinambá equipara o "falicismo" (o lado masculino das fórmulas da sexuação) à lógica do enclausuramento (totalização de um conjunto finito) que gera o que exclui como um excesso virtual inexistente que escapa à linguagem, e embora Lacan exponha o lado feminino das fórmulas como escapando dessa lógica de enclausuramento, ele, em última instância, ainda concebe o lado feminino (da *jouissance féminine* infinita) da maneira como aparece desde o lado masculino, como um excesso sem realidade positiva própria, porquanto está fora da linguagem (significante). Contudo, uma vez que a "dialética estrutural" de Lacan (cujo cerne é a lógica do significante) é, em última análise, uma universalização ilegítima da maneira como a fala funciona na análise, não se deve conceber o gozo feminino como "estruturalmente inacessível", mas apenas como "atualmente fora do nosso alcance": se definirmos o *setting* analítico de uma nova maneira, suplementando-o com axiomas que vão além do enclausuramento da lógica do significante, também podemos produzir "a articulação entre 'gozo feminino' e a transformação axiomática do domínio da própria psicanálise". Tupinambá está bem ciente de que a experiência fundadora da psicanálise chegou a Freud por meio da escuta de sujeitos femininos (histéricos), de como eles minam a autoridade "fálica", mas ele simultaneamente restringiu o escopo total dessa experiência:

> Se o "campo" do qual o falicismo é a "função" é a linguagem como tal, então esse suplemento infinito, ao qual não se pode chegar nem por Φ nem por sua negação, só pode estar fora da própria linguagem – portanto, uma contradição com o próprio princípio da psicanálise. Se, no entanto,

o campo aqui em jogo diz respeito apenas à fala na análise, como temos repetidamente argumentado ao longo dessa investigação, então postular a existência de uma extensão indeterminada à qual não podemos chegar simplesmente seguindo o curso da associação livre, não precisa apontar para algo que seja estruturalmente inacessível – também poderia significar que esteja atualmente fora do nosso alcance, mas que poderia se tornar acessível ao trabalho clínico por meio de uma instituição axiomática. Em suma: ao reconhecer o estatuto regional da fala na análise, poderíamos igualmente reconhecer a articulação entre "gozo feminino" e a transformação axiomática do próprio domínio da psicanálise – uma articulação que, de fato, está mais do que documentada na história do pensamento psicanalítico.

As implicações epistemológicas da lógica fálica estão, portanto, claras: uma vez que só pode conceber a outridade radical externa ao espaço simbólico como um excesso imanente desse próprio espaço, sem estatuto próprio, e uma vez que esse excesso imanente faz parte da nossa realidade (psíquica) libidinal, ela tem que "generalizar as propriedades do real psíquico sobre aquelas da outridade indiferente": "'o que não é o significante' só existe na medida em que permanece marcado na cadeia significante como uma pedra de tropeço que é então deslocada para uma exceção fantasmática sem qualquer existência real". A lógica do gozo feminino (do não todo) parece contornar esse impasse: ela "dá precedência ao 'x externo' do esquema de Freud, submergindo o espaço fechado da própria significação na exterioridade do mundo à significação: uma vez que estamos, aqui, sempre já do lado de fora, não há lugar para depositar uma exceção à significação, mas tampouco há como afirmar o encerramento consistente do espaço sob essa função". No entanto, essa tentativa de romper com o domínio fálico é fatalmente constrangida: a fatídica limitação das fórmulas da sexuação de Lacan é uma consequência de não pensar o infinito em seus próprios termos, isto é, de não aceitar que o verdadeiro infinito é mais do que o ponto-limite do finito, mas a abertura para todo um grupo de funções diferentes de Φ que delimita transformações possíveis sobre conjuntos infinitos contáveis e incontáveis.

Será que isso se sustenta? É verdade que algumas formulações de *Encore* [*Mais, ainda*], de Lacan, são um tanto ambíguas (ele caracteriza o gozo feminino como um excesso fora da linguagem), mas o cerne da sua argumentação é claro: não há necessidade de uma "função diferente de Φ" para conceitualizar a feminilidade como ela é "em si" e não apenas como algo em excesso da função fálica – para ver isso, basta ler Lacan atenta e literalmente. Patentemente não é verdade que o gozo feminino "não possa ser alcançado nem por Φ nem pela sua negação", uma vez que é precisamente assim que Lacan chega a ele: nas fórmulas da sexuação, a feminilidade é definida precisamente por sua imersão total na função fálica (não há exceção), razão pela qual, paradoxalmente, a posição feminina está *mais* (*não menos*) imersa no "campo do falicismo". Em minha leitura das fórmulas da sexuação, sou, portanto, tentado a chegar exatamente à conclusão oposta: será que as fórmulas da sexuação feminina de Lacan não representam precisamente a superação de qualquer tipo de "compromisso com o estatuto primitivo da outridade"? Será que a externalização "do que não está encerrado sob o falicismo" numa Outridade insondável não faz parte das fórmulas masculinas? Ou, para colocá-lo em termos mais convencionais, será que a própria ideia de uma Mulher substancial que elude o alcance simbólico masculino não é parte integrante da ideologia masculina?

Claro que Tupinambá vê que, longe de se limitarem à relação entre os sexos, as fórmulas da sexuação de Lacan são extraordinariamente produtivas como meio de esclarecer outras relações. Por exemplo, a dupla de (o que quer que reste do clássico) proletariado e precariado funciona exatamente como o lado masculino e feminino das fórmulas de Lacan: a classe trabalhadora é claramente um Todo (dos plenamente empregados e explorados) baseado numa exceção (a ameaça permanente de desemprego), ao passo que os membros do precariado integram esse limite externo: estão desempregados (sem emprego permanente) à procura de contratos de curta duração e, nesse sentido, não todo (dispersos em múltiplas identidades temporárias)[122]. Além disso, na medida em que Tupinambá insiste tanto na historicidade, devemos apontar que a própria diferença que separa a historicidade propriamente dita do mero historicismo também pode ser capturada pelas fórmulas da sexuação.

---

122. Cf. FIDANER, I. B. Exigency and enjoyment. *Žižekian analysis*, 6 jul. 2019. Disponível em: https://zizekanalysis.wordpress.com/2019/07/06/exigency-and-enjoyment-isik-baris-fidaner. Que grupo escolher como substituto da luta proletária é, portanto, uma questão de decisão estratégica. *"El baile de los que sobran"* ("A dança dos que sobram") da banda de rock chilena *Los Prisioneros*, durante décadas uma espécie de hino dos protestos sociais no Chile, distingue-se pela escolha inteligente de quem se posiciona pela posição proletária, a posição daqueles que "sobram", o grupo social para o qual não há lugar apropriado no edifício social. Não são os assalariados, nem mesmo os desempregados em geral, mas aqueles que concluíram os estudos e não conseguem emprego, por isso apenas andam em busca de um posto e chutam pedras na rua. Essa perambulação sem rumo à noite, depois de um dia perdido, está no nível da música magicamente coordenada numa dança coletiva – não no sentido de estetização (esquecemos os nossos problemas num transe coletivo de ritmo dançante), mas como um gesto estritamente político de construção de um coletivo a partir do desespero individual. Essa escolha é *politicamente correta*: dentre muitos grupos daqueles que "sobram", escolhe aquele que melhor indica a crise do capitalismo global de hoje. Então talvez devêssemos reabilitar o termo "politicamente correto" num sentido mais literal e simples de uma decisão política que é correta numa determinada situação – nesse sentido, a maior parte do politicamente correto não é politicamente correta, uma vez que dificulta a eficácia das lutas emancipatórias.

O historicismo é claramente masculino: toda realidade social é, em última análise, contingente, construída em circunstâncias historicamente específicas, não há essências trans-históricas, a forma básica da ideologia é a eternização de algum conteúdo historicamente específico... – no entanto, tal abordagem historicista isenta do domínio do relativismo histórico a sua própria postura que é silenciosamente universalizada, ou seja, o historicismo aplica a mesma noção de história a todas as épocas históricas. Podemos discernir essa exceção quando levantamos uma questão simples a propósito da tese antiessencialista de que todas as formas de identidade social são constructos contingentes: digamos, quando proponentes da teoria de gênero afirmam que toda identidade de gênero é um constructo histórico contingente, será que isso se aplica da mesma forma às nossas sociedades capitalistas tardias bem como às sociedades tribais ou de caçadores pré-históricas? Se a resposta for sim, então temos que supor que vivemos numa época privilegiada em que a contingência histórica de toda identidade se tornou óbvia, ou seja, somos pegos privilegiando a nossa própria época.

A característica básica da historicidade autêntica é que, ao contrário, ela é feminina no sentido das fórmulas da sexuação de Lacan: ela abole essa exceção, ou seja, ela relativiza a sua própria posição e, assim, historiciza a sua própria noção de historicidade. É nesse sentido que Hegel é um historicista radical: para ele, a cada época histórica, a noção universal de história também muda. Tal abordagem, portanto, não permite nenhuma exceção à historicidade e é, por essa razão, "não toda": não há nenhuma noção universal singular de historicidade, uma vez que essa noção é ela própria apanhada no processo de mudança histórica. O historicismo não é suficientemente radical, porque não leva em conta que cada ruptura histórica não é simplesmente uma ruptura na história, mas muda a própria noção de história. É por isso que não devemos descartar como ridícula a fala de Fukuyama sobre o fim da história em 1990: após a vitória do capitalismo global, o sentido da história mudou. E, em algum sentido propriamente metafísico, a nossa imersão total na rede digital global que torna toda a nossa tradição instantaneamente acessível, sinaliza o fim da experiência histórica como a conhecíamos. Já "sentimos" como, em certo sentido, o ciberespaço é "mais real" – mais real do que a realidade física externa: é uma versão complexa do reino platônico das Ideias onde tudo o que aconteceu e o que acontece agora está inscrito numa ordem síncrona atemporal. Na nossa realidade física com a qual nos relacionamos com os nossos sentidos, as coisas sempre mudam, tudo está prestes a desaparecer, a realidade só vem a existir plenamente quando é registrada no ciberespaço.

Os caprichos da verdade

Vemos agora claramente que Hegel não é um relativista historicista apenas descrevendo diferentes discursos de verdade: há uma diferença crucial entre Hegel e um relativista historicista como Michel Foucault. Para Hegel, cada discurso implica a sua própria noção de verdade, mas cada discurso é inconsistente, preso em antagonismos imanentes, e o movimento dialético demonstra como, por meio de suas "contradições" imanentes, um discurso passa a outro discurso. Para Foucault, no entanto, diferentes discursos apenas coexistem na indiferença mútua. A noção de verdade de Foucault pode ser resumida na afirmação de que a verdade/inverdade não é uma propriedade direta de nossos enunciados, mas que, em diferentes condições históricas, diferentes discursos produzem cada um o seu próprio efeito de verdade específico, isto é, implicam os seus próprios critérios de quais valores são "verdadeiros":

> O problema não consiste em traçar a linha entre o que no discurso se enquadra na categoria de cientificidade ou verdade e o que se enquadra em alguma outra categoria, mas em ver historicamente como se produzem efeitos de verdade em discursos que não são nem verdadeiros nem falsos[123].

A ciência define a verdade em seus próprios termos: a verdade de uma proposição (que deve ser formulada em termos claros, explícitos e preferencialmente formalizados) é estabelecida por procedimentos experimentais que podem ser repetidos por qualquer pessoa. O discurso religioso opera de maneira diferente: sua "verdade" é estabelecida em formas retóricas complexas que geram a experiência de habitar um mundo provido de sentido e controlado benevolentemente por um poder superior (em seu último livro, Peter Sloterdijk[124] analisa diferentes modos de teopoesia, formas complexas de retórica que "trazem deuses para falar"). Depois, há outros discursos: mitologias tradicionais, arte, vida cotidiana, cada um com o seu próprio efeito de verdade…, mas o que significa que os próprios discursos não são "nem verdadeiros nem falsos"? Em que sentido o campo dos discursos pode ser um contexto neutro em relação à verdade? Obviamente, uma metateoria é necessária aqui: qual é o estatuto da própria teoria de Foucault (dos efeitos de verdade dos discursos)? Em certo sentido (qual?), ela obviamente pretende-se verdadeira: ele a defende, fornece argumentos e exemplos…

Além disso, a ciência não é simplesmente uma ciência de discursos; ela toca o real de outra maneira (com base no conhecimento científico podemos fazer alterações biogenéticas,

---

123. FOUCAULT, M. Truth and Power. *In*: FOUCAULT, M. *Power/Knowledge: Selected Interviews and Other Writings*. Nova York: Random House, 1980, p. 118.

124. Cf. SLOTERDIJK, P. *Den Himmel zum Sprechen tragan*: Über Theopoesie. Frankfurt: Suhrkamp, 2020.

podemos usar energia nuclear...), portanto, não basta dizer que é um dos discursos com um efeito de verdade específico. E isso nos remete à relação ambígua entre ciência e psicanálise. O próprio Freud permaneceu um cientista. Ele pensou que sua psicanálise seria apenas uma solução temporária que seria deixada para trás quando a neurobiologia finalmente pudesse dar conta do funcionamento de nossa mente.

Para Lacan, no entanto, a psicanálise não é ciência (no sentido moderno de uma ciência natural formalizada, pelo menos) – para esclarecer seu estatuto, ele se refere à distinção de Aristóteles de quatro modos de causalidade: causa material, causa formal, causa final e causa eficiente. Se um carpinteiro faz uma mesa, a madeira da qual a faz é a sua causa material, a ideia da mesa que ele realiza na madeira é a causa ideal, o seu trabalho é a sua causa eficiente e o uso da mesa é a sua causa final, a razão pela qual fazemos mesas. Lacan aplica esses quatro aspectos da causalidade à noção de verdade. Como Hegel apontou, a verdade como adequação de nossa noção/julgamento ao objeto deve ser suplementada por um modo mais elevado de verdade: a verdade como a adequação do próprio objeto à sua noção. Não apenas minha noção de uma mesa na sala ao lado é adequada se realmente houver uma mesa na sala ao lado, mas essa mesa mesma também é "verdadeiramente uma mesa" se for uma mesa útil. Aí reside o verdadeiro conteúdo da tão difamada afirmação de Hegel de que, se os fatos não se encaixam na teoria "muito pior para os fatos" – se uma mesa não se encaixa na noção de mesa, muito pior para a mesa. Talvez esse par se encaixe na oposição aristotélica de causa material e causa formal: a verdade como causa material está em operação quando verificamos uma afirmação com referência à realidade material que a torna verdadeira, ao passo que o fato de um objeto empírico se adequar à sua noção concerne à causa formal: uma mesa material é "uma verdadeira mesa" quando se ajusta à sua forma/noção. As ciências operam entre esses dois extremos do empirismo e da construção de noções – com a exceção da matemática, é claro. Tomemos a física quântica: por mais nocional que seja, ela depende, em última análise, dos resultados das medições (embora devamos ser mais precisos aqui, distinguindo entre o real e a realidade: a realidade das medições empíricas não é a mesma que o Real do universo quântico irrepresentável que é, do nosso ponto de vista, também um constructo).

Em contraste com a ciência, a psicanálise mobiliza a verdade como causa eficiente – mas será que a eficiência causal direta da verdade não é a característica que caracteriza o pensamento mágico? No pensamento mágico, você pronuncia uma fórmula (uma oração, uma maldição) e algo acontece na realidade (chuva, saúde... ou a morte de seu inimigo). O sujeito xamanizante atua dentro de estruturas e significantes: "é na forma de significantes que aparece o que deve ser mobilizado na natureza: trovão e chuva, meteoros e milagres". Na magia, a ideia da verdade como causa, portanto, só aparece sob a forma de causalidade eficiente – o simbólico incide diretamente no real. Na religião, a causalidade é diferente: "A verdade na religião é relegada a fins ditos 'escatológicos', ou seja, a verdade aparece apenas como causa final, no sentido de que é diferida para um julgamento de fim do mundo"[125]. É por isso que religião é fé e não conhecimento: fé de que existe um outro lugar, inacessível a nós, o de Deus em Si, onde o conhecimento pleno pode ser articulado.

Como será, então, que as coisas estão na psicanálise? Deve-se notar aqui que, embora o primeiro Freud acreditasse ingenuamente em um poder causal direto da verdade (se o

---

125. LACAN, J. *Écrits*. Nova York: Norton, 1997, p. 872.

analista der a um paciente a interpretação correta de seus sintomas, esses sintomas desaparecerão ou se dissolverão automaticamente), ele logo se deparou com uma surpresa desagradável: mesmo que correta, uma interpretação permanece ineficaz, os sintomas não desaparecem. Esse *insight* trouxe Freud aos temas da transferência e da temporalidade: para se tornar eficaz, a verdade deve ser dita no momento certo, não apenas após a transferência do paciente para o analista estar estabelecida, mas quando a transferência traz o paciente para o estado psíquico correto de experimentar os antagonismos que assolam sua subjetividade. Posteriormente, Freud acrescentou mais duas complicações: a decisão livre do sujeito (uma psicanálise "bem-sucedida" não restitui ao paciente uma vida sem conflitos, apenas o leva a um ponto em que, consciente do que se passa em sua vida psíquica, ele pode decidir qual curso escolher) e a chamada "reação terapêutica negativa" (uma vez que o paciente gozou seus sintomas, sua dissolução pode desencadear uma depressão catastrófica).

Todas essas complicações apenas confirmam que a verdade da interpretação é julgada por seu efeito sobre o sujeito, de modo que não estamos lidando com um efeito de verdade – *a própria verdade é a causa que produz efeitos*. Essa não é simplesmente uma visão pragmática ("não importa se a interpretação de um sintoma pelo analista é verdadeira, o que importa é apenas que funcione") – não porque Lacan presume que a verdade de um sintoma já está lá nas profundezas do inconsciente, à espera de ser descoberta, mas porque, como Lacan o coloca, um sintoma precede aquilo de que é sintoma, não tem um sentido determinado antes da sua interpretação. Lacan evoca aqui o tema de ficção científica da viagem do futuro: o sintoma é como uma mensagem enviada do futuro do paciente quando seu significado será determinado.

É crucial que, a fim de explicar esse papel específico da verdade na psicanálise, Lacan estabeleça um paralelo com o marxismo: a ciência moderna deriva seu poder do fato de que ela "não-quer-saber-nada da verdade como causa"[126] – ou, como Lacan o coloca, a ciência foraclui o sujeito: num texto científico, a posição subjetiva da enunciação é totalmente neutralizada, não importa quem o tenha dito, qualquer um pode repetir o experimento e verificar sua veracidade. A psicanálise introduz aqui a dimensão da verdade subjetiva. Um exemplo:

> Feigang Fei, que dirige o restaurante chinês Aunt Dai, em Montreal, adotou uma abordagem diferente, com um menu que oferece descrições estimulantemente honestas dos pratos oferecidos. "Comparado ao nosso frango Tao comum, esse não é TÃO bom", diz a entrada para a carne à laranja. Sob o título "frango de dar água na boca", Fei escreve: "Não estamos 100% satisfeitos com o sabor agora, mas muito em breve vai melhorar. PS: Estou surpreso que alguns clientes ainda peçam esse prato"[127].

Tal maneira de "dizer a verdade" é, obviamente, a melhor mentira: a verdade torna-se aqui a forma mais eficiente de autopublicidade. Voltamos aqui à oposição entre verdade subjetiva e exatidão factual: a maior mentira ocorre quando todos os dados de nossas afirmações são factualmente verdadeiros. E, em claro contraste com a neutralização científica, o marxismo, juntamente à psicanálise, "seriamente põe em operação" uma dimensão de verdade subjetiva que a ciência tem de esquecer, já que a ciência, uma vez constituída, ignora

---

126. LACAN, J. *Écrits*. Nova York: Norton, 1997, p. 874.
127. CECCO, L. "Not that good": Montreal restaurant's brutally honest menu pulls in the customers. *The Guardian*, 15 jan. 2021. Disponível em: https://www.theguardian.com/world/2021/jan/15/montreal-chinese-restaurant-canada-customers-aunt-dai

"o tortuoso caminho pelo qual veio a existir"[128] (note-se que o texto de Lacan sobre ciência e verdade apareceu em 1965, logo após a publicação da tradução francesa de *História e consciência de classe*, de Lukács, em 1960). Essa dimensão da verdade se perde no marxismo ortodoxo que reduz o seu próprio ensino à ciência objetiva – ou, para citar Stalin em seu *Sobre o materialismo dialético e o materialismo histórico*:

> Nos anos oitenta do século passado, no período da luta entre os marxistas e os Narodniks, o proletariado na Rússia constituía uma minoria insignificante da população, enquanto os camponeses individuais constituíam a vasta maioria da população. No entanto, o proletariado se desenvolvia como classe, enquanto o campesinato como classe se desintegrava. E justamente porque o proletariado estava se desenvolvendo como classe, os marxistas baseavam sua orientação no proletariado. E eles não estavam enganados; pois, como sabemos, o proletariado posteriormente cresceu de uma força insignificante para uma força histórica e política de primeira linha[129].

Nessa visão, os marxistas primeiro analisam objetivamente os processos sociais e descobrem o movimento na direção do comunismo, quando a classe trabalhadora tomará o poder; depois de estabelecer isso como um fato científico objetivo, eles se colocam do lado da classe trabalhadora, apostando assim no cavalo vencedor... É por isso que eles distinguem entre ciência marxista e ideologia marxista: primeiro, o marxismo como ciência objetiva estabelece a verdade; depois, essa verdade é transposta para ideologia que mobiliza as massas, explicando como devem agir se quiserem vencer. Para o marxismo autêntico, essa lacuna tem de cair: a teoria marxista implica uma posição subjetivamente engajada – o caminho para a verdade universal conduz por uma posição parcial engajada. Lacan cita aqui Lenin:

---

128. LACAN, J. *Écrits*. Nova York: Norton, 1997, p. 869.
129. Citado de "1938: Dialectical and Historical Materialism" (marxists.org).

> Ao escrever que "a teoria de Marx é onipotente, porque é verdadeira", Lenin nada diz sobre a enormidade da questão que o seu discurso levanta: Se alguém supõe que a verdade do materialismo em suas duas formas – dialética e história, que são, de fato, a mesma coisa – seja muda, como teorizar isso poderia aumentar seu poder? Responder com consciência proletária e a ação da política marxista me parece inadequado[130].

É verdade que Lenin é ambíguo aqui: sua afirmação pode ser lida como "o marxismo se baseia no verdadeiro conhecimento científico da sociedade, então é onipotente", da mesma forma que a física moderna pode construir dispositivos nucleares. Porém, a questão crítica de Lacan – "como teorizar isso poderia aumentar seu poder" – é fácil de responder: a autoconsciência proletária transforma o que ela conhece, seu objeto (que é ela mesma), num sujeito revolucionário e, nesse sentido, precisamente, ela *não* é "muda". Lacan (e Lenin) não entende esse ponto teorizado por Lukács: o marxismo é "universalmente verdadeiro" não apesar de sua parcialidade, mas *porque* é "parcial", acessível apenas a partir de uma posição subjetiva particular – e o mesmo vale para a psicanálise.

Trans *versus* Cis

Onde Tupinambá se situa aqui? Ele exorta-nos a

> tratar o "real" tanto em termos históricos quanto estruturais, uma vez que pensar o domínio de uma dada operação é também relativizar o conceito de inacessível – pode funcionar como um ponto-limite, mas isso não nos exige mantê-lo como um "impasse de formalização" a-histórico.

Penso que, nessa crítica ao suposto "falicismo" de Lacan, Tupinambá aproxima-se demais da crítica de Judith Butler

---

130. LACAN, J. *Écrits*. Nova York: Norton, 1997, p. 738.

ao Real de Lacan, ou seja, de evocar a riqueza da realidade externa que sempre mina toda estrutura simbólica fixa. O que considero problemático aqui é a alegação central de que o que escapa ao domínio fálico "não precisa apontar para algo que seja estruturalmente inacessível – também pode significar que está atualmente fora do nosso alcance".

Assim, quando, no último parágrafo do (manuscrito do) seu livro – fato que não pode deixar de conferir ao seu argumento o estatuto de declaração final do caminho a ser percorrido – Tupinambá defende "uma nova compossibilidade entre as críticas transgênero e feminista, de um lado, e a psicanálise, de outro", como forma de articular positivamente, e não apenas como caso-limite, "o que não está fechado sob o falicismo", sou tentado a propor uma contra-argumentação: da mesma forma que Tupinambá tenta separar a "ideologia lacaniana" do núcleo radical do ensino de Lacan, nossa tarefa hoje é separar a ideologia transgênero e feminista do núcleo radical desse movimento – só assim o movimento pode ser redimido e somente a psicanálise lacaniana (combinada com a análise social marxista) pode fazer esse trabalho. Isso nos traz de volta à distinção entre a negação dos universais positivos e a afirmação dos universais negativos: em sua feroz negação dos universais positivos (enfatizando como o gênero binário é uma variável histórica, e não um *a priori* transcendental da sexualidade humana), será que a forma predominante da ideologia transgênero e feminista se esquece de afirmar um universal negativo, a impossibilidade/antagonismo que caracteriza a sexualidade humana enquanto tal, propondo uma visão ideológica da sexualidade que, liberta das amarras patriarcais/binárias, torna-se uma expressão alegre de nossos verdadeiros eus, uma prática de plasticidade não binária em que um sujeito experimenta permanentemente consigo mesmo e se reconstrói, brincando com diferentes identidades, do hétero ao *gay*, do bissexual ao assexual?

Para referir-me aqui brevemente à conhecida piada de *Ninotchka*, de Ernst Lubitsch, o estatuto de "café sem leite" não é o mesmo que o de "café sem creme", e ambos diferem de "café puro", embora materialmente todos os três sejam o mesmo. Esse fato nos permite lançar uma nova luz sobre o conflito entre feministas que recentemente explodiu, desencadeado pelo movimento transgênero: cis (mulheres biológicas que também se percebem em sua identidade sociossimbólica como mulheres) *versus* trans (homens biológicos que vivenciam sua identidade psíquica como feminina e, às vezes, até mesmo submetem-se a um doloroso procedimento cirúrgico para alinhar suas características corporais com sua feminilidade psíquica). Para alguns cis, trans são *drag performers*, mulheres com pênis, homens se vestindo e agindo como mulheres, ou seja, agentes de apropriação cultural como artistas brancos realizando arte negra. As trans reagiram a essa rejeição com uma reação não menos violenta, acusando as cis de essencialismo biológico ("anatomia é destino") e designando-as como TERFs ("trans-exclusionary radicals feminists" [feministas radicais transexcludentes]). No entanto, elas tampouco são menos imunes ao essencialismo: para algumas delas, ser mulher é uma forma inata profunda de identidade de gênero independente de características corporais ou práticas sociais. Os riscos sociopolíticos desse conflito são altos, porque as cis não querem permitir que as trans participem de reuniões feministas e de outras formas de atividades das mulheres – elas percebem as trans como intrusas estrangeiras. Por outro lado, nem todas as trans querem ser identificadas com mulheres reais: algumas delas insistem em sua identidade específica.

As trans querem atuar sua identidade psíquica de gênero a uma distância de suas características corporais biológicas, não apenas se vestindo e agindo como mulheres, mas também conformando suas características corporais à sua verdadeira identidade, mas quando fazem isso, permanece uma distância que separa seus corpos rearranjados de corpos femininos "naturais", de modo que chamar seus órgãos cirurgicamente reconstruídos diretamente por seus nomes biológicos as deixa desconfortáveis. Sua solução é substituir os nomes usuais por outros mais neutros: vagina se torna "orifício da frente", amamentação se torna "peitação"... Dessa forma, eles querem deixar claro que cis é apenas uma espécie de trans, que somos todos, em última análise, trans. No entanto, persiste a suspeita de que o "buraco da frente" seja apenas um *remake* artificial miserável da vagina. No entanto, as cis têm algo a dizer aqui: há um peso real do corpo feminino, da maternidade, que afeta a autoexperiência feminina, com todos os detalhes que isso envolve (menstruação, gravidez...), e é duvidoso que essa dimensão possa ser recuperada pela trans.

Então, o que devemos fazer aqui? Todas as opções óbvias estão erradas. É errado advogar uma síntese vaga, pregando a solidariedade de todas as formas de luta feminina – isso apenas evita o problema real. É errado ficar do lado da trans, insistindo que todas as formas de identidade de gênero são constructos sociais contingentes – isso também evita o problema real. Todavia, também é errado ponderar incessantemente sobre o problema. A única postura correta é perceber que essa tensão mesma – a tensão entre cis e trans – é especificamente feminina. É importante notar que não encontramos o mesmo conflito entre homens, entre homens "reais" e homens trans – por quê? Porque a identidade masculina já é em si, como tal, em certo sentido "trans", fundada numa exceção. Estamos nos referindo aqui, é claro, às fórmulas da sexuação de Lacan, em que a posição masculina é definida como uma conjunção de universalidade com sua exceção constitutiva e a posição feminina como a conjunção do não todo sem exceção. Portanto, enquanto a identidade do homem é baseada numa exceção que nega a ordem universal, a implicação da divisão entre cis e trans é que não há exceção aqui (como as trans apontam, trans e cis são todas mulheres, nada é excluído aqui), mas as mulheres também não são não todo (como insistem as cis, nem todas as mulheres são mulheres). A solução é, portanto, uma espécie de identidade especulativa dos dois lados: as mulheres são não todo e não há exceção constitutiva a ser-mulher.

Isso nos traz de volta ao nosso exemplo do café sem leite: se homens são como café com leite/pênis, as mulheres trans são de certa forma "homens castrados", mulheres que não são homens, sem leite/pênis, mas isso não torna as cis mulheres reais "naturais". Isso é o que Lacan pretende com a sua afirmação de que *la femme n'existe pas*: embora uma mulher não seja definida pela negação de ser-homem, não existe uma identidade feminina substancial. Em seu seminário sobre a sexualidade feminina, Lacan afirma que, embora o homem possa ser definido diferencialmente, como não mulher, o anverso não é válido: a mulher não pode ser definida como não homem. Isso não significa que as mulheres possuam uma identidade substancial fora da relação com o homem: o que caracteriza uma mulher antes da relação com o homem é antes um NÃO como tal, uma negatividade autorrelacional, e o homem como não mulher significa que o homem, em seu próprio ser, nega o próprio NÃO que define a subjetividade feminina, não que negue alguma essência feminina substancial. De modo homólogo, o estatuto de "café sem leite" implica que não existe um simples "café puro" positivo ao qual nada falte: o "café puro" sem um *sem* já está em si mesmo marcado pela negação, só que essa negação ainda não é uma negação determinada.

Como os sujeitos transgêneros se encaixam nesse quadro? As múltiplas nuances do significado de "transgênero" formam uma clara tríade hegeliana de uma negação gradualmente radicalizada do ponto de partida. No nível zero do feminismo, permanecemos totalmente dentro da oposição padrão entre masculino e feminino, a tarefa é apenas reformulá-la de uma maneira mais justa (mais poder e igualdade para as mulheres, rejeição de todas as formas de dominação e exploração). Então, no primeiro movimento, focamos em todas as posições (e práticas) que se desviam da heterossexualidade padrão – nesse sentido, *gays* e lésbicas também são transgêneros. Embora a oposição sexual padrão de homens e mulheres permaneça aqui também no poder, é justo que homens acasalem com homens e mulheres com mulheres (o que, exatamente, depende totalmente dessa oposição). Em segundo lugar, existem indivíduos que realmente transgridem (passam por cima) a linha de divisão: homens que se tornaram mulheres e mulheres que se tornaram homens (de qualquer maneira que seja, desde apenas travestindo-se até suportando a cirurgia para mudar seus órgãos sexuais). Observe que aqui também a oposição sexual permanece totalmente no poder (você é homem ou mulher), só que você pode cruzar a linha para o outro polo. Por fim, há o verdadeiro transgênero: indivíduos que adotam uma identidade que não se encaixa em nenhum dos dois polos, ou seja, que não são nem homens nem mulheres. E, num sentido propriamente hegeliano, é somente no final, por meio dessa tripla (ou melhor, quádrupla) negação, que chegamos ao que o ponto de partida (a diferença sexual) efetivamente é como um real-impossível, sob a sua forma heterossexual predominante. Longe de abolir a diferença sexual, o verdadeiro transgênero defende a diferença como tal: uma diferença da própria diferença (como a diferença estabelecida de duas identidades sexuais). Para quem se identifica com um determinado papel de gênero, o transgênero não cabe em nenhuma identidade, ele se sobressai, é a diferença em si.

A diferença sexual não é binária

É assim que funciona a "reconciliação" hegeliana: a reconciliação com a diferença mesma em sua dimensão traumática de um impossível/real. E é por isso que a diferença sexual não funciona como um casal "binário", mas precisamente como aquilo que subverte qualquer identidade binária. No domínio da sexualidade, o caso exemplar da luta contra a lógica "binária" é a percepção de um *casal* sexual como uma forma de limitação opressiva. O título do comentário de Sasha Roseneil – "É hora de acabar com a tirania do casal" – diz tudo: embora muito tenha sido feito nas últimas décadas para "espalhar ideais de igualdade, liberdade e autorrealização dentre a população" (o divórcio tornou-se mais fácil, legislações igualitárias têm permitido que mais mulheres vivam de forma autônoma, o casamento entre pessoas do mesmo sexo tem sido legalizado),

> um aspecto imutável da ordem cultural da intimidade torna-se cada vez mais claro: nossas vidas permanecem profundamente moldadas pela norma do casal. Essa é a força poderosa e onipresente – ao mesmo tempo social e psicológica – que sustenta que estar numa relação de casal é a melhor e natural maneira de viver... Ela tem permanecido praticamente incontestada pelos movimentos sociais que mudaram tanto sobre gênero e sexualidade; e, de fato, está se tornando mais visível e potente à medida que outras normas de vida íntima e familiar têm definhado. A norma do casal determina que a díade íntimo/sexual seja a unidade básica da vida social. Ela atua por meio de leis e políticas que presumem e privilegiam o casal, com uma miríade de impactos econômicos em termos de acesso a benefícios previdenciários, pensões, heranças e moradia. Funciona por meio de injunções, expectativas e sanções sociais informais de familiares, amigos e colegas que encorajam e persuadem os solteiros a se acasalarem. E se perpetua pelas re-

presentações culturais da boa vida como a vida de casal que tornam difícil imaginar a possibilidade de contentamento além do acasalamento convencional. A norma do casal também é internalizada e se torna tecida em nosso senso de identidade. Faz parte do nosso "inconsciente normativo", de modo que a não conformidade muitas vezes produz sentimentos de vergonha, culpa, decepção e ansiedade para pessoas que não se encontrem num relacionamento de casal. No entanto, há um grupo cada vez mais eloquente e confiante de pessoas que está desafiando ativamente a norma do casal ... A pergunta a ser feita é: o que significaria para as sociedades parar de promover o casal acima de tudo e, em vez disso, trabalhar para reduzir os impactos negativos da norma do casal? Propomos que se repense o Estado de bem-estar social para que seja mais "amigável para com as pessoas solteiras" e comece a pensar sobre como as convenções internacionais de direitos humanos podem ser estendidas para situar o direito a uma vida de solteiro gratificante ao lado do direito à vida em família[131].

Lembre-se de como Marx celebrou ironicamente o contrato "livre" entre um capitalista e um trabalhador como "na verdade, um verdadeiro Éden dos direitos inatos do homem. Somente aí governam a Liberdade, a Igualdade, a Propriedade e Bentham". "Bentham" é o elemento que se destaca na série, sinalizando o egoísmo utilitarista que dá ao capitalista uma guinada para a liberdade e a igualdade – e se passa exatamente o mesmo com a tríade de "igualdade, liberdade e autorrealização" com a qual o comentário de Roseneil começa. "Autorrealização" evoca a noção liberal-individualista do ser humano não como um sujeito, mas como uma entidade cujo objetivo último é expressar e realizar seus potenciais internos, e são as circunstâncias sociais externas que impedem a realização des-

---

131. Cf. www.theguardian.com/commentisfree/2020/nov/14/coupledom-couple-norm-social-change

ses potenciais – não há espaço aqui para as inconsistências e tensões no que o indivíduo deseja. Se o indivíduo se sente culpado por não viver como parte de um casal, é consequência da "tirania" da ordem social; se o indivíduo sente essa tensão como interna, isso indica uma pressão social internalizada, não uma inversão imanente na qual o indivíduo pode encontrar prazer no seu próprio sentimento de culpa.

Contudo, o que quero defender aqui é algo mais radical: a noção de um indivíduo que deseja realizar seus potenciais acaba por excluir o AMOR – o verdadeiro alvo da polêmica contra a tirania do casal é simplesmente o amor em seu caráter radical. Se, em nossa vida erótica, buscamos apenas realizar nossas potencialidades, nossas aspirações que são em regra múltiplas e até inconsistentes, isso, é claro, abre caminho para o poliamor: a limitação a um parceiro não pode satisfazer todas as nossas necessidades, e formar um casal tem de aparecer como uma "tirania" que reprime uma parte forte de nossos impulsos libidinais. Porém, o amor é outra coisa: o amor é em sua própria noção exclusivo. Quando estou realmente apaixonado, a limitação ao Um (o amado) é vivenciada como o seu oposto – como uma verdadeira libertação. Quando me apaixono, não é porque o amado é aquele que melhor satisfaz minhas necessidades – a paixão redefine quem eu sou, redefine minhas necessidades e potenciais. Nesse sentido, o amor está além da repetição transferencial: não pode ser explicado pelas minhas fantasias secretas anteriores nas quais o amado se encaixa (no sentido pseudofreudiano vulgar de "me apaixonei por ela, porque ela ecoa as características inconscientes da minha mãe").

A crítica da ideologia nos obriga a levantar aqui uma questão simples: a partir de qual ponto de vista ideológico a relação de casal é vivenciada como "tirania"? A resposta é clara: a partir da noção "pós-moderna" de individualidade livre, que é hegemônica nos países desenvolvidos de hoje e que enfatiza a fluidez contra as fixações, a redescoberta permanente de novas formas contra a identidade etc. As pessoas hoje verdadeiramente "se sentem culpadas" se estiverem "presas" ao mesmo parceiro – alguns psicanalistas chegam mesmo a categorizar a relação de casal permanente como um caso de fixação "patológica". A verdadeira "tirania" é hoje a tirania da redescoberta permanente de novas identidades, de modo que uma ligação amorosa apaixonada é que é a verdadeira transgressão, e alguns teóricos deram esse passo e argumentaram que o amor é o último obstáculo para o sexo verdadeiramente livre[132]. Todas as campanhas conservadoras-fundamentalistas contra o egoísmo hedonista contemporâneo são, portanto, falsas – um fenômeno reativo que já está contaminado ("mediado") por aquilo a que se opõe. Será que a prova final aqui não é o próprio Donald Trump, um hedonista implacável que se apresenta como um partidário de valores conservadores? Nesse sentido, numa coluna no *The Guardian*, Suzanne Moore elogiou a redução de sexo a gênero feita por Judith Butler:

> Butler escreve: "Se o caráter imutável do sexo for contestado, talvez esse constructo chamado 'sexo' seja tão culturalmente construído quanto o gênero; na verdade, talvez já tenha sempre sido gênero, com a consequência de que a distinção entre sexo e gênero acaba por não ser distinção nenhuma". Absolutamente nenhuma distinção. Quão imensamente libertador é isso. Como Jeanette Winterson escreve em seu livro *Frankissstein: A love story*: "Sou uma mulher. E sou um homem. É assim para mim. Estou num corpo que prefiro"[133].

---

132. Cf., por exemplo, KIPNIS, L. *Against Love*. Nova York: Random House, 2005.

133. Cf. www.theguardian.com/commentisfree/2020/mar/10/i-wish-every one-strength-however-they-identify-suzanne-moore

Para Moore, a noção de "sexo" designa uma identidade binária imutável e estável (masculina ou feminina); é um constructo social contingente, mas essa contingência é ofuscada por uma referência à biologia (o sexo faz parte de nossa identidade natural) ou justificada pela ideologia. "Gênero" (identidade de gênero) é, em contraste, um constructo social contingente, e a experiência dessa contingência é "imensamente libertadora: ela abre o espaço para um livre deslocamento entre diferentes identidades – um deslocamento permanente que ocorre sem problemas, sem envolver antagonismos e tensões". Então a ideia é que antagonismo e tensão surgem quando o espaço aberto dos jogos de gênero é subordinado à tirania do "sexo", à ordem patriarcal dos opostos binários. A ordem patriarcal concerne ao poder, ao exercício do poder e da dominação, e o poder é o que sustenta a passagem do gênero ao sexo... Em suma, as *identidades de gênero* movem-se no espaço da liberdade de escolha, um espaço que é inerentemente "seguro" (aí ninguém me controla, ninguém tenta me impor uma identidade que não seja minha), enquanto o sexo (ou a sexualidade como tal) envolve abuso, violência, dominação, e é, como tal, o espaço dos antagonismos – "não há relação sexual" (Lacan), mas há uma relação livremente negociada entre as identidades de gênero. O sexo é estável, claramente estruturado, mas simultaneamente antagônico, cheio de tensões, porque a ordem do sexo é uma ordem imposta que restringe o espaço aberto das identidades de gênero.

O que se perde nessa dissolução do sexo no gênero não é o fato de haver algo de básico, natural etc., na diferença sexual, algum terreno estável que resista a ser dissolvido no jogo da construção social; o que se perde é uma impossibilidade básica, um antagonismo, uma ruptura constitutiva da sexualidade. A sexualidade não é apenas atravessada por antagonismos, ela é em si o nome de um antagonismo, de uma não relação. Há um descontentamento/mal-estar básico na sexualidade, e a passagem da ordem patriarcal tradicional para as múltiplas identidades de gênero de hoje é, em última análise, apenas uma passagem de um para outro modo de ofuscar esse descontentamento. O patriarcado tradicional eleva a diferença sexual a uma ordem natural estável e tenta obliterar sua natureza antagônica descartando as tensões como desvios da ordem natural: em si. A diferença sexual é a tensão criativa entre os dois polos, masculino e feminino, que se complementam mutuamente e formam um Todo harmonioso; quando um dos polos ultrapassa os limites do seu papel apropriado (digamos, quando uma mulher se comporta como um homem agressivo), ocorre uma catástrofe. A teoria de gênero localiza o antagonismo e a violência na diferença sexual como tal e se esforça para criar um espaço de identidades fora dessa diferença.

O que as múltiplas identidades de gênero excluem não é a diferença sexual como uma ordem hierárquica estável, mas o antagonismo, o desconforto, a impossibilidade, que definem essa diferença. A ordem binária heterossexual tradicional admite o potencial de agressividade e tensão inerente à diferença sexual e tenta contê-la por meio da noção ideológica de uma relação harmoniosa entre os dois sexos. O antagonismo sexual é aqui reprimido, mas permanece como uma ameaça potencial. No espaço de múltiplas identidades de gênero, o que é reprimido retorna com força total, todas as perversões sexuais, todas as violações da normatividade heterossexual, não são apenas permitidas, mas até mesmo solicitadas. No entanto, o paradoxo é que a repressão ganha muito mais força nesse retorno do reprimido: o que é muito mais reprimido do que antes (na heterossexualidade tradicional) é o antagonismo imanente da sexualidade. Portanto, devemos concordar com aqueles que afirmam que toda identidade sexual é socialmente construída, que não existe uma identidade sexual natural, mas o que se deve acrescentar é que as múltiplas construções são tentativas de lidar com o Real de uma impossibilidade que atravessa o domínio da sexualidade. As múltiplas identidades de gênero não são o ponto de partida, elas são esforços para estabilizar o antagonismo/impossibilidade do sexo[134]. A diferença sexual como real/impossível tem, portanto, a estrutura de uma negação fracassada: não é uma relação diferencial entre dois termos, cada um deles com sua própria identidade que nega a identidade do oposto; cada termo antes dá corpo ao fracasso de negar o seu oposto. É por isso que o único problema que tive quando ouvi falar de *Amanhã o sexo será bom novamente*[135], de Katherine Angel, foi seu título, que parece implicar que o sexo já foi bom (não antagônico) e o será novamente (depois que comecei a ler o livro, é claro que percebi imediatamente que o título é uma invocação explícita e irônica de Foucault). Raramente li um livro com cuja premissa básica eu concordasse tão plenamente – já que essa premissa é formulada de forma concisa no parágrafo de divulgação do livro, vou citá-lo descaradamente:

> As mulheres estão em apuros. Em nome do consentimento e do empoderamento, elas devem proclamar seus desejos com clareza e confiança. No entanto, os pesquisadores sexuais sugerem que o desejo das mulheres geralmente demora a surgir. E os homens insistem em insistir que sabem o que as mulheres – e seus corpos – querem. Enquanto

---

134. Além disso, como Alenka Zupančič salientou, existe uma mudança homóloga àquela do sexo para o gênero operando em grande parte da teoria social hodierna: a mudança da política para o poder – o tema dos antagonismos políticos é, em grande medida, substituído pela noção de jogos de poder apolíticos.

135. Cf. ANGEL, K. *Tomorrow sex will be good again*. Londres: Verso Books, 2021.

isso, a violência sexual abunda. Como as mulheres, nesse ambiente, podem saber o que querem? *E por que esperamos que elas o façam?* Katherine Angel desafia nossas suposições sobre o desejo feminino. Ela pergunta: por que elas devem conhecer os seus desejos? E como levamos a sério a violência sexual, quando *não saber o que queremos é a chave tanto para o erotismo quanto para a personalidade?*[136]

Do meu ponto de vista, as partes em itálico são cruciais: qualquer teoria feminista deve levar em conta o não saber como uma característica fundamental da sexualidade e fundamentar sua oposição à violência nas relações sexuais não nos termos usuais de "sim significa sim", mas evocando esse não saber. É por isso que o lema de que as mulheres "devem proclamar seus desejos com clareza e confiança" não é apenas uma imposição violenta sobre a sexualidade, mas literalmente uma dessexualizante promoção do "sexo sem sexo". É por isso que o feminismo, em alguns casos, impõe precisamente o mesmo "envergonhamento e silenciamento" da sexualidade feminina aos quais procura se opor. O que torna os avanços sexuais masculinos violentos não é apenas a violência física (ou psíquica) direta, mas a própria presunção de que *ele sabe* o que a mulher "confusa" não sabe (e, portanto, está legitimado a agir com base nesse saber). Um homem é, portanto, violento mesmo que trate uma mulher com respeito (enquanto assume com condescendência que sabe...). Isso não implica, de forma alguma, que os desejos das mulheres sejam, de alguma forma, deficientes em relação aos dos homens (que supostamente sabem o que querem): para Lacan, o sujeito dividido significa precisamente uma lacuna constitutiva entre o que eu (sei que) quero e o que eu desejo. Brecht estava certo ao escrever em 1929 (em

---

136. Citado de www.versobooks.com/books/3743-tomorrow-sex-will-be-good-again [Destaques meus].

Individual and mass [Indivíduo e massa]): "A divisibilidade do indivíduo deve ser enfatizada (como o pertencimento a vários coletivos)". Deve-se apenas acrescentar a isso que o nome apropriado para o indivíduo dividido (o "divíduo") é sujeito. A diferença entre sujeito e indivíduo é bastante fácil de explicar: um indivíduo é, como o próprio termo indica, indivisível, um Uno, uma unidade que não pode mais ser dividida em partes (se o fizermos, já não teremos um indivíduo), ao passo que um sujeito é dividido – não em duas ou mais partes, mas na díade mínima de algo e nada. O caso exemplar da divisão do sujeito é a lacuna que separa o desejo do querer. Essa divisão tem duas versões. Um sujeito não apenas deseja algo, mas muitas vezes quer obtê-lo sem pedi-lo explicitamente, como se eu não o quisesse, como se fosse imposto a mim – demandá-lo diretamente arruinaria tudo. E, inversamente, um sujeito quer algo, sonha com isso, mas não deseja obtê-lo – seu desejo é que o seu querer permaneça insatisfeito, porque toda a sua consistência subjetiva depende desse não-o-conseguir: obtê-lo diretamente levaria a um colapso da subjetividade. Devemos sempre ter em mente que uma das formas mais brutais de violência ocorre quando algo que secretamente desejamos ou com que fantasiamos (mas não estamos dispostos a fazer na vida real) nos é imposto de fora.

Se os defensores do PC, no entanto, admitem o fato de um sujeito dividido, eles o fazem à sua maneira, elevando a experiência sexual ao máximo trauma, falando sobre "sobreviventes de agressão sexual que escondem seu trauma – até de si mesmos". Como, então, um ato tão brutal como o estupro pode não ser reconhecido, ou seja, não ser experimentado como o que é? Acontece quando, durante um encontro sexual,

> no fundo eu sabia que o que tinha acontecido parecia violador, degradante e não aquilo para o que eu me inscrevi. No entanto, levei uma década inteira para perceber o que realmente tinha acontecido: eu tinha sido abusada sexualmente[137].

Por que demorou tanto tempo (até o surgimento do Me-Too) para eu conseguir isso?

> Minha compreensão limitada de consentimento e violência sexual naquela época, e minha inexperiência sexual geral, fizeram com que eu acreditasse que era a culpada pelo que havia acontecido, que talvez eu simplesmente não soubesse "como o sexo geralmente é"[137].

Só quando, mais de uma década depois, meu terapeuta me disse: "Isso é trauma", ouvir essas palavras

> me deu permissão para sentir o peso do que eu havia suportado aos 19 anos, para entender por que a ansiedade espreitava perto da superfície do meu corpo. Uma voz dentro da minha cabeça finalmente disse: "Isso foi agressão sexual". Aos 33 anos, eu sei disso agora[137].

Portanto, "pode levar anos – às vezes décadas – para alguns sobreviventes perceberem ou aceitarem que sua experiência equivale a agressão sexual ou estupro"[137].

Essas coisas definitivamente acontecem: é fácil imaginar uma jovem que se sinta desconfortável e abusada no sexo, mas descarte essa experiência como resultante de sua noção ingênua do que é sexo – sob a influência da ideologia predominante, ela decide suportar seu sofrimento... Portanto, não devemos denunciar a ideia de que um trauma pode ser reco-

---

137. THOMPSON, R. Unacknowledged rape: the sexual assault survivors who hide their trauma – even from themselves. *The Guardian,* 26 ago. 2021. Disponível em: https://www.theguardian.com/society/2021/aug/26/unacknowledged-the-sexual-assault-survivors--who-hide-their-trauma-even-from-themselves

nhecido uma década depois como uma ridícula projeção retroativa PC. Com novos padrões mais elevados do que são os direitos e as liberdades das mulheres, temos todo o direito de ler os eventos passados pela perspectiva desse novo quadro – deve-se rejeitar absolutamente o falso historicismo aqui, a ideia de que, em épocas anteriores, a opressão das mulheres, o racismo e a escravidão foram considerados normais e não devemos julgá-los pelos padrões de hoje.

Há, no entanto, duas outras observações a serem adicionadas aqui. Em primeiro lugar, o caso descrito acima não é um caso de repressão no sentido freudiano estrito: é um sentimento (totalmente consciente) de nojo e humilhação mantido sob controle por causa de valores sociais (machistas). Então, o que seria (ou poderia ser) realmente reprimido e traumático aqui? Uma opção é: exatamente o oposto, ou seja, o verdadeiro trauma foi que a mulher secretamente gostou de ser maltratada e não estava absolutamente disposta a admiti-lo. Ela estar enojada e sentir-se humilhada já era uma farsa, um disfarce destinado a ofuscar esse gozo renegado, fato muito mais traumático do que os maus-tratos que sofreu do parceiro sexual. Para evitar qualquer mal-entendido: isso de forma alguma implica que o maltrato do homem foi justificado (uma vez que a mulher gostou, então "ela conseguiu o que queria") – muito pelo contrário. Como já apontamos, todos temos fantasias sujas secretas e talvez a experiência mais humilhante seja conseguir o que sonhamos secretamente imposto de fora brutalmente. É por isso que   um exemplo extremo – uma mulher que secretamente sonhe em ser estuprada ficará muito mais traumatizada quando estuprada na realidade do que uma mulher forte e autônoma.

A segunda observação: não podemos deixar de ficar impressionados com a surpreendente semelhança entre a visão PC de mulheres ameaçadas pela agressividade masculina, que pode causar traumas tardios ao longo da vida, mesmo que não tenham sido diretamente vivenciados como traumáticos, e a postura do Talibã de proteger as mulheres da agressividade masculina. Em 24 de agosto de 2021, o Talibã mudou repentinamente a sua postura em relação às mulheres em locais públicos e de trabalho: seu porta-voz Zabiullah Mujahid disse numa entrevista coletiva que as mulheres não deveriam trabalhar pela sua própria segurança, minando os esforços do grupo para convencer os observadores internacionais de que seria mais tolerante com as mulheres do que quando esteve no poder. Mujahid disse que a orientação para ficar em casa seria temporária e permitiria que o grupo encontrasse maneiras de garantir que as mulheres não fossem "tratadas de maneira desrespeitosa" ou "Deus não permita, magoadas". Ele admitiu que a medida era necessária, porque os soldados do Talibã "estão sempre mudando e não são treinados". É por isso que o novo governo pediu às mulheres "que tirem uma folga do trabalho até que a situação volte ao normal e os procedimentos relacionados às mulheres estejam em vigor, então elas podem retornar aos seus trabalhos assim que for anunciado"[138].

A previsível reação ocidental a essa declaração foi que agora vemos a falsidade e a hipocrisia da garantia do Talibã de que o direito das mulheres à educação e ao trabalho seria respeitado: agora eles estão mostrando as suas verdadeiras cores... Mas a realidade é mais complexa. Não precisamos de acusações diretas de mentiras e hipocrisia para entender a mudança na posição do Talibã. A atitude branda em relação ao estupro nos países muçulmanos parece baseada na premissa de que um homem que estupra uma mulher foi secreta-

---

138. PICHETA, R.; MAHMOOD, Z. Talibã tell Afghan women to stay home because soldiers are "not trained" to respect them. *CNN World*, 25 ago. 2021. Disponível em: https://edition.cnn.com/2021/08/25/asia/taliban-women-workplaces-afghanistan-intl/index.html

mente seduzido (provocado) por ela a fazê-lo – tal leitura do estupro masculino como o resultado da provocação de uma mulher é frequentemente relatada pelos meios de comunicação. Aqui tropeçamos no que arrisco chamar de *inconsciente ideológico*: um edifício ideológico implica e se baseia num conjunto de alegações necessárias ao seu funcionamento, mas que não devem ser enunciadas publicamente. No outono de 2006, Sheik Taj Din al-Hilali, o clérigo muçulmano mais antigo da Austrália, causou um escândalo quando, depois de um grupo de homens muçulmanos ter sido preso por estupro coletivo, dizer: "Se você pega carne descoberta e a coloca do lado de fora na rua... e os gatos vêm e a comem... de quem é a culpa – dos gatos ou da carne descoberta? A carne descoberta é o problema". A natureza explosivamente escandalosa dessa comparação entre uma mulher que não usa véu e carne crua e descoberta distraiu a atenção de outra premissa, muito mais surpreendente, subjacente ao argumento de al-Hilali: se as mulheres forem responsabilizadas pela conduta sexual dos homens, será que isso não implica que os homens sejam totalmente indefesos quando confrontados com o que percebem como uma provocação sexual, que sejam simplesmente incapazes de resisti-la, que sejam totalmente escravos de sua fome sexual, precisamente como um gato quando vê carne crua? Em contraste com essa presunção da completa falta de responsabilidade masculina pela sua própria conduta sexual, a ênfase no erotismo feminino público no Ocidente baseia-se na premissa de que os homens *são* capazes de se conterem sexualmente, de que não são escravos cegos de seus impulsos sexuais.

Num debate anos atrás, uma muçulmana australiana afirmou enfaticamente que o Islã é a mais feminista de todas as religiões – agora podemos entender o porquê: o Islã – em sua versão fundamentalista, pelo menos – é obcecado com a ideia de proteger as mulheres... mas protegê-las *de quê*? De homens agressivos? Por trás dessa justificativa pública, é fácil descobrir sua verdade (amplamente) oculta: não dos homens – o verdadeiro medo é que uma mulher possa *gostar* de ser sexualmente "maltratada"/usada por homens... Sob o desejo de proteger e controlar as mulheres, há, portanto, à espreita uma mistura muito mais ambígua de pânico e da profunda desconfiança da compostura moral dos próprios homens.

Será que tudo isso é simplesmente um resquício da opressiva tradição muçulmana? Lendo sobre a vida em Cabul hoje em dia, deve-se parar um minuto para olhar algumas das imagens de Cabul na década de 1960 que são fáceis de encontrar no YouTube[139]. O que vemos aí não é uma cidade muçulmana com mulheres cobertas etc. Sim, havia comunidades muçulmanas conservadoras no campo, mas coexistiam pacificamente com outras religiões e com elementos da cultura secular contemporânea. Não há continuidade direta entre esse passado e o Talibã: precisamente naquilo que aparece como suas características mais "arcaicas" (a interpretação muito estrita da sharia, usar o poder do Estado para proibir a vida secular moderna, como tocar música em público), o Talibã é um produto da modernidade, uma reação à modernização forçada, primeiro pela ocupação soviética e depois pela ocupação ocidental.

Esses paradoxos já indicam o caminho que a emancipação deve seguir. Os homens não devem ser retratados como opressores brutais, mas como seres fracos cujo macho exterior encobre sua fragilidade e impotência. E as mulheres devem aprender a tratar os homens assim. Um homem forte é o único verdadeiro feminista – ele não precisa oprimir as mulheres a fim de se afirmar.

---

139. Cf. www.boredpanda.com/afghanistan-1960-bill-podlich-photography/?utm_source=google&utm_medium=organic&utm_campaign=organic

Não há sexualidade sem antagonismo, então a escolha não é entre o sexo antagonista "alienado" e o sexo harmonioso não antagonista – em outras palavras, a escolha não é entre a visão utópica-otimista de uma sexualidade harmoniosa e a visão pessimista da sexualidade condenada a terminar num impasse. O antagonismo permanece, mas pode ser reformulado, seu estatuto pode ser mudado radicalmente, de uma maneira vagamente paralela ao que aconteceu com o número imaginário (raiz quadrada de -1) durante o século XIX (o número imaginário i é definido somente pela propriedade de que o seu quadrado seja -1; com i definido dessa maneira, segue-se diretamente da álgebra que i e -i são, ambos, raízes quadradas de -1 – i é indiferente à oposição de positivo ou negativo). Seu estatuto passou de absurdo para algo que pode ser operacionalizado: as casas são construídas com base em cálculos que envolvem números imaginários... Não é semelhante ao capitalismo? A impossibilidade de alcançar um estado de equilíbrio, a permanente autorrevolução, é sua condição de existência. E isso não é semelhante à democracia? O momento que para outras ordens políticas foi o mais traumático – "o trono está vazio", o lugar do poder supremo está desocupado – é na democracia o próprio recurso do seu funcionamento regular: o lugar do poder está em princípio vazio, ele pode ser ocupado apenas temporariamente por funcionários eleitos.

Da teoria especial à teoria geral da queeridade

O que isso significa é que a sexualidade como tal é *queer* – em que sentido? A razão pela qual considero *Stealing home: on the kleptogenetics of Architecture* [roubar casa: sobre a cleptogenética da arquitetura], de Colin Ripley, irresistível é que se trata de um livro sublime no sentido lacaniano do termo: Ripley elevou a escrita sobre ser *queer* ao nível de Coisa, que, nesse caso, significa teoria *formal* universal. O livro ascende sistematicamente da singularidade do seu tema (sexualidade *queer*, isto é, sexualidade que se desvia da norma heterossexual) passando pelo sentido social particular (comportamento que é estranho, incomum, não esperado ou mesmo fadado ao fracasso – veja a expressão coloquial britânica *"queer the pitch"* que significa "arruinar a chance de sucesso") até o nível do que não se pode deixar de designar como ontologia formal geral – *queeridade* no sentido de desequilíbrio, desvio, simetria quebrada, desarticulação da própria realidade, como se a própria realidade surgisse de uma espécie de equilíbrio ou simetria arruinada do cosmos. A visão usual é a de um universo equilibrado que é temporariamente descarrilado por algum excesso, mas então o equilíbrio é restabelecido quando o excesso é trazido de volta à medida. De um ponto de vista *queer*, o excesso é constitutivo da realidade, de modo que a abolição do excesso implica a abolição do próprio estado de equilíbrio em relação ao qual o excesso é excesso.

No domínio sociopolítico das relações de classe, a abordagem equilibrada é exemplificada pelo fascismo: para um fascista, a luta de classes surge apenas quando uma das classes perturba a cooperação de classe com seu comportamento excessivo (os trabalhadores exigem demais dos capitalistas; os capitalistas exploram demais os trabalhadores) – em ambos os casos, a figura que introduz a discórdia é um judeu (explorando financeiramente os capitalistas produtivos e instigando os trabalhadores a se rebelarem), de modo que se deve liquidar o judeu e assim restabelecer o justo equilíbrio de classe. Para um marxista, ao contrário, a relação entre as classes é, por definição, de discórdia e desequilíbrio, de modo que a única maneira de abolir o antagonismo de classe é abolir as classes como tais. Recentemente, na Alemanha e em alguns outros países, surgiu uma moda do que é chamado de "classismo":

uma versão de classe da política de identidade. Os trabalhadores são ensinados a salvaguardar e promover suas práticas socioculturais e autorrespeito, eles são conscientizados sobre o papel crucial que desempenham na reprodução social... Os movimentos de trabalhadores tornam-se, portanto, um outro elemento na cadeia de identidades, como uma determinada raça ou orientação sexual. Tal "solução" do "problema dos trabalhadores" é o que caracteriza o fascismo e o populismo: eles respeitam os trabalhadores e admitem que são frequentemente explorados e querem (muitas vezes com sinceridade) melhorar sua posição dentro das coordenadas do sistema existente. Trump estava fazendo isso, protegendo os trabalhadores americanos dos bancos e da concorrência chinesa desleal.

Será que *Nomadland* (Chloe Zhao, 2020) não é o exemplo máximo de tal "classismo"? Ele retrata o cotidiano de nossos "proletários nômades" – trabalhadores sem moradia fixa que vivem em *trailers* e vagam de um emprego temporário para outro. Eles são mostrados como pessoas decentes, cheias de bondade espontânea e solidárias umas com as outras, habitando o seu próprio mundo de pequenos costumes e rituais, desfrutando de sua felicidade modesta[140]. Até mes-

---

140. Isso, evidentemente, não implica de forma alguma que não exista potencial emancipatório em tais rituais diários. A única coisa que me agrada na lista dos locais proclamados pela Unesco como parte do patrimônio cultural mundial é ver aqueles que *não* pertencem à categoria de "grandes" monumentos do passado (catedrais etc.), como a pizza napolitana, corridas de camelo e sauna finlandesa. Algar, uma cidade com cerca de 1,4 mil habitantes no sul da Espanha, quer que a sua própria tradição cultural seja adicionada a essa lista: quase todas as noites, depois que o sol se põe, vizinhos e familiares sentam-se fora de suas casas em ruas estreitas e partilham histórias do seu dia – tradição conhecida como *charlas al fresco* (bate-papos ao ar livre) – Cf. https://www.npr.org/2021/08/14/1027689265/a-small-town-in-spain-launches-unesco-bid-for-its-outdoor-chats?t=1629259768042 Isso para mim é a verdadeira cultura -- pequenos rituais inseridos na vida quotidiana – e é apenas nesse nível que concordo que devamos preservar o nosso modo de vida.

mo um trabalho ocasional num centro de empacotamento da Amazon vai bem o bastante ... é assim que a nossa ideologia hegemônica gosta de ver trabalhadores – não é de admirar que o filme tenha sido um grande vencedor do Oscar. Embora as vidas retratadas sejam bastante miseráveis, o filme nos suborna a apreciá-lo com os encantadores detalhes de um modo de vida específico, de modo que seu subtítulo poderia ter sido: "desfrute de ser um proletário nômade!"

É precisamente a recusa a ser tal elemento na cadeia de identidades que define os movimentos operários autênticos. Na Índia, encontrei-me com os representantes do grupo mais baixo da casta mais baixa dos Intocáveis, os limpadores de banheiros secos. Perguntei a eles qual é a premissa básica do seu programa, o que eles querem, e eles imediatamente me deram a resposta: "Não queremos ser nós mesmos, o que somos". Os trabalhadores são, para citar Jacques Rancière, uma "parte de nenhuma parte" do corpo social, desprovidos de um lugar próprio nele, um antagonismo encarnado. Será que estamos pedindo demais de Hollywood se esperamos filmes sobre vidas que fazem "parte de nenhuma-parte" de nossas sociedades? *Parasita* de Bong Joon Ho fez isso, *Coringa* de Todd Phillips fez isso, *Divergente* de Neil Burger fez isso, e isso pode ser feito novamente.

Divergente (2014) se passa numa Chicago distópica futurista, onde a sociedade está dividida em cinco facções: Abnegação (a altruísta), Amizade (a pacífica), Franqueza (a honesta), Audácia (a brava) e Erudição (a intelectual). Quando as crianças atingem a idade de 16 anos, elas passam por um teste de aptidão psicológica induzido por soro que indica sua facção mais adequada, mas podem escolher qualquer facção como seu grupo permanente na Cerimônia de Escolha subsequente. A heroína do filme, Tris, nasceu na Abnegação, que administra o governo; ela faz o teste e seus resultados mostram atributos iguais de múltiplas facções, o que significa que ela é uma

Divergente. Ela é advertida a manter o resultado em segredo: como os Divergentes podem pensar de forma independente e estão cientes de qualquer soro injetado neles, o governo não os pode controlar e os considera uma ameaça à ordem social existente, então eles são mortos... Nessa nova ordem corporativa neofascista, os Divergentes são precisamente a sua "parte de nenhuma-parte": eles não apenas têm uma identidade especial, eles divergem do próprio princípio que atribui a cada membro do corpo social o seu lugar apropriado[141].

E a afirmação central de Ripley é, obviamente, que o mesmo vale para a sexualidade. Sua visão é bem fundamentada na ortodoxia freudiana. A premissa básica dos *Três ensaios sobre a teoria da sexualidade*, de Freud (1905), é que as perversões também existem nas pessoas normais, nos múltiplos desvios dos objetivos sexuais, bem como na tendência a se demorar em aspectos sexuais preparatórios, tais como olhar e tocar. Freud formalizou a distinção entre os "prazeres preliminares" da sexualidade infantil e o "prazer final" da relação sexual; as crianças têm impulsos sexuais, dos quais a sexualidade adulta só emerge gradualmente por meio do desenvolvimento psicossexual. Portanto,

> uma disposição para as perversões é uma disposição original e universal do instinto sexual humano e que... essa constituição postulada, contendo os germes de todas as perversões, só será demonstrável em *crianças*[142].

---

141. Deve-se notar também que o enredo do filme se concentra na tentativa da Erudição (Intelectuais) de realizar um golpe de Estado, tomando o poder por meio do uso da Audácia (soldados "bravos") para depor as Abnegações que governam a sociedade – em lacanês, uma tentativa do discurso universitário de substituir o discurso do Mestre. Por trás desse enredo está a visão correta de como o discurso universitário é mais opressivo do que o reinado de um Mestre: o "totalitarismo" tem a estrutura de um discurso universitário.
142. FREUD, S. *Three essays on the theory of sexuality*. Nova York: Basic Books, 1962, p. 155.

Aqui é necessário um passo além: nós (alguns de nós) chegamos à norma heterossexual apenas por meio de desvios, e esse caminho por desvios não é um processo orgânico "natural", mas um processo de cortes, proibições e imposições simbólicas brutais. Esse é o paradoxo básico da sexualidade humana: o que aparece como uma orientação sexual "natural", a maneira como a reprodução (a função biológica da cópula) acontece, é o resultado final de um complexo processo sociossimbólico. O "progresso" da sexualidade infantil para a norma heterossexual não é o processo que segue um padrão de desenvolvimento natural. O que, então, há de tão escandaloso na sexualidade infantil? Não é o simples fato de até mesmo crianças, presumivelmente inocentes, já serem sexualizadas. O escândalo reside em duas características (que são, obviamente, as duas faces da mesma moeda). Primeiro, a sexualidade infantil consiste numa entidade estranha que não é nem biológica (biologicamente fundamentada) nem parte de normas simbólicas/culturais. No entanto, esse excesso não é suprassumido pela sexualidade "normal" adulta – essa também é sempre distorcida, deslocada:

> quando se trata de sexualidade, o homem está sujeito ao maior dos paradoxos: o que é adquirido pelas pulsões precede o que é inato e instintivo, de tal maneira que, no momento em que surge, a sexualidade instintiva, que é adaptativa, encontra a sede já tomada, por assim dizer, por pulsões infantis, já e sempre presentes no inconsciente[143].

A forma "natural" é o resultado de um processo simbólico complexo: o ponto de partida (a sexualidade infantil) ainda não é totalmente "cultural", tampouco é "natural", de modo que as perversões (cujo modelo é a sexualidade infantil) não

---

143. LAPLANCHE, J. Sexuality and attachment in metapsychology. *In:* WIDLÖCHER, D. (ed.). *Infantile sexuality and attachment.* Nova York: Other Press, 2002, p. 49.

desaparecem simplesmente, elas não são simplesmente deixadas para trás na heterossexualidade adulta normal. Permanecem na forma de beijos, toques e da erotização de partes não sexuais do corpo: a sexualidade "normal" funciona eroticamente apenas pelas sombras e resquícios desses elementos, caso contrário é apenas cópula crua, como a inseminação em *O conto da aia*. Os "desvios" perversos são, portanto, necessários, nós chegamos à norma apenas por meio deles, de modo que (para colocá-lo em termos hegelianos) o que aparece como "norma" é a perversão autossuprassumida definitiva. Encontramos aqui o que Hegel chamou de "recuo absoluto": como desvios da Norma, as perversões pressupõem a norma, o prazer que elas geram reside na transgressão da Norma; no entanto, essa Norma mesma surge dos desvios, como o desvio definitivo. Em outras palavras, o próprio processo de desvio constrói retroativamente aquilo de que se desvia, ou, como Hegel o colocaria, a perversão é um ato que postula o seu próprio pressuposto, é um efeito que postula retroativamente a sua causa[144].

O herói da série de TV *Resident alien* (2021), de Chris Sheridan[145], um alienígena enviado à Terra com uma missão secreta, que assume o corpo e o nome de um humano que ele matou, é precisamente uma figura que carece de costumes, de regras não escritas: ele conhece as regras explícitas, mas é totalmente ignorante da textura complexa de exceções, insinuações etc., que tornam as regras explícitas suportáveis – ele

---

144. No domínio do cinema, lembre-se de *Gilda* (1946, Charles Vidor): o enredo complicado, cheio de conotações sexuais *"queer"* sádicas e homoeróticas, termina com um final feliz pouco convincente no qual toda a perversidade desaparece magicamente – o que é verdadeiramente *queer* é esse final libidinalmente pouco convincente.

145. *Resident Alien*, criado por Chris Sheridan (escritor principal), produzido por Jocko Productions, Universal Content Productions, Dark Horse Entertainment e Amblin Television. Rede original: Syfy (2021).

é "inumano" por sua própria perfeição em sua obediência às regras. O caso irônico supremo dessa discórdia é a cena na qual ele faz amor pela primeira vez: não sabe tirar o sutiã da mulher com quem está – tenta arrancá-lo, o morde... Logo após penetrá-la, ele atinge o clímax que acompanha com sons ridiculamente estranhos totalmente diferentes do que presumimos serem as expressões "normais" de uma experiência orgástica. Em suma, ele não teve a oportunidade de *aprender* a agir "espontaneamente" ao fazer amor.

O livro de Ripley não é sobre sexualidade *queer*, como se existissem duas espécies de sexualidade, hétero e *queer*; é sobre como *a sexualidade enquanto tal é queer*. A *queeridade* muda seu estatuto de predicado para sujeito, que é uma característica ontológica universal. É por isso que Ripley trata em seu livro da *queeridade* da arquitetura, com foco especial na obra de Jean Genet[146]: não para descobrir na arquitetura traços de sexualidade *queer*, mas para descobrir na arquitetura num nível mais geral traços da mesma *queeridade* que "distorce" a sexualidade. Sua leitura da arquitetura analisa as distorções *queer* em termos puramente formais: enquanto uma arquitetura "normal" lida com uma divisão clara entre fora e dentro, com paredes retas separando espaços, a *"queeridade"* se articula em tudo que se desvia desse espaço reto – paredes curvas, estruturas elípticas que esbatem divisões claras, um falso fora que só existe quando visto de dentro, um dentro que, uma vez dentro dele, parece milagrosamente maior do que visto de fora, paredes duplas com espaço intersticial no qual entidades como cabos elétricos, camundongos, baratas e tróis fantasiados habitam, o espaço de canalização no qual os excrementos desaparecem da nossa realidade depois que damos descarga etc.

---

146. Devido às limitações do meu conhecimento, não posso tratar aqui desse tema.

De modo homólogo, há uma *queeridade* que pertence ao próprio cerne da Lei proibitiva: ela discretamente solicita aquilo que ela proíbe a fim de manter sua regra. Já encontramos essa *queeridade* em *As Leis de Manu*, o antigo texto indiano, um dos textos mais exemplares de ideologia em toda a história da humanidade. Embora a sua ideologia abranja todo o universo, inclusive as suas origens míticas, ela concentra-se nas *práticas quotidianas como a materialidade imediata da ideologia*: como (o quê, onde, com quem, quando…) comemos, defecamos, fazemos sexo, andamos, entramos num prédio, trabalhamos, fazemos guerra etc. Aqui, o texto usa uma complexa panóplia de truques, deslocamentos e compromissos cuja fórmula básica é a da universalidade com exceções: em princípio sim, mas… *As Leis de Manu* demonstram uma engenhosidade de tirar o fôlego na realização dessa tarefa, com exemplos muitas vezes chegando perigosamente perto do ridículo. Por exemplo, os sacerdotes devem estudar o Veda, não comércio; em casos extremos, no entanto, um sacerdote pode se envolver no comércio, mas ele não tem permissão para negociar certas coisas como semente de gergelim; se o faz, só o pode fazer em certas circunstâncias; finalmente, se o fizer nas circunstâncias erradas, ele renascerá como um verme num cocô de cachorro… Será que a estrutura aqui não é exatamente a mesma que a da famosa piada judaica sobre o mediador de casamento que reinterpreta todas as deficiências da futura noiva como algo positivo: "Ela é pobre…" "… portanto, vai saber como lidar com o dinheiro da família, aproveitando-o ao máximo!" "Ela é feia…" "Então o marido não vai ter de se preocupar com a possibilidade de ela o trair!" "Ela gagueja…" "Então vai ficar quieta, sem incomodar o marido com uma tagarelice incessante!", e assim por diante até o final "Ela realmente fede!" "E daí, você quer que ela seja perfeita, sem falhas?" A fórmula geral desse procedimento é estabelecer uma regra geral, para a qual todo o tratado subsequente nada mais é do que uma série de exceções cada vez mais específicas. Uma injunção específica é mais forte do que uma geral.

Em outras palavras, a grande lição de *As Leis de Manu* é que o verdadeiro poder regulador da lei não reside em suas proibições diretas, na divisão de nossos atos em permitidos e proibidos, mas em *regular as próprias violações das proibições*: a lei silenciosamente aceita que as proibições básicas sejam violadas (ou mesmo discretamente nos convida a violá-las) e então, ao nos encontrarmos nessa posição de culpa, ela nos diz como reconciliar a violação com a lei por meio da violação da proibição de forma regulada... O objetivo da lei é regular suas violações: sem violações, não haveria necessidade da lei. Esses regulamentos (que nos dizem como a lei pode lidar com suas violações) são, em última análise, uma forma de misericórdia: OK, você pode fazer isso (violar minha proibição geral), mas o faça da maneira que eu prescrevo... No final de *La Clemenza di Tito*, de Mozart, temos uma explosão ridiculamente sublime de misericórdias? Pouco antes do perdão final, o próprio Tito fulmina ante a proliferação de traições que o obrigam a proliferar atos de clemência:

> No exato momento em que absolvo um criminoso, descubro outro... Acredito que os astros conspiram para me obrigar, contra a minha vontade, a me tornar cruel. Não: eles não terão essa satisfação. Minha virtude já se comprometeu a continuar a disputa. Vejamos, o que é mais constante, a traição dos outros ou a minha misericórdia... Que em Roma todos saibam que eu sou o mesmo e que conheço todos, absolvo a todos e esqueço tudo.

Quase se pode ouvir Tito reclamando no estilo de Fígaro: *"Uno per volta, per carita!"* – "Por favor, não tão rápido, um atrás do outro, na fila da misericórdia!" Cumprindo sua tarefa, Tito esquece de todos, mas aqueles a quem perdoa estão condenados a lembrarem-se disso para sempre:

SEXTO: É verdade, perdoas-me, Imperador; mas meu coração não me absolverá; ele lamentará o erro até que já não tenha memória.

TITUS: O verdadeiro arrependimento de que és capaz vale mais do que a fidelidade constante.

Esse dístico do final deixa escapar o segredo obsceno de *La Clemenza*: o perdão não abole realmente a dívida, mas a torna infinita – estamos eternamente em dívida com a pessoa que nos perdoou. Não admira que Tito prefira o arrependimento à fidelidade: na fidelidade ao Mestre, sigo-o por respeito, enquanto no arrependimento, o que me prende ao Mestre é a culpa indelével e infinita. Nisso, Tito é um mestre totalmente cristão. Costuma-se opor a rigorosa Justiça Judaica e a Misericórdia Cristã, o gesto inexplicável do perdão imerecido: nós, humanos, nascemos em pecado, nunca poderemos pagar nossas dívidas e nos redimir por nossos próprios atos – nossa única salvação está na Misericórdia de Deus, em Seu sacrifício supremo. Nesse gesto mesmo de quebrar a corrente da Justiça pelo ato inexplicável da Misericórdia, de pagar nossas dívidas, o cristianismo nos impõe uma dívida ainda mais forte: somos eternamente devedores a Cristo, jamais poderemos retribuir-lhe o que nos fez. O nome freudiano para uma pressão tão excessiva que nunca podemos compensar é, claro, *superego* (não se deve esquecer que a noção de Misericórdia é estritamente correlativa à de Soberania: somente o portador do poder soberano pode dispensar misericórdia). Portanto, é o judaísmo que é concebido como a religião do superego (da subordinação do ser humano ao Deus ciumento, poderoso e severo), em contraste com o Deus Cristão de Misericórdia e Amor. No entanto, a estranheza do cristianismo reside no fato de que é precisamente por *não* exigir de nós o preço de nossos pecados, pagando ele mesmo esse preço por nós, que o Deus cristão de misericórdia se estabelece como a agência suprema do superego: "Eu paguei o preço mais alto pelos seus pecados e, portanto, você está em dívida comigo *para sempre...*"[147]. Se alguma vez houve um desvio que condensasse a *queeridade* da Lei, é esse.

A *queeridade* da Lei atinge, portanto, o seu apogeu num cristianismo no qual nós, humanos, somos *a priori* presumidos decaídos, habitantes do pecado, de modo que todo o reino da lei consiste nas regras de como lidar com nossas violações da lei: por meio de confissões e outros modos de arrependimento ritualizado. É por isso que, como muitos teólogos perspicazes sabiam, a Queda é *felix culpa*, a falta afortunada / a queda abençoada – ou, como disse Santo Agostinho: "Pois Deus julgou melhor tirar o bem do mal do que não permitir nenhum mal existir". Devemos acrescentar um outro passo a esse raciocínio: a fim de tirar o bem do mal, o próprio Bem – Deus – tem de tirar o mal de si mesmo. É por isso que devemos inverter o padrão da explicação padrão cristã (ou mais precisamente católica) de por que existe mal no mundo: Deus nos deu liberdade, e liberdade é a liberdade de escolher o que decidimos livremente, inclusive o mal... Mas não é o contrário? Deus (mais do que apenas nos expôs à tentação do mal, ele) *nos empurrou para o mal de modo que descobríssemos nossa liberdade*. Não há liberdade sem mal, uma vez que, como muito bem sabia Hegel, para que se possa escolher entre o bem e o mal é preciso já estar no mal.

Platão descreveu a ascensão gradual da beleza do corpo de um indivíduo por meio da beleza corporal como tal etc.

---

147. Mas será que esse superego eternizado é a verdade última do cristianismo? Há uma opção alternativa que define o que chamo de ateísmo/materialismo cristão: e se imaginarmos a morte de Cristo na cruz não como um ato de sacrifício deliberado, mas como um ato de endossar a morte e a impotência de alguém? A morte de Cristo liberta-nos, porque nos priva de qualquer apoio transcendente, porque nos expõe a um deus fraco e impotente que só pode oferecer simpatia pelo nosso sofrimento.

até a Ideia da Beleza em si, e Ripley provê uma versão materialista dessa ascensão: da sexualidade *queer*, passando por uma *queeridade* arquitetural e uma *queeridade* legal mais formalizadas, até a *queeridade* como uma categoria ontológica universal. A partir dessa perspectiva, uma nova resposta se oferece à questão metafísica básica: por que existe algo em vez de nada? Só existe algo na medida em que o universo é desequilibrado, desconjuntado... em suma: *queer*.

Por que não há amor verdadeiro sem traição

Será que a bioquímica abre a saída dessa *queeridade* da sexualidade? A mídia informou que os cientistas estão agora trabalhando na criação artificial de espermatozoides a partir de corpos femininos, a fim de que um casal de lésbicas possa ter o seu próprio filho ou uma mulher possa até mesmo engravidar a si mesma. Processos para criar úteros artificiais também estão sendo desenvolvidos, de modo que se aproxima o momento em que será possível separar totalmente a procriação da interação sexual – sem doadores de esperma etc. A que será que esse procedimento equivalerá tornar-se amplamente praticado, especialmente se também for combinado com a óbvia outra opção de manipular geneticamente os embriões? Falar de "progenitores" se tornará sem sentido, as crianças serão apenas produzidas diretamente e o único "progenitor" será o seu criador científico. Quem será então responsável pela educação dessas crianças? Enquanto algumas feministas celebram essa perspectiva como um ganho para as mulheres, afirmando sua total independência em relação aos homens, deve-se ter em mente que as mulheres também serão privadas de sua identidade. Isso dará origem a novos conflitos entre as mulheres, piores do que aqueles entre as trans e as cis, o conflito entre as que endossam alegremente o desaparecimento da feminilidade e as que ainda se apegam a ela. E, por último, mas não menos importante, como tudo isso afetará a sexualidade? Será que sobreviverá como uma diversão insignificante ou...?

No entanto, a sexualidade humana nomeia um impasse simbólico que apenas parasita os fatos biológicos. Em *A Noite do Iguana* (1964), de John Huston, baseado numa peça de Tennessee Williams, apesar de todas as tensões sexuais entre Shannon (interpretada por Richard Burton) e várias outras mulheres no decrépito hotel mexicano, a cena que rouba o show é a delicada descrição pela casta Hannah (Deborah Kerr) para Shannon do que ela chama de sua "experiência de amor" com o vendedor australiano de roupas íntimas:

> Percebi que ele ficava cada vez mais... / SHAN-NON: O quê? / HANNAH: Bem... agitado... enquanto o arrebol do pôr-do-sol desaparecia na água. Bem, finalmente, eventualmente, ele se inclinou para mim... estávamos frente a frente na sampana... e ele olhou intensamente, apaixonadamente em meus olhos. E ele me disse: "Senhorita Jelkes? Você me faria um favor? Faria algo por mim?" "O quê?", eu disse. "Bem", ele disse, "se eu virar as costas, se eu olhar para o outro lado, você pode tirar alguma peça de roupa e me deixar segurá-la, apenas segurá-la?" / SHANNON: Fantástico! / HANNAH: Então ele disse: "Vai levar apenas alguns segundos". "Apenas alguns segundos para quê?", perguntei a ele. Ele não disse para quê, mas.../ SHANNON: Sua satisfação? / HANNAH: Sim. / SHANNON: O que você fez – numa situação como essa? / HANNAH: Eu ... atendi seu pedido, eu o fiz! E ele manteve sua promessa. Ele ficou de costas até que eu disse pronto e joguei para ele... a parte das minhas roupas. / SHANNON: O que ele fez com ela? / HANNAH: Ele não se mexeu, exceto para pegar o artigo que havia solicitado. Olhei para o outro lado enquanto sua satisfação acontecia[148].

---

148. Citado de (PDF) *The night of the iguana*, Gazi Shamsher Ahmad – Academia.edu

É assim que a sexualidade funciona: uma cena tão ridícula na qual não há nenhum contato físico pode ser vivida de uma forma muito mais intensa do que até mesmo a interação corporal mais *hardcore* – o que sexualiza os movimentos corporais é o seu contexto simbólico. Será, então, que o amor sexual faz o trabalho de resolver imanentemente esse impasse? Lacan afirma que o amor complementa a inexistência de relação sexual – será que isso significa que o amor é uma formação da fantasia que ofusca essa inexistência? Não: no amor, a lacuna que impossibilita a relação sexual retorna num nível diferente, sob a forma da lacuna entre o amor e a Causa. Talvez o exemplo supremo dessa lacuna seja o destino de alguns casais que se uniram, porque um deles era um espião encarregado de cobrir o outro. A mais extraordinária história de amor da Guerra Fria foi aquela entre Vera Lengsfeld e Knud Wollenberger que, na extinta República Democrática Alemã, casaram-se e tiveram dois filhos. Após a queda do Muro, quando Vera, uma dissidente da RDA, obteve acesso aos seus arquivos da Stasi, ela soube que Knud, um informante da Stasi de codinome Donald, casou-se com ela e viveu com ela sob as ordens de seus mestres, de modo a poder relatar suas atividades; ao saber disso, ela imediatamente divorciou-se dele e eles não se falaram desde então. Posteriormente, Knud enviou-lhe uma carta explicando que queria protegê-la e que sua traição era, na verdade, um ato de amor. Agora que ele está morrendo de uma forma galopante de Parkinson, Vera disse: "Eu o perdoei"... não é de admirar que Hollywood estivesse pensando em fazer um filme com Meryl Streep como Vera[149]. A traição como um ato de amor – a fórmula já foi proposta por John le Carre em sua obra-prima *Um espião perfeito*.

---

149. BOYES, R. Final forgiveness for spy who betrayed his wife to the Stasi. *The Times*, 6 jan. 2007.

No entanto, com mais frequência na vida real, a mulher é o agente. Existem algumas histórias da vida real da Segunda Guerra Mundial em que uma mulher seduziu um homem a fim de espioná-lo e, depois da guerra, quando a verdade veio à tona, eles permaneceram juntos... Na ficção de espionagem, relembre os últimos minutos do final da última temporada de *Homeland*, que começa com um avanço de dois anos: parece que Carrie Mathison (Claire Danes), a agente da CIA que é a heroína da série, mudou totalmente de lado – virou – ela está morando na Rússia com Yevgeny, sua contraparte espiã russa, e escreveu um livro revelador sobre trair seu país. Então, numa reviravolta final, Carrie envia a Saul (seu superior da CIA) uma mensagem usando o mesmo método de passar informações que Saul e seu agente russo usaram – ela agora é uma espiã em tempo integral trabalhando de dentro da Rússia... Eis como o cocriador de *Homeland*, Alex Gansa, respondeu à pergunta se o relacionamento de Carrie com Yevgeny é real ou se ela está apenas jogando com ele:

> meu sentimento é que se trata de um relacionamento *real*, da mesma forma que Carrie *tem* relacionamentos reais. Ela é, por natureza, atraída por situações dúplices. Então ela pode ter sentimentos reais por esse cara e ao mesmo tempo traí-lo. Essas são as situações em que Carrie prospera. E essa situação em particular é uma na qual ela pode se contentar. E quase ser feliz. Ela tem um sorriso no rosto no final[150].

É verdade que o final de *Homeland* é um final feliz, se é que já houve algum. Talvez a relação ambígua entre Carrie e Yevgeny seja o mais próximo que podemos chegar da felicidade – a felicidade prospera precisamente na duplicidade radi-

---

150. Cf. CHITWOOD, A. Homeland series finale ending explained by showrunner. *Collider*, 27 abr. 2020. Disponível em: https://collider. com/homeland-series-finale-ending-explained/

cal da situação de Carrie. Se Carrie fizesse qualquer uma das duas escolhas claras (confessar tudo a Evgeny por causa do seu amor por ele; apenas fingir seu amor para encobrir que ela ainda trabalha para a CIA) arruinaria seu amor, a primeira opção ainda mais do que a segunda. Servir a uma Causa não é um obstáculo externo ao amor, é seu constituinte interior – para colocá-lo de maneira brutal, não existe amor verdadeiro sem traição.

E é importante notar que uma mulher (Carrie) é atravessada por essa lacuna de forma mais radical do que um homem. A ideia comum é que o homem está dividido entre o amor e a sua Causa, mas o homem é, via de regra, forçado a decidir, a fazer uma escolha, enquanto apenas uma mulher é capaz de usufruir da própria duplicidade. Quanto à versão masculina dessa lacuna, um desvio pelo melhor (ou pior) melodrama de Hollywood pode ser de alguma ajuda aqui. A lição básica da *Rapsódia* de King Vidor é que, para conquistar o amor da amada, o homem tem de provar que é capaz de sobreviver sem ela, que prefere sua missão ou profissão a ela. Existem duas escolhas imediatas: (1) minha carreira profissional é o que mais importa para mim, a mulher é apenas uma diversão, uma distração; (2) a mulher é tudo para mim, estou disposto a me humilhar, a abrir mão de toda a minha dignidade pública e profissional por ela. Ambas são falsas, levam o homem a ser rejeitado pela mulher. A mensagem do amor verdadeiro é assim: mesmo que você seja tudo para mim, posso sobreviver sem você, estou disposto a abandoná-la por minha missão ou profissão. A maneira correta de a mulher testar o amor do homem é, portanto, "traí-lo" no momento crucial da sua carreira (o primeiro concerto público no filme, o exame fundamental, a negociação comercial que decidirá sua carreira) – somente se ele puder sobreviver à provação e realizar sua tarefa com sucesso, embora profundamente traumatizado pela sua deserção, ele a merecerá e ela retornará para ele. O paradoxo subjacente é que o amor, precisamente como o Absoluto, não deve ser postulado como um objetivo direto – ele deve manter o estatuto de um subproduto, de algo que obtemos como uma graça imerecida... Existe uma dupla diferença entre a versão masculina e a feminina. O homem escolhe publicamente a Causa e (talvez) obtenha o amor como subproduto; a mulher escolhe publicamente o amor e secretamente permanece fiel à Causa. O homem faz uma escolha dolorosa; a mulher escolhe (e consegue) os dois lados da escolha, desfrutando da própria divisão.

Agora chegamos ao cerne do problema: mas será que a impossibilidade/antagonismo que diz respeito à sexualidade não é histórica e, como tal, variável? Por que não podemos imaginar (e praticar) uma sexualidade diferente já não marcada por um antagonismo constitutivo? Uma relação sexual que não seja "estruturalmente inacessível", mas apenas "atualmente fora de nosso alcance"? Aliás, é triste ver como até mesmo Badiou cai nessa armadilha: sua solução[151] para nossa situação sexual é a criação de um novo espaço simbólico para homens e mulheres, além da hierarquia patriarcal tradicional, mas também além do niilismo capitalista do Real fora da lei. Tal novo espaço simbólico só pode surgir por meio de um gesto propriamente filosófico da criação de novos Significantes básicos, de uma nova simbolização pela qual ambos os sexos são reinventados: um novo espaço onde as mulheres também são cientistas, políticas, artistas, onde os homens também lidam com a reprodução. Do ponto de vista lacaniano, entretanto, a primeira coisa a fazer não é buscar os vestígios de alguma nova simbolização da diferença sexual, mas interrogar o que há na sexualidade aqui e agora mais do que sua simbo-

---

151. Desenvolvido em BADIOU, A. *La vraie vie*. Paris: Fayard, 2016.

lização tradicional patriarcal – sem essa interrogação, o sonho de um novo espaço simbólico da sexualidade é apenas isso, um sonho vazio, uma miragem ideológica que nos permite evitar o antagonismo constitutivo da sexualidade humana.

Entretanto, novamente, será que esse antagonismo/impossibilidade é um *a priori* a-histórico? A resposta lacaniana me parece fácil: claro que não é eterno, mas é constitutivo da sexualidade humana. Claro que podemos imaginar uma reprodução assexuada ou uma vida com uma modalidade diferente de prazeres, mas nesse caso simplesmente já não estamos lidando com a sexualidade. É exatamente assim com as modernidades alternativas: uma coisa é passar de uma para outra forma de "modernidade" (poder político capitalista), digamos da democracia liberal para o fascismo ou o populismo autoritário, que são apenas maneiras diferentes de lidar com o antagonismo subjacente que define o capitalismo; outra coisa é sair do próprio campo da modernidade, inclusive do seu antagonismo constitutivo. Esse é o ponto no qual se deve insistir: se e quando decretamos a mudança radical de romper com o campo inteiro definido por sua impossibilidade/antagonismo constitutiva, nós não "historicizamos" essa impossibilidade no sentido de que a ultrapassamos, de que "o impossível se torna possível", de que vemos como o impossível/real era apenas uma espécie de fetiche que nos impedia de ver uma realidade diferente. Fazemos algo muito mais radical: a "impossibilidade" desaparece, porque o campo inteiro no qual ela operava já não se encontra presente.

O que se deve evitar aqui, como um bom vampiro evita o alho, é qualquer forma de empirismo evolucionário – qualquer referência ao mundo externo "real" que, em sua eterna mudança, mina gradualmente todas as estruturas simbólicas. Quem sabe o que existe lá fora, a única coisa que podemos ter certeza é que existe um número infinito de coisas que ainda não conhecemos, mas esse "infinito do mundo externo" é algo profundamente indiferente, em si mesmo banal, plano e até mesmo estúpido. O fato de não o conhecermos significa apenas isso – que não o conhecemos, não há mistério aqui, nem propriamente uma dialética da aparência, nem uma ilusão estrutural no sentido dialético propriamente dito. Porém, a impossibilidade da relação sexual é algo radicalmente diferente: o "mistério" da sexualidade, nossa necessidade estrutural de suprir a falta de uma fórmula fixa de relação sexual com suplementos fantasmáticos, é constitutivo da sexualidade – é o que transforma o acasalamento animal em erotismo humano. Não há realidade externa a ser descoberta por trás desse espectro de fantasias; o único "mistério" é aqui o mistério da forma mesma (exatamente da mesma maneira que Marx aponta que o mistério da forma-mercadoria é o mistério dessa forma mesma, isto é, o surgimento da forma de mistério).

Aqui podemos ver como a diferença entre os dois reais, o Real da Coisa impossível e a realidade externa indiferente, é fundamental para Lacan: a fonte da mistificação metafísica reside precisamente na confusão entre os dois, ou seja, na identificação da "Coisa do espaço interior" libidinal com o mistério último da realidade – pode-se até dizer, de um modo kantiano, que essa identificação é uma ilusão transcendental necessária. O universo externo não é um mistério, é simplesmente o que quer que seja, e só parece "um mistério" quando se vê preso nos impasses da nossa economia libidinal[152]. Podemos evocar mais uma vez a anedota, repetidamente mencionada por Lacan, sobre Zêuxis e Parrásio, os dois pintores da

---

152. A questão que, no entanto, tem de ser levantada aqui é a velha questão levantada pela primeira vez com toda a sua clareza pelos idealistas alemães: como deveria a "realidade externa" pré-humana ser estruturada de modo que algo como a ordem simbólica, com a sua estrutura circular autofrustada, possa surgir nela? Elaboro esse tópico em detalhes em *Sex and the Failed Absolute* (Londres: Bloomsbury, 2019).

Grécia antiga, que competem entre si para determinar quem pode pintar uma ilusão mais convincente[153]. Primeiro, Zêuxis produziu uma imagem tão realista de uvas que os pássaros tentaram comê-las. Em seguida, Parrásio venceu pintando uma cortina na parede de seu quarto, de modo que, quando mostrou a pintura a Zêuxis, ele perguntou a Parrásio: "OK, agora, por favor, afaste o véu e mostre-me o que você pintou!" Na pintura de Zêuxis, a ilusão era tão convincente que a imagem foi tomada pela coisa real; na pintura de Parrásio, a ilusão residia na própria noção de que o que o espectador via à sua frente era apenas um véu encobrindo a verdade oculta... É assim que o mistério funciona num espaço simbólico: não há mistério detrás do véu, o único "mistério" a ser explicado é como pintar de forma convincente um véu que cria a ilusão de um conteúdo escondido atrás.

Essa anedota sobre Zêuxis e Parrásio também nos permite localizar a fraqueza fatal da "ontologia orientada a objetos", que propõe uma ontologia realista de objetos apenas parcialmente acessíveis a nós, humanos, que somos um dentre os objetos do universo: vemos (e nossa ciência mede) a superfície fenomênica das coisas, a maneira como elas aparecem para nós, mas sob essa superfície está o Em-si oculto, a maneira como as coisas são independentemente de nós. Quando Parrásio exibe sua pintura e Zêuxis pergunta a ele "Ok, será que agora você pode, por favor, abrir a cortina que cobre a sua pintura de modo que eu possa ver o que você pintou?", a aparência aqui não esconde e indica o conteúdo oculto, ela cria a aparência de que há algo atrás do véu da aparência (ao passo que, efetivamente, não há nada atrás). Em termos hegelianos, isso significa que estamos lidando com dois Em-si: a maneira como as coisas são realmente (independentemen-

---

153. Cf. LACAN, J. *The four fundamental concepts of Psychoanalysis*. Nova York: Norton, 1998, p. 103.

te de nós) em si, e a maneira como elas *parecem para nós ser em-si* – toda aparência implica (ou melhor, cria) o seu próprio em-si, esconde-e-indica uma dimensão de realidade substancial atrás do seu véu, e, para Hegel, passamos da substância ao sujeito quando percebemos que não há nada atrás do véu, apenas o que nós (os sujeitos observadores) colocamos (ou melhor, projetamos) lá. A "ontologia orientada a objetos" ignora essa dualidade, ela identifica esses dois em si; sua "transcendência" (a realidade em si) é, portanto, imanente, constituída transcendentalmente, ou seja, o que ela concebe como o Em-si é subjetivamente constituído, emerge dentro de um dado horizonte de sentido.

Então, para concluir, concordo com o ponto geral de Tupinambá sobre a natureza problemática dos compromissos filosóficos de Lacan, mas vejo essa limitação de Lacan na direção oposta: não é que Lacan tendesse a subsumir o real externo indiferente ao Real-Coisa psíquico-libidinal imanente, é que, em seus últimos anos, ele permaneceu muito obcecado por como pensar o Real "em si", em sua externalidade radical ao Imaginário/Simbólico, recusando-se a tirar plenas consequências da sua própria visão de que o Real não tem realidade substancial em si mesmo, uma vez que é um autoimpedimento imanente do próprio Simbólico. A percepção básica de Tupinambá é que a teoria psicanalítica não fornece uma verdade universal dos outros, permitindo-nos circunscrever o que outros discursos têm de ignorar: há dimensões de nossas vidas para as quais o discurso psicanalítico é mudo, que não são ouvidas nele, dimensões como a economia política. O caso de Miller é exemplar aqui: a fim de afirmar o privilégio do discurso analítico, ele tem de reduzir a política ao nível das identificações imaginárias e simbólicas – a dimensão própria do antagonismo sociopolítico é, portanto, (mal) percebida como um distúrbio na economia psíquica e seus investimentos libidinais. Aqui entra a reflexão filosófica: a filosofia explora essa relação entre o visto e o não visto/excluído de um campo (p. ex., mostra o que a ciência moderna tem de ignorar a fim de ver o que vê). O que isso significa é que o problema de Lacan não foi ter sido demasiado filósofo (ou, como Althusser o colocou, em vez de desenvolver a psicanálise numa ciência plena, ele ofereceu apenas uma filosofia da psicanálise), mas não ter sido filósofo o bastante.

Kurc te gleda ... Através do Espelho de Lubitsch

Talvez a maior contribuição da psicanálise para a filosofia seja trazer à tona a reflexividade que forma o próprio cerne do Inconsciente – a reflexividade que deixa vestígios mesmo em expressões vulgares do dia a dia como *"kurc te gleda"* em esloveno. O título desta parte do capítulo pode ser impresso apenas em (o que é para o leitor) uma língua estrangeira, garantindo que os leitores não o entenderão. Em esloveno, é uma expressão comum extremamente vulgar, uma explosão de raiva que pode ser traduzida aproximadamente como "deixe um pau dar uma olhada em você" (no uso quotidiano significa algo como "vai tomar no..."). Mas e se lermos essa expressão mais literalmente: em que sentido um pênis pode olhar para você? Outra expressão pode ser de alguma ajuda aqui, a expressão que todo leitor médio de inglês conhece bem:

> Através do espelho, título da sequência de Lewis Carol para *Alice no país das maravilhas*, que designa o estranho mundo que Alice encontra quando passa por um espelho, um mundo no qual as coisas não são como deveriam ser. Normalmente, você vê num espelho uma imagem espelhada da realidade (e de si mesmo), mas é quando você passa pelo vidro que você entra no estranho mundo do qual a imagem espelhada olha de volta para você, e aqui encontramos o ponto do qual "um pau olha para você.

Veremos o porquê no final. Os filmes de Lubitsch são assim: neles, você por assim dizer vê nossa (sua) realidade através do espelho – a estranheza da realidade e como essa realidade nos olha, como estamos implicados nela, inscritos nela... Então, o que vemos de nossa sociedade através do espelho de Lubitsch?

Theodor Adorno inverteu a questão historicista paternalista de Benedetto Croce sobre "o que está morto e o que está vivo na dialética de Hegel?" (o título da sua obra principal). Se Hegel está realmente vivo como pensador, então a questão a ser levantada hoje não é a questão historicista de "como a obra de Hegel se posiciona em relação à constelação de hoje? Como devemos lê-lo, para que ainda nos diga algo?", mas: "como *nós* nos posicionamos *hoje* em relação a – aos olhos de – Hegel?" Exatamente o mesmo vale para Ernst Lubitsch – a questão é: "Como a nossa contemporaneidade pareceria aos olhos de Lubitsch?" Embora eu já tenha lidado com essa leitura do nosso mundo contemporâneo de cabeça para baixo com (ou melhor, através de) Lubitsch[154], proponho aqui uma abordagem diferente desse tópico: um terceiro elemento se intrometerá entre Lubitsch e nossa sociedade contemporânea, o pensamento de Hegel. Do ponto de vista hegeliano, o pensamento tem de se apropriar da realidade, com todos os seus horrores, no espírito da rememoração perdoadora, e Lubitsch teria acrescentado que esse perdão tem de ser feito no espírito da comédia, o mesmo espírito no qual Lubitsch trata do tema da sexualidade. Lubitsch viu claramente que o que torna a sexualidade inerentemente cômica é o seu caráter "mediado" – "mediado" no sentido de que o casal envolvido nela nunca está sozinho: um terceiro elemento está sempre em ação na forma de fantasia, e o efeito cômico surge da confusão entre realidade e fantasia, bem como das lacunas que separam os dois. A consciência dessa lacuna dá origem a um tipo especial de relação metafísica com o mundo que permeia a obra inteira de Lubitsch.

---

154. Cf. o capítulo 4 do meu *Like a thief in broad daylight*. Londres: Penguin Books, 2018.

Tomemos uma das obras-primas absolutas de Lubitsch, *Ser ou não ser*: é um filme sobre os horrores da ocupação alemã da Polônia e a resistência polonesa aos nazistas, mas os eventos são apresentados através do espelho do perdão cômico – mesmo os vilões alemães podem ser mais espirituosos do que os nossos mocinhos, até Hitler é pego numa comédia de confusões... Os nazistas continuam maus, a tarefa de destruí-los continua tão urgente como sempre, e Lubitsch não está jogando o jogo de perdoá-los, porque "eles também são humanos" – o ponto é que ninguém no filme é realmente humano. O que Lubitsch faz é apenas evitar uma condenação moral rígida – uma postura necessária mais do que nunca hoje, quando um dos poucos artistas que consegue evitar esse perigo é Larry David.

Mas será que tudo o que Lubitsch está fazendo em seus filmes é apenas uma admissão lúdica das perversões imanentes à sexualidade? Lembre-se da expressão vulgar eslovena com a qual começamos: se isso fosse tudo o que ele faz, ele permaneceria no domínio designado por essa vulgaridade, apenas lembrando-nos repetidamente de como "um pau está olhando para nós", ou seja, de como estamos presos num jogo circular de sexualidade.

Olhemos mais de perto *"kurc te gleda"*[155]. Essa expressão eslovena sinaliza um gesto de desrespeito, de recusa de uma

---

155. Outras coisas estranhas acontecem no uso do termo *"kurc"* nas línguas eslavas. Existe uma frase vulgar em sérvio *"Boli me kurac!"* que traduz literalmente "Estou com dor no pau!"; sinaliza indiferença – quando alguém me diz "Mas você deveria fazer alguma coisa, ajude-nos!", e eu respondo *"Boli me kurac!"*, isso significa: "Vá se foder, eu não me importo!" Na linguagem cotidiana, essa frase é neutra em termos de gênero, homens e mulheres a usam – então, quando ouço uma mulher dizê-la, minha reação automática é censurá-la por ter uma sensação de membro fantasma que denega a castração, como se ela (ainda) tivesse seu pênis (de um ponto de vista estritamente lacaniano, é claro, tal leitura está errada: o falo é uma espécie de membro fantasma cujo movimento é incontrolável). Aliás, as feministas eslovenas têm agora a sua versão do termo: *"Puca mi muca!"* ("Minha boceta está estourando!").

demanda indesejada – não tanto "Vá à merda" ou "Que se foda" quanto "Vá se foder!", mostrando a alguém o próprio pênis como um sinal de desrespeito. Numa sociedade melhor, pode-se também dizer *"falus te okulira"* – "deixe o falo ocular você (ocular significa ter olhos ou, mais precisamente, ter manchas ou buracos semelhantes a olhos – quando um animal é caracterizado como "ocelado", significa que ele tem marcas semelhantes a olhos. Em seu comentário da noção freudiana de pulsão, Lacan observa (com uma boa dose de humor) que um sujeito efetivamente se vê em seu membro viril quando de repente percebe que seu membro está feliz por ser visto.

A dimensão da recusa da demanda do outro é crucial aqui. Protestos em todo o mundo são hoje desencadeados por uma demanda particular que não é do que realmente se trata, de modo que, quando os que estão no poder cedem a ela, nossa resposta deve ser *"kurc te gleda"*... Rejeitar demandas também está no cerne da chamada "terapia do foda-se", invenção de John e Gaia Parkin, marido e mulher que acordaram um dia em Londres, disseram "que se foda", largaram seus empregos, deixaram sua casa e se mudaram para a Itália para começar um retiro para o seu tipo de terapia[156]. Contudo, *"kurc te gleda"* não é exatamente o mesmo que "foda-se". Existem outras expressões em esloveno como *"jebi se"* ou *"odjebi"* (mais como "vá à merda"). O mais próximo de *"kurc tegleda"* em português é "vai tomar no...", embora haja uma diferença significativa: "vai tomar no..." é um gesto ativo (realizado ou acompanhado pelo dedo médio elevado), enquanto *"kurc te gleda"* é uma postura passiva, nenhum ato é realizado. Essa vulgar explosão de aborrecimento eslovena reproduz perfeitamente a estrutura de um objeto devolvendo o olhar, como a lata de sardinha mencionada por Lacan no *Seminário XI*. Esse ponto no qual

---

156. Cf. www.mamamia.com.au/fk-it-therapy-because-nothings-really-wor th-worrying-about/

o objeto retorna o olhar é o ponto de anamorfose (Holbein) e a anamorfose é precisamente encenada numa ereção do pênis: um pênis "olha para você" quando ereto:

> Um dia, eu estava num pequeno barco, com algumas pessoas de uma família de pescadores num pequeno porto ... enquanto esperávamos o momento de puxar as redes, um indivíduo conhecido como Petit-Jean ... me apontou algo flutuando na superfície das ondas. Era uma lata pequena, uma lata de sardinha. Flutuava ali ao sol, testemunha da indústria de conserva, que nós, aliás, devíamos abastecer. Brilhava ao sol. E Petit-Jean me disse: – Vê aquela lata? Você a vê? Bem, ela não vê você! ... se o que Petit-Jean me disse, isto é, que a lata não me via, tinha algum sentido, era porque, de certo modo, ela estava olhando para mim, mesmo assim[157].

Há algo inerentemente ridículo em ver um homem andando ou apenas parado com o pênis ereto – ele se destaca como uma feia protuberância, superestendida como uma mancha anamórfica[158] – ou, parafraseando Lacan: "Está vendo aquele pau? Você o vê? Bem, ele não vê você" – o que significa que ele está olhando para você, mesmo assim!" Nesse sentido, o sujeito que percebe se inscreve na cena de um homem com o pênis ereto: quando uma mulher vê um homem com o pênis ereto à sua frente, ela pode presumir que ela é o objeto-causa dessa ereção. E o pênis ereto, no entanto, não vê você – não é um reconhecimento intersubjetivo quando você causa a ereção, você é de certa forma objetivado, despersonalizado pelo menos, ignorado como sujeito.

---

157. Cf. LACAN, J. *The four fundamental concepts of Psychoanalysis*. Nova York: Norton, 1998, p. 95.

158. A doença de Stephen Hawking confirma esse estatuto especial de ereção: ele estava totalmente incapacitado, sofrendo de ELA (esclerose lateral amiotrófica), mas era capaz de ter uma ereção, porque a ELA afeta os neurônios motores enquanto a atividade/órgãos sexuais são controlados pelo sistema nervoso parassimpático. Pessoas com ELA (e muitos tetraplégicos em geral) geralmente são totalmente capazes de fazer sexo.

Deve-se insistir na diferença entre pênis e vagina aqui: mesmo na cena clichê padrão do convite sexual (uma mulher nua deitada de costas e gradualmente abrindo as pernas), a vagina não é como um pênis ereto, ela não está olhando para você, embora obviamente "veja" você. Portanto, temos que resistir à associação vulgar de uma vagina com um olho: a vagina não é ocelada, uma vez que, nessa cena, a própria mulher está olhando ativamente para você, ela permanece uma agente – em contraste com um homem com uma ereção que é reduzido a um idiota ridículo observando indefesamente o que uma parte do seu corpo está fazendo. Lubitsch se diverte muito com situações nas quais o papel do pênis ereto é desempenhado pelo ego ideal exaltado do sujeito, a maneira como ele quer aparecer para os outros, mas ele desempenha esse papel de maneira tão ridícula que, quando é apanhado no jogo, ele próprio não pode deixar de notar indefesamente que age como um idiota. Esse é o ponto no qual o meu próprio pau está olhando para mim: eu não posso deixar de observar indefesamente como ajo estupidamente, incapaz como sou de romper com as restrições do meu ego ideal... Será então possível sair desse círculo onde somos reduzidos a agir como idiotas indefesos? Quando, no início da *Antígona* de Anouilh, a heroína volta para casa depois de perambular pelo jardim de manhã cedo, ela responde à pergunta da Ama "Onde você estava?" com:

> Em lugar nenhum. Foi bonito. O mundo inteiro estava cinza quando eu saí. E agora – você não o reconheceria. É como um cartão postal: todo rosa, e verde, e amarelo. Você vai ter que se levantar mais cedo, Ama, se quiser ver o mundo sem cores... O jardim estava lindo. Ainda estava dormindo. Você já pensou como é lindo um jardim quando ainda não está pensando nos homens? ... Os campos estavam molhados. Eles estavam esperando que algo acontecesse. O mundo inteiro estava sem fôlego, esperando. Eu não posso lhe dizer que barulho es-

trondoso eu parecia fazer sozinha na estrada. Inco-
modava-me que o que quer que estivesse esperando não estivesse esperando por mim. Tirei minhas
sandálias e entrei num campo[159].

Deve-se ler atentamente estas linhas: quando Antígona vê
o mundo em cinza, antes que o sol o transforme num cartão
postal *kitsch*, sua situação não é a do solipsista proverbial que
vira de repente a cabeça para ver como o mundo é antes que
ele o veja. Ela não viu o mundo do jeito que ele era antes
que seus olhos o vissem, ela viu o mundo *antes que o mundo
voltasse o olhar para ela*. Nos termos de Lacan, enquanto
caminhava pelo jardim antes da luz do sol, Antígona estava olhando para o mundo antes que o mundo retribuísse o
olhar. Voltando ao nosso vulgar ditado esloveno, nenhum pau
está olhando para ela – ninguém está esperando por ela ou
a aguardando, e ela tem medo de fazer barulho, não porque
pense que possa perturbar alguma coisa, mas porque sabe
que o mundo não está esperando por isso, de modo que o
mundo não reagiria à sua perturbação. Talvez seja isso que
Hegel quis dizer quando escreveu que a filosofia pinta a realidade de cinza sobre cinza.

Para dar um passo adiante aqui, há uma ligação entre Antígona antes do amanhecer e *Édipo em Colono*, que pinta de cinza sobre cinza (para colocá-lo nos termos de Hegel) no final da
sua vida, mas essa ligação deixa claro o contraste entre as duas
figuras: a experiência de vida de Antígona antes do amanhecer
é uma suspensão da dimensão fálica, ao passo que a maldição
final de Édipo sobre a vida é uma afirmação majestosa dessa
dimensão na sua forma mais pura. Podemos ler o destino de
Édipo em *Édipo em Colono* como mais uma variação do tema
de Beckett: "Tente de novo, falhe de novo, falhe melhor". Ao

---

159. Citado de www.bpi.edu/ourpages/auto/2014/11/11/40818641/Anouilh
_Antigone%20Full%20Text.pdf

encenar sua morte, *Édipo em Colono* "falha melhor" do que em seu ato incestuoso e parricida que lhe trouxe a destruição.

Vamos elaborar esse ponto. *Édipo em Colono* é uma peça única na qual os contornos da subjetividade pós-humana são claramente delineados pela primeira vez. Ou seja, e se a passagem da humanidade para a pós-humanidade for a passagem de Édipo para Édipo em Colono? Se o sujeito humano é edipiano (com tudo que isso implica: constituição pela castração simbólica, regulação do desejo pela Lei simbólica etc.), o sujeito pós-humano é como Édipo em Colono, "anti-Édipo" ou, como Lacan o coloca, além do Édipo, reduzido a um resto excremental da cadeia significante[160]. Como Hegel o coloca, a culpa é a maior honra para o herói trágico – se o privamos da sua culpa, nós o submetemos a uma humilhação completa – e Édipo é privado até mesmo dessa honra de culpa, o que significa que "ele não é autorizado sequer a participar do seu destino com o seu desejo[161]. Não havia nele nenhum "desejo inconsciente" que o impulsionasse a seus atos, razão pela qual, após saber o que fez, recusou-se a agir como um herói trágico e a assumir sua culpa. Como Lacan o colocou repetidamente, ao contrário de todos nós, Édipo é o único sem complexo de Édipo. No cenário edipiano usual, comprometemos o nosso desejo ao nos submetermos à Lei simbólica, renunciando ao verdadeiro (incestuoso) objeto do desejo. Édipo em Colono, ao contrário, permanece obstinado até o fim, totalmente fiel ao seu desejo, *il n'a pas cédé sur son desir*: Paradoxalmente, Édipo em Colono é um sujeito à vontade consigo mesmo: não é um velho sábio que aprende a vaidade do desejo, ele só aqui o acessa plenamente. Lacan viu isso claramente em seu primeiro seminário, no qual escreveu sobre *Édipo em Colono*:

---

160. Cf. ZUPANČIČ, A. Édipo ou o excremento do significante. *In:* HESK, J.; DOLAR, M.; VIDAL-NAQUET, P.; *et al. Ojdip v Kolonu* (em esloveno). Ljubljana: Analecta, 2018.
161. *Ibid.*, p. 171.

Então Édipo existe e realizou plenamente o seu destino. Ele o realizou até aquele ponto final, que nada mais é do que algo estritamente idêntico a uma derrubada, uma destruição, uma dilaceração de si mesmo – ele já não existe, já não é nada, absolutamente. E é nesse momento que ele diz a frase que eu evoquei da última vez – *Sou feito homem na hora em que o deixo de ser?*

O momento preciso em que Édipo diz isso é quando, sabendo que o lugar de sua morte beneficiará seus habitantes, os dignitários já não o tratam como um proscrito excrementício, mas pedem seu favor: "Eles correm atrás dele. Ouvindo que ele está para receber alguma visita, todos os tipos de embaixadores, sábios, políticos, entusiastas, seu filho, Édipo então diz: *Sou feito homem na hora em que o deixo de ser?*" Em que sentido ele deixou de ser?

Quando a profecia *[parole]* do oráculo é inteiramente cumprida, quando a vida de Édipo passou completamente por cima do seu destino, o que resta de Édipo? É isso que *Édipo em Colono* nos mostra – o drama essencial do destino, a ausência total de caridade, de fraternidade, de absolutamente qualquer coisa relativa ao que se chama de sentimento humano[162].

Lacan evoca aqui o Sr. Valdemar do conto de Edgar Allan Poe que, ao despertar da morte pelo magnetismo, pronuncia as terríveis palavras impossíveis: "Rápido! Coloque-me de volta para dormir! Eu já estou morto". Porém, (como Terry Eagleton apontou) precisamente como tal, como excluído de todo sentimento e caridade humanos, Édipo torna-se uma figura política, ele funda uma nova e poderosa cidade-estado, Atenas: Édipo em Colono

---

162. Citado de https://nosubject.com/Oedipus_at_Colonus

torna-se a pedra angular de uma nova ordem política. O corpo poluído de Édipo significa, entre outras coisas, o terror monstruoso às portas no qual, para ter uma chance de renascer, a polis deve reconhecer a sua própria deformidade hedionda. Essa dimensão profundamente política da tragédia recebe pouca atenção nas próprias meditações de Lacan... Ao tornar-se nada mais do que a escória e o refugo da polis – a "merda da terra", como São Paulo descreve vigorosamente os seguidores de Jesus, ou a "total perda de humanidade" que Marx retrata como o proletariado – Édipo é despojado de sua identidade e autoridade e, portanto, pode oferecer seu corpo dilacerado como a pedra angular de uma nova ordem social. "Será que me tornei homem nessa hora em que o deixo de ser?" (ou talvez "Será que só devo ser considerado algo quando não sou nada / já não sou humano?"), o rei mendigo se pergunta em voz alta[163].

Cristo, um rei mendigo posterior, por sua morte como um nada – um pária abandonado até mesmo por seus discípulos – fundamenta uma nova comunidade de crentes. Tanto Édipo quanto Cristo ressurgem por meio da passagem pelo nível zero de ser reduzido a um resto excremental – em suma, o que vem depois do gesto de *"kurc te gleda"* é uma nova ordem sociopolítica... A lição fundamental aqui é que a revolução não é uma rebelião edipiana contra a figura paternal que culmina no assassinato do pai, mas um evento que se passa num espaço pós-edipiano, acionado por um agente que passa pelo nível zero da destituição subjetiva e assume uma identificação excremental. Portanto, devemos acrescentar a essas duas uma terceira figura, o Che Guevara da foto após sua captura na Bolívia, pouco antes de ser morto a tiros. A posição de Guevara entre os soldados que o capturaram, o estilo do seu cabelo e a expressão do seu rosto dão origem a uma dimensão cristológica inconfundível:

---

163. EAGLETON, T. *Trouble with strangers*. Oxford: Wiley-Blackwell, 2008, p. 201.

Como Cristo (e, podemos acrescentar, como Salvador Allende e Victor Jara no Chile), Guevara teve de morrer uma morte miserável a fim de se tornar a figura cultuada que é. Com sua morte, ele se tornou uma figura sagrada na qual os critérios "normais" de realizações reais já não importam – Carlos Puebla (cuja canção mais popular de Guevara é *"Hasta siempre"*) também escreveu outra canção de Guevara, *"Lo eterno (O eterno)"*, que mobiliza diretamente os ecos cristológicos:

> As pessoas dizem, Che Guevara, / que é mentira que estás morto. / Tua presença, contínua e reluzente, / como uma estrela brilhante, / continua alerta e pronta para o combate, / Comandante Che Guevara. / Pessoas como tu nunca são apagadas, / tanto da história quanto do tempo. / Como pessoas que são eternas poderiam morrer! / Visto que foste mais do que um homem, / visto que foste luz e exemplo, / viverás eternamente / no coração do povo[164].

Pode-se até mesmo afirmar que, como Cristo, Guevara, consciente ou inconscientemente, lutou pela morte e sabia que sua causa na Bolívia estava perdida. Em sua resenha do

---

164. Cf. https://lyricstranslate.com/en/lo-eterno-eternal-one.html

filme sobre Guevara, *Diários de motocicleta*, Paul Berman afirmou criticamente que

> o filme inteiro, em seu conceito e tom, exala um culto cristológico ao martírio, um culto de adoração à pessoa espiritualmente superior que se encaminha para a morte – precisamente o tipo de adoração que a Igreja Católica da América Latina promoveu por vários séculos, com consequências miseráveis. A rebelião contra o catolicismo reacionário nesse filme é ela mesma uma expressão do catolicismo reacionário. As igrejas tradicionais da América Latina estão cheias de estátuas de horríveis santos sangrando. E o fascínio masoquista dessas estátuas é precisamente o que você vê nas muitas representações que o filme faz do jovem Che tossindo seus pulmões de asma e testando a si mesmo ao nadar em água fria[165].

A isso, deve-se simplesmente responder: verdade, mas – e daí? Por que a política revolucionária não deveria assumir o culto católico do martírio? O paralelo com *Édipo em Colono* e Guevara deixa claro que o que importa não é a dor do martírio como tal, mas o passo fora do circuito simbólico que define nossa identidade. Aqui encontramos o momento único em que a história e a eternidade se encontram: longe de ser uma mera retirada da história para o abismo da vida interior, a identificação excremental é necessária para uma mudança histórica radical, ela torna visível o alto preço subjetivo de um autêntico ato revolucionário. Claro, devemos ter o cuidado de notar que a reversão da morte miserável para a glória não é direta: há uma lacuna entre as duas – poderia ter sido o caso que a morte de Jesus (para usar um exemplo bem conhecido!) tivesse permanecido um insignificante detalhe esquecido. Uma expressão extrema disso pode ser encontrada no conteúdo cristológico da letra (escrita por Joan Baez para

---

165. Disponível em: www.slate.com/id/2107100

a música de Ennio Morricone) de *"Here's to you"*, que descreve a agonia final experimentada por Cristo na cruz como um "triunfo". Essa letra faz uso de uma declaração atribuída a Vanzetti por Philip D. Strong, repórter da North American Newspaper Alliance:

> Se não fosse por essas coisas, eu poderia ter vivido a minha vida conversando nas esquinas com homens desdenhosos. Eu poderia ter morrido, sem marcas, desconhecido, um fracasso. Agora não somos um fracasso. Essa é a nossa carreira e o nosso triunfo. Nunca, em toda a nossa vida, poderíamos ter esperado fazer esse trabalho pela tolerância, pela justiça, pela compreensão do homem pelo homem como agora o fazemos por acidente. Nossas palavras – nossas vidas – nossas dores – nada! O ato de tirar nossas vidas – vidas de um bom sapateiro e de um pobre vendedor ambulante de peixe – de nós todos! Esse último momento pertence a nós – essa agonia é o nosso triunfo[166].

O que se deve resistir aqui é a leitura perversa dessas linhas: Vanzetti escolheu conscientemente a agonia (a morte) para alcançar o triunfo. Essa manipulação não funciona; a passagem pelo ponto zero conta como recomeço apenas se o sujeito efetivamente assumir seu estatuto excremental – o triunfo acontece posteriormente como uma espécie de "dano colateral". No caso de Cristo, sem Paulo, que interpretou sua morte na cruz como um triunfo, ele permaneceria apenas mais um numa série de mártires sectários amplamente esquecidos...

Não é à toa, então, que, num momento único na história da arte, o próprio Cristo moribundo foi retratado de forma semelhante, dando um "Vai tomar no...!" para o próprio Deus Pai. Wolfram Hogrebe propôs essa leitura do desenho

---

166. Cf. https://en.wikipedia.org/wiki/Here%27s_to_You_(song)

inacabado de Cristo na cruz feito por Michelangelo, que ele primeiro deu a Vittoria Colonna, sua apaixonada amiga íntima, e então inexplicavelmente pediu a ela que o devolvesse a ele. Ela o recusou, pois estava entusiasmada com o desenho, e é relatado que o estudou em detalhes com espelho e lupa – como se o desenho contivesse algum detalhe proibido e semioculto que Michelangelo temia que fosse descoberto[167]. O desenho representa o momento "crítico" de dúvida e desespero de Cristo, do "Meu Deus, meu Deus, por que me abandonaste?" – pela primeira vez na história da pintura, um artista tentou capturar o abandono de Cristo por Deus Pai. Enquanto os olhos de Cristo estão voltados para cima, seu rosto não expressa uma devotada aceitação do sofrimento, mas um sofrimento desesperado combinado com – aqui, alguns detalhes inquietantes indicam uma atitude subjacente de rebelião irada – desafio. As duas pernas não são paralelas, uma está ligeiramente levantada sobre a outra, como se Cristo estivesse preso no meio de uma tentativa de se libertar e se levantar; mas o detalhe verdadeiramente chocante é a mão direita: não há unhas à vista, e o dedo indicador da mão está esticado – um gesto vulgar que, de acordo com a retórica de gestos de Quintiliano, provavelmente conhecida por Michelangelo, funciona como um sinal do desafio rebelde do diabo. O "por quê?" de Cristo não é resignado, mas agressivo, acusatório. Mais precisamente, há no desenho uma tensão implícita entre a expressão da face de Cristo (desespero e sofrimento) e da sua mão (rebelião, desafio) – como se a mão articulasse a atitude que a face não ousa exprimir. Lembre-se da fórmula de Goethe *Nemo contra deum nisi deus ipse* – ninguém além do próprio deus pode se opor a deus, então, o que obtemos no desenho de Michelangelo é Deus Filho dando

---

167. HOGREBE, W. *Die Wirklichkeit des Denkens*. Heidelberg: Winter Verlag, 2007, p. 64-72.

um "vai tomar no…" para o seu pai. Essa, é claro, não é a palavra final de Cristo: pouco antes de desmoronar, ele diz: "Está consumado!", e então "Pai, em tuas mãos eu entrego o meu espírito" (mãos de novo!), e devem ser lidas como um movimento do agressivo "Vai tomar no…!" – não para uma devotada resignação, mas –para um ainda mais desafiador "*Kurc te gleda!*"…

Essa dimensão religiosa de um ato político radical se fundamenta num fato muito preciso: o triunfo de uma revolução é o momento em que saímos da ordem econômica e social vigente, suspendendo suas principais regras escritas e não escritas – nós (tentamos) fazer o que, dentro dessa ordem, parece impossível. Fazemos coisas às quais a ideologia hegemônica reage com "Mas você não pode simplesmente fazer isso!", fazemos o que Brecht, em seu elogio ao comunismo, chamou de "coisas simples que são difíceis de fazer" – nacionalizar bancos e grandes corporações, expandir serviços gratuitos de educação e saúde, fornecer moradia para os pobres, legalizar os direitos de *gays* e LGBT+ etc. Lembre-se do primeiro ano do governo de Allende no Chile em 1970 – eles proveram alimentação gratuita nas escolas, estatizaram minas de cobre, envolveram-se na construção de moradia para trabalhadores, "coisas simples" assim… e, temos de ir até o fim, nas condições específicas daquela época. Com uma resistência brutal da burguesia local apoiada pelos Estados Unidos, eles *tiveram* de fracassar, a inflação disparou etc. Eles tiveram de fracassar não só por causa da resistência das forças da ordem estabelecida, mas também devido a uma razão imanente: seu fracasso (exemplificado pela morte violenta de um líder) fornece o ponto de identificação excremental que confere uma nova força ao movimento. Não faz sentido deplorar o fato de os revolucionários não terem sido pragmáticos o bastante – esse, precisamente, foi o objetivo de seus atos quando assumiram o poder, ou seja, violar as "regras pragmáticas" vigentes. Quaisquer que sejam os novos problemas, o governo de Allende transformou o Chile num "território libertado" onde, de certa forma, até o ar que as pessoas respiravam era diferente, e os problemas que enfrentou apenas provam o fato de que, dentro da ordem vigente, mesmo fazer "coisas simples" como fornecer refeições e moradia gratuitas para os trabalhadores é impossível. Mais tarde, os revolucionários devem se tornar pragmáticos, é claro, mas eles *têm* de começar com atos simples e loucos. É por isso que Robespierre estava totalmente correto quando, em seu discurso final em 8 do termidor, apontou que ver uma revolução apenas como uma série de eventos reais, sem tomar conhecimento da sublime Ideia que a sustenta (ou, como Badiou o teria colocado, da sua dimensão de um Evento), significa que essa revolução se torna apenas um "crime ruidoso" que destrói um outro crime:

> Mas de fato existem, posso assegurar-lhe, almas que sentem e são puras; existe, aquela paixão terna, imperiosa e irresistível, tormento e deleite dos corações magnânimos; aquele profundo horror à tirania, aquele zelo compassivo pelos oprimidos, aquele amor sagrado pela pátria, aquele amor ainda mais sublime e santo pela humanidade, sem o qual uma grande revolução é apenas um crime ruidoso que destrói um outro crime; realmente existe, essa generosa ambição a estabelecer aqui na terra a primeira República do mundo[168].

Agora podemos ver como a visão moral abstrata – a postura de "esquecer todas as coisas ideológicas, os sonhos que reverberam numa revolução, ter em mente apenas o que efetivamente aconteceu nela e julgar esses fatos moralmente" –

---

168. ROBESPIERRE, M. *Virtue and terror*. Londres: Verso Books, 2007, p. 129.

encobre o seu oposto, uma absoluta indiferença cínica. Então, como isso aparece em Lubitsch? Há momentos em muitos dos filmes de Lubitsch em que se pode discernir uma postura semelhante. Não são momentos de alguma paz interior mística que sinalize nosso desprendimento da realidade – leiamos novamente as linhas-chave de Anouilh: os campos molhados

> estavam esperando que algo acontecesse. O mundo inteiro estava sem fôlego, esperando. Eu não posso lhe dizer que barulho estrondoso eu parecia fazer sozinha na estrada. Incomodava-me que o que quer que estivesse esperando não estivesse esperando por mim.

Então EXISTE algo que o mundo está esperando, *só que* não sou eu que *ele está esperando*. É por isso que Antígona não quer fazer barulho: não a fim de não perturbar alguma paz interior do mundo, mas porque o seu barulho não ressoaria... Lembre-se do famoso lema de Gandhi: "Seja a mudança que você deseja ver no mundo". Os momentos com os quais agora lidamos são precisamente os momentos nos quais percebemos que não podemos ser essa mudança: apenas temos de aceitar o doloroso fato de não fazermos parte do Evento que a realidade exige.

Além disso, lembre-se de um famoso momento de discórdia em *Ladrão de alcova*, quando Gaston perde suas maneiras suaves e explode de raiva de Marietta (que está disposta a processar um bandidinho como ele, mas não seu gerente, por roubar seu dinheiro, já que ambos pertencem à mesma classe): nesse momento, a realidade torna-se cinza, é privada de todas as suas cores eróticas, não há aqui nenhum "toque Lubitsch". A raiva de Gaston não é dirigida apenas a Marietta, mas também a si mesmo: o barulho que o mundo está esperando, a mudança necessária para abolir a corrupção que ele está denunciando, é o barulho de uma revolução social, mas ele sabe disso, devido à maneira como ganha a vida (ele é um vigarista e ladrão), ele apenas parasita a ordem social existente. Momentos discordantes semelhantes chegam em *Ninotchka*, em *Ser ou não ser*, e especialmente no último filme finalizado de Lubitsch, *O pecado de Cluny Brown*, que em sua totalidade atinge uma nota discordante no universo de Lubitsch. Conta a história de Adam Belinski, um refugiado tcheco na Inglaterra antes da Segunda Guerra Mundial que tenta mobilizar a opinião pública contra a ameaça fascista. Um amigo inglês rico o convida à sua propriedade no campo, onde Belinski conhece Cluny Brown, uma garota comum fascinada por encanamentos, e acha a sua espontaneidade inebriante e revigorante... Para encurtar a história, no final, eles se casam e se mudam para a América, onde Belinski publica um romance policial *best-seller* que os torna ambos ricos – a luta contra o fascismo simplesmente desaparece da história, ou seja, os dois amantes fazem todo o barulho para que eles (e para que nós, espectadores) NÃO ouçam o que o mundo está esperando: uma guerra contra o fascismo.

E, talvez, o próprio amor erótico seja algo que o mundo não está esperando, algo que faz barulho apenas para os amantes e não ressoa na realidade social. A ilusão do amor é que toda a realidade deva ressoar com ele – que o mundo retribua o olhar e olhe de volta para os amantes felizes; no entanto, a realidade social continua e permanece cinza, inalterada pelas cores do amor. Talvez aí resida a lição oculta dos filmes de Lubitsch, principalmente de *Ninotchka*, que tratam diretamente desse tema. E aí também reside a lição de Freud: *nem tudo é sexual(izado), há um espaço para as causas universais assexuais* – onde deveríamos ler "assexual" com Lacan: o que está fora do domínio sexual é *a*, o objeto-causa do desejo que sustenta a nossa causa.

3
MAIS-GOZAR, OU POR QUE GOZAMOS NOSSA OPRESSÃO

Vikings, Solaris, Katla: o grande Outro e suas vicissitudes

O que Lacan chama de "o grande Outro" designa uma dimensão além (ou melhor, abaixo) da esfera da realidade e do princípio do prazer do hedonismo, bem como dos cálculos e manipulações pérfidos aplicados para se alcançar impiedosamente um objetivo – uma dimensão que está também, em certo sentido, além do bem e do mal. No entanto, essa dimensão também pode aparecer sob a forma de um vínculo "superficial" de amizade respeitosa que não pode ser reduzida a cálculos egoístas. Tomemos um exemplo talvez inesperado, mas perfeito. Na série de TV *Vikings*, Ragnar Lothbrok diz ao Vidente, um velho *viking* meio cego que prediz o futuro: "Não acredito na existência dos deuses. O homem é o senhor do seu próprio destino, não os deuses. Os deuses são criação do homem, para dar respostas que os homens têm muito medo de dar a si mesmos". O caso supremo de como Ragnar atua como mestre do próprio destino é seu planejamento da própria morte, transformando-a em sua maior vitória. Na 4ª temporada, Ragnar está cansado e derrotado: depois de perder batalhas na Inglaterra e na França, ele volta para casa, desprovido de sua aura – é desprezado e ignorado, até mesmo seus filhos já não acreditam nele. Ele se torna obcecado pela própria morte: ao retornar, desafia seus filhos a esfaqueá-lo até a morte e tirar-lhe a coroa, o que eles se recusam a fazer. Mais tarde, ele tenta se enforcar numa árvore, mas não consegue (a corda é mordida magicamente por um corvo que desce na árvore). Nesse ponto mais baixo, ele elabora um plano complexo para usar a sua própria morte para preparar seus inimigos para a derrota e seus filhos para a vitória e a fama. Como nenhum voluntário está disposto a juntar-se a ele quando anuncia seu plano de atacar a Inglaterra novamente, como vingança pela comunidade *viking* ter sido aí massacrada, ele desenterra seu tesouro secreto e suborna um grupo de velhos guerreiros a juntarem-se a ele, juntamente ao seu filho aleijado, Ivar, o Desossado, o único voluntário. No entanto, logo ao desembarcar, Ragnar e Ivar matam todos os outros *vikings*, e Ragnar vai com Ivar ao castelo (a vila romana) do rei Ecbert, de Wessex, rendendo-se a ele – por quê?

Na Inglaterra, Ragnar tem dois inimigos principais, Ecbert e o Rei Aella da Nortúmbria. Ele saqueou as terras de ambos, mas com Ecbert a situação é mais complexa. Ragnar fez um pacto com ele, que obrigava Ecbert a dar algumas terras férteis para um assentamento *viking* aos nórdicos que quisessem cultivar ali; mas logo depois que Ragnar retornou à Noruega, Ecbert organizou o massacre de todos os colonos *vikings*, fazendo Ragnar parecer um governante impotente aos olhos do seu povo. Então Ragnar tem de se vingar. Porém, por ser um homem velho e exausto que não consegue mobilizar os *vikings* para outra invasão da Inglaterra, ele faz um cálculo frio: a única coisa que pode mobilizar os *vikings* a se vingarem é a sua horrível morte ali. Então, ele se entrega a Ecbert juntamente ao seu filho Ivar, sabendo que ele será morto e que o seu filho aleijado não será ferido, mas retornará para casa com relatos de sua terrível morte, o que mobilizará todos os seus filhos e até mesmo todos os *vikings* a invadirem a Inglaterra. Ele engana Ecbert fazendo-o acreditar que seu crime – massacrar os colonos *vikings* – está perdoado e lhe oferece um acordo: Ecbert o entregaria a Aella para execução e deixaria Ivar partir em liberdade, de modo a que a invasão *viking* deixasse Wessex em paz e se concentrasse apenas em destruir Aella (como Aella realmente odeia Ragnar, também está claro que ele matará Ragnar de uma forma horrível que enfurecerá os *vikings*). No entanto, quando se despede de Ivar, sussurra-lhe que os *vikings* deveriam vingar-se não apenas de Aella, mas ainda mais de Ecbert, que é exatamente o que acontece (porém, há sinais de que Ecbert não acreditou realmente na mentira de Ragnar: ele sabe que os *vikings* também vão se vingar dele – é por isso que ele os espera sozinho em sua vila quando eles chegam, disposto a morrer como Ragnar). O objetivo básico da morte de Ragnar – a destruição tanto de Ecbert quanto de Aella, bem como o estabelecimento de um grande assentamento *viking* na Inglaterra – é assim alcançado[169].

No entanto, suas personalidades semelhantes e o amor que compartilham por Athelstan, um monge dividido entre o paganismo *viking* e o cristianismo, significam que Ragnar e Ecbert têm muito respeito um pelo outro. Existe entre os dois um vínculo de amizade e troca intelectual genuína – após a rendição de Ragnar a Ecbert, os dois passam longas horas bebendo e envolvidos em debates existenciais nos quais, dentre outras coisas, Ragnar admite que é ateu. O mistério não é apenas por que Ragnar retornou a Ecbert e se rendeu a ele (isso pode ser explicado pelo plano de vingança de Ragnar), mas por que Ecbert o recebe sem surpresa: "Por que você

---

169. Resumido em https://screenrant.com/vikings-season-4-ragnar-death-revenge-explained/

demorou tanto a vir?" Ecbert não se refere aqui ao retorno como um ato de vingança – ele esperava que Ragnar voltasse sozinho para ele. Então é fácil demais dizer que Ragnar apenas fingiu amizade com Ecbert para prosseguir com seu plano: a alegria do seu encontro é genuína[170].

Há outro excesso em Ragnar que não pode ser explicado nos termos de um plano astuto: seu desejo de morrer (duas vezes antes ele tentou se matar). E, novamente, após a morte de Ragnar, Ecbert demonstra o mesmo excesso. Ele está presente nos momentos finais de Ragnar, anônimo na multidão de observadores e profundamente abalado. Quando, após derrotar e matar Aella, as forças *vikings* se aproximam da sede do poder de Wessex (a "vila") – todos os residentes são evacuados para um terreno seguro, fora do alcance dos *vikings*, exceto Ecbert, que permanece sozinho no palácio, esperando que os filhos de Ragnar cheguem e se vinguem dele (como um favor especial, eles não o sujeitam à águia de sangue, como Ivar o quer, mas lhe permitem escolher a própria morte – ele corta os pulsos em sua piscina romana – mas em troca ele tem que designar um *viking* como seu real sucessor). Por que ele se rendeu sozinho aos *vikings* (exatamente como Ragnar se rendeu sozinho a ele), quando poderia ter escapado deles com os outros?

Embora o plano de Ragnar de tramar a sua morte espetacular possa ser lido como uma apropriação pagã do sacrifício cristão, os dois excessos acerca da manipulação astuta do

---

170. Será que não aconteceu algo semelhante na Polônia em 1989, quando o governo militar negociou com o Solidarność? Inesperadamente, o general Jaruzelski, chefe do governo, e Adam Michnik, uma das principais figuras dissidentes, tornaram-se amigos. Suas famílias se reuniram regularmente até a morte de Jaruzelski (no seu leito de morte, ninguém menos que Lech Walesa o visitou). Hoje, com Jarosław Kaczyński no poder, tal amizade não é imaginável... Em suma, também podemos ter revolucionários educados – um contraste bem-vindo com a brutalidade obscena daqueles que estão no poder.

oponente apontam para uma outra dimensão. Embora pareçam não ter relação entre si (o que poderia o desejo de morrer ter a ver com um intercâmbio intelectual e uma amizade genuínos?), existe uma ligação entre os dois: ambos estão localizados além do princípio do prazer e do seu complemento, o princípio da realidade, isto é, nenhum dos dois pode ser explicado em termos de uma busca de objetivos políticos ou sociais de poder e dominação. A questão não é que, para além da manipulação mútua, Ragnar e Ecbert realmente se amassem, a questão é que a própria *forma* da sua interação é irredutível ao seu conteúdo (vingança etc.): embora para ambos sua interação educada seja apenas uma forma, uma máscara para a realização implacável dos seus interesses (que incluem a destruição do parceiro), há mais verdade nessa forma (máscara) do que no conteúdo egoísta cru debaixo dela[171].

Essa forma, que contém a sua própria verdade anterior e independente do conteúdo por ela transmitido, é o que Lacan chamou de o "grande Outro" – digamos, se eu me dirijo respeitosamente ao meu parceiro, a forma respeitosa estabelece uma certa relação intersubjetiva que persiste mesmo que a minha abordagem sirva apenas para enganar o meu parceiro. O grande Outro é, como tal, uma identidade puramente virtual: não contém nenhuma verdade minha mais profunda, a sua verdade é a sua própria forma. No entanto, como insiste Lacan, "não existe um grande Outro", o que significa não apenas que o grande Outro é virtual, sem realidade substancial própria, mas que é em si inconsistente/incompleto, perfurado por lacunas. Essas lacunas são preenchidas por uma

---

171. Tenho de ignorar aqui a repetição perversa da intensa relação entre Ragnar e Athelstan na 5ª temporada, na relação de fascínio mútuo entre Ivar, o Desossado, o brutal filho psicótico de Ragnar, e o bispo Huahmund, uma fanática figura protojesuíta de um monge-guerreiro. Ele é, como Athelstan, não assassinado, mas sequestrado por Ivar, que o leva para casa na Noruega.

outra versão do grande Outro: uma aparição fantasmática do grande Outro como uma Coisa real sob o disfarce da chamada máquina do Id, um mecanismo que materializa diretamente as nossas fantasias não reconhecidas. Essa possui um *pedigree* longo, embora nem sempre respeitável. No cinema, tudo começou com *Planeta proibido* (1956), de Fred Wilcox, que transpôs para um planeta distante o esqueleto da história de *A tempestade*, de Shakespeare: um cientista genial e louco que vive sozinho com a sua filha (que nunca conheceu outro homem) numa ilha. A paz deles é perturbada pela chegada de um grupo de viajantes espaciais. Estranhos ataques de um monstro invisível logo começam a ocorrer e, ao final do filme, fica claro que esse monstro nada mais é do que a materialização dos impulsos destrutivos do pai contra os intrusos que perturbaram a sua paz incestuosa. A máquina do Id que, sem o conhecimento do pai, gera o monstro destrutivo é um mecanismo gigantesco abaixo da superfície desse planeta distante, os misteriosos remanescentes de alguma civilização passada que conseguiu desenvolver essa máquina para a materialização direta dos próprios pensamentos e, assim, destruiu-se... Aqui, a máquina do Id está firmemente situada num contexto libidinal freudiano: os monstros que ela gera são as realizações dos impulsos destrutivos incestuosos do pai primordial contra outros homens que ameaçam a sua simbiose com a filha[172].

A variação definitiva da máquina do Id é sem dúvida o *Solaris* de Andrei Tarkovsky, baseado no romance de Stanislaw Lem, no qual essa Coisa também está relacionada aos impasses do relacionamento sexual[173]. *Solaris* é a história de

---

172. Outra versão da máquina Id é encontrada em *Sphere* (1998), de Barry Levinson.
173. Retomo aqui minha leitura de *Solaris* em www.lacan.com/zizek thing.htm

Kelvin, psicólogo de uma agência espacial, enviado para uma nave espacial meio abandonada acima de um planeta recém-descoberto, Solaris, onde coisas estranhas têm acontecido recentemente (cientistas enlouquecendo, tendo alucinações e se matando). Solaris é um planeta com uma superfície fluida oceânica que se move incessantemente e, de tempos em tempos, imita formas reconhecíveis, não apenas estruturas geométricas elaboradas, mas também corpos gigantescos de crianças ou edifícios humanos; embora todas as tentativas de comunicação com o planeta falhem, os cientistas cogitam a hipótese de que Solaris seja um cérebro gigantesco que de alguma forma lê nossas mentes. Logo após sua chegada, Kelvin encontra sua falecida esposa, Harey, ao seu lado na sua cama. Harey se matara anos atrás na Terra, depois que ele a abandonara. Ele é incapaz de desfazer-se de Harey. Todas as tentativas de livrar-se dela fracassam miseravelmente (depois que ele a envia ao espaço num foguete, ela se rematerializa no dia seguinte); uma análise do seu tecido demonstra que ela não é composta de átomos como os seres humanos normais – abaixo de um certo micronível, não há nada, apenas vazio. Finalmente, Kelvin percebe que Harey é uma materialização das suas próprias fantasias traumáticas mais íntimas. Isso explica o enigma das estranhas lacunas na memória de Harey – é claro que ela não sabe tudo o que uma pessoa real deveria saber, porque ela não é tal pessoa, mas uma mera materialização da imagem fantasmática que *ele* tem dela em toda a sua inconsistência. O problema é que, precisamente porque Harey não tem uma identidade substancial própria, ela adquire o estatuto do Real que para sempre insiste e retorna ao seu lugar: como o fogo nos filmes de Lynch, ela sempre "caminha com o herói", adere-se a ele, nunca o deixa ir. Harey, esse espectro frágil, puro semblante, *nunca pode ser apagada* – ela está "desmorta", recorrendo eternamente no espaço entre as duas mortes. Não estaremos, portanto, de volta à noção antifeminista weiningeriana padrão da mulher como um sintoma do homem, uma materialização da sua culpa (a sua queda no pecado), que só pode libertá-lo (e a si mesma) por meio do seu suicídio? *Solaris* baseia-se, portanto, nas regras da ficção científica para encenar na própria realidade, para apresentar como um fato material, a noção de que a mulher meramente materializa uma fantasia masculina: a posição trágica de Harey é que ela se torna consciente de estar privada de toda identidade substancial, que ela não é Nada em si mesma, uma vez que só existe como o sonho do Outro – é essa situação que impõe o suicídio como seu último ato ético: ao tomar consciência de como Kelvin sofre por causa da sua permanente presença, Harey finalmente se destrói ao engolir um produto químico que impedirá a sua recomposição (a melhor cena de horror do filme acontece quando a espectral Harey desperta de sua primeira tentativa fracassada de suicídio em Solaris: depois de ingerir oxigênio líquido, ela deita no chão, profundamente congelada; então, de repente, ela começa a se mover, seu corpo se contorcendo numa mistura de beleza erótica e horror abjeto, suportando uma dor insuportável. Será que há algo mais trágico do que essa cena de autoapagamento fracassado, quando somos reduzidos ao lodo obsceno que, contra a nossa vontade, persiste na imagem?). A difamação ontológica weiningeriana da mulher como mero "sintoma" do homem – como a encarnação da fantasia masculina, como a imitação histérica da verdadeira subjetividade masculina – é, quando abertamente admitida e plenamente assumida, muito mais subversiva do que a falsa afirmação direta de uma autonomia feminina; talvez, a afirmação feminista definitiva seja proclamar abertamente "Eu não existo em mim mesma, sou meramente a fantasia encarnada do Outro"...

O que temos em *Solaris* são, portanto, os *dois* suicídios de Harey: o primeiro (em sua existência "real" terrena prévia, como esposa de Kelvin), e depois seu segundo suicídio, o ato heroico do autoapagamento da sua própria existência desmorta espectral: enquanto o primeiro ato suicida foi uma simples fuga do fardo da vida, o segundo é um ato ético propriamente dito. Em outras palavras, se a primeira Harey, antes do seu suicídio na Terra, era um ser humano "normal", a segunda é um Sujeito no sentido mais radical do termo, precisamente na medida em que está privada dos últimos vestígios da sua identidade substancial (como ela diz no filme: "Não, não sou eu... Não sou eu... não sou Harey... Diga-me... diga-me... Você me acha nojenta por causa do que sou?"). A diferença entre a Harey que aparece para Kelvin e a "monstruosa Afrodite" que aparece para Gibarian, um dos colegas de Kelvin na nave espacial (no romance, não no filme: no filme, Tarkovsky a substituiu por uma garotinha loira inocente), é que a aparição de Gibarian não vem da memória da "vida real", mas de pura fantasia:

> Uma negra gigante vinha silenciosamente em minha direção com um andar suave e ondulante. Captei um brilho no branco dos seus olhos e ouvi o bater suave dos seus pés descalços. Ela vestia apenas uma saia amarela de palha trançada; seus seios enormes balançavam livremente e seus braços negros eram grossos como coxas[174].

Incapaz de sustentar o confronto com sua aparição fantasmática primordial, Gibarian morre de vergonha.

Será que o planeta em torno do qual gira a história, composto pela misteriosa matéria que parece pensar, isto é, que de certa forma é a materialização direta do próprio Pensamento, não é novamente um caso exemplar da Coisa Lacaniana

---

174. LEM, S. *Solaris*. Nova York: Harcourt, Brace & Company, 1978, p. 30.

como a "Gelatina Obscena"[175], o Real traumático, o ponto em que a distância simbólica desmorona, o ponto em que não há necessidade de fala, de signos, já que nele o pensamento intervém diretamente no Real? Esse gigantesco Cérebro, essa Outra-Coisa, envolve uma espécie de curto-circuito psicótico: ao curto-circuitar a dialética da pergunta e da resposta, da demanda e da sua satisfação, ele fornece – ou melhor, impõe-nos – a resposta antes mesmo de levantarmos a questão, materializando diretamente as nossas fantasias mais íntimas que sustentam o nosso desejo. Solaris é uma máquina que gera/materializa na própria realidade o meu suplemento/parceiro objetal fantasmático definitivo que eu nunca estaria disposto a aceitar na realidade, embora a minha vida psíquica inteira gire em torno dele.

Jacques-Alain Miller[176] estabelece a distinção entre a mulher que assume a sua inexistência, a sua falta constitutiva, ou seja, o vazio de subjetividade no seu próprio coração, e a que ele chama de *la femme* à *postiche*, a mulher falsa, dissimulada. Essa *femme* à *postiche* não é o que nos diria a sabedoria conservadora de senso comum (uma mulher que desconfia do seu encanto natural e abandona a vocação de criar os filhos, de servir o marido, de cuidar da casa etc., e se entrega às extravagâncias do vestir e da maquiagem da moda, da promiscuidade decadente, da carreira etc.), mas quase o seu exato oposto: a mulher que se refugia do vazio no próprio cerne da sua subjetividade, que se refugia do "não ter" que marca o seu ser, na falsa certeza de "ter" (de servir como suporte estável da vida familiar, de criar os filhos, sua verdadeira posse

---

175. A fórmula de Tonya Howe (Universidade de Michigan, Ann Arbor), em cujo excelente artigo de seminário "Solaris and the Obscenity of Presence" [*Solaris* e a obscenidade da presença] baseio-me aqui.
176. Cf. MILLER, J. A. Des semblants dans la relation entre les sexes. *La Cause Freudienne*, v. 36, n. 7, Paris, p. 7-15, 1997.

etc.) – essa mulher dá a impressão (e tem a falsa satisfação) de uma existência firmemente ancorada, de uma vida fechada em si mesma, satisfeita no circuito da vida quotidiana (o seu homem tem de correr descontroladamente, enquanto ela leva uma vida calma e serve como a rocha protetora segura ou porto seguro para o qual o seu homem pode sempre retornar...) – a forma mais elementar de "ter" para uma mulher é, claro, ter um filho, razão pela qual, para Lacan, existe um antagonismo decisivo entre Mulher e Mãe: em contraste com a mulher que *"n'existe pas"*, a mãe definitivamente *de fato* existe. A característica interessante a ser notada aqui é que, contrariamente à expectativa do senso comum, é a mulher que "tem", a *femme à postiche* satisfeita consigo mesma e que renega a própria falta, aquela que não apenas não representa qualquer ameaça à identidade masculina patriarcal, mas até mesmo serve como seu escudo protetor e apoio, ao passo que, em contraste com ela, é a mulher quem ostenta a sua falta ("castração"), ou seja, que funciona como um compósito histérico de semblantes a encobrir um Vazio, aquela que representa uma séria ameaça à identidade masculina. Em outras palavras, o paradoxo é que quanto mais a mulher é difamada, reduzida a um compósito inconsistente e insubstancial de semblantes em torno de um Vazio, mais ela ameaça a firme autoidentidade substancial masculina (todo o trabalho de Otto Weininger centra-se nesse paradoxo); e, por outro lado, quanto mais a mulher é uma Substância firme e fechada em si mesma, mais ela apoia a identidade masculina.

Solaris suplementa esse cenário masculino padrão, embora renegado, com uma característica fundamental: essa estrutura da mulher como um sintoma do homem só pode ser operativa na medida em que o homem é confrontado com a sua Outra Coisa, uma máquina opaca e descentralizada que "lê" os seus sonhos mais profundos e os devolve a ele como seu sintoma, como a sua própria mensagem em sua verdadeira forma que o sujeito não está pronto para reconhecer. É aqui que se deve rejeitar a leitura junguiana de *Solaris*: o objetivo de Solaris não é simplesmente a projeção, a materialização dos ímpetos interiores renegados do sujeito (homem); muito mais crucial é que, para que essa "projeção" ocorra, a impenetrável Outra Coisa já deve estar aqui – o verdadeiro enigma é a presença dessa Coisa. O problema com Tarkovsky é que ele próprio obviamente opta pela leitura junguiana segundo a qual a jornada externa é meramente a externalização e/ou projeção da jornada iniciática nas profundezas da psique de alguém. A propósito de *Solaris*, ele afirmou numa entrevista:

> Talvez, efetivamente, a missão de Kelvin no Solaris tenha apenas um objetivo: mostrar que o amor ao outro é indispensável a toda vida. Um homem sem amor já não é um homem. O objetivo do "solarístico" inteiro é mostrar que humanidade deve ser amor[177].

Em claro contraste com isso, o romance de Lem centra-se na presença externa inerte do planeta Solaris, dessa "Coisa que pensa" (para usar a expressão de Kant, que se enquadra perfeitamente aqui): o ponto do romance é precisamente que Solaris permanece um Outro impenetrável sem comunicação possível conosco – é verdade, ele nos devolve as nossas fantasias mais íntimas e renegadas, mas o *"Que vuoi?"* sob esse ato permanece completamente impenetrável (Por que faz isso? Como uma resposta puramente mecânica? Para jogar jogos demoníacos conosco? Para nos ajudar – ou nos obrigar – a confrontar nossa verdade renegada?). Em nenhum lugar essa lacuna entre o romance e o filme é mais perceptível do que em seus diferentes finais: no final do ro-

---

177. Citado de VAECQUE, A. *Andrei Tarkovski*. Cahiers du Cinema, 1989, p. 108.

mance, vemos Kelvin sozinho na nave espacial, olhando para a misteriosa superfície do oceano Solaris, enquanto o filme termina com a fantasia arquetípica tarkovskiana de combinar na mesma tomada a Outridade na qual o herói é lançado (a superfície caótica de Solaris) e o objeto da sua saudade nostálgica, o lar *dacha* (casa de campo russa de madeira) para a qual ele anseia retornar, a casa cujos contornos são circundados pelo lodo maleável da superfície de Solaris – dentro da Outridade radical, descobrimos o objeto perdido do nosso anseio mais íntimo.

A mais recente tentativa de retratar a máquina do Id é *Katla*[178], uma série de televisão islandesa que complica a lógica da máquina do Id, tornando-a moralmente muito mais ambígua. *Katla* se passa em Vik, uma pequena cidade islandesa localizada no precipício de Katla, um vulcão ativo que está ativo há mais de um ano, de modo que Vik é coberta por chuvas constantes de cinzas. A maioria dos moradores já migrou do local, deixando para trás algumas pessoas teimosas. A história começa quando pessoas que foram consideradas mortas de repente começam a retornar de algum lugar próximo ao vulcão, cobertas por uma mistura de cinzas e argila – como e por quê? No episódio 7, Darri – um geólogo de Reykjavík – desce debaixo da geleira para investigar o meteorito no vulcão; depois de coletar algumas amostras de rocha, ele deduz que esse meteorito que caiu na Terra há muito tempo contém dentro dele um estranho elemento alienígena vivificante. Esse elemento permite ao meteorito detectar os sentimentos emocionais mais intensos que cada um dos habitantes da cidade têm e utilizá-los para recriar as pessoas desaparecidas. Essas

---

178. Criado e dirigido por Baltasar Kormákur e Sigurjón Kjartansson, Netflix, 2021. A história é retomada de *"Katla" Netflix Review: Stream It or Skip It?* (decider.com) e *'KATLA' Ending, & Folklore Origins Explained*, DMT (dmtalkies.com).

réplicas são moldadas pelos pensamentos que as pessoas têm sobre elas: são uma versão mais exagerada dos seus homólogos reais, apegando-se ao traço principal que as fez surgir, como uma espécie de realização mais direta da ideia platônica de pessoa. A razão para seu retorno é fornecida pelo folclore local, segundo o qual uma *changeling* [criança trocada] aparece para um propósito e desaparece quando o seu propósito é cumprido.

Eis os principais casos que acontecem na primeira temporada da série. A esposa do chefe de polícia Gisli, que está acamada num hospital, cria a sua própria *changeling*: ela constitui o humanoide a partir das memórias do seu passado, quando não estava acamada; isso reúne o casal afastado novamente... Para Grima, a protagonista da série, aparece uma *changeling* da sua falecida irmã, Asa. Após a morte de Asa, Grima viveu num estado de depressão permanente, obcecada pela memória do triste destino de Asa, então ela criou a *changeling* de Asa para ajudá-la a lidar com o seu desaparecimento (morte) – esse foi o propósito pelo qual Asa reapareceu... Então, apareceu uma *changeling* da própria Grima, criada por seu marido Kjartan que queria sentir o calor de Grima novamente. A partir de suas memórias, ele fez a *changeling* de Grima do jeito que Grima era antes do desaparecimento de Asa. Por conseguinte, a *changeling* de Grima era muito mais feliz e afetuosa, porque a tragédia nunca a atingiu. A verdadeira Grima é consciente o bastante para perceber isso, então ela confronta a sua *changeling* e a desafia a um jogo de roleta russa. A verdadeira Grima não sobrevive ao jogo, de modo que a sua *changeling* toma o seu lugar com afeição, aconchego e gentileza, sem que ninguém perceba a diferença. O cadáver da Grima original é coberto de cinzas e enterrado fora da sua casa.

Uma *changeling*, 20 anos mais nova, de Gunhild é criada pela própria Gunhild, que se culpava pela deficiência genética do seu filho (Bjorn) – ela queria voltar no tempo (para a época em que estava grávida, vinte anos antes) e reverter a dor que causou ao seu filho devido à sua negligência e aos seus pensamentos em aborto. No final, seu marido Thor diz que não foi culpa dela: a síndrome era genética e, portanto, Gunhild pouco contribuiu para o defeito de Bjorn. Na sua última visita ao hospital para ver Bjorn, depois de saber do desaparecimento da *changeling*, Gunhild se olha no espelho e sorri – ela finalmente sai do seu remorso; o propósito para o qual a *changeling* foi criada foi cumprido.

Então, por que Mikael, filho de Darri e Rakel, reaparece? Uma vez que o meteorito cria mutantes com base nos pensamentos e sentimentos das pessoas mais próximas a eles, Mikael só consegue se lembrar de coisas que Darri e Rakel lembram sobre ele. Darri sempre acreditou que o seu filho Mikael era um louco perigoso, e a *changeling* está mais alinhada com a interpretação de Darri do que com o verdadeiro Mikael. Ambos os pais concordam que o seu filho verdadeiro está morto e que esse espectro diante deles é apenas uma aberração, então eles o conduzem pela mão até o mar e o afogam enquanto ele implora para que não o façam... A ação os aproxima, o que indiretamente cumpre os pensamentos de Darri, uma vez que ele havia culpado Mikael pelo seu divórcio.

Então, o que retorna de Katla sob o disfarce de *changelings*? Lembre-se de Ragnar dizendo a Ecbert: *"Os deuses são criação do homem, para dar respostas que os homens têm muito medo de dar a si mesmos"*. Nesse sentido (e somente nesse sentido) Katla é divina: está devolvendo aos indivíduos que permanecem em Vik o que eles têm "medo demais de dar a si mesmos". Em outras palavras, Katla traz à tona o lado negro do divino: quando uma *changeling* aparece para um sujeito, o sujeito não consegue um confronto sublime com a sua verdade interior; essa aparência baseia-se antes num cálculo egoísta brutal. No caso de Darri e Rakel, os dois pais matam uma *changeling* que, no entanto, existe como um ser vivo autoconsciente – eles convenientemente ignoram esse fato e cometem um assassinato a sangue frio apenas para restabelecer seu relacionamento. Na mesma linha, Kjartan aceita friamente a *changeling* como a sua nova-velha esposa: ela atende melhor aos seus propósitos, uma vez que é apenas sua imaginação materializada.

Será que isso significa que tenho de aprender a distinguir entre a realidade da minha parceira (ou parceiro) e a fantasia que tenho dela de modo a poder lidar com a sua realidade sem projetar nela as minhas fantasias? O que complica as coisas é que cada um de nós É também o que os outros pensam/sonham que sejam. Em outras palavras, não basta dizer que a cisão entre a minha parceira e a sua *changeling* é a cisão entre a realidade da minha parceira e a minha ideia/projeção dela: essa distinção é imanente à minha própria parceira. Numa cena-chave de *Katla*, Kjartan anda pela casa conversando com ambas as versões de Grima (a verdadeira Grima que, depois de vinte anos, retorna da Suécia, e a sua *changeling* que se parece com ela vinte anos antes) sem perceber que existem na verdade, duas delas – não é isso que acontece conosco o tempo todo? Quando um antissemita comum fala com um judeu, ele não está fazendo exatamente a mesma coisa? Em sua percepção e interação, a realidade do judeu à sua frente está inextricavelmente misturada com as suas fantasias sobre os judeus (digamos, se o judeu contar algum dinheiro para devolvê-lo a mim, perceberei isso como uma expressão de uma intensa postura judaica em relação ao dinheiro…). No entanto – e esse é o ponto crucial – não podemos simplesmente distinguir entre os judeus "reais" e a maneira como são percebidos pelos outros: milhares de anos de exclusão e perseguição dos judeus, e todas as fantasias projetadas sobre os judeus, inevitavelmente também afetaram a sua identidade, que é formada em reação às fantasias que fundamentam a sua perseguição.

O ponto geral a ser destacado aqui é que a lacuna entre mim e a minha identidade simbólica não é externa a mim – isso significa que sou simbolicamente castrado. E deve-se ter cuidado para não descartar essa imagem do que sou para os outros apenas como uma forma de alienação, de algo que devo abandonar a fim de chegar ao meu verdadeiro *self*: é fácil imaginar uma situação na qual os outros confiam em mim e me veem como um herói enquanto estou cheio de dúvidas e fraquezas, de modo que é preciso um grande esforço para superar minhas fraquezas e agir no nível do que os outros veem em mim e esperam de mim.

A ambiguidade moral das *changelings* em *Katla* reside no fato de que elas não servem simplesmente a um propósito ou objetivo preciso: a Coisa-Katla é uma máquina que simplesmente realiza cegamente a nossa fantasia, e nós, humanos, a usamos de maneira oportunista para atendermos nossos propósitos egoístas – o que ignoramos é a subjetividade que pertence à própria *changeling*. Aqui, devemos ler *Katla* por meio de *Solaris* e focar no momento de subjetivação da *changeling* que não tem autonomia, uma vez que a sua psique contém apenas o que os outros pensam sobre ela. Na distinção mileriana entre *femme* à *postiche* (a falsa) e a mulher que assume o vazio da sua inexistência, é apenas a *changeling* que, no momento de assumir a sua inexistência, emerge como um sujeito puro desprovido de sua substância, enquanto a mulher "real" permanece uma farsa. Em outras palavras, a posição autêntica é a de uma *changeling* que toma consciência de que apenas materializa a fantasia de um outro, que só existe na medida em que um outro fantasia sobre ela. Será que se pode imaginar uma situação existencial mais provocadora de ansiedade do que estar consciente de que o meu ser não tem suporte substancial, que existo apenas na medida em que sou parte do sonho de um outro? – como Deleuze escreveu décadas atrás, se você for pego no sonho de um outro, você está fodido.

Será que as *changelings* são, portanto, seres que se enquadram nos critérios do idealismo subjetivo de Berkeley – elas existem apenas na medida em que estão nos pensamentos de uma outra mente? Temos de introduzir aqui uma outra complicação fundamental: e se a existência como tal implicar um certo não conhecimento? Essa relação paradoxal entre ser e conhecer introduz um terceiro termo na oposição padrão entre o materialismo ordinário, para o qual as coisas existem independentemente do nosso conhecimento delas, e o idealismo subjetivista com o seu *esse* = *percipi* (as coisas existem apenas na medida em que são conhecidas ou percebidas por uma mente): coisas que só existem na medida em que NÃO são conhecidas. O caso mais estranho dessa ligação entre ser e não saber é fornecido por um dos sonhos freudianos mais conhecidos, aquele sobre a aparição de um "pai que não sabia que estava morto" – para Freud, a fórmula completa do sonho é assim: "O pai não sabe (*que eu desejo*) que ele está [esteja] morto". A elisão do significante (*que eu desejo*) registra o desejo do sujeito (do sonhador). No entanto, o que se perde nessa leitura padrão é o efeito estranho da cena de um pai que não sabe que está morto – de uma entidade que está viva apenas porque não tem consciência de estar morta.

Então, e se lermos esse sonho após a releitura de Lacan do sonho freudiano sobre o filho morto que aparece para o seu pai, proferindo uma censura terrível: "Pai, você não vê que estou queimando?" E se interpretarmos o desejo de que o pai esteja morto não como o desejo inconsciente reprimido, mas como o problema pré-consciente que incomodava o sonhador? A dinâmica do sonho é, portanto, a seguinte: o sonhador inventa o sonho para reprimir seu sentimento de culpa (pré-consciente) por desejar a morte do seu pai enquanto cuidava dele; mas o que ele encontra no sonho é algo muito mais traumático do que o seu desejo pré-consciente de morte, a figura de um pai que ainda está vivo, porque não sabe que está morto, o espectro obsceno do pai desmorto. Lacan muda o foco da figura fascinante do pai que "não sabe que está morto" para a questão que se esconde no fundo: para o *outro* sujeito (o sonhador para quem o pai aparece, nesse caso) que *realmente* sabe que o pai está morto e, paradoxalmente, dessa forma *o mantém vivo ao não lhe dizer que ele está morto*. Lembre-se da cena arquetípica dos desenhos animados: um gato anda flutuando no ar acima do precipício e só cai depois de olhar para baixo e perceber que não tem apoio sob os pés – o sonhador é como uma pessoa que chama a atenção do gato para o abismo sob os pés, de modo que quando o pai sabe que está morto, ele realmente cai morto. Esse resultado é, evidentemente, vivenciado pelo sonhador como a maior catástrofe, de modo que toda a sua estratégia é dirigida a proteger o outro/pai do conhecimento – a proteção que vai até o autossacrifício: "Oh! Que isso nunca aconteça! Que eu possa antes morrer do que ele saber". Isso nos leva a uma das funções fundamentais do sacrifício: sacrificamo--nos para impedir que o Outro saiba. Não é disso que se trata em *A vida é bela*, de Roberto Benigni? O pai se sacrifica para que o seu filho não saiba (que eles estão num campo de extermínio), ou seja, o raciocínio do pai pode ser traduzido novamente pelas palavras de Lacan: "Que eu antes morra a que ele saiba que estamos num campo de extermínio!"

A noção psicanalítica de sintoma designa uma tal realidade que só subsiste na medida em que algo permanece não dito, na medida em que a sua verdade não é articulada na ordem simbólica – razão pela qual a interpretação psicanalítica apropriada tem efeitos no real, isto é, pode dissolver o sintoma. Embora tal noção de realidade possa parecer um caso exemplar de loucura idealista, não se deve deixar escapar o seu núcleo materialista: a realidade não é simplesmente externa ao pensamento/discurso, ao espaço simbólico. A realidade frustra esse espaço de dentro, tornando-o incompleto e inconsistente – o limite que separa o real do simbólico é simultaneamente externo e interno ao simbólico.

A questão é: como devemos pensar a estrutura (o Outro) de modo a que dela surja um sujeito? A resposta de Lacan é: como uma estrutura simbólica inconsistente, não toda, articulada em torno de um vazio/impossibilidade constitutivo. Mais precisamente, o sujeito surge da autorrelação reflexiva da estrutura que inscreve na própria estrutura a sua falta constitutiva – essa inscrição *dentro* da estrutura do que é constitutivamente *excluído* dela é "o significante que representa o sujeito para outros significantes".

Mas será que não estamos aqui presos numa contradição? Eu existo apenas na medida em que sou a fantasia de um outro e existo apenas na medida em que me esquivo da compreensão dos outros? A solução: uma pedra existe quando ninguém pensa nela – mas uma pedra é simplesmente indiferente a ser-pensada ou não; no caso de um sujeito, sua existência está correlacionada a ser-pensado, mas ser-pensado incompletamente. Sou uma falta no pensamento do Outro, uma falta que é imanente ao pensamento. É preciso interpretar essa afirmação literalmente: não sou uma entidade substancial que o grande Outro (a ordem simbólica) não possa integrar/simbolizar plenamente, essa impossibilidade de o grande Outro me integrar É eu mesmo (é por isso que Lacan fala sobre o sujeito barrado, $). Há sujeito na medida em que o Outro não o conhece, e o sujeito se inscreve no Outro por meio de S_1, o significante-mestre que reflexivamente marca nele a falta de um significante. O que isso significa é que o sujeito não é a pessoa real por trás da máscara simbólica, mas a autoconsciência da própria máscara na sua distância em relação à pessoa real.

Isso também explica por que o número mínimo numa comunicação intersubjetiva não é dois, mas três: quando dois se encontram, AMBOS estão divididos em sua autoexperiência e em sua identidade simbólica, e essa reduplicação só pode funcionar se um terceiro momento estiver operativo, o grande Outro que não é redutível aos dois. Lembre-se da velha história de Alphonse Allais sobre Raoul e Marguerite que marcam um encontro num baile de máscaras: quando reconhecem a máscara um do outro, eles se retiram para um canto escondido, tiram as máscaras e – surpresa – ele descobre que ela não é Marguerite e ela que ele não é Raoul... um tal desencontro duplo é, obviamente, um contrassenso lógico: se ele não é Raoul, como poderia esperar ver Marguerite e então ficar surpreso por não ver o seu verdadeiro rosto, e vice-versa? A surpresa só funciona quando apenas um dos parceiros é enganado dessa maneira. Mas será que algo como uma dupla decepção não acontece na vida real? Marco um encontro com uma pessoa que eu conheço e que me conhece e, numa troca intensa, descubro que ele não é quem eu pensava que ele fosse e ele descobre que eu não sou quem ele pensava que eu fosse... A verdadeira surpresa aqui é a minha: o fato de o outro não me reconhecer significa que eu não sou eu mesmo.

Contudo, ainda reconhecemos um ao outro, porque a máscara que eu uso para os outros (a máscara que incorpora o que os outros pensam de mim) e a máscara que o outro usa para mim (que incorpora o que penso dele) são, em alguns sentidos, mais verdadeiras do que o que está por detrás da máscara. Como pode ser? Aqui entra a dimensão do grande Outro: o mútuo "o que os outros pensam de mim" (o que eu penso dele, o que ele pensa de mim) é substituído por (ou suprassumido em) "o que o grande Outro (uma entidade virtual pressuposta por nós dois) pensa de mim e dele".

De volta a *Katla*, podemos, portanto, dizer que, no caso de uma máquina do Id, uma *changeling* representa (não um outro, mas) a mim (seu criador) para os outros – embora seja a imagem de um outro, representa a mim, meu universo de fantasia. Como tal, uma *changeling* sinaliza um mau funcionamento do grande Outro simbólico: o grande Outro já não é um espaço simbólico virtual, é uma Coisa real, um megaobjeto que já não possui a sua própria verdade como forma, apenas materializa nosso conteúdo reprimido. É por isso que a máquina do Id é mais real do que o grande Outro (é parte da realidade) e simultaneamente mais subjetiva do que o espaço intersubjetivo próprio do grande Outro (a Coisa espelha/realiza nossas fantasias subjetivas). A máquina do Id é um primeiro passo na direção da perspectiva de um cérebro conectado, de um Outro que existe plenamente e me dessubjetiva uma vez que nele recai o próprio limite da realidade externa.

O projeto mais conhecido nessa direção é a Neuralink, uma empresa de neurotecnologia fundada por Elon Musk e outros oito, e dedicada ao desenvolvimento de interfaces cérebro-computador implantáveis (BCIs, na sigla em inglês), também chamadas de interface de controle neural (NCIs, na sigla em inglês), interface mente-máquina (MMIs, na sigla em inglês), ou interface neural direta (DNIs, na sigla em inglês) – todos esses termos indicam a mesma ideia de um caminho de comunicação direto, primeiro entre um cérebro aprimorado ou conectado e um dispositivo externo, e depois entre os próprios cérebros. Que tipo de apocalipse se anuncia pela perspectiva da chamada "pós-humanidade" aberta por uma ligação direta entre o nosso cérebro e uma máquina digital, o que os obscurantistas da Nova Era chamam de Singularidade, o espaço global divino de consciência partilhada? Deveríamos resistir à tentação de proclamar a perspectiva de um cérebro conectado como uma ilusão, algo de que ainda estamos longe e que não pode realmente ser concretizado: tal visão é em si uma fuga da ameaça, do fato de que algo Novo e inaudito está efetivamente surgindo. Deveríamos abordar essa ameaça com frieza e levantar a questão: será que existe alguma dimensão que escapará ao seu alcance? O termo de Rancière, "o paradigma do cogito sonhador"[179], reúne muito bem as duas dimensões que escapam à objetivação total do *neuralink*: o cogito e o domínio dos sonhos onde o inconsciente persiste. Quando Lacan afirmou, notoriamente, que o cogito é o sujeito do inconsciente, ele se referia precisamente a esse "cogito sonhador" como o anverso oculto do cogito racional autotransparente[180].

Uma coisa é certa: não devemos subestimar o impacto devastador de uma experiência compartilhada coletivamente – mesmo que seja concretizada de uma forma muito mais modesta do que as hodiernas visões grandiosas da Singularidade, tudo mudará com ela[181]. Por quê? Porque com o *neuralink*, o grande Outro já não é uma Coisa enigmática fora de nós (como Solaris ou Katla): estamos diretamente DENTRO da Coisa, flutuamos nela, perdemos a distância que nos separa da realidade externa.

---

179. RANCIÈRE, J. Anachronism and the conflict of times. *In*: RANCIÈRE, J. *Diacritics*, v. 48, n. 2, 2020, p. 121.
180. Tratei mais detalhadamente dessa perspectiva em ŽIŽEK, S. *Hegel in a wired brain*. Londres: Bloomsbury, 2020.
181. *Ibid*.

Então, é sobre isso que *Katla* versa: uma comunidade (de uma pequena cidade) está em crise devido a um desastre natural, lá permanecem apenas alguns moradores cujos laços simbólicos estão profundamente perturbados; já não podem contar com o grande Outro como o espaço neutro de trocas simbólicas e, para sanar essa falha, tornam-se cada vez mais apanhados na teia de fantasias mútuas que se intrometem na sua realidade, de modo que essa realidade perde sua consistência. A máquina do Id é uma ficção, obviamente, mas é uma ficção com efeitos reais, e podemos observar e medir esses efeitos em quantas pessoas reagem à pandemia ou a cúpulas de calor e inundações: em teorias da conspiração e outros constructos paranoicos, entidades análogas a *changelings* são tratadas como parte da realidade. O aspecto potencialmente libertador do aparecimento de *changelings* é que o que está em nossa experiência habitual confundida (uma pessoa à nossa frente e nossas projeções fantasiosas sobre ela) fica claramente separado, o que torna o trabalho da crítica um pouco mais fácil.

O fato de a máquina do Id sinalizar a falha do grande Outro virtual não significa que ele apareça apenas excepcionalmente: o grande Outro é em si mesmo falhado, inconsistente, o que significa que, de uma forma ou de outra, ele sempre engendra a máquina do Id como seu suplemento. Quando o grande Outro falha, a máquina do Id é uma espécie de patologia de defesa, uma formação patológica que impede a regressão completa à psicose. Nesse sentido, a relação entre o grande Outro e a máquina do Id é homóloga àquela entre a Lei simbólica e o superego: o superego também é uma imperfeição estrutural da Lei, uma formação patológica que impede a dissolução da lei.

O nascimento do Superego a partir da quebra da Lei

Quando Freud elaborou a complexa interação entre Ego, Superego e Id (a que se deve acrescentar o Eu como diferente do Ego, e uma Lei moral como diferente do Superego), seu ponto de partida é o estranho fenômeno do "sentimento inconsciente de culpa" que

> nos coloca novos problemas, especialmente quando gradualmente percebemos que, num grande número de neuroses, um sentimento inconsciente de culpa desse tipo desempenha um papel econômico decisivo e coloca os obstáculos mais poderosos no caminho da recuperação. Se voltarmos mais uma vez à nossa escala de valores, teremos de dizer que não só o que é mais baixo, mas também o que é mais alto no ego pode ser inconsciente[182].

Ou, como Freud coloca mais tarde no mesmo texto: "Se alguém apresentasse a proposição paradoxal de que um homem normal não é apenas muito mais imoral do que acredita ser, mas também muito mais moral do que sabe ser, a psicanálise, em cujas descobertas a primeira metade da afirmação repousa, não teria nenhuma objeção a levantar contra a segunda metade"[183] (deve-se notar aqui o uso da oposição entre crença e conhecimento: um homem normal é mais imoral do que *acredita* ser e mais moral do que *sabe* ser). Não é que o Superego seja o agente da moralidade e o Id o reservatório de pulsões "malignas" tenebrosas, tampouco é que o Superego represente a opressão social internalizada e o Id represente pulsões que deveriam ser liberadas. Freud sempre insistiu na ligação obscura e oculta entre o Superego e o Id: não só a pressão insuportável do Superego é sustentada

---

182. FREUD, S. *The Ego and the Id*. Citado de www.sigmundfreud.net/the-ego-and-the-id-pdf-ebook.jsp
183. *Ibid.*

pela energia do Id, como também podemos ser mais morais do que sabemos ser. Imagine um típico indivíduo permissivo pós-moderno que se percebe como um egoísta tolerante em busca de todo tipo de prazeres: um olhar mais atento revela rapidamente que a sua atividade é regulada por tabus e proibições dos quais ele não tem consciência.

Contudo, essa moralidade inconsciente não se limita a inibições patológicas das quais o meu Ego não tem consciência; ela inclui também milagres éticos, como uma resistência a cometer um ato que considero inaceitável, mesmo que pague o mais alto preço pela minha recusa. Pensemos em Antígona – e lembremos que Lacan, na sua leitura da figura dela, NÃO faz o que se esperaria de um analista (procurar alguma fixação patológica, vestígios de desejo incestuoso etc.), mas, precisamente, tenta salvar a pureza ética do seu NÃO a Creonte. Ou pense num mandamento irreprimível que sentimos de fazer algo suicidamente heroico – fazemo-lo simplesmente porque não podemos deixar de fazê-lo (arriscar a vida em protestos públicos, juntar-nos à resistência contra uma ditadura ou ocupação, ajudar outros em catástrofes naturais). Aqui, novamente, deveríamos resistir à óbvia tentação pseudopsicanalítica de procurar alguma motivação patológica "mais profunda" que explicaria tais atos (digamos, uma combinação de pulsão de morte com narcisismo). Pensemos, hoje, em milhares de profissionais de saúde mal pagos que ajudam os infectados, bem conscientes de que estão arriscando suas vidas, e nos voluntários que oferecem sua ajuda – são muito mais numerosos do que aqueles que se submeteram a tiranos brutais. Essa é também a razão pela qual Lacan afirma que o estatuto do inconsciente freudiano é ético: para Lacan, a lei moral de Kant é o desejo no seu estado mais puro.

É nesse contexto que podemos responder à questão: como é que o espaço social assexuado se distingue do domínio das interações libidinalmente catexizadas? Deveríamos situar essa questão no contexto das reações de Freud à Primeira Guerra Mundial. Hoje, tendemos a esquecer o impacto traumático dessa guerra que destruiu os próprios alicerces da confiança europeia no progresso e deu origem a fenômenos como o comunismo e o fascismo. Até mesmo Freud, cuja teoria dos processos libidinais inconscientes parecia prepará-lo bem para a explosão de violência "irracional", sentiu a necessidade de reformular radicalmente as suas premissas teóricas básicas. Ele lidou com o problema em três etapas. Primeiro, em seu *Além do princípio do prazer* (1920), introduziu a noção de pulsão de morte para explicar sonhos e atos que não geram nenhum prazer, mas apenas dor. Depois, em *Psicologia das massas e análise do Eu* (1921), analisou a formação de grupos sociais que levam os indivíduos a abandonarem o seu comportamento "racional" e a renderem-se a uma violência autodestrutiva. Hans Kelsen, o principal filósofo do Direito austríaco, censurou Freud por sua teoria da formação das massas não ser capaz de explicar as formações sociais mantidas unidas por estruturas normativas e, em reação à crítica de Kelsen, Freud escreveu *O Ego e o Id* (1923), no qual ele aborda diretamente a nossa questão: o operador da assexualização do espaço social é o Superego.

Em seu magnífico ensaio "A Invenção do Superego"[184], Étienne Balibar trata do diálogo entre Freud e Hans Kelsen. A ironia é que o título *O Ego e o Id* é, em certo sentido, enganador: o novo termo crucial introduzido no livreto é Superego que forma uma tríade com o Ego e o Id, e o ponto principal da análise detalhada de Freud é como o Superego, a instância da nossa vida psíquica que atua como uma consciência auto-

---

184. BALIBAR, E. The invention of the Superego: Freud and Kelsen, 1922. *In:* BALIBAR, E. *Citizen Subject*. Nova York: Fordham University Press, 2016, p. 227-255.

crítica, internalizando padrões sociais aprendidos principalmente com pais e professores, extrai sua energia libidinal das mais sombrias profundezas sádicas e masoquistas do Id. No entanto, Lacan mostrou de forma convincente que há uma confusão em Freud: o título do terceiro capítulo de *O Ego e o Id* é "O Ego e o Super-Ego (Ideal do Ego)", de modo que Freud tende a usar esses dois termos como sinônimos (concebendo o Ideal do Ego como um precursor do Superego), além disso, ele também usa Ideal do Ego e ego ideal como termos intercambiáveis. A premissa do esclarecimento de Lacan é a equação entre *jouissance* e superego: gozar não é uma questão de seguir as próprias tendências espontâneas; é antes algo que fazemos como uma espécie de dever ético estranho e distorcido.

Com base nessa equação, Lacan introduz uma distinção precisa entre os três termos: o "ego ideal" representa a autoimagem idealizada do sujeito (a maneira como eu gostaria de ser, gostaria que os outros me vissem); o Ideal do Ego é o agente cujo olhar procuro imprimir com a minha imagem do ego, o grande Outro que vela por mim e me impulsiona a dar o meu melhor, o ideal que tento seguir e realizar; e o superego é esse mesmo agente em seu aspecto vingativo, sádico e punitivo. O princípio estruturante subjacente a esses três termos é claramente a tríade Imaginário-Simbólico-Real de Lacan: o ego ideal é imaginário, o que Lacan chama de "pequeno outro", a imagem dupla idealizada do meu ego; O Ideal do Ego é simbólico, o ponto da minha identificação simbólica, o ponto no grande Outro a partir do qual me observo (e julgo); o superego é real, a agência cruel e insaciável que me bombardeia com demandas impossíveis e que zomba de minhas tentativas fracassadas de atendê-las, a agência a cujos olhos sou tanto mais culpado quanto mais tento suprimir os meus esforços "pecaminosos" e atender às suas demandas. O velho e cínico lema estalinista sobre os acusados nos julgamentos-espetáculos que professavam sua inocência ("quanto mais inocentes, mais merecem ser fuzilados") é o Superego no seu estado mais puro. Então, para Lacan, o Superego "não tem nada a ver com a consciência moral no que diz respeito às suas demandas mais obrigatórias"[185]: o Superego é, pelo contrário, a agência antiética, a estigmatização da nossa traição ética[186].

Em sua crítica à noção de massa de Freud, Kelsen, como um neokantiano, baseia-se implicitamente na distinção entre o Ideal do Ego (o grande Outro anônimo, a ordem simbólica cujo estatuto é nãopsíquico, isto é, que não pode ser reduzido a processos psíquicos empíricos) e o Superego (o produto da dinâmica psíquica empírica na interação de um indivíduo com os outros)[187]. A censura a Freud é, para simplificar, que ele apenas fornece a gênese psíquica empírica de uma massa mantida unida por um Líder – não há espaço na sua teoria para o grande Outro, para a ordem simbólica ideal que sustenta os sujeitos individuais, para o espaço público da autoridade estatal institucional que nos torna sujeitos no duplo sentido do termo (sujeito autônomo e um indivíduo sujeito à Lei). Mais precisamente, o que Freud descreve é a distorção patológica da Lei, é a regressão ao nível mítico da psicologia das massas: Freud descreve a patologia das massas (constituída pelo curto-circuito de I e *a*, em lacanês), e como

---

185. LACAN, J. *Ethics of Psychoanalysis*, p. 310.
186. Desenvolvi essas distinções em *How to Read Lacan*. Londres: Granta, 2006.
187. Há aqui uma diferença crucial entre Kant e Hegel: para Kant (e Kelsen como um neokantiano) as perversões empíricas são secundárias, enquanto para Hegel elas surgem das tensões imanentes da própria noção – a liberdade absoluta necessariamente se transforma em terror, e a honra de servir o Mestre que personifica uma Causa se transforma em lisonja hipócrita (como na passagem de Lenin para Stalin).

lhe faltava a noção do Simbólico, ele sente falta do grande Outro normal-normativo. É também por isso que, do ponto de vista de Lacan, não há espaço na tríade Ego-Superego-Id de Freud para o sujeito "puro"/barrado ($), sujeito do significante, para o sujeito que não é psíquico-empírico, mas igual ao *cogito* cartesiano ou à apercepção transcendental de Kant: o sujeito lacaniano não é o ego (que, para Lacan, é definido por identificações imaginárias).

Nesse ponto, Balibar retorna a Freud e o defende: o superego como processo psíquico não é apenas uma distorção patológica acidental, é o processo que permite ao sujeito internalizar a lei, integrá-la à sua vida psíquica como uma agência que exerce uma autoridade sobre ele/ela. Como tal, o superego é um suplemento "patológico" que necessariamente acompanha a lei, uma vez que a lei pública existe SOMENTE se é internalizada pelos sujeitos. O que isso significa é que um sujeito é o sujeito da lei apenas na medida em que permanece preso nas tensões edipianas não resolvidas que são a forma da política interpessoal de poder e subordinação. Essas tensões persistentes abrem o sujeito à autoridade da Lei – levam o sujeito a aceitar a autoridade da Lei como a agência externa (não-psíquica), o ponto de referência estável que pode aliviar as tensões psíquicas internas.

As tensões descritas por Freud não são, evidentemente, simplesmente internas ao sujeito, mas fazem parte da política interpessoal (familiar), da luta pelo poder – é por isso que Balibar salienta que, na sua descrição da formação de uma massa e da gênese do Superego, Freud não fornece uma "psicanálise da política" (uma explicação da dinâmica política das massas pelos processos libidinais que sejam em si apolíticos), mas sim o seu oposto, a política da psicanálise (a explicação da ascensão da estrutura triádica do Ego-Id-Superego por meio das familiares lutas pelo poder "político") – ou, como Lacan o coloca, o Inconsciente freudiano é político.

Todavia, como Lacan salienta repetidamente, o grande Outro da Lei simbólica já deve estar aqui se um sujeito tiver de referir-se a ele como o espaço externo neutro – de modo que aqui devemos dar um passo adiante: como pode surgir a própria autoridade pública, em seu estatuto não psíquico? A resposta de Lacan é: o grande Outro não pode ser reduzido a uma agência psíquica, mas só existe se for "externalizado" pelos sujeitos – a "internalização" da Lei é efetivamente a sua externalização, a sua (pressu)posição como um espaço simbólico não psíquico. A Lei é não psíquica, mas só existe se houver sujeitos que a tomem como existente. Devemos ser muito precisos aqui: Lacan não está fornecendo a gênese do grande Outro a partir da dinâmica psíquica, sua tese é antes que o sujeito é constitutivamente dividido em si mesmo, que a sua intimidade psíquica só existe se houver um grande Outro, um espaço alienado do sujeito ao qual se refere (somente na psicose essa alienação é suspensa). O correlato subjetivo do grande Outro é o sujeito "barrado" vazio (\$), que é mais "íntimo" do que toda a intimidade mesmo dos processos psíquicos mais profundos. Portanto, deveríamos reverter a noção usual de que o sujeito abstrato "puro" (o *cogito* cartesiano) é uma espécie de ilusão ideológica cuja realidade é o próprio indivíduo concreto preso e dilacerado em antagonismos psíquicos: toda a riqueza da "vida interior" do indivíduo é um conteúdo que, em última análise, apenas preenche o vazio do sujeito puro – nesse sentido, Lacan disse que o ego é o "material do eu".

Hoje, no entanto, os pais comportam-se cada vez mais como egos ideais, envolvidos numa competição narcísica com os filhos – já não se atrevem a assumir a "autoridade" de um pai – e, paradoxalmente, esse processo representa um sério obstáculo ao processo emancipatório. Tomemos o caso do Chile: as dificuldades na luta em curso não são o legado da ditadura opressiva de Pinochet como tal, mas o legado da (falsa) abertura gradual do seu regime ditatorial. Particularmente, durante a década de 1990, a sociedade chilena passou pelo que podemos chamar de uma rápida pós-modernização: uma explosão de hedonismo consumista, permissividade sexual superficial, individualismo competitivo etc. Aqueles no poder perceberam que tal espaço social atomizado é muito mais eficaz do que uma opressão direta do Estado contra projetos radicais de esquerda que dependem de solidariedade social: as classes continuam a existir "em si mesmas", mas não "para si mesmas", vejo os outros da minha classe mais como concorrentes do que como membros de um mesmo grupo com interesses solidários. A opressão direta do Estado tende a unir a oposição e promover formas organizadas de resistência, ao passo que nas sociedades "pós-modernas", mesmo uma insatisfação extrema assume a forma de revoltas caóticas (do Occupy Wall Street aos coletes amarelos) que logo perdem força, incapazes de atingir o estágio "leninista" de uma força organizada com um programa claro[188].

Num nível mais geral, isso significa que, se a Lei simbólica (Deus Pai) perde a sua autoridade – isto é, se não há proibição – o próprio desejo (sustentado pela perspectiva de transgredi-lo) desaparece – é por isso que a permissividade mata o desejo. Nessa linha, Pierre Legendre e alguns outros lacanianos afirmam que o problema hoje é o declínio do Deus Pai, da autoridade simbólica paterna: na sua ausência, o narcisismo patológico explode, evocando o espectro do Pai Real primordial. Consequentemente, deveríamos tentar restaurar algum tipo de Lei como o agente de proibição.

---

188. Para uma análise detalhada desse tema, cf. MUÑOZ, J. E. U.; JOHNSON, P. El pasaje al acto de Telémaco: psicoanálisis y política ante el 18 de octubre chileno. *Política y Sociedad*. Madri.

Embora essa ideia deva ser rejeitada, ela aponta corretamente como o declínio do Mestre não garante automaticamente de forma alguma a emancipação, mas pode muito bem engendrar figuras de dominação muito mais opressivas. Será, no entanto, o retorno à Proibição sustentada pela Lei a única saída? Parece que o próprio último Lacan, consciente desse problema, propôs outra solução que Miller, na sua leitura de Lacan, chama de "cínica" – não podemos retornar à autoridade da Lei, mas o que podemos fazer é agir como se sustentássemos a Lei. Devemos manter sua autoridade como necessária, embora saibamos que isso não é verdade. Adrian Johnston[189] trouxe à tona os meandros e ambiguidades dessa solução:

> A passagem por uma experiência conclusiva de "destituição subjetiva", na qual as identificações no nível do ego, bem como os pontos de referência, tais como os grandes Outros e os sujeitos supostos saber, vacilam ou desaparecem completamente, é de fato um momento essencial e marcante do processo analítico lacaniano. No entanto, Lacan não considera possível ou desejável permanecer permanentemente num tal estado destituído de término de análise. Ele vê tanto como apropriado quanto como inevitável que os egos, os grandes Outros, os sujeitos supostos saber etc., reconstituam-se para o analisando no período posterior a sua análise. Esperançosamente, suas versões reconstituídas, na sequência da análise e em resposta a ela, serão versões melhores e mais suportáveis para o analisando.

O que temos aqui é uma espécie de Lacan "pós-moderno": só podemos confrontar o Real em raros momentos

---

189. Cf. JOHNSTON, A. Divine Ignorance: Jacques Lacan and Christian Atheism (manuscrito não publicado). As citações não referidas a seguir são desse texto.

de lucidez, mas essa experiência extrema não pode durar, temos de retornar à nossa vida comum de permanecer em semblantes, em ficções simbólicas... Então, em vez de apagar Deus da imagem, a única maneira é aprender a "'fazer uso de' *Dieu comme le Nom-du-Père*". Em que sentido preciso, então, *les non-dupes errent*, isto é, aqueles que pretendem não ser enganados pela ilusão religiosa estão errados? Johnston indica como:

> A paráfrase lacaniana de Dostoiévski, segundo a qual "se Deus está morto, então nada é permitido", parece transmitir o sentido de que um ateísmo radical permanente é indesejável conforme a estrita definição lacaniana de desejo. De Kesel afirma que, para Lacan, a religião goza da virtude de sustentar o desejo. Se assim for, será que a versão de análise de Lacan procura realmente acabar com o teísmo, a religiosidade e coisas do gênero?... A economia libidinal do inconsciente, centrada no desejo com suas fantasias fundamentais envolvendo o *objet petit a*, é sustentada pela Lei de Deus como o pai morto e/ou Nome-do--Pai. Se esse Deus morrer, então toda a economia que Ele apoia colapsa (ou seja, "nada é permitido"). Em *Télévision*, Lacan, falando de questões edipianas, observa: "Mesmo que as memórias de supressão familiar não fossem verdadeiras, elas teriam de ser inventadas, e isso certamente foi feito". Parafraseando essa observação, pode-se dizer que, segundo a visão de Lacan, se Deus está morto, então, pelo menos por razões libidinais, ele teria de ser ressuscitado – e isso certamente foi feito[190].

É também assim que se pode ler a ideia de Agamben de que se não existe um deus, então, a própria razão desaparece.

---

190. Cf. JOHNSTON, A. Divine ignorance: Jacques Lacan and Christian atheism (manuscrito não publicado).

Será que "se deus não existe, então tudo é proibido" não significa que, para evitar o impasse de tudo ser proibido, tenha de haver uma grande Proibição que exija exceções, ou seja, que abra espaço para transgressões que gerem *jouissance*? Ou que, para sustentar nosso desejo, precisamos de algo como deus (mesmo que seja apenas na sua forma irreligiosa mais neutra, como sujeito suposto saber)? Como combinar isso com a afirmação de Lacan de que o ateísmo é o pináculo da experiência psicanalítica? Será que a frase de Lacan é que Deus Pai não deve ser abolido, mas faça uso da única saída? Miller expôs destemidamente as implicações políticas dessa posição: a psicanálise

> revela os ideais sociais em sua natureza de semblantes, e podemos acrescentar, de semblantes no que diz respeito a um real que é o real do gozo. Essa é a posição cínica, que consiste em dizer que o gozo é *a única coisa verdadeira*"[191].

O que isso significa é que um psicanalista

> age para que os semblantes permaneçam em seus lugares, ao mesmo tempo em que se certifica de que os sujeitos sob seus cuidados não os tomem como *reais*... deve-se, de alguma forma, manter-se *levado por eles* (enganado por eles). Lacan poderia dizer que "aqueles que não são enganados erram": se não agirmos como se os semblantes fossem reais, se não deixarmos sua eficácia incólume, as coisas pioram. Aqueles que pensam que todos os sinais de poder são meros semblantes e contam com a arbitrariedade do discurso do mestre são os *bad boys*: são ainda mais alienados[192].

---

191. MILLER, J. A. La psychanalyse, la cité, les communautés. *La cause freudienne*, v. 1, n. 68, p. 109, 2008.
192. FLEURY, N. *Le réel insensé*: Introduction à la pensée de Jacques-Alain Miller. Paris: Germina, 2010, p. 96.

O axioma dessa sabedoria cínica é que

> devemos proteger os semblantes de poder pela boa razão de que devemos ser capazes de continuar a *gozar*. A questão não é apegar-se aos semblantes do poder existente, mas considerá-los necessários. "Isso define um cinismo no estilo de Voltaire, que deu a entender que Deus é nossa invenção, necessária para manter as pessoas num decoro adequado". A sociedade é mantida unida apenas por semblantes, "o que significa: não há sociedade sem repressão, sem identificação e, sobretudo, sem rotina"[193].

Será que essa postura cínica é a única saída? Isso levanta uma série de questões.

Primeiro, e se Deus, a autoridade divina, só funcionar realmente quando o crente estiver ciente de que "Deus é nossa invenção, necessária para manter as pessoas num decoro adequado"? Baudelaire viu isso bem – escreveu: "Deus é o único ser que, para governar, sequer precisa existir" (*Dieu est le seul être qui, pour régner, n'ait même pas besoin d'exister*)[194]. Consequentemente, deve-se rejeitar o raciocínio obsceno segundo o qual, em última análise, ajo eticamente, porque sinto a ameaça do castigo divino – se vejo uma criança afogar-se e decido saltar na água para salvá-la apenas porque temo ir para o inferno se não o fizer, esse é um dos piores casos de cálculo imoral. Uma pessoa ética atua da maneira prescrita pela religião, mesmo sabendo que não existe nenhum deus – no momento em que Deus entra na equação, não estamos lidando com fé, mas com cálculo. É por isso que temos que aceitar o paradoxo de que apenas os ateus têm fé verdadeira.

---

193. *Ibid.*, p. 95. Citações de MILLER, J. A. La psychanalyse, la cité, les communautés. *La Cause Freudienne*, v. 1, n. 68, p. 105-119, 2008.
194. BAUDELAIRE, C. *Journaux intimes*. Paris: Les Éditions G. Cres et Cie, 1920, p. 3.

Se um crente "realmente acredita" diretamente, resvalamos no fundamentalismo – todas as religiões autênticas estão conscientes de que a sua autoridade é uma farsa fetichista: sei que não é realmente verdade, mas acredito nela. O oposto do fundamentalismo é a consciência de que a autoridade a que nos referimos não tem fundamento real, mas está autorreferencialmente fundamentada num abismo. Tomemos um exemplo talvez surpreendente: *O ouro do Reno* de Wagner, que termina com o contraste entre as Donzelas do Reno lamentando a inocência perdida e a entrada majestosa dos deuses em Valhala, uma afirmação poderosa do Estado de direito. Costuma-se afirmar que a queixa sincera e autêntica das Donzelas do Reno deixa claro como a entrada triunfante dos Deuses em Valhala é um espetáculo falso e vazio; no entanto, e se for precisamente o contexto triste da canção das Donzelas do Reno o que confere à entrada em Valhala a sua autêntica grandeza? Os Deuses sabem que estão condenados, mesmo assim, realizam heroicamente seu ato cerimonial. É por isso que não estamos lidando aqui com a habitual recusa fetichista, mas com um ato corajoso de assumir um risco e ignorar minhas limitações, na linha do *Du kannst, denn du sollst!* de Kant– sei que sou fraco demais para fazê-lo, ainda assim, o farei – um gesto que é exatamente o oposto do cinismo.

Fundamentemos essa conclusão a partir de outro ponto de partida. A autoridade tem o efeito da castração simbólica sobre o seu portador; se, digamos, eu sou um rei, tenho de aceitar que o ritual de investidura me torna um rei, que a minha autoridade está materializada na insígnia que uso, de modo que a minha autoridade é, em certo sentido, externa a mim como pessoa em minha realidade miserável. Como Lacan o colocou, um psicótico é um rei que pensa que é um rei (ou um pai que é um pai) por sua natureza, como é, sem os processos de investidura simbólica. É por isso que ser pai é, por definição, um fracasso: nenhum pai "empírico" pode estar à altura de sua função simbólica – de seu título. Como posso, se estou investido de tal autoridade, conviver com essa lacuna sem ofuscá-la com a identificação psicótica direta do meu estatuto simbólico com a minha realidade? A solução de Miller é a distância cínica: estou ciente de que os títulos simbólicos são apenas semblantes, ilusão, mas ajo COMO SE fossem verdadeiros a fim de não perturbar não apenas a ordem social, mas também a minha própria capacidade de desejar.

Aaron Schuster acrescenta três modos de lidar com a impossibilidade de agir com autoridade (é por causa dessa impossibilidade que Freud considerou o exercício do poder uma das três profissões impossíveis): "fingir que não há Outro; tornar-se porta-voz do Outro; identificar o Outro com a própria persona carismática"[195]. O exemplo da primeira opção é o de um chefe amigável pós-moderno que age como se fosse um de nós, parte da equipe, disposto a compartilhar piadas sujas conosco, juntando-se a nós para uma bebida etc., mas ao fazê-lo, ele mantém toda a sua autoridade simbólica e pode nos tratar de uma forma ainda mais cruel. A segunda opção é personificada na figura de um perito, um meio pelo qual a autoridade da ciência (ou do direito) impessoal fala; tal figura evita a posição de autoridade ao fingir que não está dando ordens, apenas dizendo o que a ciência diz que deve ser feito (como um economista que afirma que os mecanismos de mercado não devem ser perturbados). A terceira opção é exemplificada por um líder carismático obsceno como Donald Trump, que se considera, com todas as suas peculiaridades pessoais, uma encarnação direta do grande Outro – sua autoridade não se baseia no seu conhecimento,

---

195. SAITO, K. *Karl Marx's ecosocialism*. Nova York: Monthly Review Press, 2017, p. 191.

mas na sua vontade: "É assim porque eu digo que é assim". Nesse ponto, Schuster faz uma observação crucial:

> O líder da competência e do cálculo, desaparecendo atrás e falando em nome do grande Outro, encontra a sua estranha contrapartida no líder superpresente, cuja autoridade se baseia na sua própria vontade e que desdenha abertamente do conhecimento – é esse teatro rebelde e antissistêmico que serve como ponto de identificação para as pessoas[196].

O líder carismático obsceno é, portanto, o "retorno do reprimido" do conhecimento especializado que pretende agir sem apoio numa figura do mestre: o Mestre reprimido (a autoridade que personifica a Lei) retorna em sua forma (quase, não exatamente) psicótica, como um Mestre obsceno sem lei. O Mestre está aqui "superpresente": não se reduz à sua dignidade simbólica, representa a autoridade com todas as suas idiossincrasias. E o que acontece com o conhecimento com a ascensão do Mestre obsceno? Como podemos ver abundantemente, o conhecimento especializado neutro é transformado no seu oposto (imanente), o conhecimento "especial" das teorias da conspiração acessíveis apenas aos iniciados (o aquecimento global é uma farsa, a pandemia da covid-19 foi inventada por aparelhos estatais e corporações médicas...).

Haverá, então, uma saída para esse impasse? A óbvia teria sido o detentor da autoridade admitir abertamente aos que lhe estão sujeitos que não está qualificado para exercer autoridade e simplesmente renunciar, deixando os seus súditos confrontarem-se com a realidade como puderem – Schuster cita Hannah Arendt, que descreve esse gesto a propósito da autoridade parental:

---

196. SAITO, K. *Karl Marx's ecosocialism*. Nova York: Monthly Review Press, 2017, p. 234.

O homem moderno não poderia encontrar uma expressão mais clara para a sua insatisfação com o mundo, para o seu desgosto com as coisas como elas são, do que a sua recusa em assumir, no que diz respeito aos seus filhos, a responsabilidade por tudo isto. É como se os pais dissessem diariamente: "Neste mundo, nem mesmo nós estamos muito seguros em casa; como se movimentar nele, o que saber, que habilidades dominar, também são mistérios para nós. Você deve tentar se virar da melhor maneira possível; seja como for, você não tem o direito de exigir que prestemos contas. Somos inocentes, lavamos as mãos em relação a você"[197].

Embora essa resposta imaginada dos pais seja factualmente mais ou menos verdadeira, é, no entanto, existencialmente falsa: nenhum dos pais pode lavar as mãos dessa forma (o mesmo se aplica a dizer: "Não tenho livre-arbítrio, as minhas decisões são o produto dos sinais do meu cérebro, por isso lavo as mãos, não tenho responsabilidade pelos crimes que cometi!" Mesmo que isso seja factualmente verdadeiro, é falso como minha posição subjetiva). Isso significa que

> a lição ética é que os pais devem fingir (saber o que fazer e como o mundo funciona), pois não há outra solução para o problema da autoridade a não ser assumi-la, em sua própria ficcionalidade, com todas as dificuldades e descontentamentos que isso acarreta[198].

Mas, mais uma vez, como isso difere da solução cínica de Miller? Paradoxalmente, é que o sujeito, embora plenamente consciente da sua incompetência para exercer autoridade, a assume não com uma distância cínica, mas com plena sinceridade, disposto mesmo a sacrificar a própria vida por

---

197. ARENDT, H. The crisis of education. *In*: ARENDT, H. *Between past and future*. Nova York: Viking Press, 1961, p. 191.
198. SAITO, K. *Karl Marx's ecosocialism*. Nova York: Monthly Review Press, 2017, p. 219.

ela, se necessário. Para compreender essa diferença, deve-se também trazer à luz a economia libidinal, diferentes modos de *jouissance*. A política não acontece primordialmente no nível dos semblantes e das identificações (imaginárias e simbólicas), ela sempre envolve também o real da *jouissance*. Os semblantes e as identificações políticas estão profundamente impregnados de diferentes modos de *jouissance* – será que se pode sequer imaginar um racismo ou antifeminismo que não mobilize *jouissance* (*jouissance* atribuída a outra raça ou mulheres, *jouissance* que encontro ao atacá-las e humilhá-las...)? É por isso que, na sua análise detalhada do discurso petainista na França de Vichy, Gerard Miller[199] fala dos "empurrõezinhos-para-gozar (até mesmo empurrõezinhos-para-ejacular)" de Petain – e, de maneira homóloga, será que se pode sequer esperar entender Trump sem levar em conta os seus "empurrõezinhos-para-gozar"?

O mesmo se aplica às sociedades com objetivos emancipatórios. Tomemos a própria sociedade psicanalítica de Lacan (que ele dissolveu, admitindo assim que se tratava de um fracasso): será que também se tratava de uma sociedade "mantida unida apenas por semblantes"? Será que a única saída do domínio dos semblantes é somente o momento individual de "atravessar a fantasia" no processo analítico? Certamente não era para ser assim: não foi a tentativa de Lacan de organizar uma sociedade, uma tentativa "leninista" de constituir uma sociedade que NÃO fosse mantida unida "apenas por semblantes", mas pelo Real de uma Causa? É por isso que, depois de dissolver a sua escola, Lacan formou uma nova chamada École de *la Cause freudienne* – uma escola da própria Causa – a qual, é verdade, fracassou novamente.

---

199. Cf. MILLER, G. *Les pousse-au-jouir du Marechal Petain*. Paris: Points, 2004.

Será que ajuda a introduzir alguma ordem nessa confusão se invertermos a fórmula anti-Dostoiévski de Lacan: se deus EXISTE, então NADA é proibido? É claro que isso se aplica apenas aos chamados "fundamentalistas", que podem fazer tudo o que quiserem, uma vez que agem como instrumentos diretos de deus – da sua vontade. Podemos ver como o rigorismo PC e o fundamentalismo religioso são os dois lados da mesma moeda: em ambos os casos, não há exceção – ou nada é proibido ou tudo é proibido... Para trazer alguma clareza a esse quadro, talvez devêssemos pôr em cena as chamadas fórmulas da sexuação de Lacan. Os dois pares de universalidade fundamentados na exceção e na não-universalidade ("não todo"), os quais implicam que não há exceção.

Da autoridade à permissividade... e vice-versa

Qual é então o estatuto da permissividade pós-moderna na qual tudo acaba por ser proibido pelas infinitas regulamentações PC? São masculinas (tudo é permitido exceto...) ou femininas (não há nada que não seja proibido)? Parece que a segunda versão é a correta: numa sociedade permissiva, as violações dos regulamentos (que alegadamente garantem a permissividade sexual) são elas próprias realmente proibidas e não secretamente toleradas. Isso significa que devemos transpor a afirmação de Lacan para a forma feminina: se deus não existe, então não há nada que não seja proibido, o que significa que não todo é proibido, e esse não todo existe sob o disfarce de uma permissividade universal: em princípio, tudo é permitido (todas as diferentes formas de sexualidade), mas cada caso particular é proibido. Num nível político, o Capítulo 15 da constituição do Khmer Vermelho do Kampuchea afirmava:

Todos os cidadãos do Kampuchea têm o direito de adorar de acordo com qualquer religião e o direito de não adorar de acordo com qualquer religião. As religiões reacionárias que são prejudiciais ao Kampuchea Democrático e ao povo Kampuchea são absolutamente proibidas[200].

Portanto, qualquer religião é permitida, mas cada determinada religião existente (budismo, cristianismo...) é "absolutamente proibida" como reacionária[201]. Há outra versão de como funciona a mudança da proibição para a regulação permissiva no cinema, conforme descrita por Duane Rousselle:

> Na década de 1930, o "Código Hays" provia um conjunto de proibições ou regras dentro do cinema. Houve a proibição explícita de exibições ou representações da sexualidade na tela. Mas o que vemos hoje? Com as últimas regras estabelecidas pelos Oscars, tem havido uma mudança óbvia: já não se trata de uma proibição universal da sexualidade, mas sim de uma afirmação particular ou seletiva (sistema de cotas, em última análise) da sexualidade: deve-se incluir representações particulares de sexualidades na tela. É por isso que tenho enfatizado a importância da nova lógica cultural que impõe as afirmações particulares dos gozos[202].

É fácil encontrar exemplos disso: uma das reações a *Lalaland* foi que não havia nenhuma pessoa retratada como *gay* na história, embora haja uma porcentagem relativamente alta de *gays* em Hollywood (o mesmo vale para a indústria

---

200. Centro de Documentação do Camboja (DC-Cam).
201. Outra forma de proibição total que se aproxima da *Verwerfung* psicótica ocorre quando algumas palavras se tornam não mencionáveis. Digamos que o fato de a palavra-N não ser mencionável no discurso público de hoje, de o seu uso não poder ser justificado sequer como parte de uma interpretação crítica do racismo, sinaliza inequivocamente que o seu estatuto é o de um real: nela, o simbólico incide no real, é impermeável a qualquer mediação simbólica.
202. Duane Rousselle, comunicação pessoal.

editorial hoje – quando qualquer assunto é proposto a um leitor, a primeira reação do editor é "há suficientes mulheres, negros, asiáticos etc. entre os autores?" Uma abordagem minimamente séria deveria levantar uma questão diferente: por que não há mais bons escritores sobre um tema escolhido dentre mulheres, negros...? Será que algo pode ser mudado nesse nível? A imposição direta de proporções iguais (suficientes mulheres, negros...) é contraproducente e apenas gera ressentimento – no final, a organização de um colóquio torna-se uma questão de seguir regras politicamente corretas: encontrar algumas mulheres, um cara negro, um asiático, um latino, um *gay*, uma trans...

Todo o procedimento de uma distribuição equilibrada de gozos que pertençam a identidades particulares está errado. Nas condições do Código Hays, pelo menos obtemos maneiras codificadas de violar as proibições: a menção à homossexualidade era proibida, mas se um homem no filme é conhecido por usar perfume, isso indica que ele é *gay*; lidar com a prostituição é proibido, mas se uma mulher for caracterizada como oriunda de Nova Orleans... Com a "justiça" politicamente correta, a censura é, em certo sentido, muito pior, porque as proibições são substituídas por injunções regulamentares. Para citar o título do livro de Ben Burgis, os agentes da cultura do cancelamento são "comediantes enquanto o mundo pega fogo"[203]: longe de serem "radicais demais", a sua imposição de novas regras é um dos casos exemplares de pseudoatividade, de como *certificar-se de que nada realmente mudará fingindo lutar pela mudança o tempo todo*. Nessa linha, Saroj Giri[204] chamou a atenção para o

---

203. Cf. BURGIS, B. *Canceling comedians while the world burns*: A critique of the contemporary left. Londres: Zero Books, 2021.
204. GIRI, S. Introduction. From the October Revolution to the Naxalbari Movement: Understanding political subjectivity. *In:* MURALI, K. *Of concepts and methods*. Keralam: Kanal Publication Center, 2020, p. 29.

chamado "capitalismo *woke*": novas formas de capital, em particular os capitalistas tecnológicos anti-Trump (Google, Apple, Facebook), que se entrelaçam com lutas antirracistas e pró-imigrantes. Não se muda realmente as coisas prescrevendo medidas que visem a estabelecer um equilíbrio "justo" superficial sem atacar as causas subjacentes do desequilíbrio. Eis um exemplo recente:

> O Departamento de Educação da Califórnia anunciou que o fosso entre os alunos com bom desempenho e os seus pares menos capazes deve desaparecer, indicando que meras palavras não são suficientes – as escolas devem proporcionar "equidade" nas salas de aula. Tal esforço implicaria que o corpo docente contivesse os alunos com bom desempenho e, ao mesmo tempo, empurrasse os seus pares menos intelectuais para a frente (como se todos fossem de fato iguais em capacidades). *"Rejeitamos ideias de dons e talentos naturais"*, afirma a proposta, insistindo que *"não há ponto de corte que determine quando uma criança é 'dotada' e outra não"*. A proposta também pretende *"substituir ideias de 'talento' e 'superdotação' matemáticos inatos pelo reconhecimento de que cada aluno está num caminho de crescimento"*[205].

Esse é um caso exemplar de falso igualitarismo destinado a apenas gerar inveja e ódio. O problema óbvio é que precisamos de bons matemáticos para fazer ciência séria, e as medidas propostas certamente não ajudam nesse sentido. A solução? Por que não mais acesso a uma boa educação para todos, melhores condições de vida para os pobres... E é fácil imaginar o próximo passo na direção do falso igualitarismo: não será o fato de alguns indivíduos serem muito mais atraen-

---

205. California unveils new woke math program, encouraging teachers to punish good students by holding them back. *RT USA News*, 6 maio 2021. Disponível em: https://www.rt.com/usa/523097-school-math-racist-affirmative-action/

tes sexualmente do que outros também um caso de injustiça suprema? Não deveríamos, portanto, inventar também aqui algum tipo de empurrãozinho em direção à justiça, uma maneira de conter os mais atraentes, uma vez que *não há ponto de corte que determine quando uma pessoa é sexualmente atraente e outra não?* Efetivamente, a sexualidade é um domínio de terríveis injustiças e desequilíbrios... A equidade no gozo é o maior sonho do falso igualitarismo.

Como, então, estão as coisas com as regulamentações pandêmicas de hoje? Será que também solicitam transgressões (raves e festas privadas, até mesmo explosões de violência)? Mas elas não são a Lei, são regulamentos fundamentados cientificamente, pertencem ao discurso universitário. Cientistas e administradores da saúde explicam com prazer por que são demandados, eles não funcionam como a lei abissal, como regulamentos que não devem ser questionados. Será, portanto, o hedonismo da *jouissance* o outro lado do reinado do discurso universitário? Mas e se aqueles que resistem às proibições e regulamentações pandêmicas estiverem confundindo regulamentações cientificamente fundamentadas com proibições arbitrárias infundadas (que solicitam transgressão)? É claro que se deve acrescentar: mas e se essa confusão já estiver presente na própria coisa? Será que a "verdade" do discurso universitário não é um Mestre, ou, como dizemos hoje, será que a agenda (nem tão) secreta daqueles que impõem proibições antipandêmicas não é para afirmar o controle social e a dominação?

Para complicar ainda mais as coisas, devemos introduzir aqui dois outros eixos. Primeiro: permitido *versus* injungido (ordenado). O argumento de Lacan era que o gozo, uma vez permitido, mais cedo ou mais tarde inevitavelmente se transforma em injunção – você TEM de gozar, o hedonismo é o Superego em sua forma mais cruel. Essa é a verdade da permissividade de hoje: sentimo-nos culpados não quando violamos proibições, mas quando não conseguimos gozar. É por isso que a psicanálise não visa permitir ao paciente gozar plenamente, mas limitar o poder do Superego transformar o gozo de injungido em permitido (você pode gozar, mas não é obrigado a fazê-lo).

O outro eixo é o da possibilidade e da impossibilidade. A proibição está aqui, como Lacan afirmou repetidamente, precisamente para criar a ilusão de que o gozo não é em si impossível, que podemos alcançá-lo pela violação da proibição. O objetivo da psicanálise é precisamente fazer o movimento da proibição para a impossibilidade imanente. Portanto, uma proibição proíbe principalmente algo que é em si impossível... Mas será que isso não é ir longe demais? Quando um pobre faminto é proibido de pegar um pedaço de comida que não é seu, será que essa proibição não proíbe algo que é em si perfeitamente possível? Em outras palavras, será que uma operação elementar de ideologia também não é apresentar como em si mesmo impossível algo que é proibido devido a interesses econômicos de classe e aos interesses de dominação? Não há saúde pública universal, porque é impossível, arruinaria a economia...

Outros paradoxos surgem aqui. Existem proibições que não só temos permissão para violar, mas somos obrigados a fazê-lo, de modo que a verdadeira transgressao é aderir estritamente à regra da proibição (isso é o que chamei de transgressão inerente: se você não participar dos rituais transgressivos secretos de uma comunidade fechada, você será excluído mais rapidamente do que se violar suas regras explícitas). E então há proibições que são, elas próprias, proibidas (obedece-se a elas, mas não se as pode anunciar publicamente). Entra aqui o grande Outro das aparências: você obedece a uma proibição, mas age publicamente como se isso não significasse nada, como se fosse apenas por acaso que você não o faz, como se, se quisesse, poderia facilmente fazê-lo; mais o anverso, você pode violar uma proibição, mas não publicamente, de maneira aberta (Trump e os populistas da Nova Direita de hoje quebram essa regra: eles violam proibições abertamente, em público).

Uma complicação adicional: e se gozarmos a própria opressão, e não apenas a sua violação? Não será essa a forma elementar do mais-gozar? Por exemplo, no que diz respeito à pandemia, Darian Leader destacou como obedecer às regras impostas pelas autoridades devido à pandemia pode trazer a sua própria satisfação compulsiva. Da mesma forma, o gozo do politicamente correto surge do próprio processo de descobrir como inadvertidamente violamos as regras do PC ("agora descobri que a frase que eu usava tem uma dimensão racista..."). Lembre-se da piada já mencionada sobre um intermediário que tenta convencer um jovem a se casar com uma mulher que ele representa; sua estratégia é transformar cada objeção numa característica positiva: existe uma homologia entre a estrutura dessa piada e a estrutura exemplificada pela figura proverbial de um marido permissivo que, em princípio, permite que a sua esposa tenha amantes, mas se opõe a qualquer escolha particular ("por que você teve de escolher precisamente ESSE cara horrível? Qualquer um, MENOS ele..."). Aqui, o momento da verdade chega quando a esposa propõe um amante para quem o marido, em paralelo com o intermediário da piada do Freud, não consegue encontrar nenhuma razão pela qual ele não seja apropriado, de modo que o proíbe sem motivo – apenas por proibir. Em contraste com a piada de Freud, ele é "imperfeito" (não se enquadra na série de razões) precisamente, porque é perfeito... E, para dar um passo adiante, será que não há uma postura semelhante em funcionamento com alguns praticantes radicais da luta do PC contra a exploração sexual, que são todos a favor do sexo sem quaisquer restrições, apenas desde que não esteja ao serviço de relações de poder ou seja feito sob pressão de poder e dominação. Na prática isso significa que todo caso concreto de um possível contato sexual (especialmente se for heterossexual) é rejeitado porque, com a sua análise crítica, eles discernem nele traços de relações de poder (o homem é mais rico que você, ele pode influenciar sua carreira...). Espera-se que, em algum momento, haja um parceiro que seja plenamente aceitável, de modo que tenha de ser rejeitado não por causa de alguma das suas propriedades particulares, mas porque o sexo como tal está entrelaçado com relações de poder. O mais-gozar dessa operação crítica está na alegria repetida da descoberta de que todos os casos envolvem poder (de modo que o prazer sexual tem de ser renunciado).

A pior solução aqui é opor repressão necessária (renunciar à satisfação de alguns dos nossos desejos como a condição da nossa sobrevivência) e mais-reprimir feito em prol da exploração e da dominação (como o fez Herbert Marcuse)[206] – por razões conceptuais, essa distinção não pode ser estabelecida. Primeiro, a dominação e a exploração são, via de regra, operativas da mesma forma que as renúncias necessárias à nossa sobrevivência são catexizadas libidinalmente. Em segundo lugar (e numa aparente contradição com o primeiro ponto), é o mais-oprimir (a proibição para a qual não há razão aparente) que gera o mais-gozar – como diz Lacan, o gozo é algo que não serve para nada... Em terceiro lugar, deveríamos estabelecer aqui outra distinção: entre opressão e repressão. Opressão (o exercício brutal do poder) não é repressão: a opressão é diretamente vivenciada como tal, mas não temos consciência da repressão (no sentido freudiano).

---

206. Cf. MARCUSE, H. *Eros and civilization*. Boston: Beacon Press, 1974.

Quando sou oprimido, o que é frequentemente reprimido é a maneira como gozo essa opressão (com tudo o que ela envolve: minhas queixas etc.).

Portanto, o que temos aqui não são apenas os dois eixos de um quadrado semiótico (impossível-possível, proibido-permitido), mas uma textura complexa que inclui o eixo do permitido-injungido e até mesmo um triângulo de opressão-repressão-depressão. Miller simplifica a imagem aqui: ele afirma que a opressão é necessária, com o que quer dizer que não há gozo sem opressão (obstáculos, proibições aos nossos desejos). O oposto da opressão não é a liberdade de fazer o que se quer, mas *a depressão, a própria perda do desejo*. Mas será que a opressão é a única forma de salvar o nosso desejo, a única forma de evitar a depressão? A questão que devemos levantar nesse momento é: onde está a repressão aqui? Lacan se opõe estritamente à tese freudo-marxista tradicional de que a repressão é a internalização na psique da vítima da opressão externa (eu entendo erroneamente a opressão social como uma força psíquica que sabota meus desejos) – a repressão vem primeiro (sob o disfarce do que Freud chamou de "repressão primordial"), ela designa uma impossibilidade imanente que é constitutiva da subjetividade humana. Essa "repressão primordial" é a outra face do que chamamos de "liberdade": ela abre o vazio, uma fenda na cadeia de causas naturais, que nos torna livres. A figura de uma Lei simbólica externa como o agente da Proibição já ofusca essa impossibilidade imanente do desejo.

É por isso que a psicanálise não visa libertar nossos desejos para que possamos desejar livremente o que queremos (o que queremos não é o que desejamos: o nosso desejo mais íntimo, via de regra, aparece para nós como o que não queremos, o que nos aterroriza) – mais precisamente, ela liberta os nossos desejos apenas no sentido preciso de que assumimos plenamente a impossibilidade na qual a nossa capacidade de desejar está fundamentada. A psicanálise se esforça para marcar essa impossibilidade de uma nova maneira – sua premissa é que não podemos nos livrar de uma impossibilidade constitutiva, mas podemos reinscrevê-la de uma maneira diferente.

É por isso que se deve rejeitar resolutamente a ideia de que o objetivo do tratamento psicanalítico seja permitir ao paciente passar de conflitos psíquicos internos (entre seu ego consciente e desejos e proibições inconscientes) para obstáculos externos à sua felicidade que ele/ela pode agora abordar sem conflitos internos autossabotantes. Essa ideia não era estranha a Freud: já nos seus primeiros *Estudos sobre a histeria* (1895, coescrito com Breuer) ele escreveu, dirigindo-se a um leitor/paciente imaginário, que "muito será ganho se conseguirmos transformar sua miséria histérica em infelicidade comum. Com uma vida mental que tenha sido restaurada à saúde, você estará mais bem armado contra essa infelicidade"[207]. Mais tarde, porém, os novos temas da pulsão de morte e da chamada "reação terapêutica negativa" – apontam claramente para um conflito imanente constitutivo da nossa vida psíquica.

Não há liberdade sem impossibilidade

O movimento realizado pela psicanálise é, portanto, hegeliano: da oposição externa à impossibilidade imanente, e isso também vale para a visão de uma sociedade comunista: não há liberdade sem impossibilidade, e essa impossibilidade não é apenas o limite que nos é imposto pela realidade externa (o número limitado de objetos que satisfazem as nossas necessidades), mas também a "autocontradição" imanente

---

207. FREUD, S.; BREUER, J. *Studies in hysteria*. Standard Edition, Vol. II. Londres: Vintage Press, 1999, p. 305.

do nosso desejo. Há, no entanto, outra armadilha que se esconde aqui: confundir essa impossibilidade com a nossa finitude, de modo que a impossibilidade que fundamenta a nossa liberdade seja o fato da nossa vida mortal cheia de riscos e não transparências – não há liberdade na imortalidade.

Exemplar é aqui Martin Hägglund que, pelas novas leituras de Hegel, Marx, Heidegger e Martin Luther King, desenvolve uma visão global coerente que reúne materialismo, finitude existencial e anticapitalismo[208]. O seu ponto de partida é a rejeição do ideal religioso da eternidade: a única vida que temos é ESTA vida, a nossa existência social e corporal que é irredutivelmente marcada pela mortalidade e pela incerteza. Toda fé num outro mundo ou num ser superior que garanta o nosso destino é uma ilusão, por isso a fé tem de ser reconcebida em termos seculares: ela expressa o nosso compromisso prático que, devido à nossa finitude, nos expõe à contingência e envolve sempre um risco de fracasso. No entanto, precisamente porque somos seres finitos que têm de decidir sem qualquer garantia superior, somos livres: liberdade e mortalidade são os dois lados da mesma moeda.

Na segunda parte do seu livro, Hägglund volta-se para as implicações socioeconômicas e políticas do seu foco "neste mundo" da nossa existência temporal finita. Uma vez que, como entes mortais finitos, não temos um tempo infinito à nossa disposição (e uma vez que a nossa eventual imortalidade também tornaria a nossa vida sem sentido: a escolha de um projeto de vida que determine o nosso envolvimento só pode ocorrer numa vida finita), a nossa preocupação central é possuir o nosso tempo, tornando-o o máximo possível disponível para o livre desenvolvimento das nossas capacidades criativas

---

208. Cf. HAGGLUND, M. *This life*: Why mortality makes us free. Londres: Profile Books, 2019.

em toda a sua diversidade. Isso, no entanto, por definição não pode acontecer no capitalismo no qual, para sobreviver, temos de passar a maior parte do nosso tempo trabalhando por um salário, "perdendo tempo" com coisas com as quais intrinsecamente não nos importamos. Se quisermos superar essa alienação, devemos atuar uma nova reavaliação dos nossos valores, substituindo a forma-dinheiro do valor pelo valor do tempo livre à nossa disposição. A única maneira de o fazer é substituindo uma forma de vida capitalista por um socialismo democrático pós-capitalista, em que a propriedade privada dos meios de produção, bem como os aparelhos de Estado alienados que regulam as nossas vidas desapareçam; dessa forma, já não estaremos competindo uns com os outros pela posse de valor monetário, mas trabalhando espontaneamente para o Bem comum – o próprio antagonismo entre o Bem comum e os meus interesses pessoais desaparece.

Hägglund não entra nos detalhes de como realizar essa mudança social radical, e muitos críticos do seu trabalho veem nessa imprecisão a principal falha do seu livro. Pode-se também especular que tenha sido precisamente essa imprecisão que tornou *This life* [esta vida] susceptível de ser elogiado não apenas nos círculos acadêmicos, mas também pelos grandes meios de comunicação. O tema da desalienação, das pessoas exercendo diretamente o seu poder, é uma característica que, a despeito das suas diferenças radicais, une Hägglund e Trump

Mas o que considero muito mais problemático é que, para colocá-lo de uma forma brutalmente simplificada, simplesmente não há lugar para Freud no universo de Hägglund. Como pode ele afirmar que, numa sociedade pós-capitalista, as pessoas tenderiam espontaneamente a trabalhar para o bem comum – por quê? Onde está a inveja constitutiva do desejo humano? Onde estão todas as "perversões" básicas do desejo humano descritas por Freud e concentradas na sua noção de pulsão de morte? É a sua confiança humanista de que todos os horrores de que os humanos são capazes – todas as autossabotagens, todas as formas complexas de busca da infelicidade, de prazer na dor e na humilhação etc. – podem ser reduzidos ao efeito de uma forma social alienada específica, que torna o livro de Hägglund tão atraente para o grande público. O que eu tento desenvolver é uma visão do comunismo compatível com todos esses horrores, com a "alienação" implícita no próprio fato da linguagem, com todas as reviravoltas reflexivas do desejo humano (como a repressão do desejo necessariamente se transforma num desejo de repressão etc.) – Kevin Bacon disse: "Disseram-me que sou mais bem conhecido por ser bem conhecido do que por qualquer coisa em que eu tenha atuado"[209]. Essa é a reflexividade da linguagem ou, em hegelês, a maneira como, numa linguagem, um gênero pode ser uma das suas próprias espécies: ser-bem-conhecido-por-alguma-coisa tem muitas espécies, e uma delas é ser-bem-conhecido-por-ser-bem-conhecido. O mesmo vale não apenas para Kim Kardashian, mas também, de uma maneira mais específica, para o amor: você pode muito bem (e sempre o faz) amar uma pessoa pelo amor mesmo, e não apenas devido a razões para amá-la.) Essa reflexividade é o nome que Hegel dá ao infinito atual (em oposição ao infinito espúrio de uma série sem fim) e, uma vez que essa reflexividade é constitutiva da pulsão de morte freudiana, encontramos aqui – do meu ponto de vista freudo-lacaniano, pelo menos – uma limitação fatídica da insistência de Hägglund na finitude radical da condição humana.

---

209. Cf. www.msn.com/en-gb/entertainment/movies/kevin-bacon-ive-been-told-im-more-well-known-for-being-well-known-than-for-anything-ive-acted-in/ar-BB19T5pi?ocid=msedgntp.

O axioma da filosofia da finitude é que não se pode escapar da finitude/mortalidade como o horizonte insuperável da nossa existência; o axioma de Lacan é que, por mais que se tente, não se pode escapar da imortalidade. Mas e se essa escolha for falsa – e se a finitude e a imortalidade, tal como a falta e o excesso, também formarem um casal paralaxe, e se forem a mesma coisa de um ponto de vista diferente? E se a imortalidade for um objeto que é um resto/excesso da finitude, e se a finitude for uma tentativa de escapar do excesso da imortalidade? E se Kierkegaard estivesse certo aqui, mas pela razão errada, quando ele também entendeu a afirmação de que nós, humanos, somos apenas seres mortais que desaparecem após a sua morte biológica como uma forma fácil de escapar à responsabilidade ética que vem com a alma imortal? Ele estava certo pela razão errada, na medida em que equiparou a imortalidade à parte divina e ética de um ser humano – mas há uma outra imortalidade. O que Cantor fez pelo infinito, deveríamos fazer pela imortalidade, e afirmar a multiplicidade das imortalidades: a nobre imortalidade/ infinitude badiouiana do desdobramento de um Evento (em oposição à finitude de um animal humano) vem depois de uma forma mais básica de imortalidade que reside no que Lacan chama de fantasia fundamental sadiana: a fantasia de um outro corpo, etéreo, da vítima, que pode ser torturado indefinidamente e, ainda assim, retém magicamente sua beleza (lembre-se da figura sadiana da jovem sofrendo humilhações e mutilações infindáveis do seu torturador depravado e, de alguma maneira, sobrevivendo misteriosamente a tudo isso intacta, da mesma maneira que Tom e Jerry e outros heróis de desenhos animados sobrevivem intactos a todas as suas provações ridículas). Nessa forma, o cômico e o repugnantemente aterrorizante (lembre-se das diferentes versões dos "desmortos" – zumbis, vampiros etc. – na cultura popular) estão inextricavelmente conectados. A mesma imortalidade subjaz à intuição de algo indestrutível num Mal verdadeiramente radical. Essa insistência cega e indestrutível da libido é o que Freud chamou de "pulsão de morte", e deve-se ter em mente que "pulsão de morte" é, paradoxalmente, o nome freudiano para o seu exato oposto, para a maneira como a imortalidade aparece na psicanálise: para um estranho excesso de vida, para um desejo "desmorto" que persiste além do ciclo (biológico) de vida e morte, de geração e corrupção. Freud equipara a pulsão de morte à chamada "compulsão à repetição", um desejo estranho de repetir experiências dolorosas do passado que parece superar as limitações naturais do organismo por ele afetado e insistir mesmo além da morte do organismo.

Matthew Flisfeder observou duas características que distinguem claramente o "anti-humanismo teórico" da década de 1960 do pós-humanismo de hoje: "Enquanto os anti-humanistas da década de 1960 proclamaram a morte do sujeito, hoje encontramos uma muito mais enervante morte do humano. Enquanto os anti-humanistas procuravam meramente desconstruir o sujeito dentro do discurso, os pós-humanistas hoje são muito mais ambiciosos na realização de um retorno à matéria e à objetividade que afirmam ter sido deslocada pela verticalidade da humanidade"[210]. Assim, na década de 1960, com Foucault e Althusser, a noção de sujeito (nossa autopercepção como sujeitos) foi "desconstruída" como uma formação discursiva historicamente específica (embora, para Althusser, fosse mais um equivocado reconhecimento ideológico universal); além disso, o horizonte último dessa desconstrução era o discurso, ou seja, o discurso foi postulado como uma espécie de *a priori* transcendental, como aquilo

---

210. FLISFEDER, M. *Renewing humanism against the anthropocene: Towards a theory of the hysterical sublime* (manuscrito).

que está sempre-já aqui em nossas relações com a realidade. O pós-humanismo de hoje, ao contrário, não trata da "morte do sujeito", mas da "morte" dos humanos, afirma a falsidade da nossa autopercepção dos humanos como seres livres e responsáveis, demonstrando que essa autopercepção se baseia não em alguns mecanismos discursivos ignorados, mas em ignorarmos o que realmente somos – os processos neuronais "cegos" que ocorrem em nosso cérebro. Em contraste com o anti-humanismo da década de 1960, o pós-humanismo de hoje se baseia no reducionismo materialista direto: o nosso senso de liberdade e dignidade pessoal é uma "ilusão do usuário", somos na verdade apenas uma rede complexa de processos corporais em sua interação com o ambiente...

Uma consequência irônica dessa mudança do anti-humanismo para o pós-humanismo é que os anti-humanistas remanescentes ou seus seguidores (como J.A. Miller), quando confrontados com o desafio pós-humanista da plena naturalização dos seres humanos, de repente começam a falar (quase) como humanistas, enfatizando a singularidade da autoexperiência humana (por mais "descentralizada" que ela seja) e a impossibilidade de reduzi-la totalmente a processos neuronais "objetivos". Uma outra diferença é que, embora a desconstrução discursiva não afete diretamente a nossa vida quotidiana (onde continuamos a experimentar-nos como agentes livres e responsáveis), o pós-humanismo promete (e até certo ponto já consegue) intervenções na nossa realidade que mudarão radicalmente a nossa autopercepção: quando somos submetidos a um controle digital total e nossos cérebros são diretamente conectados, quando nosso DNA pode ser modificado, quando pílulas podem mudar nosso comportamento e nossos afetos, isso basicamente afeta a maneira como experimentamos a nós mesmos e agimos.

Em julho de 2021, o público ficou chocado com uma grande conquista do jornalismo investigativo: a descoberta do Pegasus, um *spyware* desenvolvido pela empresa israelense de armas cibernéticas NSO Group, que pode ser instalado secretamente em telefones celulares (e outros dispositivos) e é capaz de ler mensagens de texto, rastrear chamadas, coletar senhas, rastrear localização, acessar o microfone e câmera do dispositivo alvo e coletar informações de aplicativos. O Pegasus foi (e é) usado por muitos Estados para controlar dissidentes, políticos da oposição, jornalistas etc. É claro que presumíamos que algo como o Pegasus estivesse operativo, de modo que aprendemos o que já sabíamos; no entanto, é importante que tenhamos aprendido dados concretos – se permanecesse uma vaga suspeita geral, o nível de controle a que estaríamos submetidos poderia ser ignorado, mas agora não podemos continuar como se não o soubéssemos.

Voltando a Flisfeder, a minha única diferença com ele é que, com base nessas informações, ele defende um novo humanismo universal que poderia fundamentar a luta emancipatória global necessária hoje. A sua argumentação é, em última análise, uma nova versão da reflexão transcendental: quando eu, como neurocientista, defendo que sou apenas um conjunto de processos neuronais e biológicos, faço-o sempre sob a forma de uma argumentação racional, tentando convencer os outros, como parte de uma comunidade científica – o espaço dessa comunidade onde me dirijo aos outros (e ajo como) um ser racional livre e convencido por razões está sempre-já aqui, operativo na minha atividade, não como um *cogito* cartesiano abstrato, mas como um coletivo humano... Então, para simplificar um pouco a imagem, enquanto Flisfeder está disposto a sacrificar o sujeito, mas não a humanidade, não as dimensões básicas do nosso sermos-humanos, sou tentado a fazer exatamente o oposto: estou disposto a sacrificar (o que percebemos até agora como) as características básicas do nosso sermos-humanos, mas não sujeitos. "Humanidade" é uma noção no mesmo nível que personalidade, a "riqueza interior" da nossa alma etc. – é em última análise uma forma fenomenal, uma máscara, que preenche o vazio que "é" o sujeito. O que o sujeito representa é o núcleo inumano de ser-humano: o que Hegel chamou de negatividade autorrelacional; e o que Freud chamou de pulsão de morte. Portanto, da mesma forma que Kant distinguiu o sujeito da apercepção transcendental da alma de uma pessoa e sua riqueza, da mesma forma que Freud e Lacan distinguiram o sujeito do inconsciente da personalidade junguiana cheia de paixões profundas, deveríamos, em nossa situação única, insistir no núcleo inumano da subjetividade contra as tentações de ser-humano. Sujeito é o que é mais do que humano em um ser humano, a imortalidade da pulsão de morte que o torna um ser morto-vivo, algo que insiste para além do ciclo de vida e morte.

As implicações ontológicas da noção de pulsão de morte são paradoxais. Se – como lemos em Édipo *em Colono* – a melhor coisa que nos pode acontecer é, em primeiro lugar, não nascermos, então o fato de termos nascido já é uma espécie de fracasso, o fracasso de ter nascido, o fracasso em alcançar o estado ideal de simplesmente não ter nascido – não é a falta de ser que é um ser fracassado, é o nosso ser mesmo que é o nosso fracasso em alcançar o não ser[211]. Em outras palavras, o nosso ser é medido imanentemente pela hipótese contrafactual de não ser. Não se deve ter medo de tirar consequências ontológicas radicais dessa inversão. De acordo com a configuração ontológica padrão, as entidades

---

211. Cf. DOLAR, M. Ojdip v Kolonu (em esloveno). *In*: HESK, J.; DOLAR, M.; VIDAL-NAQUET, P.; *et al. Ojdip v Kolonu*. Ljubljana: Analecta, 2018.

lutam pela perfeição, o seu objetivo é atualizar o seu potencial, tornarem-se plenamente o que são, e a falta de ser sinaliza o fracasso de uma coisa em realizar plenamente os seus potenciais. Essa configuração tem de ser revertida: ser como tal (no sentido de ser uma entidade determinada) sinaliza um fracasso, tudo o que é (enquanto uma entidade particular) é marcado por um fracasso, e a única maneira de alcançar a perfeição é imergir no vazio do não ser.

Em certo sentido, o próprio Platão estava ciente disso: todos os seres se originam do Bem Supremo que é *epekeina tes ousias*, além do(s) ser(es) – como um buraco negro (para aplicar essa metáfora excessivamente usada) sobre cuja superfície do horizonte de eventos projetamos nossas construções fantasmáticas do Em-si além do horizonte de eventos. Fracassamos em alcançar o vazio que é o Em-si, uma vez que, como Hegel o colocou claramente em sua *Fenomenologia*, o Id além do véu dos fenômenos é apenas o que nós (sujeitos) colocamos aí – todo ser é também uma abordagem fracassada do Não ser. A tese de que o ser é um não ser fracassado é geralmente lida como a reversão de um ato negativo radical num fracasso cômico: "em profundo desespero você quis se autodestruir, você fracassou até mesmo nisso..." – com o ponto adicional de que esse tipo de negação da negação é estranho a Hegel e muito mais próximo de Freud (a repressão como uma negação, como uma negação da negação, um retorno do reprimido, uma prova do fracasso da repressão/negação). Será, no entanto, que uma tal lógica é realmente estranha a Hegel? Será que uma das passagens mais famosas de Hegel, a dialética do senhor e do escravo, não começa precisamente com um não ser fracassado? Se no confronto das duas autoconsciências engajadas na luta pela vida e pela morte, cada lado estiver pronto para ir até o fim arriscando a sua vida, então a luta termina num beco sem saída – um mor-

re, o outro sobrevive, mas sem um outro para reconhecê-lo[212].
Toda a história da liberdade e do reconhecimento – em suma,
toda a história, todo o ser da cultura – só pode acontecer com
esse compromisso original: no confronto olho-no-olho, um
lado (o futuro escravo) "desvia os olhos" – não está pronto
para ir até o fim.

Repressão, opressão, depressão

Eis o problema subjacente: como podemos evitar a depressão sem retornar à repressão, mesmo na forma de uma
autoridade social opressiva necessária para que a sua transgressão nos possa trazer satisfação? No seu romance *Another
now* [Outro Agora], Yanis Varoufakis[213] aplica essa oposição
entre repressão e depressão à própria realidade social. Para
simplificar a trama ao máximo, um grupo de indivíduos do
nosso presente encontra uma forma de se comunicar com,
e depois entrar em, uma realidade alternativa ("Outro Agora") na qual, no rescaldo da crise de 2008, a história tomou
um rumo diferente, e o resultado é uma sociedade global de
socialismo de mercado democrático: existe apenas um banco estatal central que regula a oferta monetária de maneira
transparente, a especulação financeira desaparece, porque se
torna sem sentido, a propriedade é dispersada, uma vez que
cada cidadão recebe a sua parte, assistência médica e direitos
humanos são garantidos para todos etc. – trata-se, em suma,
de uma autogestão global na qual cada demanda particular
encontra uma maneira de ser ouvida, de modo a que não haja
antagonismos nem razões para se rebelar... A escolha que o
nosso grupo enfrenta é: devem permanecer em Outro Agora

---

212. Cf. o capítulo sobre Autoconsciência em www.marxists.org/reference
/archive/hegel/works/ph/pinkard-translation-of-phenomenology.pdf
213. Cf. VAROUFAKIS, Y. *Another now. Dispatches from an Alternative Present.* Londres: The Bodley Head, 2020.

ou retornar ao nosso Agora neoliberal com todas as lutas e violências que conhecemos? Varoufakis apresenta uma série de características que estragam a perfeição de Outro Agora. Em primeiro lugar, embora a alienação e a exploração econômica sejam superadas, e o Estado como uma entidade alienada seja dissolvido na autogestão transparente da sociedade, a repressão mais fundamental das mulheres sobrevive de uma maneira mais sutil no nível das práticas quotidianas (aqui discordo de Varoufakis: penso que hoje também enfrentamos a opção oposta: uma sociedade multicultural pós-moderna na qual o racismo e a opressão patriarcal sejam deixados para trás, mas a exploração econômica permaneça). Em segundo lugar, as trocas mercantis e a posição competitiva (a "mentalidade transacional *quid pro quo*") implícita nelas permanecem em pleno vigor:

> Admito que estou fascinado, impressionado, até mesmo estupefato, com o que os rebeldes alcançaram no Outro Agora, particularmente a democratização das empresas, do dinheiro, da propriedade da terra e dos mercados. Exceto que os mercados democratizados ainda priorizam a mentalidade *quid pro quo* transacional que mina a soberania do bem e, em última análise, o nosso bem-estar fundamental. As sociedades de mercado democratizadas, libertadas do capitalismo, são infinitamente preferíveis às que temos aqui, exceto num aspecto crucial: elas consolidam o valor de troca e, assim, eu temo, tornam impossível uma revolução genuína que conduza à derrubada final dos mercados[214].

Nos termos da Escola de Frankfurt, algo como uma "razão instrumental" permanece nessa sociedade calculista de trocas: não há espaço para simples bondade, para atos feitos apenas por fazer, por amor, sem esperar nada em troca. No

---

214. VAROUFAKIS, Y. *Another now. Dispatches from an Alternative Present*. Londres: The Bodley Head, 2020, p. 218-219.

entanto, aqui devemos suplementar Varoufakis: o que teria arruinado a sociedade imaginada em Outro Agora é a inveja como constitutiva do desejo humano. Para Lacan, o impasse fundamental do desejo humano é que ele é o desejo do outro tanto no genitivo subjetivo quanto no genitivo objetivo: desejo pelo outro, desejo de ser desejado pelo outro e, especialmente, desejo pelo que o outro deseja. A inveja e o ressentimento são, portanto, componentes constitutivos do desejo humano, como Santo Agostinho já bem o sabia – recordemos a passagem das suas *Confissões*, frequentemente citada por Lacan, a cena de um bebê ciumento por seu irmão sugar o seio da mãe: "Eu mesmo vi e soube que uma criança estava com ciúmes, embora não pudesse falar. Ficou pálida e lançou olhares amargos para o seu irmão adotivo".

Com base nesse *insight*, Jean-Pierre Dupuy[215] propôs uma crítica convincente à teoria da justiça de Rawls: no modelo de Rawls de uma sociedade justa, as desigualdades sociais são toleradas apenas na medida em que também ajudem àqueles que estão na base da escala social, e na medida em que não se baseiem em hierarquias herdadas, mas em desigualdades naturais, as quais são consideradas contingentes e não méritos[216]. O que Rawls não vê é como tal sociedade criaria condições para uma explosão incontrolada de ressentimento: nela, eu saberia que o meu estatuto inferior é plenamente justificado, e ficaria assim privado de justificar o meu fracasso como o resultado da injustiça social. Lacan compartilha com Nietzsche e Freud a ideia de que a justiça como igualdade baseia-se na inveja: a inveja do outro que tem o que não temos e que goza disso. Na sua "Utopia Ame-

---

215. DUPUY, J. P. *Avions-nous oublie le mal? Penser la politique après le 11 septembre*. Paris: Bayard, 2002.
216. Cf. RAWLS, J. *A Theory of Justice*. Cambridge: Harvard University Press, 1971 (edição revista de 1999).

ricana", Jameson rejeita totalmente a visão otimista predominante segundo a qual no comunismo a inveja será deixada para trás como um remanescente da competição capitalista, para ser substituída pela colaboração solidária e pelo prazer nos prazeres dos outros; descartando esse mito, ele enfatiza que no comunismo, precisamente na medida em que for uma sociedade mais justa, a inveja e o ressentimento explodirão – por quê? A demanda por justiça é, em última análise, a demanda de que o gozo excessivo do outro seja cerceado, de modo que o acesso de todos ao gozo seja igual. O resultado necessário dessa demanda, obviamente, é o ascetismo: uma vez que não é possível impor um gozo igual, o que se *pode* impor é a igualmente partilhada *proibição*. Contudo, não se deve esquecer que hoje, na nossa sociedade supostamente permissiva, esse ascetismo assume precisamente a forma do seu oposto, da injunção generalizada "Goze!" Estamos todos sob o feitiço dessa injunção, com o resultado de que o nosso gozo é mais prejudicado do que nunca. Isso, talvez, seja o que Nietzsche tinha em mente com a sua noção do Último Homem – só hoje podemos realmente discernir os contornos do Último Homem, sob o disfarce do ascetismo hedonista predominante. – Em terceiro lugar, devido à sua própria transparência, a sociedade em Outro Agora é de total controle: minhas propriedades e atividades são transparentes para os outros, meu comportamento é regulado de uma severa forma politicamente correta etc. – Em quarto lugar, devido à sua transparência e justiça muito democráticas, não há nada contra o que se rebelar em Outro Agora – é assim que Iris, a velha esquerdista radical do livro, é descrita:

> enfurecer-se contra o sistema era a única maneira de ser de Iris, a sua vacina contra a solidão. O Outro Agora era agradável demais, saudável demais para se enfurecer contra ele. Teria tornado a vida

de Iris intolerável"[217]. "Certamente, se há uma coisa que você sabe sobre mim, Yango", ela respondeu alegremente, "é que sou uma dissidente. Não havia nada para eu discordar do outro lado, exceto sua correção política e presunção por ter criado a sociedade perfeita"[218]. "Este Agora, meu querido Yango, é o meu habitat natural – é tão horrível que me sinto viva e utilmente perigosa. Tendo experimentado a rebelião e visto as instituições que criou, estou mais confiante aqui do que qualquer pessoa que conheço ao criticar a estupidez da classe dominante e seu sistema. É muito mais fácil subvertê-los aqui, deixa eu lhe dizer!"[219]

Será então que Iris não se sentiria em casa na Bielorrússia, onde ocorreu uma rebelião contra o impopular tirano em 2020 e 2021? Será que ela não se sentiria em casa na Ucrânia, que resiste à invasão russa em março de 2022?... Então, mais uma vez, como resolver esse impasse entre a repressão (em nosso Agora) e a depressão (em Outro Agora)? Como evitar a conclusão óbvia, porém falsa de que, uma vez que a rebelião é o sentido das nossas vidas, deveríamos primeiro estabelecer uma força de opressão a fim de sermos capazes de nos rebelarmos contra ela? Será que Iris realmente aceitaria que milhões continuassem com seu sofrimento desnecessário de modo a que ela pudesse se sentir e agir como uma verdadeira rebelde? A solução típica é evitar o impasse postulando que a luta contra a opressão é interminável, sempre surgem novas formas de opressão – essa solução já foi criticada por Hegel em sua análise das contradições que habitam o moralismo da tarefa infinita de Kant, ou, para citar o resumo conciso de Findlay:

---

217. VAROUFAKIS, Y. *Another now. Dispatches from an Alternative Present*. Londres: The Bodley Head, 2020, p. 219.
218. *Ibid.*, p. 228.
219. *Ibid.*, p. 229.

Se o bem maior for considerado uma Natureza que se conforma à moralidade, a própria moralidade desaparece desse bem, uma vez que pressupõe uma Natureza não conformista. A ação moral, sendo o propósito absoluto, parece visar a eliminação da ação moral[220].

Não é disso que Iris está reclamando? A rebelião, sendo o propósito absoluto, parece ansiar pela eliminação da rebelião... A única solução para esse impasse é a hegeliana: deveríamos abandonar o próprio ideal de uma sociedade autotransparente na qual a democracia plena abole todas as estruturas alienadas. A alienação é uma condição da nossa liberdade, ela nos oferece fôlego para exercer a liberdade. Só estou livre na medida em que o grande Outro (substância social) em que habito é não transparente para mim *e para si mesmo* (não existe um Mestre secreto que puxe as cordas). Reconciliação significa que temos de nos reconciliar com a alienação, e não com a sua superação, de modo que o problema com o Outro Agora é precisamente que ele efetivamente abole a alienação.

No que diz respeito ao desejo e aos prazeres, esse paradoxo da alienação complica a maneira como o desejo se relaciona com o seu objeto. Lembre-se de como a "fúria contra o sistema" de Iris é descrita como a sua "única maneira de ser": "O Outro Agora era agradável demais, saudável demais para se enfurecer". A decisão radical de Iris no final do romance, portanto, exemplifica o fato de o desejo, no que tem de mais fundamental, não ser apenas um desejo disso (o nosso mundo) ou daquilo (o Outro Agora) – pode também ser um desejo de dizer NÃO a isso ou àquilo, de modo que o sujeito experimenta que o seu desejo fica ameaçado quando é privado de um espaço para apenas dizer NÃO. Esse paradoxo também nos confronta com a estrutura mínima do mais-

---

220. Cf. www.marxists.org/reference/archive/hegel/help/findlay4.htm

-gozar: o objeto que desejamos proporciona prazer, ao passo que a satisfação proporcionada apenas por dizer NÃO a um objeto vem enquanto excedente desse objeto, um excedente que não pode ser reduzido ao se propor ao sujeitar um outro objeto. Em suma, no Outro Agora Iris teria sido privada do mais-gozar [excedente de gozo].

Dito de outra forma, Iris compreende intuitivamente que a superação da alienação também a privaria de gozo. Em seu "Beyond satire" [além da sátira][221], Aaron Schuster demonstrou que o gozo é constitutivamente, na sua forma mais básica, *gozo na própria alienação* – não há gozo "direto" que de alguma forma contorne a alienação simbólica. Tomemos a forma mais elementar de gozo: chupar o próprio dedo. Numa mítica primeira vez, a sucção era realizada para satisfazer uma necessidade corporal (sede), mas depois o prazer centrou-se no próprio ato de sugar que gera mais-gozar mesmo quando realizado de uma maneira vazia (nenhum líquido é sugado). Essa guinada reflexiva sobre si mesmo só é possível porque a necessidade (de bebida) já está "estruturada como uma linguagem", sobredeterminada pela ordem simbólica em que a demanda é a demanda de amor: eu dependo de um grande Outro encarnado aqui na figura da Mãe, e a minha demanda de leite da mãe é simultaneamente a demanda dirigida a ela para que demonstre seu amor dando leite:

> Após a alienação na ordem simbólica em que "o desejo do homem é o desejo do Outro", o gozo implica uma espécie de retorno a si mesmo, uma apropriação das condições alienadas do desejo como se fossem suas ("o sujeito humano é capaz de tomar posse das condições mesmas que lhe foram impostas" e "consegue satisfazer-se com elas").

---

221. SCHUSTER, A. Beyond satire. *In:* MOZZARELLA, W.; SANTNER, E.; SCHUSTER, A. *Sovereignty Inc.* Three inquiries in politics and enjoyment. Chicago: The University of Chicago Press, 2020.

Portanto, o gozo é uma espécie de autonomização em relação ao grande Outro: não preciso do amor do Outro, a satisfação é produzida pela minha própria atividade. A estrutura da alienação permanece aqui, continuo fazendo exatamente a mesma coisa de antes, apenas a desconecto da necessidade que pretendia satisfazer bem como do Outro que expressou seu amor por mim satisfazendo a minha necessidade. Dessa forma, a minha atividade passa a ser minha, gera meu gozo:

> Pelo gozo eu possuo a minha despossessão, ou pelo menos me divirto com ela. Meu desejo pode não ser meu, mas mesmo assim posso encontrar alguma satisfação ali, na cadeia de significantes que reina sobre a minha existência dividida – esse choque de excitação proveniente da perda e do estranhamento é o que o conceito de *jouissance* designa. Em outras palavras, o gozo é sempre o gozo da alienação do sujeito, é como o sujeito vive essa alienação e a torna "sua"[222].

O que devemos ter cuidado para não esquecer é que o próprio gozo da alienação é apenas um lado da paralaxe irredutível que caracteriza a relação entre desejo e gozo. Por um lado, como disse Lacan, "o desejo é uma defesa, uma defesa contra ultrapassar um limite em *jouissance*"[223]: uma vez que o desejo é sempre não satisfeito, uma vez que sempre visa algo além de todo objeto disponível que não é "nunca isso", o desejo nos protege da sufocante presença excessiva do gozo. Mas...

> Mas será que não deveríamos acrescentar que a *jouissance* é também uma defesa contra o desejo? O gozo, entendido como satisfação parcial, é o que torna vivível a alienação do sujeito na ordem simbólica – a própria alienação de alguém – mesmo que isso não seja agradável ou satisfatório de qual-

---

222. VAROUFAKIS, Y. *Another now. Dispatches from an Alternative Present*. London: The Bodley Head, 2020, p. 181.
223. LACAN, J. Écrits. Nova York: Norton, 2006, p. 699.

quer maneira simples. O gozo é um excesso que dá forma corporal a uma falta simbólica[224].

O gozo é, portanto, ao mesmo tempo, uma defesa contra o (ou um escape do) vazio ou a pura transcendência do desejo: se o desejo, por definição, nunca é totalmente satisfeito, o gozo atua uma guinada reflexiva por meio da qual, embora ainda perdendo a Coisa ausente, alcançamos satisfação no próprio ato de perdê-la repetidamente. Essa dualidade é ao mesmo tempo a dualidade entre desejo e pulsão: o desejo representa a falta, a não satisfação, ao passo que o movimento circular da pulsão gera satisfação. Desejo e pulsão são codependentes: cada qual pode ser entendido como uma reação ao outro. O desejo é metonímico, sempre deslizando de um objeto a outro, experimentando repetidas vezes que "isso não é aquilo", e a pulsão resolve esse movimento interminável do desejo elevando a circulação interminável em torno de um objeto perdido a uma fonte de satisfação. A pulsão é um movimento circular, preso em seu ciclo fechado, e o desejo irrompe desse fechamento, trazendo ar fresco à situação, exteriorizando o objeto e enviando o sujeito em uma busca por ele. Tal situação é uma paralaxe na sua forma mais pura: nenhum dos dois termos é mais primordial do que o outro. O terceiro termo não é nenhuma síntese dos dois, mas apenas a pura lacuna mesma, e o desejo e a pulsão são as duas reações a essa lacuna: o desejo externaliza a falta num objeto-causa, a pulsão circula em torno do objeto. No desejo, a lacuna aparece como falta; na pulsão, aparece como um excesso que inviabiliza a circulação da vida.

O melhor caso da porosidade da distinção entre desejo e pulsão é o caso de Antígona. Em seu seminário sobre a ética

---

224. VAROUFAKIS, Y. *Another now. Dispatches from an Alternative Present*. Londres: The Bodley Head, 2020, p. 241.

da psicanálise, Lacan propôs que "a única coisa de que alguém pode ser culpado, pelo menos na perspectiva analítica, é ter desistido do seu desejo"[225]. Seu lema é o seguinte: *ne pas ceder sur son desir* – mas aqui a ambiguidade entra imediatamente: uma vez que o desejo é histérico e metonímico, uma vez que visa a lacuna além ou entre demandas, então aquilo a que "não desistir do seu desejo" equivale é precisamente a disposição a passar de um objeto a outro, porque nenhum objeto determinado é "aquele" – ou, como Lacan o colocou no seu seminário *Mais, ainda*: "*Je te demande de refuser ce que je t'offre parce que c'est pas* ça" (sessão de 9 de fevereiro de 1972): "Eu lhe demando (peço) que rejeite o que lhe ofereço, porque não é isso". Mas será que Antígona não funciona exatamente da maneira oposta? Seu ato expressa a fidelidade incondicional a uma lei profunda, não a sua transgressão – em suma, ela insiste incondicionalmente na sua demanda – de enterrar seu irmão apropriadamente – não há aqui nenhum desejo metonímico, nenhum compromisso. Agora podemos entender por que a fórmula da pulsão de Lacan é $-D, um sujeito ligado a uma demanda – e é isso que Antígona faz. É também por isso que a fórmula da ética de Lacan (não ceda do seu desejo) é pronunciada apenas uma vez, ela nunca retorna, em claro contraste com as outras fórmulas de Lacan às quais ele sempre retorna em novas variações.

A mesma paralaxe é reproduzida na posição de *objet a* que é simultaneamente o objeto-causa do desejo e o objeto da pulsão: no desejo, ele funciona como o excedente sempre elusivo, o que o desejo nunca pode alcançar, enquanto na pulsão, ele funciona como o vazio central em torno do qual

---

225. VAROUFAKIS, Y. *Another now. Dispatches from an Alternative Present*. Londres: The Bodley Head, 2020, p. 321.

a pulsão circula. Num nível ainda mais formal, o *objet a* é simultaneamente o que Schelling chamou de "remanescente indivisível", um resto que escapa à estrutura formal, como o proverbial pedaço de lixo que impede o bom funcionamento de uma máquina, e uma estrutura distorcida puramente formal da própria máquina que a faz girar ao redor de si mesma. Ambos são estritamente correlativos: o pedaço de lixo dá corpo a uma contorção na própria máquina, e é indecidível qual vem primeiro.

Se o sujeito é constitutivamente alienado no grande Outro (a ordem simbólica), será que a reversão que caracteriza o gozo funciona então como o momento de separação que, para Lacan, segue a alienação? Não: separação significa separação no próprio Outro, isto é, a falta do sujeito em relação ao Outro é transposta para o próprio Outro, como uma separação do Outro de si mesmo – aquilo que o sujeito pressupunha que o Outro tivesse (o objeto causa do desejo do sujeito), o Outro mesmo não tem, de modo que o que me une ao Outro é essa falta compartilhada. Então, onde entra a separação aqui? Desejo e gozo relacionam-se como falta e excesso, mas em lados opostos do caminho de Moebius: o excesso não pode ser usado para preencher a falta, porque o excesso é o anverso da própria falta. Desejo e gozo, portanto, não podem ser unidos em qualquer tipo de síntese superior ou com uma volta a alguma dimensão mais fundamental que fundamente ambos os polos – o que vem primeiro é apenas a própria lacuna que separa os dois polos, a falta e o excesso. A separação deve ser localizada nessa lacuna que separa as duas versões do *objet a*, a forma pura e o remanescente sem forma, a falta e o excesso: ela *separa o mesmo objeto de si mesmo*, em sua forma sem matéria e sua matéria sem forma.

Então, o que é mais-gozar?

Numa cena famosa da *Dreigroschenoper* de Brecht/Weil (final do Ato 1), Polly expressa seu desejo de ser feliz e encontrar um homem que ela possa realmente amar; seu pai, Peachum (com uma Bíblia na mão), concorda com seu desejo – mas com uma diferença:

> *Das Recht des Menschen ist's auf dieser Erden,*
> da er doch nur kurz lebt, glücklich zu sein,
> teilhaftig aller Lust der Welt zu werden,
> zum Essen Brot zu kriegen und nicht einen Stein.
> Das ist des Menschen nacktes Recht auf Erden,
> doch leider hat man bisher nie vernommen,
> dass etwas recht war und dann war's auch so!
> Wer hätte nicht gern einmal Recht bekommen?
> Doch die Verhältnisse, sie sind nicht so.

Ou mais tarde, numa repetição:

> *Wir wären gut anstatt so roh,*
> Doch die Verhältnisse, sie sind nicht so.

Ou, na tradução para o português [do inglês]:

> É o direito de um homem nesta terra,
> já que não vive muito, ser feliz,
> desfrutar de todos os prazeres deste mundo,
> obter pão para comer, e não uma pedra.
> Essa é a lei justificável do homem na terra,
> mas até agora, infelizmente, ninguém nunca ouviu falar
> que isso, que era justificável, tornou-se realidade!
> Quem não quereria obter o que quer?
> Mas as circunstâncias não são (boas) assim[226].

E, na repetição:

> Seríamos bons em vez de / sermos tão / brutais,
> Mas as circunstâncias não são assim.

---

226. Cf. https://lyricstranslate.com/en/erstes-dreigroschenfinale-%C3%BC ber-die-unsicherheit-menschlicher-verh%C3%A4ltnisse-first-final-o.html

As letras funcionam aqui apenas em combinação com a música engenhosa de Weil, na sua própria simplicidade o verdadeiro trabalho de um gênio[227]. Vamos primeiro dar uma olhada na letra da resposta de Peachum: a primeira metade (composta de cinco versos) celebra, num estilo religioso de pregação, a maneira como todos gostaríamos de viver (uma vida longa, feliz e cheia de prazeres terrenos); então, a segunda metade confronta esse pensamento fantasioso com a realidade cruel da miséria e do sofrimento causados por circunstâncias sociais objetivas – "Mas as circunstâncias não são (boas) assim". Esse último verso, com o seu óbvio sarcasmo cínico, já aponta para a mudança de tom da música que vai na direção oposta ao que se esperaria – seria de esperar que a primeira metade fosse alegre, celebrando os prazeres terrenos, e a segunda parte destruísse nossas ilusões e evocasse a tristeza e o desespero de nossa vida diária. O que acontece é que a primeira metade é feita à maneira lenta de uma pregação de sermão religioso, enquanto a segunda metade é feita de uma forma alegremente cínica e vivaz – o prazer óbvio com o qual a má notícia (a mensagem triste) é transmitida é mais-gozar em sua forma mais pura (deve-se notar também que Polly se junta a Peachum nessa postura cinicamente alegre). Esse mais-gozar culmina no tom quase extático dos dois últimos versos: "Seríamos bons em vez de / sermos tão / brutais, / Mas as circunstâncias não são assim". Tanto na primeira como na segunda metade, é mobilizado o fosso que separa a posição subjetiva da enunciação do conteúdo "objetivo": a referência às circunstâncias duras é evocada com um prazer que dá corpo a pura hipocrisia: "O que posso fazer, eu adoraria fazê-lo de outra forma, mas essas são as circunstâncias!" É a maneira de ofuscar o envolvimento subjetivo de alguém,

---

227. Versão original disponível em: www.youtube.com/watch?v=TF_jt z0kP9s&list=TLPQMjQxMDIwMjBNari4iHpmQw&index=1

de tornar-se uma vítima impassível das circunstâncias, como o famoso *"C'est pas ma faute!"* de Valmont de *Les liaisons dangereuses* (na canção que se segue, encontra-se a versão invertida da mesma sabedoria cínica: *"Es geht auch anders, aber so geht es auch"*. Você pode fazê-lo diferentemente, mas também pode fazê-lo assim!) É o oposto do habitual mantra esquerdista que nos diz que as coisas não são inevitavelmente como são, mas poderiam também ser feitas de outra forma, que um outro mundo é possível.

Gozar a alienação

Será que se pode imaginar um exemplo melhor de como o gozo é alienado? O que a alienação constitutiva do gozo significa é que, em última análise, experimentamos o gozo como mediado pelo grande Outro: é o gozo do Outro inacessível a nós (o gozo da mulher para os homens, o gozo de outro grupo étnico para o nosso grupo...), ou o nosso gozo legítimo roubado de nós por um Outro ou ameaçado por um Outro. Russel Sbriglia notou como essa dimensão do "roubo de gozo" desempenhou um papel crucial quando os apoiadores de Trump invadiram o Capitólio em 6 de janeiro de 2021:

> Poderia haver uma melhor exemplificação da lógica do "roubo de gozo" do que o mantra que os apoiadores de Trump entoavam enquanto tomavam o Capitólio: "Parem o roubo!"? A natureza hedonista e carnavalesca da tomada do Capitólio para "deter o roubo" não foi meramente incidental à tentativa de insurreição; na medida em que se tratava de recuperar o gozo (supostamente) roubado deles pelos outros da nação (ou seja, negros, mexicanos, muçulmanos, LGBTQ+ etc.), o elemento de carnaval lhe era absolutamente essencial[228].

---

228. Russell Sbriglia (comunicação pessoal).

O que aconteceu em 6 de janeiro de 2021 no Capitólio não foi uma tentativa de golpe, mas um carnaval. A ideia de que o carnaval pode servir de modelo para os movimentos de protesto progressistas – tais protestos são carnavalescos não apenas na sua forma e atmosfera (apresentações teatrais, cantos humorísticos), mas também na sua organização não centralizada – é profundamente problemática: será que a realidade social capitalista tardia já não é carnavalesca? Será que a infame *Kristallnacht* de 1938 – essa explosão semiorganizada e semiespontânea de ataques violentos a lares, sinagogas e empresas judaicas e aos próprios judeus – não foi um carnaval, se é que alguma vez houve um? Além disso, será que "carnaval" não é também o nome do lado obsceno do poder – desde estupros coletivos até linchamentos em massa? Não esqueçamos que Mikhail Bakhtin desenvolveu a noção de carnaval no seu livro sobre Rabelais escrito na década de 1930, como uma resposta direta ao carnaval dos expurgos stalinistas. Tradicionalmente, ao resistir aos que estão no poder, uma das estratégias das "classes mais baixas" tem sido regularmente usar demonstrações aterrorizantes de brutalidade para perturbar o sentido de decência da classe média. Contudo, com os eventos no Capitólio, o carnaval voltou a perder a inocência.

A maioria dos manifestantes do Capitólio "voaram dos seus subúrbios ricos para o Capitólio dos Estados Unidos, dispostos a morrer pela causa do privilégio branco"[229] – é verdade, mas muitos deles também faziam parte de uma classe média baixa que vê seus privilégios ameaçados pela coalizão imaginada de grandes empresas (novas corporações de mí-

---

229. BUNCH, W. An insurrection of upper-middle class white people. *The Philadelphia Inquirer*,12 jan. 2021. Disponível em: https://www.inquirer.com/columnists/attytood/capitol-breach-trump-insurrection-impeachment-white-privilege-20210112.html

dia digital, bancos), administração estatal (controlando nossas vidas diárias, impondo *lockdowns*, máscaras, controle de armas e outras limitações às nossas liberdades básicas), catástrofes naturais (pandemia, incêndios florestais) e "outros" (os pobres, outras raças, LGBT+...) que estão supostamente esgotando os recursos financeiros do Estado, obrigando-o a aumentar os impostos. Central aqui é a categoria do "nosso modo de vida": socializar em bares e restaurantes universitários ou em grandes eventos esportivos, livre circulação de automóveis e o direito à posse de armas, rejeição de tudo que represente uma ameaça a essas liberdades (como máscaras e *lockdowns*) e do controle estatal (mas não contra controlar o "outro") – tudo que represente uma ameaça a esse modo de vida (práticas comerciais chinesas injustas, "terror" politicamente correto, aquecimento global, pandemias...) é denunciado como uma trama. Esse "modo de vida" claramente não é neutro quanto a classe: é o modo de vida da classe média branca que percebe a si mesma como a verdadeira encarnação "daquilo que a América representa".

Portanto, quando ouvimos que o agente dessa conspiração não apenas roubou as eleições, mas está tirando de nós (corroendo gradualmente) a nossa (forma de) vida, deveríamos aplicar aqui outra categoria, a do *roubo do gozo*. Jacques Lacan predisse, no início da década de 1970, que a globalização capitalista dará origem a um novo modo de racismo centrado na figura de um Outro que ameaça arrebatar de nós o nosso gozo (a profunda satisfação proporcionada pela nossa imersão no nosso modo de vida), e/ou possui e exibe ele mesmo um gozo excessivo que se esquiva da nossa compreensão (basta lembrar as fantasias antissemitas sobre rituais judaicos secretos, as fantasias da supremacia branca sobre as proezas sexuais superiores dos homens negros, a percepção dos mexicanos como estupradores e traficantes de drogas...). O gozo não deve ser confundido aqui com prazeres sexuais ou outros prazeres: é uma satisfação mais profunda em nosso modo de vida específico ou uma paranoia sobre o modo de vida do Outro – o que nos perturba no Outro geralmente está incorporado em pequenos detalhes da vida cotidiana (o cheiro da sua comida, o volume da sua música ou do seu riso...).

Aliás, uma mistura semelhante de fascínio e horror não estava presente na reação liberal de esquerda aos manifestantes que invadiam o Capitólio? Pessoas "comuns" invadindo a sede sagrado do poder, um carnaval que suspendeu momentaneamente nossas regras de vida pública... alguns dos meus amigos ficaram totalmente traumatizado pelas fotos da turba invadindo o Capitólio, e me diziam: "A multidão assumindo a sede do poder – deveríamos estar fazendo isso! As pessoas erradas estão agora fazendo isso!" Talvez seja por isso que a direita populista irrita tanto a esquerda: os direitistas estão roubando o gozo da esquerda.

Quando lidamos com a dimensão social do mais-gozar, devemos ter em mente que a noção de mais-gozar de Lacan é modelada na noção de mais-valia de Marx; no entanto, é preciso ser muito preciso quanto à ligação entre mais-gozar e mais-valia. Como afirmou Alenka Zupančič, "não estamos lidando aqui com um paralelismo entre mais-gozar e mais-valia, entre economia libidinal e economia social, mas com um *curto-circuito* entre as duas": com seu foco em extrair mais-valia, o capitalismo muda as coordenadas básicas de como desejamos. Todd MacGowan[230] forneceu uma explicação lacaniana da resiliência do capitalismo, admitindo corajosamente que, num certo sentido (muito qualificado), o capitalismo efetivamente se adapta à "natureza humana". Em

---

230. Cf. MACGOWAN, T. *Capitalism and desire*. Cambridge: Cambridge UP, 2016.

contraste com as ordens sociais pré-modernas que ofuscam o paradoxo do desejo humano e presumem que o desejo seja estruturado de uma forma teleológica direta (nós, humanos, lutamos por algum objetivo último, seja a felicidade ou outro tipo de realização material ou espiritual, e visamos encontrar paz e satisfação na sua realização), o capitalismo é a primeira e única ordem social que incorpora no seu funcionamento o paradoxo básico do desejo humano. Esse paradoxo diz respeito ao funcionamento do excedente na nossa economia libidinal: o que quer que alcancemos nunca é "aquilo", sempre queremos algo mais e mais, e o objetivo último do nosso desejo não é alcançar algum objetivo último, mas reproduzir a sua própria interminável autorreprodução de forma cada vez mais ampliada. É por isso que o desequilíbrio do sistema define o capitalismo: o capitalismo só pode prosperar por meio da sua constante autodestruição e revolução. O paradoxo é que, porque desejamos o excedente que se esquiva de cada objeto, a nossa própria orientação para o prazer e a satisfação nos obriga a sacrificar permanentemente as satisfações disponíveis em nome das satisfações futuras – no capitalismo, o hedonismo e o ascetismo coincidem.

Será que isso significa que o consumismo capitalista seja inerentemente histérico? Que ficamos, por definição, desapontados depois de comprarmos um produto, já que o ingrediente misterioso nunca está lá, *"ce n'est pas ça"*, a coisa que compramos nunca é "isso", e então passamos para o próximo objeto na metonímia do desejo? Na verdade, não – Zupančič observou claramente que, no consumismo, a postura histérica é efetivamente reapropriada por uma economia libidinal perversa: como consumistas, sabemos com bastante antecedência que não conseguiremos o que desejávamos, de modo que nunca ficamos realmente desapontados, o drama propriamente histérico do engano não ocorre, e é esse saber-

-que-neutraliza-o-drama-histérico que define a perversão. A histeria é uma postura subjetiva de questionamento (o que eu realmente desejo? O que meu Outro vê ou deseja em mim, ou seja, o que sou para o Outro?), ao passo que um perverso sabe, ele não é assombrado por questões. O consumista de hoje é um perverso cínico que sabe – dessa forma o desejo é neutralizado, nada acontece quando alcançamos o objeto do desejo, nenhum evento de um verdadeiro encontro, quando amamos não há APAIXONAMENTO.

Na mesma linha, no capitalismo temos de distinguir ainda mais entre o gozo do capitalista e o gozo atribuído ao próprio Capital. O capitalista também está numa posição perversa, ele gosta de observar (e promove ativamente) a autorreprodução expandida do Capital. No final da sua *Enciclopédia*, Hegel escreve que a Ideia absoluta goza sua autorreprodução repetida: "A Ideia eterna, em plena fruição da sua essência, põe-se eternamente a trabalhar, engendra-se e goza a si mesma como Mente absoluta"[231]. No ponto culminante do saber absoluto, o filósofo é apenas um observador impassível desse autogozo da Ideia absoluta. E será que o mesmo não vale para o capitalista que observa o autogozo do Capital?

Robert Pfaller elaborou a noção de "crenças impessoais", crenças que funcionam como um fato social e determinam como agimos, embora (quase) ninguém acredite diretamente – a desculpa usual dos indivíduos é algo como: "Eu sei que provavelmente não é verdade, mas sigo as regras porque elas são parte constitutiva da minha comunidade". Para ser claro: essa crença impessoal não existe independentemente do sujeito (que acredita ou pressupõe que um outro acredite), ela existe (ou melhor, é operativa) apenas como pressupos-

---

231. HEGEL, G. W. F. *Encyclopaedia of philosophical sciences*. Part 3: Philosophy of mind. Oxford: Clarendon Press, 1970, par. 315.

ta pelo sujeito que (ou melhor, precisamente quando) eles fingem não acreditar. O estatuto dessa crença impessoal é, portanto, exatamente aquele do grande Outro: "Eu não acredito... (mas o grande Outro acredita, e por causa dele tenho de agir como se acreditasse)". E, apoiando-nos novamente em Alenka Zupančič, deveríamos postular que, paralelamente à crença impessoal, há também algo que deveríamos chamar de *gozo impessoal*: gozo que não pode ser atribuído a indivíduos (como "sujeitos que gozam diretamente") – esse gozo é atribuído pelo sujeito a alguma figura do grande Outro. Tal gozo impessoal é o que caracteriza a perversão, razão pela qual Lacan define um perverso como o agente que concebe a si mesmo como o instrumento do gozo do Outro. É a isso que, nas últimas páginas do seu *Seminário XI*, Lacan alude quando diz que

> a oferta de um objeto de sacrifício a deuses obscuros é algo a que poucos sujeitos conseguem resistir a sucumbir, como se estivessem sob algum feitiço monstruoso. A ignorância, a indiferença, um desviar do olhar podem explicar sob que véu esse mistério ainda permanece oculto. Mas para quem quer que seja capaz de dirigir um olhar corajoso para esse fenômeno – e, mais uma vez, são certamente poucos os que não sucumbem ao fascínio do sacrifício em si – o sacrifício significa que, no objeto dos nossos desejos, tentamos encontrar evidências da presença do desejo desse Outro que chamo aqui de Deus obscuro[232].

Um perverso que opera sob esse "feitiço monstruoso" e faz o que faz para o gozo do Outro divino, não é um cara sujo e desprezível que gosta de torturar suas vítimas; é, pelo contrário, um profissional frio que cumpre o seu dever de forma

---

232. Cf. LACAN, J. *The four fundamental concepts of Psychoanalysis*. Nova York: Norton, 1998, p. 275.

impessoal, por dever. A passagem de um sádico comum para um verdadeiro perverso é o que subjaz à descrição de Hannah Arendt da mudança que ocorreu nos campos de concentração nazistas quando as SS substituíram as SA como seus administradores:

> Por trás da bestialidade cega das SA, existe muitas vezes um profundo ódio e ressentimento contra todos aqueles que estavam socialmente, intelectualmente ou fisicamente em melhor situação do que eles próprios, e que agora, como que na realização dos seus sonhos mais loucos, estavam em seu poder. Esse ressentimento, que nunca desapareceu inteiramente nos campos, parece-nos *um último resquício de sentimento humanamente compreensível*. O verdadeiro horror começou, porém, quando as SS assumiram a administração dos campos. A velha bestialidade espontânea deu lugar a uma destruição absolutamente fria e sistemática dos corpos humanos, calculada para destruir a dignidade humana; a morte foi evitada ou adiada indefinidamente. Os campos já não eram parques de diversões para animais em forma humana, isto é, para homens que realmente pertenciam a instituições psiquiátricas e prisões; o inverso tornou-se verdadeiro: foram transformados em "campos de treino", nos quais homens perfeitamente normais eram treinados para serem membros de pleno direito das SS[233].

Eichmann não era apenas um burocrata que organizava horários de trens etc., ele estava, em certo sentido, consciente do horror que ele estava organizando, mas a sua distância desse horror, a sua pretensão de ser apenas um burocrata cumprindo o seu dever, fazia parte do seu gozo, foi o que acrescentou um excedente ao seu gozo – ele gozou, mas de

---

233. ARENDT, H. The concentration camps. *Partisan Review*, julho de 1948.

uma forma puramente interpassiva, por meio do Outro, o "deus escuro" ao qual Sade se referia como "o ser-supremo--em-maldade" (*l'être supreme en méchanceté*"). Para colocá-lo em termos um tanto ou quanto simplificados, embora um oficial da SS possa fingir (e até mesmo acreditar sinceramente) que trabalhou para o Bem (da sua nação, ao livrar-se dos seus inimigos), a própria maneira como ele trabalha para a sua nação (a brutalidade dos campos de concentração) o torna um burocrata do Mal, um agente do que Hegel teria chamado de a substância ética (*Sitten*) da sua nação. E não se trata apenas de ele compreender mal a verdadeira grandeza da sua nação: a tensão entre a nobre grandeza da ideia de nação e o seu lado obscuro está inscrita na própria noção de nação. A ideia nazista da nação alemã como uma comunidade orgânica ameaçada por intrusos judeus é em si falsa, ela foraclui antagonismos imanentes que então retornam na figura da conspiração judaica – a necessidade de se livrar dos judeus está, portanto, inscrita na própria noção (nazista) de identidade alemã.

As coisas são semelhantes com o novo populismo de direita. O contraste entre a mensagem ideológica oficial de Trump (valores conservadores) e o estilo da sua *performance* pública (dizer mais ou menos tudo o que lhe vem à cabeça, insultar os outros e violar todas as regras de boas maneiras...) diz muito sobre a nossa situação: que mundo é esse em que vivemos no qual bombardear o público com vulgaridades indecentes se apresenta como a última barreira a nos proteger do triunfo da sociedade na qual tudo é permitido e os velhos valores descem pelo ralo – como Alenka Zupančič o coloca, Trump não é uma relíquia do velho conservadorismo moral da maioria, ele é, num grau muito maior, a imagem caricatural invertida da própria "sociedade permissiva" pós-moderna, um produto dos próprios antagonismos e limitações internas dessa sociedade. Adrian Johnston propôs "uma torção suplementar no ditado de Jacques Lacan segundo o qual 'a repressão é sempre o retorno do reprimido': o retorno do reprimido às vezes é a repressão mais eficaz"[234]. Será que essa não é também uma definição concisa da figura de Trump? Como Freud disse sobre a perversão, nela, tudo o que foi reprimido, todo conteúdo reprimido, sai em toda a sua obscenidade, mas esse retorno do reprimido apenas fortalece a repressão – e é também por isso que não há nada de libertador nas obscenidades de Trump, elas apenas fortalecem a opressão social e a mistificação. As *performances* obscenas de Trump expressam, portanto, a falsidade do seu populismo: para colocá-lo com uma simplicidade brutal, ao mesmo tempo que age como se se importasse com as pessoas comuns, ele promove o grande capital.

Os mestres totalitários muitas vezes admitem discretamente que estão conscientes de que têm de empregar bandidos brutais para realizarem o trabalho, e que esses bandidos são sádicos que gozam do seu exercício brutal de poder. Porém, estão errados ao restringir o prazer a um "fator humano" que prejudica a pureza da estrutura: a obscenidade brutal do gozo é imanente à estrutura social, é um sinal de que essa estrutura é em si antagônica, inconsistente. Também na vida social, o mais-gozar é necessário para preencher a lacuna ("contradição") que atravessa a estrutura social. Zupančič propõe aqui a hipótese de um excedente de dois níveis. Ao contrário de outros modos de produção, o capitalismo não tenta conter a sua instabilidade estrutural, ele utiliza o excedente que desestabiliza outras formações sociais: ele prospera com o excedente, contando-o... No entanto, mais cedo ou mais tarde, é produzido um excesso de segundo ní-

---

234. JOHNSTON, A. *The self-cleaning fetish: Repression under the shadow of fictitious capital*, manuscrito.

vel, um excedente que não pode ser incluído na reprodução do capital (insatisfação dos trabalhadores com o sistema), e o populismo de direita é uma tentativa de reconfigurar esse excesso que ameaça desestabilizar o bom funcionamento da reprodução capitalista sob o disfarce do gozo racista, do ressentimento da classe trabalhadora, do anti-intelectualismo...

Mas quem é esse Outro cujo instrumento é o perverso? Ele aparece em duas figuras muito diferentes. Existe o perverso do tipo Valmont (a maneira como Valmont seduz Madame de Courvel em *Liaisons Dangereuses*): um sedutor frio e metódico que deseja adicionalmente humilhar sua vítima, não apenas seduzindo-a num momento de fraqueza, mas tornando-a plenamente consciente daquilo a que ela sucumbiu e assim fazendo-a envergonhar-se do seu gozo na subordinação. A vítima não é, portanto, um objeto, ela está plenamente subjetivada, um sujeito dividido, incapaz de assumir o gozo da sua própria humilhação.

Esse aspecto da relação entre poder e sexualidade tende a ser negligenciado hoje: se sou desejado sexualmente por outro sujeito, isso me dá certo poder sobre o outro que me ama, o outro pode até mesmo gozar sua subordinação a mim, e posso explorar implacavelmente esse poder. Tais jogos de poder são uma parte imanente da dialética do desejo sexual: quando amo ou desejo alguém apaixonadamente, fico impotentemente exposto a ele/ela e, como tal, profundamente vulnerável. Por outro lado, o meu poder (assexual) sobre um outro sujeito permite-me explorá-lo sexualmente: um professor pode exigir um favor sexual do seu aluno, um chefe pode exigir o mesmo dos seus subordinados... É significativo que o primeiro aspecto é amplamente ignorado nos debates contemporâneos sobre sexo e poder, que se concentram quase exclusivamente em como alguém numa posição de poder sobre mim pode me explorar exigindo de mim favores sexuais.

Mas os carrascos da SS em Auschwitz não estavam fazendo isso; seu gozo não foi externalizado em suas vítimas, mas no grande Outro impessoal. Um perverso não é uma exceção à maneira como o gozo funciona – ele antes traz à tona o descentramento básico do gozo em relação ao sujeito: o gozo *nunca é diretamente subjetivado*, assumido como "meu", a subjetivação é sempre uma reação à intrusão traumática do gozo, uma maneira de adquirir uma distância em relação a ele – talvez, desejo seja o nome de como o gozo é subjetivado.

Martinho Lutero como personagem de filme noir

Agora chegamos ao cerne do nosso tópico, a dimensão teológico-política do gozo – de um ponto de vista materialista, a "teologia" sinaliza o descentramento do gozo em relação ao sujeito: "Deus" é a figura última do grande Outro que goza, e tal figura do grande Outro representa uma ameaça à liberdade do sujeito, obriga-nos a abolir a liberdade humana. Frank Ruda desenvolveu esse tema em detalhe e é crucial que, ao ler seu *Abolishing freedom* [abolir a liberdade][235], não tomemos suas premissas (da necessidade de abolir a liberdade etc.) como algum tipo de ironia pós-moderna, como uma série de paradoxos que não têm a intenção de serem muito literais, mas formulados apenas para nos tornar conscientes da verdadeira liberdade as premissas de Ruda devem ser tomadas literal e seriamente, "liberdade" é hoje, como Ruda o coloca, um termo de desorientação, um termo que, em vez de nos permitir traçar a linha de distinção crucial, esfuma essa linha.

---

235. RUDA, F. *Abolishing freedom*. Lincoln/Londres: University of Nebraska Press, 2016.

O enigma subjacente ao livro de Ruda é: se não existe liberdade da vontade, seja no sentido religioso da predestinação ou no sentido naturalista das ciências do cérebro, por que é tão importante para aqueles que negam o livre-arbítrio nos convencer e nos fazer admitir que não temos livre-arbítrio, como se essa admissão fizesse alguma grande diferença? Em termos técnicos, estamos lidando aqui com uma contradição pragmática: o conteúdo proposicional enunciado (determinismo pleno) é contradito não por outros fatos ou afirmações positivas, mas pelo próprio processo de sua enunciação (sujeitos que argumentam e tentam convencer-nos de que não há livre-arbítrio atuam como agentes livres engajados numa argumentação racional). Essa contradição indica uma lacuna mais radical. A solução é: sim, o livre-arbítrio é, em última análise, uma aparência, não um fato à espera de ser descoberto pela ciência objetiva – mas essa aparência mesma tem uma eficiência própria. Em sua leitura do clássico *Fuga ao passado*, de Tourneur, Pippin observa a sutileza da situação do herói no *filme noir*: sim, estamos condenados, o Destino puxa as cordas, cada manipulador é por sua vez manipulado, cada posição de um agente livre que decide o seu destino é ilusória – mas simplesmente endossar e assumir essa situação também é uma ilusão, uma evitação escapista do peso da responsabilidade:

> Se os pressupostos tradicionais sobre agentes autoconscientes, guiados por deliberação e casualmente eficazes estão se tornando menos credíveis e estão sob pressão crescente, *que diferença isso deveria fazer na maneira como nos comportamos*? O que realmente seria reconhecer "a verdade" ou levar em conta a incerteza na prática? É difícil imaginar o que seria *simplesmente* reconhecer os fatos, *desistir* de todas as pretensões de agência... quando Jeff se recusa a aceitar a caracterização fatalista de Kathie de que ambos simplesmente *são* "imprestáveis", insinuando que é inútil lutar, e ele chama

a polícia, ele... assume uma postura, um ponto de vista prático, que na verdade admite quão limitado é o espaço de ação que lhe é permitido nesse ponto, mas que não assume que ele é simplesmente "levado adiante" pelas consequências de sua história (seu passado) ou sua natureza ("imprestável"). Ele acaba sendo um agente, ainda que restrito e comprometido, da única maneira que qualquer pessoa pode ser. Ele age como qualquer pessoa[236].

Não podemos escapar das garras do Destino, mas também não podemos escapar do fardo da responsabilidade no Destino. "Muitos dos melhores *noirs* são muito bons em transmitir-nos a sensação de que essa, essa situação complicada e paradoxal, é o que poderia mais propriamente ser dito ser o nosso destino moderno"[237]. Não é por isso que a psicanálise é um exemplo da nossa situação? Sim, estamos descentrados, presos numa teia estranha, sobredeterminados por mecanismos inconscientes, sim, sou "falado" mais do que falo, o Outro fala por meio de mim, mas simplesmente assumir esse fato (no sentido de rejeitar qualquer responsabilidade) também é falso, um caso de autoengano – a psicanálise me torna ainda mais responsável do que a moralidade tradicional, ela me torna responsável até mesmo por aquilo que está além do meu controle (consciente). Não obtemos aqui a um belo caso de "negação da negação": primeiro a autonomia subjetiva é negada, mas depois essa negação mesma é "negada", denunciada como um estratagema subjetivo?

Lutero não estava lidando exatamente com o mesmo paradoxo ao revelar como somente a experiência-limite da nossa total impotência e incapacidade de cumprir os mandamentos de deus, a experiência que nos obriga a aceitar que

---

236. PIPPIN, R. *Fatalism in American film noir*. Charlottesville: University of Virginia Press, 2012, p. 48-49.
237. *Ibid.*, p. 97.

não temos livre-arbítrio, pode nos levar à verdadeira fé? – Eis a descrição concisa de Ruda desse paradoxo:

> Deus quis o que quis por toda a eternidade, "mesmo antes da fundação do mundo". Por essa razão, o seu "amor... e ódio [são] eternos, sendo anteriores à criação do mundo". É por isso que existe predestinação. É também por isso que os seus mandamentos não podem ser cumpridos por nós se ele não quiser que o façamos. Eles existem para nós a fim de nos permitir termos a "experiência inegável de quão incapazes" nós somos. A lei, portanto, gera o conhecimento da própria incapacidade e impotência de alguém, de "quão grande fraqueza existe". Os mandamentos produzem conhecimento do fato de que não há livre-arbítrio[238].

A primeira coisa a notar aqui é a dimensão superegóica dos mandamentos divinos: para Freud, o superego é um mandamento vindo de um agente obsceno que nos bombardeia com ele com o objetivo de tornar visível o nosso fracasso em cumpri-lo – aquele que goza aqui é o Outro (Deus), e ele sadicamente goza o nosso fracasso. Essa estrutura convoluta de uma injunção que é cumprida quando falhamos em cumpri-la explica o paradoxo do Superego observado por Freud: quanto mais obedecemos ao mandamento do Superego mais nos sentimos culpados. Esse paradoxo também se mantém quando seguimos Lacan e lemos o Superego como uma injunção ao gozo: o gozo é um real impossível, nunca podemos alcançá-lo plenamente, e esse fracasso faz nos sentirmos culpados (um outro paradoxo está em ação aqui: o gozo como um real impossível significa que nunca poderemos alcançá-lo e que nunca poderemos nos livrar dele, uma vez que as nossas próprias tentativas de nos livrarmos dele geram o seu próprio mais-gozar).

---

238. RUDA, F. *Abolishing freedom*. Lincoln/Londres: University of Nebraska Press, 2016, p. 31-32.

Uma série de situações que caracterizam a sociedade atual exemplificam perfeitamente esse tipo de individualização superegóica: a ecologia, o politicamente correto, a pobreza e até o endividamento em geral. Será que o discurso ecológico predominante não se dirige a nós como culpados *a priori*, em dívida com a Mãe Natureza, sob a pressão constante da agência superegóica ecológica que se dirige a nós em nossa individualidade:

> O que você fez hoje para pagar sua dívida para com a natureza? Você colocou todos os jornais numa lixeira apropriada destinada a recicláveis? E todas as garrafas de cerveja ou latas de Coca-Cola? Você usou seu carro quando poderia ter usado uma bicicleta ou algum meio de transporte público? Utilizou ar-condicionado em vez de apenas abrir bem as janelas?[239]

O que está ideologicamente em jogo em tal individualização é facilmente discernível: perco-me no meu próprio autoexame em vez de levantar questões globais muito mais pertinentes sobre toda a nossa civilização industrial. É por isso que é de certa forma bastante justificado que eu me sinta culpado: seguir as injunções a reciclar etc. significa, em última análise, que sigo rituais que me permitem adiar fazer algo que realmente resolveria as causas da crise ecológica.

O mesmo vale para o interminável autoexame quanto a ser politicamente correto: será que o meu olhar para a comissária de bordo foi demasiadamente intrusivo ou sexualmente

---

239. Os ecologistas gostam de apontar como a introdução de uma espécie estranha num mundo da vida específico pode desestabilizá-lo fatalmente: um novo predador que come espécies animais locais perturba todo o ciclo da vida, uma nova planta sufoca outras plantas e destrói toda a cadeia de alimentos etc. O que muitas vezes se esquecem de mencionar é que somos os principais intrusos – nós, humanos – a espécie humana, cujo crescimento explosivo devasta mundos da vida, de modo que a natureza tem de estabelecer novos equilíbrios ecológicos frágeis.

ofensivo? Será que usei alguma palavra com um possível tom sexista ao me dirigir a ela? etc. O prazer, até mesmo a excitação, proporcionados por tal autossondagem é evidente – lembre-se de como o arrependimento autocrítico se mistura com a alegria quando descubro que minha piada inocente não era tão inocente, afinal, que continha um tom racista... Quanto à caridade, lembremo-nos de como somos constantemente bombardeados por mensagens destinadas a fazer-nos sentir culpados pelo nosso modo de vida confortável, enquanto crianças estão passando fome na Somália ou morrendo desnecessariamente de doenças facilmente curáveis – mensagens que simultaneamente oferecem uma saída fácil ("Você *pode* fazer a diferença! Dê $10 mensais e você fará um órfão negro feliz!"). Mais uma vez, a base ideológica é facilmente discernível aqui. A noção de Lazzarato de "homem endividado" fornece uma estrutura geral de tal subjetividade para a qual a pressão superegoica de estar endividado é constitutiva – parafraseando Descartes, estou em dívida, portanto existo como um sujeito integrado na ordem social.

E o mesmo não se aplica ao medo patológico de alguns esquerdistas liberais ocidentais de serem culpados de islamofobia? Qualquer crítica ao Islã é denunciada como uma expressão da islamofobia ocidental, Salman Rushdie é denunciado por provocar desnecessariamente os muçulmanos e, portanto, (parcialmente, pelo menos) responsável por uma *fatwa* que o condenou à morte etc. etc. O resultado de tal postura é o que se pode esperar em tais casos: quanto mais os esquerdistas liberais ocidentais sondam sua culpa, mais são acusados pelos fundamentalistas muçulmanos de serem hipócritas que tentam esconder o seu ódio ao Islã. Essa constelação novamente reproduz perfeitamente o paradoxo do superego: quanto mais você obedece ao que o Outro demanda de você, mais culpado você é. É como se quanto mais você tolerasse o Islã, mais forte seria a sua pressão sobre você...

E a lição implícita de Lutero é que não devemos ter medo de aplicar essa noção de Superego ao próprio Deus e à maneira como ele se relaciona conosco, humanos. Deus não apenas nos impõe mandamentos (que ele sabe) que somos incapazes de cumprir, ele nos impõe esses mandamentos não a fim de realmente nos testar, não com a esperança de que talvez consigamos seguir os mandamentos, mas precisamente a fim de nos levar ao desespero, de nos tornar conscientes do nosso fracasso – e aqui, apenas nesse ponto, atingimos o limite do cristianismo propriamente dito: essa consciência da nossa total impotência é o ato de liberdade que muda tudo. É por causa da nossa liberdade que a experiência da nossa impotência nos leva ao desespero: sem liberdade, simplesmente aceitaríamos que somos uma engrenagem não livre no maquinário divino (se, pelo contrário, encontrássemos em nós mesmos a força para enfrentar o desafio e agir de acordo com os mandamentos divinos, isso também não significaria que somos livres, mas simplesmente que a capacidade de agir de acordo com os mandamentos divinos faz parte da nossa natureza, das nossas disposições e potenciais naturais). Para esse *insight* sobre o nosso desespero e absoluta impotência, Cristo não é necessário – é só o Deus onipotente escondido contra nós. Nas palavras de Ruda:

> a afirmação do fato de que não existe uma medida comum que relacione Deus e a humanidade – não existe uma relação humano-divina. Erasmo assume falsamente que existe uma continuidade entre o homem e Deus e, portanto, também confunde "Deus pregado e Deus escondido". É precisamente essa distinção (em termos hegelianos, aquela entre Deus para nós e Deus em si) que precisa ser levada em conta. Deus não é seu Verbo. O Verbo é Deus revelado à humanidade. Para pensar Deus, é preciso evitar a tentação de fundir a revelação (o Verbo, Cristo) e Deus como tal[240].

---

240. RUDA, F. *Abolishing freedom*. Lincoln/Londres: University of Nebraska Press, 2016, p. 32.

Aqui, no entanto, temos de introduzir um toque hegeliano fundamental: se "há uma lacuna radical, uma diferença diferente de todas as outras diferenças, que separa o Deus revelado (Escritura) e Deus em si mesmo (o Deus escondido ou 'nu')"[241], então essa lacuna não é apenas a lacuna entre Deus-em-si e a maneira como Deus aparece para nós, é também uma lacuna no próprio Deus – o fato de Deus aparecer é um evento que afeta profundamente a identidade de Deus. Não existe relação humano-divina – mas *essa não relação existe como tal, na figura de Cristo*, Deus que é um ser humano. Em outras palavras, Cristo não é uma figura de mediação entre deus e ser humano, uma prova de que deus se relaciona com o ser humano com cuidado amoroso; o que acontece com Cristo é que a não relação entre deus e ser humano é transposta para o próprio deus – a lacuna que separa o ser humano de deus é afirmada como imanente a deus. Tudo muda com esse movimento: aquele que experimenta total desespero (expresso em seu "meu Deus, meu Deus, por que me abandonaste?") é o próprio Deus (o filho), Cristo morrendo na cruz, e por minha crença em Cristo, eu me identifico com deus no meu próprio desespero. A identidade com Deus não é alcançada por alguma elevação espiritual sublime, mas apenas na passagem pelo total desespero, por meio da transposição da nossa própria incapacidade e impotência para o próprio Deus[242]. Quando isso acontece, Deus, o pai, já não é um obsceno agente superegoico, e o abismo do total desespero acaba por ser a outra face da minha liberdade radical. Nunca

---

241. *Ibid.*, p. 33.
242. A designação correta para a posição defendida aqui não é ateísmo cristão, mas cristianismo ateu: o ateísmo cristão reduz "cristão" a um dos possíveis predicados/versões de ateísmo, enquanto "cristianismo ateu" implica uma afirmação mais forte de que o cristianismo é, no seu cerne, ateu, isto é, de que é isso que distingue o cristianismo de outras religiões.

devemos esquecer que, na visão de Lutero, um indivíduo é lançado no desespero quando experimenta sua impotência e incapacidade de obedecer aos mandamentos de Deus, não de realizar alguma tarefa impossível (já no Paraíso, Adão e Eva comeram a maçã proibida) – e será que a liberdade não é precisamente a liberdade de *não* obedecer aos mandamentos?

O papel único de Cristo é algo que escapa ao misticismo mesmo no seu melhor, o que significa, claro, Mestre Eckhart. Eckhart estava no caminho certo quando disse que preferia ir para o inferno com Deus do que para o céu sem – mas o seu horizonte último da unidade mística de ser humano e Deus como a Unidade abissal na qual o ser humano e Deus como entidades separadas desaparecem o impede de extrair todas as consequências do seu *insight*. Citemos extensivamente o Sermão 87 de Eckhart ("Bem-aventurados os pobres de espírito"), que se concentra no que significa a verdadeira "pobreza":

> enquanto um ser humano ainda tiver de algum modo a vontade de cumprir a muito querida vontade de Deus, esse ser humano não terá a pobreza de que estamos falando; pois esse ser humano ainda deseja satisfazer a vontade de Deus, e isso não é verdadeira pobreza. Pois, se um ser humano tem verdadeira pobreza, então ele deve ser tão livre de sua própria vontade agora, enquanto criatura, quanto era antes de ser criado. Pois estou lhe dizendo pela verdade eterna: enquanto você tiver a vontade de cumprir a vontade de Deus e estiver ansiando pela eternidade e por Deus, você não será verdadeiramente pobre. Pois só alguém que nada quer e nada deseja é um ser humano pobre... Por isso dizemos que um ser humano deve ser tão pobre que nem seja nem tenha um lugar no qual Deus possa realizar sua obra. Se esse ser humano ainda ocupa tal lugar dentro de si, então ainda se apega à dualidade. Rogo a Deus que ele me livre de Deus; pois meu ser essencial está acima de Deus na medida em que compreende-

mos que Deus é a origem de todas as criaturas. Naquele fundo divino de que falamos, onde Deus está acima de todos os seres e de toda dualidade, lá eu fui eu mesmo, eu quis a mim mesmo e me conheci, a fim de criar a minha presente forma humana. E, portanto, sou a minha própria fonte de acordo com o meu ser intemporal, mas não de acordo com o meu devir, que é temporal. Sou, portanto, não nascido e, assim como nunca nasci, nunca morrerei. O que sou de acordo com o meu nascimento morrerá e será aniquilado; porquanto é mortal, deve se decompor com o tempo. No meu nascimento eterno todas as coisas nasceram e eu fui a fonte de mim mesmo e de todas as coisas; e se eu o tivesse querido, não existiria nem eu nem coisa alguma; mas se eu não existisse, então Deus não existiria, pois eu sou a causa da existência de Deus; se eu não existisse, Deus não seria Deus. No entanto, não é necessário saber disso[243].

Eckhart baseia-se aqui na distinção entre mim como criatura, parte do reino das criaturas com Deus (a origem de todas as criaturas) no seu ápice, e entre o eu impessoal eterno que é um com Deus além de toda vida criatural ("onde estou vazio da minha própria vontade, de Deus, da vontade de Deus, e de todas as Suas obras e do próprio Deus, aí estou acima de todas as criaturas, não sou nem Deus nem criatura, antes, sou o que fui e permanecerei, agora e para sempre")[244]. No entanto, essa distinção não é suficiente para realmente explicar a afirmação do próprio Eckhart de que é melhor estar no Inferno com Deus do que no Céu sem Deus.

Temos de ser precisos aqui – Eckhart não fala sobre Cristo, mas sobre Deus: *"ich will lieber in der helle sin und daz ich got habe, denne in dem himelriche und daz ich got nit*

---

243. Cf. www.stillnessspeaks.com/wp-content/uploads/2015/09/MeisterEckhartThePoorMan.pdf
244. *Ibid.*

enhabe" ("Eu preferiria estar no inferno e ter Deus do que estar no reino dos céus e não ter Deus")[245]. É minha opinião que se deveria substituir aqui "Deus" por "Cristo": não se pode estar sem Deus no Céu, porque Deus É o Céu, e a única maneira de Deus estar no Inferno é na figura de Cristo. A razão pela qual temos de substituir "Deus" por "Cristo" é, portanto, simplesmente porque essa é a única maneira de tornar a proposição de Eckhart significativa num sentido cristão (temos aqui um bom exemplo de como uma citação errada está mais próxima da verdade do que o original). Ou, para dar um passo adiante: não apenas um mundo sem Deus é o Inferno, mas Deus sem Cristo (ou seja, Deus em sua separação do ser humano) é o próprio Diabo. A diferença entre Deus e o Diabo é, portanto, aquela de uma paralaxe: eles são uma e a mesma entidade, apenas vistos de uma perspectiva diferente. O Diabo é Deus percebido como uma autoridade superegoica, como um Mestre promulgando seus caprichos.

A unidade mística do meu eu e Deus, na qual ambos nos dissolvemos, está além do Céu e do Inferno, não há sequer um lugar adequado para Cristo nela, é o vazio da eternidade. Na medida em que nós, no entanto, definimos o Céu como a bem-aventurança da eternidade na qual sou plenamente um com Deus, então Cristo como um indivíduo encarnado, como um Deus que é simultaneamente uma criatura mortal (morrendo na Cruz), pertence definitivamente ao domínio do Inferno. Em seu "Engel", Rammstein descreve em termos simples, mas comoventes, a tristeza e o horror dos anjos que habitam no Céu, assustados e sozinhos, tristes, porque não há amor lá em cima – talvez o amor mortal e sufocante de Deus, que é uma máscara da Sua indiferen-

---

245. *Ibid.*

ça. Deus Pai sabe que não quero ser um anjo, mas Ele me mantém lá. O amor só vem por meio de Cristo, e o lugar de Cristo é no Inferno, onde está a vida, onde as paixões nos dividem. E aqui há um passo adiante a ser dado: se, a fim de alcançar o abismo do Vazio, tenho de me livrar do próprio Deus como a criatura suprema, o único lugar para fazê-lo é o Inferno, onde Deus está, por definição, ausente. Para sair do reino das criaturas é preciso descer ao nível mais baixo da vida criatural que é o Inferno.

Na sua afirmação provocativa, Eckhart não apenas imagina onde estar com ou sem Cristo, ele propõe uma escolha real que temos de fazer, a escolha entre Deus e Cristo, e é a escolha entre o Céu e o Inferno. Rimbaud escreveu em seu *Uma temporada no inferno*: "Acredito que estou no inferno, logo existo". É preciso considerar essa afirmação em todo o seu sentido cartesiano: somente no Inferno posso existir como um eu singular e único, uma criatura finita que, no entanto, é capaz de separar-se da ordem cósmica das criaturas e entrar no Vazio primordial.

Eckhart progride da ordem temporal das criaturas para o abismo primordial da eternidade, mas evita a questão-chave: como as criaturas surgem desse abismo primordial? Não "como podemos alcançar a eternidade a partir do nosso ser temporal finito?", mas: "Como pode a própria eternidade descer à existência temporal finita?" A única resposta é que, como Schelling a viu, a eternidade é a prisão definitiva, um encerramento sufocante, e é apenas a queda na vida criatural que introduz a Abertura na experiência humana (e até mesmo divina). Esse ponto foi muito claramente elaborado por G. K. Chesterton, que escreveu a propósito da afirmação em voga sobre a "suposta identidade espiritual do Budismo e do cristianismo":

O amor deseja personalidade; portanto, o amor deseja a divisão. É o instinto do cristianismo ficar contente por Deus ter quebrado o universo em pequenos pedaços... Esse é o abismo intelectual entre o budismo e o cristianismo; aquilo que para a personalidade budista ou teosofista é a queda do ser humano, para o cristão é o propósito de Deus... O cristianismo é uma espada que separa e liberta. Nenhuma outra filosofia faz Deus realmente se alegrar com a separação do universo em almas vivas[246].

E Chesterton está plenamente consciente de que não é suficiente que Deus separe o ser humano de Si mesmo para que a humanidade O ame – essa separação TEM de ser refletida de volta no próprio Deus, de modo a que Deus seja abandonado POR SI MESMO:

Quando o mundo tremeu e o sol foi varrido do céu, não foi na crucificação, mas no grito da cruz: o grito que confessou que Deus foi abandonado por Deus. E agora, que os revolucionários escolham um credo entre todos os credos e um deus entre todos os deuses do mundo, sopesando cuidadosamente todos os deuses de inevitável recorrência e de inalterável poder. Eles não encontrarão outro deus que tenha ele mesmo se revoltado. Não (o assunto se torna difícil demais para a fala humana), mas deixemos que os próprios ateus escolham um deus. Eles só encontrarão uma divindade que alguma vez tenha expressado seu isolamento; apenas uma religião na qual Deus tenha parecido por um instante ser ateu[247].

Por causa dessa sobreposição entre o isolamento do ser humano de Deus e o isolamento de Deus DE SI MESMO, o cristianismo é

---

246. CHESTERTON, G. K. *Orthodoxy*. São Francisco: Ignatius Press, 1995, p. 139.
247. *Ibid.*, p. 145.

terrivelmente revolucionário. Que um bom homem possa estar de costas para a parede não é mais do que já sabíamos; mas o fato de Deus poder ficar de costas para a parede é um orgulho para todos os insurgentes para sempre. O cristianismo é a única religião na terra que sentiu que a onipotência tornou Deus incompleto. Somente o cristianismo sentiu que Deus, para ser totalmente Deus, deve ter sido um rebelde, além de um rei[248].

Todos conhecemos a afirmação de Einstein contra a física quântica: "Deus não joga dados!" Niels Bohr respondeu apropriadamente a Einstein: "Não diga a Deus o que fazer!" E deveríamos ir até o fim nesta direção: quando um teólogo afirma "Deus não pode ser mau!", a nossa resposta deveria ser: "Não diga a Deus o que ele pode ou não ser!" Chesterton está plenamente consciente de que estamos assim abordando

> um assunto mais obscuro e terrível do que é fácil discutir... um assunto que os maiores santos e pensadores têm justamente temido abordar. Contudo, naquele fantástico conto da Paixão há uma sugestão emocional distinta de que o autor de todas as coisas (de alguma maneira impensável) não só passou pela agonia, mas pela dúvida.

Na forma padrão do ateísmo, os humanos emancipados param de acreditar em Deus; no cristianismo, Deus morre *por si mesmo* – em seu "Meu Deus, meu Deus, por que me abandonaste?", o próprio Cristo comete o que é para um cristão o maior pecado: ele vacila em sua fé. E, novamente, é isso que escapa a Eckhart: para ele, Deus "morre para si mesmo" no sentido de que Deus como o Ser supremo, como a origem de toda a vida criatural, também desaparece quando um ser humano atinge a sua pobreza extrema – nesse ponto zero, o ser

---

248. *Ibid.*

humano e Deus tornam-se indistinguíveis, o Um abissal. Para Chesterton, no entanto, o mistério último do cristianismo é exatamente o oposto, a DIVISÃO do ser humano de Deus que é transposta para o próprio Deus na figura de Cristo.

Aqui finalmente alcançamos o paradoxo definitivo da teologia de Lutero: como é que a autodivisão divina afeta a relação entre liberdade e predestinação? A predestinação não é um fato objetivo, mas uma questão de escolha, da nossa própria escolha inconsciente que precede a nossa existência temporal:

> Esse tipo peculiar de escolha ao qual estamos condenados é estruturalmente análogo ao que Freud chama de "a escolha da neurose" – uma escolha que é peculiarmente "independente de experiências". Isso significa que, num certo sentido, o sujeito é forçado a escolher o seu próprio inconsciente: "Essa afirmação de que o sujeito, por assim dizer, escolhe o seu inconsciente... é a própria condição de possibilidade da psicanálise"[249].

Quando Freud diz que essa escolha forçada (forçada, porque sempre-já aconteceu: nunca escolhemos), essa escolha que é simultaneamente impossível e necessária (inevitável), é "independente das experiências", deveríamos conferir a essa formulação todo o seu peso kantiano: o fato de a escolha da neurose ser independente da experiência significa que ela não é uma escolha empírica ("patológica", no sentido de Kant), mas uma escolha propriamente transcendental que precede a nossa existência temporal empírica. Kant fala sobre essa escolha eterna/atemporal do nosso caráter, e Schelling o segue neste ponto: se eu sou mau, não posso evitar agir de maneiras malignas em minha vida, esse é o meu caráter, porém, mesmo assim sou res-

---

249. RUDA, F. *Abolishing freedom*. Lincoln/Londres: University of Nebraska Press, 2016, p. 162.

ponsável por ele, porque eu o escolhi num ato atemporal. Não estaremos assim de volta a *exemplum* como diferente de exemplos? A escolha eterna/atemporal é, obviamente, uma ficção no sentido de que nunca ocorre na nossa realidade temporal, é um X ficcional pressuposto por todos os nossos atos e escolhas atuais – e precisamente como tal, é o *exemplum* de uma livre-escolha Ou, para colocá-lo em termos kantianos, todas as nossas escolhas temporais podem ser suspeitas de serem "patológicas", não atos livres, mas condicionadas pelos nossos interesses e determinações contingentes – apenas a escolha eterna/atemporal é realmente livre.

Ruda está certo ao apontar que tal escolha explica a fórmula de Freud "anatomia é destino", que deveria ser lida como uma afirmação especulativa hegeliana na qual o sujeito passa a ser predicado. Não significa que "o fato anatômico/biológico de ter ou não um pênis determina o nosso destino social como homem ou mulher"; significa (quase) o exato oposto: o que percebemos (equivocadamente) como um fato da anatomia é o destino simbólico, ou seja, escolhemos o nosso destino numa escolha forçada e essa escolha subjaz à percepção quotidiana da nossa identidade sexual sendo baseada na anatomia:

> O fato de ser a lógica feminina o que torna tudo isso visível significa que, para Freud, mulher é o nome dessa liberdade peculiar da qual nada sabemos. Entretanto, se mulher é um nome para essa escolha, isso também significa que dentro da lógica feminina a mulher não existe (como entidade fixa). Em vez disso, mulher é um nome para esse ato[250].

---

250. RUDA, F. *Abolishing freedom*. Lincoln/Londres: University of Nebraska Press, 2016, p. 163.

O ato de escolha não é neutro, não existe sujeito neutro escolhendo um lado na diferença sexual: o ato de escolha é feminino, o homem é uma identidade escolhida. Para colocá-lo em termos um tanto simplificados, a diferença sexual é, em última análise, aquela entre devir e ser, e é assim que também se pode ler a afirmação de Lacan de que a mulher não existe: o homem existe, a mulher é devir. O que também significa: o homem é objeto, a mulher é sujeito. Isso não é confirmado até mesmo no nível da anatomia? Em seu *Pleasure erased* [prazer apagado], Catherine Malabou[251] fornece uma investigação filosófica sobre o estatuto paradoxal do clitóris: o clitóris não penetra nada e, como tal, contém a possibilidade de uma forma diferente de se relacionar com o poder, livre de dominação e de vontade de penetrar. O clitóris é o único órgão que não serve para nada, ou seja, apenas para o prazer (outros mamíferos também o têm, embora não esteja claro se proporciona orgasmo). Ele dá ao corpo um excesso anárquico fora da complementaridade binária de pênis protuberante e orifício vaginal.

É fácil explicar o clitóris de forma evolutiva como um remanescente da bissexualidade do feto nas primeiras semanas de gravidez, sem função agora (como os mamilos masculinos). Todavia, claro, o que está em jogo não é a origem evolutiva do clitóris, é o seu papel no espaço simbólico de uma mulher que o torna traumático (para os homens), um objeto intencionalmente ignorado e até circunscrito (cliterodectomia). No entanto, Malabou rapidamente rejeita Lacan (e Freud) como falocêntricos. Não é que tenhamos uma constelação fálica "normal" (pênis ereto, orifício vaginal a ser penetrado, ejaculação e orgasmo vaginal) e depois o clitóris

---

251. Cf. MALABOU, C. *Le plaisir efface*. Clitoris et pensee. Paris: Bibliothèque Rivages, 2020.

como elemento que constitui uma ameaça a essa constelação fálica, desafiando-a, introduzindo um momento heterogêneo, uma fonte de prazer independente da sexualidade fálica. Isso pode parecer se adequar às fórmulas da sexuação de Lacan: a posição masculina é fálica, enquanto a posição feminina está não toda presa na lógica fálica, algo lhe escapa, e esse algo (o gozo feminino não fálico) é encarnado no clitóris... Contudo, tal leitura ignora o paradoxo das fórmulas de Lacan: a posição feminina de não toda implica que não há exceção (não há nada que escape à função fálica), ao passo que a lógica masculina implica uma exceção. Essa referência a Lacan permite-nos ver como a constelação fálica (pênis/vagina) e o clitóris são momentos da mesma constelação todo-abrangente da diferença sexual como impossível.

Deveríamos, portanto, mudar a ênfase: não é apenas que o clitóris incorpore o gozo feminino autônomo, em oposição ao gozo vaginal, que é complementar ao fálico. Com o clitóris, a própria diferença sexual é integrada/refletida no corpo feminino: o clitóris é um remanescente fálico, sua cabeça visível é um "pequeno pênis" (mas por dentro é muito maior, espalhando-se sob os lábios vaginais. E se, então, o que define a sexualidade feminina é a própria distância entre o clitóris e o orifício vaginal, entre o orgasmo clitoriano não fálico e o orgasmo fálico-vaginal (lembre-se da cena clássica de uma mulher que se masturba clitorianamente enquanto é penetrada por um pênis)? No caso masculino heterossexual, a divisão é externa, é pênis *versus* vagina, enquanto no caso feminino é interna, é orifício vaginal *versus* clitóris. Aqui podemos ver claramente como "mulher" representa escolha, ao passo que "homem" representa uma escolha realizada (do falo). Ou, num nível ontológico mais abstrato, "mulher" representa liberdade abissal enquanto "homem" representa predestinação.

Um desejo de não ter mãe

Devemos evitar aqui a tentação pseudofreudiana: a "mulher" que representa a liberdade abissal NÃO é a mãe – o sujeito (inclusive as mulheres) que ousa enfrentar esse abismo tem precisamente de rejeitar a mãe: é Medeia quem, rejeitando a maternidade (matando os filhos), assume esse abismo. Rammstein descreve essa rejeição numa de suas canções supremas, "Mutter". A letra conta a história de uma criança que não nasceu do útero, mas sim de um experimento, não tendo, portanto, pai ou mãe verdadeiros; descreve o seu plano de matar a mãe "que nunca a deu à luz" e depois a si mesmo. Ela, no entanto, não consegue se matar, acabando mutilada e numa situação pior do que antes. A criança implora e reza por forças, mas sua mãe morta não responde. A sua situação é ambígua: será que foi um nascimento experimental fora do útero, um aborto de modo que ela canta como morta ou, num nível mais geral, é uma metáfora para a situação dos alemães após a Segunda Guerra Mundial, onde encontraram a sua "terra-mãe" destruída e, portanto, suas vidas arruinadas? Deve-se resistir aqui à tentação de decidir sobre o que a música "realmente versa" – ela "realmente versa sobre" a constelação formal de uma criança órfã de mãe que sobrevive ao suicídio. E uma ambiguidade semelhante opera surpreendentemente em diferentes versões musicais da canção: há o rock pesado "original" do Rammstein, mas também há versões para soprano solo acompanhada por piano ou orquestra sinfônica, para um coro masculino, e até mesmo para um coro infantil (com letra em russo), e todas soam muito "naturais" a despeito da extrema brutalidade do evento descrito na letra.

Até os (óbvios) absurdos da letra (como uma criança que nunca teve mãe pode matá-la?) são significativos aqui:

a mãe falhou, ela é culpada, precisamente por *não* estar presente quando necessário. As crianças com cabelos grisalhos não são apenas o paradoxo das crianças velhas – os recém-nascidos podem muitas vezes parecer velhos, com cabelos grisalhos e pele enrugada; são necessários alguns dias para "tornar-se uma criança" sem cabelos e com a pele lisa... Será que essa criança não é como um anjo preso num limbo, nem não nascida, nem nascida? Os anjos no céu também não têm mãe. No entanto, a lição da canção é muito mais radical, até metafísica – a situação extrema que ela descreve é a situação universal de todos nós, seres humanos que realmente existem. Em termos psicanalíticos, a Mãe é impossível/real, nenhuma mãe atual é Mãe, de modo que todos nós, em certo sentido, nem sequer nascemos completamente, somos aberrações que nem sequer fomos totalmente lançados no mundo. O problema não é que ainda estejamos presos no corpo da mãe, mas que nunca estivemos nele – desde o início éramos alienígenas parasitando no útero. O suicídio do herói teve de fracassar, porque ele nunca esteve plenamente vivo; é somente pelo fracasso do seu suicídio que ele vem a ser – a prova definitiva de que o ser é um não ser fracassado.

Então, será que há um resultado feliz para esse impasse? Sim – veja *Efeito borboleta* (2004, dirigido por Eric Bress e J. Mackye Gruber), que conta a história de Evan (interpretado por Ashton Kutcher) que descobre que pode viajar de volta no tempo para habitar seu antigo *self*. Ele tenta repetidamente mudar seu presente catastrófico, mudando seus comportamentos passados e acertando as coisas para si e seus amigos, mas cada vez que ele faz isso e retorna ao presente, a situação fica ainda pior, até que ele encontra a única solução. Ele assiste a um filme de família do seu pai, que mostrava a mãe de Evan logo antes de ela o dar à luz.

Evan viaja de volta àquele momento e se estrangula no útero com o cordão umbilical de modo a impedir a si mesmo de continuar (esse final está disponível apenas na versão do diretor do filme – a versão lançada nos cinemas tem um final feliz padrão[252]). O filme está certo: esse é o único final verdadeiramente feliz que podemos imaginar para as nossas vidas (como Sófocles sabia quando escreveu que a maior felicidade é não ter nascido). Deveríamos elevar o ato final de Evan ao nível transcendental de uma decisão primordial atemporal por meio da qual escolhemos a nós mesmos, o nosso caráter eterno (do qual Kant falou): nesse caso, ele escolhe com sucesso o seu próprio não ser.

Essa, no entanto, não é a última palavra a ser dita sobre esse tema. O erro de Evan é que ele concentra a sua vida na felicidade, em como evitar o sofrimento – ele sacrifica até mesmo o seu amor apenas para que ele e os outros não sofram. No entanto, para usar os termos de Badiou, a felicidade é uma categoria do "animal humano", da nossa vida ordinária cujos horizontes são o prazer e a satisfação em todas as suas formas, por mais pervertidos que sejam – essa vida é efetivamente apenas um desespero suicida adiado. Se quisermos superar esse desespero, temos de entrar em outra dimensão da existência, aquilo a que Badiou chama de o Evento nos seus quatro modos: a ciência (inclusive a filosofia), a arte, a política (inclusive a economia politizada) e o amor. Viver na fidelidade a um Evento não implica felicidade, mas uma vida de luta, de riscos e tensões, do engajamento criativo por uma Causa que ultrapasse a nossa existência.

---

252. Cf. "Butterfly effect". *Wikipédia*.

FINAL
A DESTITUIÇÃO SUBJETIVA COMO UMA CATEGORIA POLÍTICA

Recentemente, após a publicação dos *Cadernos negros*, de Heidegger, abundam as tentativas de excluí-lo da lista de filósofos a serem levados a sério por conta do seu antissemitismo e das suas ligações com o nazismo. Por essa mesma razão, deve-se insistir que Heidegger permanece pertinente: mesmo quando está no seu pior, ligações inesperadas se abrem. Em meados da década de 1930, Heidegger disse: "existem seres humanos e grupos humanos (negros como, p. ex., os cafres) que não têm história... no entanto, a vida animal e vegetal tem uma história de mil anos e cheia de acontecimentos... no âmbito da região humana, a história pode estar ausente, como acontece com os negros"[253] ("cafre" era, na época do *apartheid*, um insulto étnico usado para se referir aos africanos negros na África do Sul). As linhas citadas são estranhas, mesmo para os padrões de Heidegger: então os animais e as plantas têm história, mas os "negros" não? "A vida animal e vegetal tem uma história de mil anos e cheia de acontecimentos" – mas com certeza não no sentido estrito de Heidegger do desvelamento epocal do Ser... Ademais, onde então ficam países como a China ou a Índia, que também não são históricos no sentido específico de Heidegger? O verdadeiro enigma que não deve ser descartado como um simples caso de mal-entendido é, no entanto, o caso de Grant Farred, um

---

253. HEIDEGGER, M. *Logic as the question concerning the essence of language*. Albânia: Suny Press, 2009, p. 73.

notável filósofo negro contemporâneo que leciona em Cornell. Seu pequeno livro *Martin Heidegger saved my life* [Martin Heidegger salvou a minha vida][254] foi escrito em reação a um encontro racista: no outono de 2013, enquanto ajuntava folhas do lado de fora de sua casa. Farred vivenciou um encontro racista: uma mulher branca parou para lhe perguntar: "Você gostaria de um outro emprego?" Farred respondeu: "Só se você puder me oferecer um salário melhor do que o de professor da Cornell". A fim de entender o que se passou com ele, Farred recorreu a Heidegger:

> Heidegger me salvou, porque me ofereceu a linguagem para escrever sobre raça de uma maneira como eu nunca havia escrito antes. Heidegger me permitiu escrever dessa maneira, porque me fez pensar sobre como pensar[255].

O que ele achou tão útil em Heidegger foi a noção da linguagem como uma "casa do ser": não a linguagem abstrata-universal da ciência e da administração estatal, mas a linguagem enraizada num modo de vida particular, a linguagem como o meio de uma experiência de vida sempre-única que nos desvela a realidade de uma forma historicamente específica. É fácil imaginar como tal posição permite a um sujeito resistir a ser engolido por um universo global de dominação tecnológica... no entanto, será essa a maneira de combater o que muitas vezes é chamado de "americanização" das nossas vidas? Para respondermos a essa questão, temos de pensar – e, como Farred aponta repetidamente, foi isso que ele aprendeu com Heidegger, não apenas a pensar, mas a pensar sobre pensar.

---

254. Cf. FARRED, G. *Martin Heidegger saved my life*. Mineápolis: University of Minnesota Press, 2015.
255. *Living with the ghost of Martin Heidegger* – University of Minnesota Press Blog (uminnpressblog.com).

Vivemos num momento único que suscita a urgência de pensar. O nosso tempo não é uma época pacífica que proveja a oportunidade de nos retirarmos confortavelmente para uma reflexão sobre o mundo, mas um tempo em que a nossa própria sobrevivência como humanos está sob ameaça de diferentes direções: a perspectiva de um controle digital total que visa invadir a nossa própria mente ("o cérebro conectado"), infecções virais incontroláveis, os efeitos do aquecimento global... Numa entrevista recente, Brian Greene sugeriu que existem duas maneiras opostas de reagir quando nos encontramos numa situação tão difícil:

> Neste momento de crise global – quando todos os planos futuros foram aparentemente subvertidos e a fragilidade da vida iluminada com terrível clareza – podemos encontrar muito consolo concentrando-nos no momento presente; reunindo-nos todos os dias, todas as horas, a cada refeição, como quer que seja. Contudo, há também um tipo de paz interior que pode ser encontrada ao nos afastarmos deste momento, deste século, deste milênio, regressando ao início dos tempos e avançando até a morte do universo[256].

Portanto, ou nós nos retiramos para a nossa proximidade (espacial e temporal) imediata – esquecemos a crise global, pensamos na relva que temos à nossa frente, na boa comida que mastigamos... – ou para uma visão global do universo que nos torne uma minúscula gota invisível – quando se pensa no Big Bang e na formação das primeiras estrelas, pode-se ignorar o que acontece num pequeno planeta numa pequena galáxia[257]... Porém, e se um momento tão confuso for o

---

256. SCHWARTZ, O. In this global crisis, there's one consolation: the beauty of the universe. *The Guardian*, 13 abr. 2020. Disponível em: https://www.theguardian.com/lifeandstyle/2020/apr/13/brian-greene-until-the-end-of-time-book-interview

257. O último Friedrich Engels fez uma observação semelhante a propósito dos seus manuscritos sobre a "dialética da natureza".

momento apropriado para levantar questões "eternas" num sentido diferente? A pior coisa a fazer hoje seria dizer que devemos nos concentrar na resolução de problemas reais e esquecer as questões "eternas". Num certo sentido que está longe de ser simplesmente metafórico, a "eternidade" é o que está em jogo hoje. No entanto, será que "filosofia" ainda é um bom nome para tal pensamento sobre a nossa situação? Será que nós, filósofos, não somos bombardeados por todos os lados pela noção de que a era da filosofia acabou?

Os dois fins da filosofia

No seu curto, mas crucial texto tardio "O fim da filosofia e a tarefa do pensamento"[258], Heidegger resumiu de forma sucinta a sua visão básica acerca da possibilidade de pensar após a culminação da filosofia ocidental na ciência e na tecnologia modernas. No entanto, o tema do fim da filosofia domina a filosofia europeia desde Kant: Kant designa a sua abordagem crítica como prolegômenos a uma filosofia (metafísica) futura; Fichte fala sobre a "doutrina da ciência (*Wissenschaftslehre*)" em vez de filosofia; Hegel via o seu sistema não mais como apenas filosofia (amor à sabedoria), mas como o próprio saber; Marx opôs a filosofia ao estudo da vida real etc., até Heidegger, cujo lema era "o fim da filosofia e a tarefa do pensamento". A minha primeira tese é que existe um profundo paradoxo nesse fato. É somente com a revolução de Kant, com a sua noção do transcendental, que a filosofia veio a si. Será que, em última análise, a filosofia *como tal* não começa com Kant, com a sua guinada transcendental? Será que toda a filosofia prévia não pode

---

258. Disponível em inglês em HEIDEGGER, M. The end of Philosophy and the task of thinking. *In:* HEIDEGGER, M. *On time and being.* Nova York: Harper and Row, 1972.

ser entendida propriamente – não como a simples descrição do "universo inteiro", da totalidade dos entes, mas como a descrição do horizonte dentro do qual as entidades se revelam a um ser humano finito – apenas se lida "anacronicamente", do ponto de vista aberto por Kant? Será que não foi Kant quem também abriu o campo dentro do qual o próprio Heidegger foi capaz de formular a noção de *Dasein* como o lugar no qual os entes aparecem dentro de um horizonte de significado historicamente determinado/destinado? Estou bem ciente de que Heidegger nunca teria aceitado o uso do termo "transcendental" para a sua abordagem, uma vez que "transcendental" está para ele irredutivelmente marcado pela noção de subjetividade moderna. A despeito disso, mantenho esse termo, porquanto penso que continua a ser o mais apropriado para indicar a ideia de um horizonte dentro do qual as entidades aparecem para nós.

Existem, é claro, inúmeras reações à afirmação de que a filosofia acabou: temos nas últimas décadas tentativas de ressuscitar a ontologia metafísica pré-kantiana. Já o estatuto do pensamento de Deleuze é ambíguo: embora Derrida seja o grande desconstrucionista historicista, será que Deleuze não desenvolve nas suas grandes obras (de *Diferença e repetição* em diante) uma espécie de visão global da realidade? E será que a "lógica dos mundos" de Badiou não é uma espécie de *a priori* de todas as realidades possíveis (numa conversa comigo, ele caracterizou a sua "lógica dos mundos" como a sua dialética da natureza)? Então, vem Quentin Meillassoux e a "ontologia orientada a objetos" com a sua nova "teoria de tudo" (Graham Harman) que concebe os humanos como um entre os objetos. Embora, na minha opinião, Harman simplesmente desenvolva mais uma visão transcendental da realidade, essa certamente não é a sua intenção. Novos realistas antitranscendentais, de Harman a Markus Gabriel, desenvolvem novas ontologias, novas Teorias de Tudo universais; o que deveríamos propor é uma nova pluralidade de ontologias, um multiverso no sentido de uma leitura realista do *Parmênides* de Platão: diferentes modelos ontológicos descrevem mundos diferentes – há um mundo no qual os fenômenos podem ser reduzidos a uma essência estável subjacente, um mundo no qual a alma é um princípio imanente do seu corpo, um mundo no qual não há contingência, uma vez que nele reina uma necessidade férrea – um mundo de interação contingente ilimitada de fenômenos, um mundo totalizado por Deus etc.

Em contraste com esses retornos à ontologia, penso que depois de Heidegger tal pensamento já não seja possível. Também temos tentativas de fornecer uma versão mais refinada do naturalismo que evite os limites estreitos de reduzir tudo à realidade objetiva natural. Em seu "Naturalismo sem representacionalismo"[259], Huw Price elabora a diferença entre naturalismo de objeto (NO) e naturalismo de sujeito (NS). Como doutrina ontológica, NO "é a visão de que, em algum sentido importante, tudo o que *existe* é o mundo estudado pela ciência. Como doutrina epistemológica, é a visão de que todo conhecimento genuíno é conhecimento científico". Em contraste com essa abordagem que se concentra diretamente na realidade objetiva, o NS começa com

> o que a ciência nos diz *sobre nós mesmos*. A ciência diz-nos que nós, humanos, somos criaturas naturais, e se as afirmações e ambições da filosofia entram em conflito com essa visão, então a filosofia precisa ceder. Isso é naturalismo no sentido de Hume, então, e provavelmente de Nietzsche. Vou chamá-lo de naturalismo de sujeito.

---

259. Cf. PRICE, H. Naturalism without representationalism. *In*: DE CARO, M.; MACARTHUR, D. (eds.). *Naturalism in question*. Cambridge: Harvard University Press, 2004, p. 71-88. Disponível em: https://philpapers.org/rec/PRINWR

Embora o NO pareça universal e o NS seu caso particular (nós, humanos, como entes naturais), Price demonstrou com uma análise sutil que o NS tem prioridade lógica: "O naturalismo de sujeito é teoricamente anterior ao naturalismo de objeto, porque esse último depende de validação de uma perspectiva naturalista de sujeito". O que isso implica é uma mudança na nossa noção de linguagem, do seu funcionamento representacional (usamos palavras para nos referirmos à realidade externa não linguística) para o seu funcionamento performativo: a linguagem como uma prática material que inclui uma infinidade de jogos (ordens, expressões, declarações de fatos) que obedecem a regras diferentes. A abordagem científica "objetiva" está sempre enraizada nessas práticas simbólicas – o que significa, nos meus termos, que o NS de Price transcendentaliza sutilmente o naturalismo: embora façamos parte da natureza, a nossa prática simbólica é um *a priori* que já tem de estar aqui se quisermos analisar a realidade objetiva. No entanto, do meu ponto de vista, o NS ainda deixa em aberto a grande questão: como um sujeito emerge da realidade pré-linguística?[260]

Para recapitular o nosso primeiro resultado, a lacuna entre a realidade e o seu horizonte transcendental concerne à estrutura universal de como a realidade aparece para nós: que condições devem ser satisfeitas para percebermos algo como realmente existente? Dessa maneira, podemos evitar

---

260. Da mesma forma, após a Revolução de Outubro de 1917, a filoso fia soviética viu-se dividida entre duas facções: os "dialéticos" liderados por Abram Deborin, que se referia a Hegel como o modelo do pensamento dialético, e os "mecanicistas", cuja figura principal era o filósofo Lyubov Axelrod (Nikolai Bukharin também era visto como seu membro) e que modelou o materialismo marxista nas ciências naturais. No entanto, ambos conceberam a filosofia como uma visão geral da realidade, como fornecedora da estrutura universal de tudo o que existe – Deborin também rejeitou a guinada transcendental promulgada por Georg Lukács e Karl Korsch.

a acusação de que a filosofia é uma visão ilegítima do universo não fundamentada na investigação científica: o pensamento transcendental não especula sobre toda a realidade, sobre como a realidade realmente é em si mesma, apenas se preocupa com a maneira como nós, em nossas vidas reais, aceitamos algo como realmente existente. "Transcendental" é o termo técnico do filósofo para tal quadro que define as coordenadas da realidade; por exemplo, a abordagem transcendental nos torna conscientes de que, para um naturalista científico, só existem realmente fenômenos materiais espaço-temporais regulados por leis naturais, ao passo que, para um tradicionalista pré-moderno, espíritos e significados também fazem parte da realidade, e não apenas as nossas projeções humanas. A abordagem ôntica, por outro lado, preocupa-se com a própria realidade, em seu surgimento e desenvolvimento: Como surgiu o universo? Será que ele tem um começo e um fim? Qual é o nosso lugar nele?

Antes da ruptura transcendental kantiana, a filosofia era uma noção-visão da totalidade dos seres: como é que toda a realidade está estruturada, será que existe um Ser supremo, qual é o lugar dos humanos nela? Tales é geralmente citado como o primeiro filósofo, e sua resposta foi: a água é a substância de tudo. Observe que ele diz água e não terra, a resposta mítica usual! Como já observou Hegel, a água como substância última não é a água empírica que vemos e sentimos – um mínimo de idealismo já está em ação aqui, a água de Tales é uma entidade "ideal". Esse curto-circuito representa o gesto inaugural da filosofia: um elemento particular representa todos.

A censura moderna habitual é que esse curto-circuito realiza um salto ilegítimo para a universalidade: nas suas especulações metafísicas, a filosofia propõe uma universalização sem estudo empírico e justificação apropriados. Só hoje, com "teorias de tudo" na física, estamos gradualmente nos aproximando de uma resposta científica séria para "grandes" questões, e isso significa o fim da filosofia. Nas últimas décadas, o progresso tecnológico na física experimental abriu um novo domínio, impensável no universo científico clássico, o da "metafísica experimental": "questões antes pensadas como assunto apenas para debate filosófico foram trazidas para a órbita da investigação empírica"[261]. O que até agora tem sido o tópico de "experimentos mentais" está gradualmente se tornando o tópico de experimentos de laboratório reais – exemplar é aqui a famosa experiência da dupla fenda de Einstein-Rosen-Podolsky, primeiro apenas imaginada, depois realmente realizada por Alain Aspect. As proposições propriamente "metafísicas" testadas são o estatuto ontológico da contingência, a condição de localidade da causalidade, o estatuto da realidade independente da nossa observação etc.

Aqui deve-se ser absolutamente claro: esses relatos são, a despeito de suas imperfeições, em certo sentido simplesmente, e um tanto ou quanto obviamente, *verdadeiros*, por isso deveríamos abandonar toda referência obscurantista ou espiritualista a alguma dimensão misteriosa que escape à ciência. Será que deveríamos então simplesmente endossar essa perspectiva e abandonar a filosofia? Na filosofia, a forma predominante de resistência à plena auto-objetivação científica da humanidade que, no entanto, admite as conquistas da ciência é a filosofia transcendental neokantiana (cujo caso exemplar hoje é Habermas): a nossa autopercepção como agentes livres e responsáveis não é apenas uma ilusão necessária, mas o *a priori* transcendental de todo conhecimento científico. Para Habermas,

---

261. BARAD, K. *Meeting the universe halfway*: Quantum Physics and the entanglement of matter and meaning. Durham: Duke University Press, 2007, p. 25.

a tentativa de estudar a experiência subjetiva de primeira pessoa a partir do ponto de vista objetificante da terceira pessoa, envolve o teórico numa contradição performativa, uma vez que a objetivação pressupõe a participação num sistema intersubjetivamente instituído de práticas linguísticas cuja valência normativa condiciona a atividade cognitiva do cientista[262].

Habermas caracteriza esse domínio intersubjetivo de validade racional como a dimensão da "mente objetiva" que não pode ser entendida em termos dos perfis fenomenológicos da comunidade de *selves* conscientes nela compreendidos: é o estatuto intrinsecamente intersubjetivo do domínio normativo que impede qualquer tentativa de dar conta de sua operação ou gênese em termos de entidades ou processos mais simples do que o próprio sistema (o termo de Lacan para essa "mente objetiva" irredutível ao Real da realidade crua, bem como ao Imaginário da nossa autoexperiência, é, obviamente, o grande Outro). Nem o perfil fenomenológico (imaginário) nem o neurobiológico (real) dos participantes podem ser citados como uma condição constituinte para essa "mente [socialmente] objetiva".

Embora Habermas e Heidegger sejam grandes oponentes filosóficos, eles partilham a abordagem transcendental básica que impõe um limite ao naturalismo científico. Pode-se dizer que Heidegger leva a filosofia à sua conclusão ao radicalizar a abordagem transcendental: ele distingue estritamente entre a realidade (as entidades) e o horizonte dentro do qual a realidade aparece – ele chama a lacuna entre ambos de "diferença ontológica". Por exemplo, a realidade aparece para nós, modernos, de maneira diferente de como aparecia para as pessoas pré-modernas, para as quais a realidade estava cheia de

---

262. HABERMAS, J. The language game of responsible agency and the problem of free will: How can epistemic dualism be reconciled with ontological monism? *Philosophical Explorations*, v. 10, n. 1, p. 31, 2007.

agentes espirituais e significados mais profundos – na ciência moderna, não há lugar para essa dimensão, "real" é apenas o que a ciência pode medir e quantificar.

Quando eu era jovem, lembro-me de que um antigo manual de filosofia dogmaticamente marxista, usado nas escolas secundárias, caracterizava Heidegger como um "fenomenista agnóstico" – estúpido, mas verdadeiro. Heidegger é "fenomenista" no sentido de que o seu horizonte último é o modo transcendental de aparecimento dos entes, e ele é "agnóstico" no sentido de que ignora o estatuto dos entes antes ou fora de seu aparecimento dentro de uma certa revelação transcendental do ser. Para colocá-lo de uma maneira brutalmente simplificada, o verdadeiro problema de Heidegger não é o Ser, mas o estatuto do ôntico fora de um horizonte do Ser (é por isso que alguns partidários da ontologia orientada a objetos estão certos em substituir "ontologia" por "onticologia"). Assim, quando Heidegger fala sobre Deus, ele se limita a como a divindade aparece para nós, humanos, em diferentes revelações epocais do Ser. Nesse sentido, Heidegger obviamente deplora a ascensão do "deus da filosofia", a noção abstrata de *causa sui*:

> Esse é o nome certo para o deus da filosofia. O homem não pode orar nem sacrificar a esse deus. Diante da *causa sui*, o homem não pode cair de joelhos de admiração, nem pode tocar música e dançar perante esse deus[263].

Novamente, a questão aqui não é qual figura de deus é mais verdadeira, trata-se estritamente de diferentes aparecimentos epocais de deus. E, da mesma forma, a despeito do seu recente respeito pela religião, Habermas, o grande oponente de Heidegger, insiste que somos obrigados a adotar

---

263. HEIDEGGER, M. *Identity and difference*. Nova York: Torchbooks, 1975, p. 72.

uma atitude *agnóstica* em relação às crenças religiosas – agnóstica, isto é, deixando a questão em aberto, não excluindo a existência de Deus[264].

Hoje, portanto, não apenas vivemos numa era do proclamado fim da filosofia – vivemos numa era do *duplo* fim da filosofia. A perspectiva de um "cérebro conectado" é uma espécie de ponto final da naturalização do pensamento humano: quando o nosso processo de pensamento pode interagir diretamente com uma máquina digital, torna-se efetivamente um objeto na realidade; já não é "nosso" pensamento interior em oposição à realidade externa. Por outro lado, com o historicismo transcendental de hoje, as questões "ingênuas" sobre a realidade são aceitas precisamente como "ingênuas", o que significa que não podem fornecer a estrutura cognitiva última do nosso conhecimento. Um cientista pode responder: OK, mas será que uma antropologia histórica não pode descrever como, no decurso da evolução, diferentes formas de *episteme* surgem da tradição e de circunstâncias sociais concretas? Será que o marxismo não fornece uma explicação bastante convincente de como novas ideologias e ciências emergem numa totalidade social complexa? Habermas está certo aqui em insistir que não podemos sair do círculo hermenêutico: a explicação evolucionária das faculdades cognitivas humanas já pressupõe uma certa abordagem epistêmica da realidade. O resultado é, portanto, que aqui uma paralaxe é irredutível: num nível realista "ingênuo" óbvio, é claro que os humanos evoluíram a partir de um vasto campo de realidade; no entanto, o círculo de inclusão de nós mesmos na realidade nunca pode ser totalmente fechado, uma vez que toda explicação do nosso lugar na realidade já depende de um certo horizonte de significado – o que fazer aqui?

---

264. Cf. HABERMAS, J. *Between naturalism and religion*. Cambridge: Polity, 2008.

Heidegger conferiu à abordagem transcendental uma guinada existencial: a filosofia como ontologia fenomenológico-transcendental não investiga a natureza da realidade, ela analisa como toda a realidade aparece para nós numa determinada constelação epocal. Na era hodierna da tecnociência, consideramos como "realmente existente" apenas o que pode ser objeto de investigação científica – todos os outros entes são reduzidos a experiências subjetivas ilusórias, apenas coisas imaginadas etc. O ponto de Heidegger não é que essa visão seja mais ou menos "verdadeira" do que uma visão pré-moderna, mas que, com o novo desvelamento do ser que caracteriza a modernidade, os próprios critérios do que é "verdadeiro" ou "falso" mudaram... Não é difícil compreender o paradoxo de tal abordagem: embora Heidegger seja percebido como um pensador focado exclusivamente na questão do Ser, ele deixa completamente de lado o que entendemos por essa questão na nossa posição pré-transcendental "ingênua": como é que as coisas existem independentemente da maneira como nos relacionamos com elas, independentemente da maneira como elas aparecem para nós?

Será, entretanto, que isso é suficiente? Se a dimensão transcendental é o arcabouço ou horizonte irredutível pelo qual percebemos (e, num sentido kantiano estrito que nada tem a ver com a criação ôntica, constitui a realidade), como podemos ir além (ou aquém) do par da realidade e seu horizonte transcendental? Será que existe um nível zero em que essas duas dimensões se sobrepõem? A busca por esse nível é o grande tema do Idealismo Alemão: Fichte o encontrou na autopostulação do Eu absoluto (*Self* transcendental), enquanto Schelling o encontrou na intuição intelectual na qual sujeito e objeto, atividade e passividade, intelecto e intuição coincidem imediatamente.

Na sequência do fracasso dessas tentativas, o nosso ponto de partida deveria ser que o nível zero da realidade e o seu horizonte transcendental não devem ser procurados em alguma espécie de síntese dos dois, mas na própria ruptura entre os dois. Dado que hoje o realismo científico é a visão hegemônica, a questão a ser levantada é: será que a dimensão transcendental pode ser explicada nesses termos? Como pode a dimensão transcendental surgir/explodir na realidade? A resposta não é uma redução realista direta, mas uma outra questão: o que tem de ser constitutivamente excluído (primordialmente reprimido) da nossa noção de realidade? Em suma, e se a dimensão transcendental for o "retorno do reprimido" da nossa noção de realidade?

O ser humano como uma Katastrophe

Este, então, é o nosso impasse: temos dois fins da filosofia, um na ciência positiva, ocupando o campo das antigas especulações metafísicas, e aquele com Heidegger, que levou a abordagem transcendental à sua conclusão radical, reduzindo a filosofia à descrição dos "eventos" históricos, modos de desvelamento do Ser. Os dois não se complementam, são mutuamente excludentes, mas a insuficiência imanente de cada um deles abre espaço para o outro: a ciência não pode fechar o círculo e fundamentar no seu objeto a abordagem que utiliza ao analisar o seu objeto; somente a filosofia transcendental pode fazê-lo; a filosofia transcendental que se limita a descrever diferentes desvelamentos do Ser tem de ignorar a questão ôntica (como são as entidades fora do horizonte de seu aparecimento para nós), e a ciência preenche esse vazio com as suas afirmações acerca da natureza das coisas. Será essa paralaxe a posição última do nosso pensamento ou podemos ir além (ou melhor, aquém) dela?

O movimento típico de Heidegger quando confrontado com a perspectiva de uma catástrofe é voltar do nível ôntico para o seu horizonte ontológico. Na década de 1950, quando éramos todos assombrados pela perspectiva de uma guerra nuclear, Heidegger escreveu que o verdadeiro perigo não é a guerra nuclear real, mas o desvelamento do Ser no qual a dominação científica sobre a natureza é o que importa – somente dentro desse horizonte pode acontecer uma eventual autodestruição nuclear. Para parodiar o seu jargão, poder-se-ia dizer que a essência de uma catástrofe é a catástrofe da/na própria essência. Tal abordagem parece-me demasiado curta: ignora o fato de que a eventual autodestruição da humanidade aniquilaria simultaneamente o *Da-Sein* como o único local do desvelamento do Ser.

Embora Heidegger seja o filósofo transcendental definitivo, existem passagens misteriosas nas quais ele se aventura nesse domínio pré-transcendental. Na elaboração dessa noção de uma inverdade /*lethe*/ mais antiga do que a própria dimensão da verdade, Heidegger enfatiza como a "entrada [do ser humano] no desdobramento essencial da verdade" é uma "transformação do ser do ser humano no sentido de um desarranjo /*Ver-rueckung* – enlouquecer"/ da sua posição dentre os entes"[265]. O "desarranjo" ao qual Heidegger se refere não é, obviamente, uma categoria psicológica ou clínica de loucura: ela sinaliza uma reversão/aberração propriamente ontológica muito mais radical, quando, na sua fundação mesma, o próprio universo está de certa forma "desconjuntado", descarrilado. O que é crucial aqui é lembrar que Heidegger escreveu estas linhas nos anos de sua leitura intensiva das *Investigações filosóficas sobre a essência da liberdade humana* de Schelling,

---

265. HEIDEGGER, M. Beitraege zur Philosophie. *In:* HEIDEGGER, M. *Gesamtausgabe*. Frankfurt: Vittorio Klostermann, 1975, v. 65, p. 338.

um texto que discerne a origem do Mal precisamente numa espécie de loucura ontológica, no "desarranjo" da posição do ser humano dentre os entes (seu autocentrismo), como um passo intermediário necessário ("mediador evanescente") na passagem da "natureza pré-humana" para o nosso universo simbólico: "o homem, em sua própria essência, é uma *katastrophe* – uma reversão que o afasta da essência genuína. O homem é a única catástrofe no meio dos entes"[266].

Contudo, nesse ponto crucial onde, em certo sentido, tudo está decidido, penso que deveríamos dar um passo adiante no que diz respeito à formulação de Heidegger – "um desarranjo da sua posição dentre os entes" – um passo indicado por algumas outras formulações do próprio Heidegger. Pode parecer claro o que Heidegger pretende com a formulação citada: o ser humano como *Da-Sein* (o "ser-aí" do Ser, o lugar do desvelamento do Ser) é uma entidade irredutivelmente enraizada no seu corpo (uso aqui a forma masculina, uma vez que funciona em Heidegger). Com um pouco de exagero retórico, pode-se dizer que o "nenhum Ser sem o Ser-Aí como o lugar do seu desvelamento", de Heidegger, é a sua versão do "deve-se apreender o Absoluto não apenas como Substância, mas também como Sujeito", de Hegel. No entanto, se o desvelamento de todo o domínio das entidades está enraizado numa entidade singular, então algo "desarranjado" está acontecendo: uma entidade particular é o local exclusivo no qual todas as entidades aparecem, adquirem o seu Ser – portanto, para colocá-lo de forma brutal, mata-se um ser humano e simultaneamente "mata-se o Ser"... Esse curto-circuito entre a Clareira do Ser e uma entidade particular introduz um des-arranjo catastrófico na ordem dos

---

266. HEIDEGGER, M. Hölderlin's Hymne, "Der Ister". *In:* HEIDEGGER, M. *Gesamtausgabe.* Frankfurt: Vittorio Klostermann, 1984, p. 94.

seres: porque o ser humano, enraizado em seu corpo, não pode olhar para as entidades de fora, todo desvelamento do Ser, toda Clareira, tem de estar fundamentado na inverdade (ocultação/escondimento). A causa última do des-arranjo que pertence ao *Da-Sein* reside, portanto, no fato de que o *Dasein* é, por definição, encarnado e, no final da sua vida, Heidegger admitiu que, para a filosofia, "o fenômeno do corpo é o problema mais difícil":

> O corporal */das Leibliche/* no humano não é algo animalesco. A maneira de entender que o acompanha é algo que a metafísica até agora não abordou[267].

Fica-se tentado a arriscar a hipótese de que se trata precisamente da teoria psicanalítica, que foi a primeira a abordar essa questão-chave: será que o corpo erotizado freudiano, sustentado pela libido, organizado em torno de zonas erógenas, não é precisamente o corpo não animalesco, não biológico? Não é *esse* corpo (e não o animalesco) o objeto próprio da psicanálise? Heidegger perde totalmente essa dimensão quando, nos seus *Seminários de Zollikon*, descarta Freud como um determinista causal:

> Ele postula que os fenômenos humanos conscientes podem ser explicados sem lacunas, ou seja, a continuidade das conexões causais. Como não existem tais conexões "na consciência", ele tem que inventar "o inconsciente", no qual têm de existir ligações causais sem lacunas[268].

Essa interpretação pode parecer correta: será que Freud não tenta descobrir uma ordem causal naquilo que aparece à nossa consciência como uma gama confusa e contingente de

---

267. HEIDEGGER, M. *Heraclitus Seminar* (com Eugen Fink). Tuscaloosa: University of Alabama Press, 1979, p. 146.
268. HEIDEGGER, M. *Zollikoner Seminare*. Frankfurt: Vittorio Klostermann, 2017, p. 260.

fatos mentais (atos falhos, sonhos, sintomas clínicos) e, dessa forma, encerrar a cadeia de nexos causais que governam nossa psique? No entanto, Heidegger ignora completamente a maneira como o "inconsciente" freudiano está fundamentado no encontro traumático de uma Outridade cuja intrusão precisamente *rompe*, interrompe, a continuidade do nexo causal: o que obtemos no "inconsciente" não é um nexo causal completo, ininterrupto, mas as repercussões, os tremores secundários, das interrupções traumáticas. O que Freud chama de "sintomas" são maneiras de lidar com um corte traumático, enquanto "fantasia" é uma formação destinada a encobrir esse corte. É por isso que, para Heidegger, um ser humano finito, *a priori*, não pode alcançar a paz interior e a calma da Iluminação Budista (nirvana). Um mundo nos é desvelado tendo como pano de fundo uma catástrofe ontológica: "o homem é a única catástrofe no meio dos entes".

No entanto, novamente, aqui temos de arriscar um passo adiante: se o ser humano é a única catástrofe, será que isso significa que, antes da chegada da humanidade, não houve catástrofe, que a natureza era uma ordem equilibrada descarrilada apenas pela *hubris* humana? Por catástrofe não quero dizer desastres ônticos como asteroides atingindo a Terra, mas um des-arranjo mais radical de toda a rede de formas de vida. O problema é que se o ser humano é a única catástrofe "no meio dos entes", e se os entes só são desvelados para nós enquanto humanos, então o próprio espaço de entes não catastróficos que cerca os humanos já está ontologicamente fundamentado na catástrofe que é a ascensão do ser humano.

Agora enfrentamos a questão-chave: será que o ser humano é a única catástrofe no meio dos entes como exceção, de modo que se assumirmos o ponto de vista impossível de olhar o universo a partir de uma distância segura, veremos uma textura universal de entes, porém não desarranjados por catástrofes (uma vez que o ser humano é uma catástrofe apenas do seu próprio ponto de vista, como a exceção que fundamenta o seu acesso aos entes)? Nesse caso, estamos de volta à posição kantiana: a realidade "em si", fora da Clareira dentro da qual nos aparece, é incognoscível, só podemos especular acerca dela da maneira como o próprio Heidegger o faz quando brinca com a ideia de que existe uma espécie de dor ontológica na própria natureza. Ou será que deveríamos levar a sério a especulação de Heidegger, de modo que a catástrofe não é simplesmente o ser humano, mas já a natureza em si, e no ser humano como ser de fala essa catástrofe que fundamenta a realidade em si simplesmente vem à palavra? A física quântica oferece a sua própria versão de uma catástrofe que fundamenta a realidade: a simetria rompida, a perturbação do vazio, as oscilações quânticas; as especulações teosóficas oferecem uma outra versão: a autodivisão ou a própria Queda da Divindade que dá origem ao nosso mundo.

Num debate com um estudante de teologia, Richard Dawkins[269] disse que leva a sério o que os departamentos de teologia estão fazendo quando se engajam na pesquisa sobre as origens históricas de uma religião e seu desenvolvimento – temos aqui um estudo antropológico sólido – mas ele não leva a sério, por exemplo, os debates dos teólogos sobre a natureza exata da transubstanciação no ritual cristão (a mudança milagrosa pela qual, de acordo com o dogma católico romano e ortodoxo oriental, os elementos eucarísticos, na sua consagração, tornam-se o corpo e o sangue de Cristo, enquanto mantêm apenas as aparências de pão e vinho). Penso, pelo contrário, que tais debates também deveriam ser levados extremamente a sério e não reduzidos a meras metáforas – eles não apenas permitem o acesso às premissas

---

269. Cf. www.youtube.com/watch?v=yHoK6ohqNo4

ontológicas básicas da teologia; muitas vezes também podem ser usados para lançar uma nova luz sobre algumas noções marxistas. Fredric Jameson estava certo ao proclamar a predestinação como o conceito teológico mais interessante para o marxismo: a predestinação indica a causalidade retroativa que caracteriza um processo histórico propriamente dialético. De modo semelhante, não deveríamos ter medo de procurar vestígios de uma abordagem metatranscendental (materialista dialética) nas especulações teosóficas de Mestre Eckhart, Jacob Boehme ou F.W.J. Schelling. Para um kantiano, é claro, tais especulações nada mais são do que *Schwarmerei* vazio, blá-blá-blá entusiasmado sobre nada, ao passo que para nós, é somente aqui que tocamos o Real.

Se endossarmos essa opção, então teremos de tirar a única conclusão consequente: toda imagem ou construção da "realidade objetiva", do modo como ela é em si mesma, "independentemente de nós", é uma das maneiras pelas quais o ser nos é desvelado, e como tal já é, em certo sentido básico, "antropocêntrico", fundamentado na catástrofe que nos constitui (ao mesmo tempo em que a ofusca). As principais candidatas a nos aproximar de como a realidade é "em si mesma" são as fórmulas da teoria da relatividade e da física quântica – o resultado de um trabalho experimental e intelectual complexo ao qual nada corresponde na nossa experiência direta da realidade... O único "contato" que temos com o Real "independente de nós" é a nossa própria separação dele, o des-arranjo radical – o que Heidegger chama de catástrofe. O paradoxo é que o que nos une ao Real "em si" é a própria lacuna que experimentamos como a nossa separação dele.

O mesmo se aplica ao cristianismo, no qual a única maneira de experimentar a unidade com Deus é identificar-se com Cristo sofrendo na cruz, ou seja, com o ponto em que Deus está separado de si mesmo. A premissa básica do que chamo de "teologia materialista" ou "ateísmo cristão" é que a queda do ser humano de deus é simultaneamente a queda de deus de si mesmo, e que não há nada que preceda essa queda: "deus" é o efeito retroativo da sua própria queda. E esse movimento de experimentar a própria lacuna como o ponto de unidade é a característica básica da dialética de Hegel – razão pela qual o espaço além do pensamento de Heidegger que designamos como o espaço além do transcendental é o espaço ao qual pertence o pensamento hegeliano. Esse é também o espaço para o pensamento que não pode ser reduzido à ciência – eis a própria formulação ambígua de Heidegger desse ponto obscuro:

> Muitas vezes me pergunto – essa tem sido há muito tempo uma questão fundamental para mim – o que seria a natureza sem o homem – não deveria ela ressoar por ele a fim de atingir a sua potência mais própria[270].

Observe que essa passagem é do período imediatamente posterior às palestras de Heidegger sobre *Os conceitos fundamentais da metafísica*, de 1929 a 1930, em que ele também formula uma hipótese schellingiana de que, talvez, os animais sejam, de uma forma até então desconhecida, conscientes de sua falta – da "pobreza" de seu relacionamento com o mundo. Talvez haja uma dor infinita permeando toda a natureza viva:

> se a privação em certas formas é uma espécie de sofrimento, e a pobreza e a privação do mundo pertencem ao ser do animal, então uma espécie de dor e sofrimento teria de permear todo o reino animal e o reino da vida em geral[271].

---

270. Carta de 11 de outubro de 1931, *Martin Heidegger – Elisabeth Blochmann. Briefwechsel 1918-1969*. Marbach: Deutsches Literatur-Archiv, 1990, p. 44.
271. HEIDEGGER, M. *The fundamental concepts of Metaphysics*. Bloomington: Indiana University Press, 1995, p. 271.

Então, quando Heidegger especula sobre a dor na própria natureza, considerada independentemente do ser humano, como podemos ler essa afirmação sem nos comprometermos com o pensamento antropocêntrico-teleológico? A resposta foi indicada por ninguém menos que Marx, que, na sua introdução aos *Grundrisse*, escreveu:

> A sociedade burguesa é a organização histórica da produção mais desenvolvida e mais complexa. As categorias que expressam suas relações, a compreensão da sua estrutura, assim também permitem *insights* sobre a estrutura e as relações de produção de todas as formações sociais desaparecidas a partir de cujas ruínas e elementos ela se construiu, cujos remanescentes parcialmente ainda não conquistados são levados consigo dentro dela, cujas meras nuances desenvolveram significado explícito dentro dela etc. A anatomia humana contém uma chave para a anatomia do macaco. As sugestões de um desenvolvimento superior dentre as espécies animais subordinadas, no entanto, só podem ser entendidas depois de o desenvolvimento superior já ser conhecido[272].

Em suma, parafraseando Pierre Bayard[273], o que Marx está dizendo aqui é que a anatomia do macaco, embora tenha sido formada antes da anatomia do ser humano, ainda assim, de certa forma, *plagia por antecipação a anatomia do homem*. Não há teleologia aqui, o efeito da teleologia é estritamente retroativo: *uma vez presente o capitalismo* (emergindo de uma maneira totalmente contingente), ele fornece uma chave universal para todas as outras formações. A teleologia reside precisamente no progressismo evolucionário, no qual a chave para a anatomia do ser humano é a anatomia do macaco. Alenka

---

272. Citado de www.marxists.org/archive/marx/works/1857/grundrisse/ch01.htm#3

273. Cf. BAYARD, P. *Le plagiat par antecipation*. Paris: Éditions de Minuit, 2009.

Zupančič destacou que o mesmo vale para o *il n'y a pas de rapport sexuel* de Lacan: isso não significa que na natureza, dentre macacos e outros animais, haja uma relação sexual harmoniosa (instintualmente regulada), ao passo que, com a chegada dos humanos, a desarmonia explode. Não existe relação sexual já entre macacos etc., os seus complexos rituais de acasalamento o demonstram, mas essa desarmonia permanece "em si", trata-se de um fato simples (provavelmente experimentado como doloroso), ao passo que, com os humanos, o fracasso é registrado como tal, "por si". Nesse sentido, a dor na natureza aponta para a ordem simbólica que a registra[274].

Nessa linha, pode-se também entender por que Kant afirma que, em certo sentido, o mundo foi criado para que nele possamos travar as nossas lutas morais: quando somos apanhados numa luta intensa que significa tudo para nós, a experimentamos como se o mundo inteiro fosse colapsar se falhássemos; o mesmo também acontece quando tememos o fracasso de um intenso caso amoroso. Não há teleologia direta aqui; o nosso encontro amoroso é o resultado de um encontro contingente, de modo que poderia facilmente também não ter acontecido – mas uma vez que acontece, decide como experimentamos toda a realidade. Quando Benjamin escreveu que uma grande batalha revolucionária decide não apenas o destino do presente, mas também de todas as lutas fracassadas do passado, ele mobiliza o mesmo mecanismo retroativo que atinge o seu clímax nas afirmações religiosas de que, numa batalha crucial, não apenas o nosso destino, mas também o destino do próprio deus é decidido. Só Hegel nos permite pensar esse paradoxo.

Para simplificar um pouco o quadro geral, a característica básica da visão dialeticamente materialista é a da refle-

---

274. Cf. ZUPANČIČ, A. *What IS sex?* Cambridge: MIT Press, 2017.

xividade irredutível inscrita no universo: a diferença externa (digamos, entre o conteúdo e a sua forma) está inscrita no próprio conteúdo, de modo que a diferença externa coincide com a interna. Pense na reflexividade entre forma e conteúdo que às vezes é encontrada em esculturas nas quais a escultura "inacabada" retrata um homem tentando sair da pedra na qual seu cadáver (inacabado) é esculpido: o esforço heroico de demonstrar força não é apenas o que a estátua "representa", está inscrito na própria relação entre o que a estátua representa e como essa forma representada se relaciona com a sua matéria[275]. Por essa razão, o modelo básico de uma reversão dialética não é uma grande luta contra o oposto (a noção totalmente não hegeliana de "contradição" de Mao), mas um pequeno deslocamento (ou, antes, reversão) dentro do mesmo que milagrosamente muda tudo. A simples reversão do sujeito e do predicado de um enunciado pode mudar radicalmente o seu significado, como fica claro a partir da reversão do título da peça de Pedro Calderón de la Barca "A vida é sonho/*La vida es sueño*/" que significa algo como "nossa vida é uma aparência miserável e sem vida, sem nenhuma vitalidade substancial"; se, no entanto, digo "sonho é vida", digo algo totalmente diferente: "só estamos plenamente vivos num sonho, o sonho tem a vitalidade plena em contraste com as restrições da nossa miserável existência". De maneira homóloga, se digo "sexo é morte", indico que considero o prazer sexual algo falso, ofuscando o fato de que o sexo é uma coisa decadente e pecaminosa que traz corrupção e morte; mas se digo "morte é sexo", indico que morrer mesmo pode ser *sexy*, que pode trazer um prazer inesperado. E, finalmente, no que

---

275. De forma semelhante, há casos na música clássica em que o motivo principal não é simplesmente apresentado: ele emerge gradativamente da mistura de sons, como se lutasse para se libertar da confusão vocal. Em vez de começar com um motivo e depois proceder às suas variações, o motivo chega no fim, como culminação de um longo e doloroso processo.

diz respeito a Hegel, se eu disser "sujeito é substância", quero dizer que a verdadeira substância da realidade é o sujeito, que o sujeito é a base que gera toda a realidade, mas se eu disser "substância é sujeito", indico que a substância é em si "subjetiva" (marcada por cortes, inconsistências, incompletude).

A dialética de Hegel não é nem uma dimensão transcendental dinamizada (a sucessão de todas as maneiras possíveis pelas quais a realidade pode aparecer para nós, como afirmam Brandom e Pippin), nem o processo dialético "objetivo" da própria realidade (como alegam os "materialistas dialéticos" marxistas, bem como os idealistas objetivos); o seu recurso oculto é a experiência da lacuna irredutível que precede os dois. Dessa forma, também podemos esclarecer até certo ponto a diferença entre o materialismo naturalista ("mecânico"), o idealismo e o materialismo dialético: o materialismo "mecânico" cobre uma ampla área desde os materialistas pré-platônicos até o naturalismo científico e a ontologia orientada a objetos de hoje (ainda que se caracterize como "imaterialista") – todos abordam a realidade como algo dado, ignorando a sua constituição transcendental; o idealismo é caracterizado pela predominância da abordagem transcendental; o materialismo dialético aparece quando avançamos para o domínio obscuro além do transcendental, como foi feito pela virada pós-kantiana de Schelling e Hegel, por algumas especulações teosóficas (incluindo as de Walter Benjamin), por algumas tentativas de formulação de Lacan, bem como por algumas leituras especulativas da física quântica[276]. É por isso que não devemos ter medo de usar o termo "teologia" para circunscrever a área obscura que escapa a qualquer ontologia,

---

276. A posição de Fichte é aqui sutilmente ambígua: mesmo quando ele fala sobre o eu absoluto postulando o não eu, ele não está afirmando que o eu absoluto cria objetos no sentido causal direto. A única coisa que o sujeito cria é o misterioso "ímpeto" que o impele a "postular" a realidade, e esse ímpeto é a sua versão do que Lacan chama de *objeto a*.

transcendental ou ingenuamente realista. Por mais louco que possa parecer, às vezes é apenas uma teologia materialista que pode nos ajudar a romper com o idealismo filosófico.

Por que chamo a posição para a qual tendem todas essas diferentes abordagens de "materialismo dialético", termo que é difícil dissociar da tradição stalinista – termo que representa a ideologia filosófica em sua forma mais estúpida, uma filosofia que não tem nenhum valor cognitivo, mas serve apenas para justificar decisões políticas? Porque penso que o que tenho em mente aqui é, em última análise, inominável, não existe um nome "próprio" para isso, então a única solução é usar um termo que sinalize tão claramente quanto possível a sua própria inadequação. Em outras palavras, a afirmação "Hegel é um materialista dialético" deveria ser lida como uma nova versão da afirmação especulativa "o Espírito é um osso": tomada diretamente, a afirmação é um óbvio absurdo, há uma lacuna infinita entre o pensamento de Hegel e o materialismo dialético – no entanto, *o pensamento de Hegel é precisamente o pensamento dessa lacuna.*

"Devemos viver até morrer"

É apenas contra o pano de fundo dessa visão global dos seres humanos como uma catástrofe que podemos abordar a questão para a qual todo este livro se move: será que existe um gesto subjetivo pelo qual podemos escapar ao círculo vicioso do mais-gozar? O espaço cujos contornos delineamos acima, o espaço além do pensamento de Heidegger (além do transcendental no nosso sentido radical do termo), é o espaço que permite ao sujeito atuar a destituição subjetiva. Se o espaço de Heidegger é o espaço do ser-para-a-morte, esse espaço é o espaço dos mortos-vivos. Como costuma ocorrer, a fórmula condensada da solução é fornecida por uma canção do Rammstein.

O grafite polaco da era gloriosa do início do Solidarność diz: "O que é a vida? Uma doença transmitida por relações sexuais que sempre termina em morte". Então será que existe vida que evite essas coordenadas? Sim, a vida dos mortos--vivos. O tema central da canção "Dalai Lama" do Rammstein é cair cada vez mais num estado de ruína, mas, o que é crucial, ter de continuar a viver – isso é a pulsão de morte na sua forma mais pura, não a morte em si, mas o fato de termos de VIVER até morrermos, esse interminável arrastar da vida, essa infindável compulsão a repetir[277]. A canção soa como o que na França chamam de *lapalissade* (uma sabedoria tautológica vazia como "um minuto antes de morrer, Monsieur la Palice ainda estava vivo"). Porém, Rammstein muda a sabedoria óbvia "não importa quanto tempo você viva, no final você morrerá": até morrer, você tem de viver. O que faz com que a versão de Rammstein não seja uma tautologia vazia é a dimensão ética: antes de morrermos não estamos apenas (obviamente) vivos, TEMOS de viver: a vida não é uma continuação orgânica; para nós, humanos, trata-se de uma decisão, de uma obrigação ativa – podemos perder essa vontade. No entanto, a lição de "Dalai Lama" não é que devamos sucumbir à voz sedutoramente calmante dos anjos e aceitar a morte, como a própria Morte que convida a menina em "A morte e a donzela" de Schubert: "Dê-me a sua mão, sua adorável e terna criatura. / Sou seu amigo e não venho castigar. / Tenha boa coragem. Eu não sou cruel; / você dormirá suavemente em meus braços". A lição da canção tampouco é a de que devemos nos agarrar desesperadamente à vida e evitar a morte. A lição é que, embora não possamos escapar da morte, mesmo aceitar a morte não é a solução: a própria negação última (a morte) falha, ainda temos de viver até morrermos, e esse viver simplesmente se arrasta.

---

277. Eu trato mais detalhadamente do "Dalai Lama" de Rammstein em meu *Heaven in Disorder*. Nova York: OR Books, 2021.

"Há semanas em que acontecem décadas", disse Lenin sobre a revolução russa. A pandemia de 2020 e 2021 é exatamente o oposto: um ano em que aconteceu uma semana – com algumas oscilações, a mesma semana foi repetida várias vezes. É assim que Castrillón e Marchevsky descrevem o efeito disruptivo da pandemia, com uma cutucada em mim: "É uma castração que perturba fundamentalmente o arco imaginado das nossas vidas, mas ainda não a tornamos suficientemente disruptiva da hipermodernidade e do capitalismo mercantil digital para servir como qualquer tipo de revolução (com nossas escusas a Žižek)"[278]. A minha resposta é que sim, a ruptura revolucionária não aconteceu, mas a sua perspectiva lançou uma sombra sobre o ano inteiro: a única maneira de explicar o que *efetivamente* aconteceu é interpretá-lo como uma reação desesperada a essa ameaça – não a ameaça da própria pandemia, mas a ameaça da única maneira adequada de enfrentar a pandemia (com serviços de saúde globais universais, renda básica universal etc.). Além disso, discordo da designação do efeito disruptivo da pandemia como uma forma de castração: se utilizarmos esse termo no sentido lacaniano estrito, então o impacto da pandemia foi quase o exato oposto de uma castração. Deve-se ter em mente o aspecto libertador da castração (simbólica): a castração é uma perda libertadora, uma perda que abre espaço para a distância criativa, e a ausência de castração significa uma sufocação psicótica na qual o simbólico cai no real. Foi exatamente isso que aconteceu com a eclosão da pandemia: a abertura do nosso espaço social sustentado pelo grande Outro (pelo menos parcialmente) colapsou, a proximidade excessiva dos outros se tornou uma ameaça mortal.

---

278. CATRILLÓN, F.; MARCHEVSKY, T. (eds.). *Coronavirus, Psychoanalysis, and Philosophy*. Londres: Routledge, 2021, p. 2.

Num movimento crítico contra Agamben, que vê nas medidas contra a pandemia uma mera continuação do estado de exceção, Zsuzsa Baross formulou de maneira simples, mas precisa, a diferença entre a noção padrão de estado de exceção e o estado de exceção desencadeado pela pandemia:

> O estado de exceção (se esse termo ainda se aplica) no caso desse "novo" vírus não é o exercício do poder sobre a vida como vida nua, mas, pelo contrário, uma medida autodefensiva extrema (excepcional) e reação imunológica do corpo político a uma forma de vida invasora que nem sequer é propriamente viva[279].

No caso da pandemia, não foi a autoridade estatal que invadiu a sociedade civil, submetendo-a a um controle total; é uma forma de vida invasora (ou antes nem sequer uma verdadeira forma de vida, mas apenas um mecanismo químico autorreprodutor) que invadiu e perturbou o corpo político, lançando-o no pânico e tornando visível a sua impotência.

Nos Estados Unidos e na Europa, os novos bárbaros foram precisamente aqueles que protestaram violentamente contra as medidas antipandêmicas em defesa da liberdade e da dignidade pessoal – aqueles como Jared Kushner, em abril de 2020, que se gabou de que Trump estava tomando o país "de volta dos médicos"[280]. Sergio Benvenuto formulou sucintamente a obscenidade da ideia de que as medidas protetivas contra a pandemia demandam de nós um sacrifício grande demais em ter de abandonar os direitos humanos básicos: "Considerar esse sacrifício insuportável, quando há quem arrisque a própria vida em hospitais para salvar as nossas não é apenas ofensivo; é ridículo"[281].

---

279. CATRILLÓN, F.; MARCHEVSKY, T. (eds.). *Coronavirus, Psychoanalysis, and Philosophy*. Londres: Routledge, 2021, p. 60.
280. Cf. https://edition.cnn.com/2020/10/28/politics/woodward-kushner-coronavirus-doctors/index.html
281. CASTRILLÓN; MARCHEVSKY. O*p. cit.*, p. 95.

O "temos de viver até morrermos" do Rammstein descreve uma saída para esse impasse: para lutarmos contra a pandemia, devemos viver com a máxima intensidade. Será que existe alguém mais VIVO hoje do que milhões de profissionais de saúde que, com plena consciência, arriscam suas vidas diariamente? Muitos deles morreram, mas *até morrerem estavam vivos*. Eles não apenas se sacrificaram por nós, recebendo nossos elogios hipócritas. E menos ainda eram máquinas de sobrevivência reduzidas à vida nua – eles eram aqueles que são hoje os mais vivos. Então, qual é, mais de perto, a posição existencial defendida pelo Rammstein na música? Trata-se de uma versão do que Lacan chamou de destituição subjetiva, o momento conclusivo do processo psicanalítico.

Do ser-para-a-morte à desmortalidade

A nossa premissa aqui é que o que Heidegger designou como "ser-para-a-morte" não é a experiência existencial definitiva – é possível atravessá-la para uma dimensão para a qual talvez o melhor nome seja desmortalidade. A fim de tornar essa passagem um pouco mais clara, voltemos nossa atenção para um tema talvez inesperado: as sinfonias de Dmitri Shostakovich. A mais popular dentre elas é a *Quinta Sinfonia*, cujo destino foi muito curioso: escrita após a crítica devastadora, no *Pravda*, da ópera *Lady Macbeth*, de Shostakovich, a *Quinta* é geralmente percebida como um compromisso consciente, um retorno à música mais tradicional para garantir a reabilitação política do compositor. No entanto, muito depois da morte de Stalin, essa continua a ser a sua sinfonia mais popular e também a mais frequentemente executada no Ocidente. Há alguns anos, foi votada por um painel crítico como a única obra do século XX dentre as dez maiores sinfonias de todos os tempos (o que ela definitivamente não é: no seu próprio gênero, a Oitava e a Décima são muito melhores). Porém, o que nos interessa aqui são as duas últimas sinfonias de Shostakovich, a *Décima Quarta* e a *Décima Quinta*, que abordam diretamente a morte ou, mais precisamente, a passagem da morte para a desmortalidade (a esse respeito, a passagem da Décima Quarta para a Décima Quinta Sinfonia é homóloga à passagem de *Um corpo que cai* para *Psicose* na obra de Hitchcock ou à passagem do terceiro para o quarto movimento da quarta sinfonia de Sibelius)[282]. A propósito da *Décima Quarta*, Shostakovich declarou abertamente sua obsessão pela morte:

> "A morte está reservada para todos nós e eu, pelo menos, não vejo nada de bom no final de nossas vidas. A morte é aterrorizante. Não há nada além dela". Shostakovich estava argumentando contra a visão de que a morte é o começo glorioso da vida após a morte. Ele discordou de todos os compositores que retrataram a morte com uma música bela, radiante e extasiante[283].

Um incidente na estreia da sinfonia ecoa de uma forma estranha essa abordagem nada gloriosa, e até mesmo maliciosa, da morte:

> Shostakovich tinha falado da necessidade de um silêncio especial enquanto se ouve essa obra. Os seus defensores ficaram, portanto, particularmente irritados quando, durante um dos momentos mais calmos, ouviu-se um enorme estrondo no auditório e um homem saiu apressada e desajeitadamente. Quando mais tarde foi revelado que esse homem não era outro senão Pavel Ivanovitch Apostolov, um organizador do partido e um dos principais críticos e perseguidores agressivos de Shostakovich durante o final da década de 1940, as pessoas presumiram que o seu protesto havia sido cuidadosamente planejado para a máxima distração. Só mais tarde soube-se que foi durante essa apresentação

---

282. Desenvolvi esse paralelo no capítulo 9 do meu *Menos que Nada* (ŽIŽEK, S. *Less than Nothing*. Londres: Verso Books, 2013).

283. Mark's notes on Shostakovich Symphony n. 14. – Mark Wigglesworth.

que Apostolov sofreu de fato um ataque cardíaco; ele morreu um mês depois. A ironia não passou despercebida a ninguém[284].

Não é de admirar que o próprio Solzhenitsyn tenha ficado horrorizado com o tom sombrio e irreverente da sinfonia, sem esperança de redenção – mas será que ele estava certo? A primeira coisa a notar é que a *Décima Quarta* "não trata da morte, mas da morte não natural; morte causada por assassinato, opressão e guerra"[285]. A segunda coisa é que a *Décima Quarta* não culmina na apoteose de uma morte sem sentido: o seu clímax é, sem dúvida, "Delvig", a canção mais "sincera" da sinfonia, sem nenhuma ironia – até mesmo otimista de certa forma. Ela transforma em música um poema de Wilhelm Küchelbecker dedicado à morte (em 1831) de seu amigo Anton Delvig, um poeta amigável com os dezembristas que fracassaram em sua rebelião – o poema "é uma celebração do poder dos artistas e da importância de sua amizade em face da tirania" (o próprio Küchelbecker foi enviado para a Sibéria por sua participação no fracassado levante dezembrista contra o czar em 1825, onde morreu surdo e cego em 1846). É significativo que esse lamento pela morte de um poeta seja composto de modo tradicional, em contraste com todas as outras canções da sinfonia: "Como uma ideia fixa, o sistema dodecafônico assombra todos os movimentos da *Décima Quarta Sinfonia*" – exceto "Delvig" que é "escrita num tom maior muito puro, ao passo que todas as outras mostram uma predominância de linhas atonais, caprichosas, sinuosas e muitas vezes grotescas"[286].

É importante que "Delvig" se siga a "Carta ao Sultão", uma canção extraordinária e a que mais se aproxima do domínio da política em toda a sinfonia; ela encena uma revolta contra autoridades superiores como um ato de brutal obscenidade.

---

284. ŽIŽEK. *Op. cit.*
285. Mark's notes on Shostakovich Symphony n. 14. – Mark Wigglesworth.
286. Cf. https://www.chandos.net/chanimages/Booklets/AJ0378.pdf (chandos.net).

Shostakovich decidiu colocar em forma musical um documento insano do passado russo: em 1676, o sultão Maomé IV escreveu uma carta aos cossacos zaporozhianos, convocando-os a se submeterem ao seu governo; a resposta dos cossacos veio como uma torrente de rimas invectivas e vulgares:

> Dos Cossacos Zaporozhianos para o Sultão Turco! Oh sultão, demônio turco e amigo e parente do maldito diabo, secretário do próprio Lúcifer. Que tipo de cavaleiro diabólico sois vós, que não conseguis matar um ouriço com a vossa bunda nua? O diabo caga e o vosso exército come. Vós, filho de uma prostituta, não fareis súditos de filhos cristãos. Não temos medo do vosso exército; por terra e por mar lutaremos contra vós. Foda-se a vossa mãe. Vós, lavador de pratos da Babilônia, fabricante de rodas da Macedônia, cervejeiro de Jerusalém, fodedor de cabras de Alexandria, pastor de porcos do Grande e do Pequeno Egito, porco da Armênia, ladrão podoliano, catamita da Tartária, verdugo de Kamianets, e bobo de todo o mundo e submundo, um idiota perante Deus, neto da Serpente, e cãibra do nosso pau. Focinho de porco, rabo de égua, vira-lata de matadouro, testa não batizada. Trepai com a vossa própria mãe! Assim declaram os zaporozhianos, canalha. Sequer estareis pastoreando porcos para os cristãos. Agora vamos concluir, pois não sabemos a data e não possuímos calendário; a lua está no céu, o ano com o Senhor. O dia é o mesmo aqui e aí; por isso beijai a nossa bunda! *Koshovyi otaman Ivan Sirko, com toda a Hoste Zaporozhiana*[287].

Além disso, a "Carta ao Sultão" é precedida por "Prisão", que musica a descrição de Guillaume Apollonaire de um homem aprisionado sozinho numa cela. No meio dessa canção, temos um interlúdio orquestral que marca uma ruptura na posição subjetiva do prisioneiro sofredor – após esse interlúdio, as primeiras palavras são: "Não sou o homem que era". Assim podemos perceber o significado da ordem dessas três

---

287. Reply of the Zaporozhian Cossacks. *Wikipédia*.

canções: o desespero na prisão que torna o sujeito um homem diferente e o empurra para uma rebelião brutal, seguido de um lamento quando a rebelião é esmagada. Numa análise mais aprofundada, poderíamos reconstruir a linha narrativa que une todas as 11 canções da sinfonia: as duas primeiras são a introdução e as duas últimas o final (que começa com o mesmo motivo da introdução); as canções seguintes então variam o motivo de "a morte e a donzela" – a *femme fatale* provoca a morte dos seus amantes, suicida-se... com uma passagem gradual aos cadáveres de homens jovens no campo de batalha, e então o homem é reduzido a um número na prisão que desencadeia a rebelião.

Entretanto, como vimos, "Delvig", o ápice emocional da sinfonia, cancela a premissa de que "a morte é aterrorizante. Não há nada além dela". Além da morte, há a poesia que torna a morte, em toda a sua absurdidade, um evento nobre. O que será que vem depois da morte se realmente aceitarmos que não há nada além dela? Shostakovich fornece a resposta na sua Décima Quinta Sinfonia, que foi tocada continuamente no *set* de *Veludo azul*. David Lynch quis sinalizar a atmosfera que ele desejava no filme: "Escrevi o roteiro para Shostakovich: n. 15 em Lá Maior. Eu simplesmente continuei tocando a mesma parte, repetidamente". Durante as filmagens, Lynch colocou alto-falantes no *set* e tocou a sinfonia para transmitir o clima que ele desejava. Mais tarde, ele solicitou que Angelo Badalamenti compusesse uma trilha sonora para o filme que fosse "como Shostakovich"[288]. Kurt Sanderling, que estreou a sinfonia na Alemanha Oriental, ouviu a música como sendo sobre solidão e morte, e nenhuma outra obra de Shostakovich pareceu-lhe tão "radicalmente horrível e cruel"; outros veem nela um otimismo lúdico, ao passo que o próprio Shostakovich a

---

288. Symphony n. 15 (Shostakovich). *Wikipédia*.

caracterizou como uma "sinfonia perversa". A mistura de vozes nela ouvidas pode muito bem ser lida como uma interação maluca de "objetos como camaradas": "Ouvimos equipamentos hospitalares, tratamento com eletrochoque, vulgaridade e sátira; ele introduz o serialismo, uma vasta gama de citações – tudo, desde *Guilherme Tell*, de Rossini, até *Tristão* e *O anel*, de Wagner – que aparecem como vozes malucas na cabeça quando se está delirando"[289]. Porém, essa interação delirante não acontece dentro de uma alma, seu espaço só é aberto pela destituição subjetiva: se a Décima Quarta Sinfonia culmina na confissão lírica de uma alma (Delvig), a Décima Quinta não tem alma – uma mistura monstruosa de brincadeira infantil e desmortalidade.

Autodestituição revolucionária...

Aqui, talvez, também possamos localizar a limitação de Shostakovich: a destituição subjetiva não aparece apenas como uma mistura monstruosa, nem tampouco está restrita à experiência clínica – ela tem uma dimensão política descrita por Brecht. Nos versos da sua Ópera do Mendigo citados no capítulo anterior, Brecht condensa quatro posturas existenciais básicas (o anseio pelas alegrias cotidianas, a realidade brutal, o sentimento religioso e a sabedoria cínica) em duas, com o cinismo alegre como a última palavra[290]. No entanto,

---

289. An introduction to Shostakovich's Symphony n. 15 *Classical Music* (classical-music com).
290. Essa postura cínica implica que não devemos descartar os novos populistas de direita como um bando de fundamentalistas primitivos que não suportam obscenidade, ironia e promiscuidade. A nova direita fez um pacto perigoso com muitos especialistas, gestores, jornalistas e artistas "neutros", cuja postura básica é "Não me importo com política, só quero fazer o meu trabalho em paz!" No entanto, a sua "neutralidade" é a mesma que a de alguns artistas conservadores alemães depois de 1945: se fossem convidados a se apresentarem num evento organizado por esquerdistas, recusavam, alegando que não queriam envolver-se em política; se fossem convidados para se apresentarem num evento organizado por direitistas, aceitavam exatamente pelo mesmo motivo, alegando que não se importavam com política e só queriam fazer uma *performance*...

essa não foi a última palavra de Brecht: com uma consequência de tirar o fôlego, Brecht acrescentou nas suas peças didáticas (*Jasager* e *Die Massnahme*) uma outra posição subjetiva – a de um gesto puramente formal de autossacrifício baseado em nenhum significado ou objetivo mais profundos. A lógica implícita aqui é que não se pode superar a sabedoria cínica com algum ideal ético positivo: o cinismo é capaz de minar todos eles; somente um ato de autossacrifício totalmente sem sentido mina a própria distância cínica. O nome freudiano para tal ato é, obviamente, pulsão de morte, e seu nome hegeliano, negatividade autorrelacionada. No entanto, aqui devemos ter muito cuidado: Brecht deixa claro que esse ato não é uma espécie de gesto suicida excessivo puro de sair do espaço simbólico (algo que pertence mais à teoria de Bataille). Em ainda um outro caso de "juízo infinito", a pulsão de morte coincide com o seu oposto, com uma alienação radical na ordem simbólica. Nessa mesma linha, Saroj Giri descreveu "a autodestituição revolucionária, a auto-objetificação" como uma forma específica de subjetividade:

> Uma vida específica, individual, um ser humano único, é agora um objeto, um mero objeto que pode ser derrubado a qualquer momento: O "camarada como objeto" é uma continuação da desclassificação e da despersonificação, agora levadas ao ponto da destituição revolucionária, envolvendo a coragem de morrer, a morte. Na medida em que o companheiro é um ser humano vivo, a sua objetificação envolverá e deverá envolver a abertura à morte. A vida está em equilíbrio, e a vulnerabilidade à morte é uma presença constante. Nunca se está seguro e a disposição a sacrificar a vida é mais bem abraçada graciosamente[291].

---

291. GIRI, S. Introduction. *In:* MURALI, K. *Of concepts and methods*. Keralam: Kanal Publishing Center, 2021, p. 11.

Giri estabelece aqui uma dupla ligação com o passado, o recente e o mais antigo. Recente: a ideia de objetificação e destituição está próxima da ideia de declividade de Fanon: "uma declividade totalmente nua é onde nasce uma autêntica convulsão". Ou quando ele diz: "o Negro é uma zona de não ser, uma região extraordinariamente estéril e árida, uma declividade totalmente declinante"[292]. Passado antigo: *self* revolucionário budista[293]. O vazio (da destituição)

> como o "caminho", a ruptura/abertura para um "novo mundo" pode ser encontrada no *nibbana* do Buda. *Nibbana* é frequentemente conhecido como Despertar ou Iluminação, mas na verdade *nibbana* é nirvana, em primeira instância, extinção, o apagar, o desaparecimento[294].

O que Giri chama de destituição subjetiva não é, portanto, apenas uma nova forma de subjetividade política, mas simultaneamente algo que concerne ao nosso nível existencial básico, "uma maneira diferente de ser, envolvendo uma modalidade diferente de vida e morte"[295]. No seu posfácio à coleção *Think again* [Pense de novo] de Peter Hallward, Badiou cita Lin Biao com aprovação: "A essência do revisionismo é o medo da morte"[296]. Essa radicalização existencial da oposição política entre a ortodoxia e o revisionismo lança uma nova luz sobre o velho mote de 68 "o pessoal é político": aqui, o político torna-se pessoal, a raiz última do revisionismo político está localizada na experiência íntima do medo da morte. A versão de Badiou seria que, uma vez que o "revisionismo"

---

292. MURALI, K. *Of concepts and methods*. Keralam: Kanal Publishing Center, 2021, p. 22.
293. GIRI, S. The Buddhist ineffable self and a possible Indian political subject. *Political Theology*, v. 19, n. 8, 2018, p. 734-750.
294. MURALI, K. *O cit.*, p. 14.
295. *Ibid.*, p. 15.
296. HALLWARD, P. (ed.). *Think again*: Alain Badiou and the future of Philosophy. Londres: Continuum, 2004, p. 257.

é, na sua forma mais básica, o fracasso em subjetivar-se, em assumir fidelidade a um Evento-Verdade, ser um revisionista significa permanecer dentro do horizonte de sobrevivência do "animal humano".

Há, no entanto, uma ambiguidade na declaração de Lin Biao: pode ser interpretada como dizendo que a raiz do revisionismo político reside na natureza humana que nos faz temer a morte; mas também pode ser interpretada como dizendo que, uma vez que não existe uma natureza humana imutável, o nosso medo muito íntimo da morte já está politicamente sobredeterminado, pois surge numa sociedade individualista e egoísta com pouco senso de solidariedade comunal; é por isso que, numa sociedade comunista, as pessoas já não temeriam a morte.

"Camarada como objeto" não implica que devamos observar-nos e manipular-nos a partir de uma fria distância "objetiva". Deve ser suplementado pela sua inversão, "objeto como camarada":

> Em vez de passar aos poderes fetichistas da mercadoria, era preciso ir em direção aos poderes "ocultos" de engenharia/artísticos de coisas, objetos e materiais: isso, por assim dizer, permitiria ao objeto comungar e falar, fornecendo-nos os primeiros contornos do "objeto como camarada"[297].

Esse "objeto como camarada" exibe o que Giri chama de idealismo na própria coisa (material), do que podemos chamar de corporeidade espiritual em oposição ao idealismo fetichista que impõe a uma coisa externa uma dimensão social como sua propriedade reificada: tratar um objeto como "camarada" significa abrir-se aos potenciais virtuais de um objeto numa intensa interação com ele. Talvez, uma ligação

---

297. MURALI, K. *Of concepts and methods*. Keralam: Kanal Publishing Center, 2021, p. 6.

surpreendente nos possa ajudar a entender o que se entende por "objeto como camarada" que suplementa "camarada como objeto": a hodierna ontologia orientada a objetos. Eis a descrição concisa de Graham Harman da posição básica da ontologia orientada a objetos:

> A arena do mundo está repleta de diversos objetos, com suas forças desencadeadas e, sobretudo, desamadas. A bola de bilhar vermelha bate na bola de bilhar verde. Flocos de neve brilham na luz que cruelmente os aniquila, enquanto submarinos danificados enferrujam no fundo do oceano. À medida que a farinha emerge dos moinhos e blocos de calcário são comprimidos por terremotos, cogumelos gigantescos se espalham pela floresta de Michigan. Enquanto os filósofos humanos se batem quanto à própria possibilidade de "acesso" ao mundo, tubarões atacam atuns e *icebergs* se despedaçam nas costas[298].

Tal maneira de tratar o objeto como um "camarada" também inaugura uma nova forma de ser ecológico: aceitar o nosso ambiente em toda a sua complexidade que inclui o que percebemos como lixo ou poluição, bem como o que não podemos perceber diretamente, uma vez que é grande demais ou minúsculo demais (os "hiperobjetos" de Timothy Morton). Nessa linha, para Morton, ser ecológico

> não é passar um tempo numa reserva natural intocada, mas apreciar a erva daninha abrindo caminho através de uma rachadura no concreto e, em seguida, apreciar o concreto. Ele também faz parte do mundo, e faz parte de nós. A realidade está povoada de "estranhos estrangeiros" – coisas que são "cognoscíveis, mas estranhas". Essa estranha estranheza, escreve Morton, é uma parte ir-

---

298. Citado de MEIS, M. Timothy Morton's hyper-pandemic. *The New Yorker*, 8 jun. 2021. Disponível em: https://www.newyorker.com/culture/persons-of-interest/timothy-mortons-hyper-pandemic

redutível de cada rocha, árvore, terrário, Estátua da Liberdade de plástico, quasar, buraco negro ou sagui que alguém possa encontrar; ao reconhecê--lo, deixamos de tentar dominar os objetos e passamos a aprender a respeitá-los em sua indefinição. Enquanto os poetas românticos cantavam a beleza e a sublimidade da natureza, Morton responde à sua estranheza que tudo permeia; eles incluem na categoria do natural tudo o que é assustador, feio, artificial, prejudicial e perturbador[299].

Será que não é um exemplo perfeito dessa mistura o destino dos ratos em Manhattan durante a pandemia? Manhattan é um sistema vivo de humanos, baratas... e milhões de ratos. O *lockdown* no auge da pandemia significou que, como todos os restaurantes estavam fechados, os ratos que viviam do lixo dos restaurantes foram privados de uma das suas fontes de alimento. Isso causou fome em massa; muitos ratos foram encontrados comendo seus filhotes... O fechamento de restaurantes, que mudou os hábitos alimentares dos humanos, mas não representou nenhuma ameaça para eles, foi uma catástrofe para os ratos, os ratos como camaradas. Outro acidente semelhante da história recente poderia ser chamado de "pardal como camarada". Em 1958, no início do Grande Salto Adiante, o governo chinês declarou que "as aves são animais públicos do capitalismo" e pôs em marcha uma grande campanha para eliminar os pardais que eram suspeitos de consumir aproximadamente quatro libras de grãos por pardal por ano. Ninhos de pardais foram destruídos, ovos foram quebrados e filhotes foram mortos; milhões de pessoas se organizaram em grupos e bateram em panelas e frigideiras barulhentas para evitar que os pardais descan-

---

299. MEIS, M. Timothy Morton's hyper-pandemic. *The New Yorker*, 8 jun. 2021. Disponível em: https://www.newyorker.com/culture/persons-of-interest/timothy-mortons-hyper-pandemic

sassem em seus ninhos, com o objetivo de fazê-los morrer de exaustão. Esses ataques em massa esgotaram a população de pardais, levando-a à quase extinção. Contudo, em abril de 1960, os líderes chineses foram forçados a perceber que os pardais também comiam grandes quantidades de insetos nos campos, de modo que, em vez de aumentar, a produção de arroz após a campanha diminuiu substancialmente: o extermínio dos pardais perturbou o equilíbrio ecológico e os insetos destruíram as colheitas como resultado da ausência de predadores naturais. A essa altura, porém, já era tarde demais: sem pardais para comê-los, as populações de gafanhotos aumentaram, inundando o país e agravando os problemas ecológicos já causados pelo Grande Salto Adiante, inclusive o desmatamento generalizado e o uso indevido de venenos e pesticidas. O desequilíbrio ecológico é creditado por exacerbar a Grande Fome Chinesa, na qual de 15 a 45 milhões de pessoas morreram de fome. O governo chinês acabou por recorrer à importação de 250.000 pardais da União Soviética para reabastecer a sua população[300].

Três exemplos do cinema de Joris Ivens exemplificam perfeitamente essa dimensão do objeto como camarada. Será que o seu documentário *Regen* (*Chuva*, 1929), é um retrato de Amsterdã durante as chuvas, e não um retrato da chuva como camarada? Deve-se mencionar aqui *Quatorze maneiras de descrever a chuva*, de Hanns Eisler, um exercício de dodecafonia de doze minutos para flauta, clarinete, trio de cordas e piano, escrito como acompanhamento musical de *Regen*, de Ivens. Depois, há *Pour le Mistral* (1966) de Ivens: o vento como companheiro – cenas da vida e da paisagem na Provença, onde um vento frio chamado Mistral sopra pelo vale do Ródano até o Mediterrâneo. Há também outra re-

---

300. Cf. https://en.wikipedia.org/wiki/Four_Pests_campaign

presentação do vento como camarada: *Uma história do vento* (1988), filmado na China, a tentativa do velho e doente Ivens de retratar a percepção de que "o segredo da respiração está no ritmo do vento de outono".

No entanto, precisamos ter em mente algo que a ontologia orientada a objetos ignora e do que Giri está plenamente consciente: embora a destituição subjetiva (um termo que Giri tomou de Lacan), a redução a um objeto, não signifique dessubjetivação, *significa* desumanização: após a destituição subjetiva, um sujeito já não é "humano" (no sentido da profundidade da personalidade, de uma "vida interior rica" em oposição à realidade externa e uma bagagem psíquica semelhante). Somente na e pela destituição o sujeito emerge em sua pureza (Sujeito com s maiúsculo):

> O camarada-ativista como objeto ainda é um Sujeito – um sujeito que talvez fale em nome da História e invoque a "metanarrativa" dos "estágios da História", mas cuja autodestituição e auto-objetificação inauguram uma possibilidade revolucionária ao criar um ponto nulo, um vazio na própria História[301].

Pela destituição subjetiva, não entramos numa interação feliz de "objeto como camarada" e "camarada como objeto", na qual um sujeito destituído lida com os objetos que o cercam como seus interlocutores iguais, renunciando a agir como seu mestre que os explora. Na destituição subjetiva, o sujeito não está simplesmente imerso no fluxo da realidade; ele é antes reduzido a um vazio, a um ponto nulo, a uma lacuna na realidade. É somente por essa redução a um vazio, a partir da posição subjetiva desse vazio, que um sujeito pode perceber e experimentar a interação do camarada como

---

301. MURALI, K. *Of concepts and methods*. Keralam: Kanal Publishing Center, 2021, p. 13.

objeto e do objeto como camarada. Em outras palavras, pela destituição subjetiva o sujeito é radicalmente dividido: num vazio puro e no objeto que ele é. Dessa maneira, superamos a mortalidade e entramos na desmortalidade: não a vida após a morte, mas a morte em vida, não a desalienação, mas a extrema alienação autoabolidora – deixamos para trás o próprio padrão por meio do qual medimos a alienação, a noção de uma vida quotidiana calorosa normal, da nossa plena imersão no mundo seguro e estável dos costumes. A maneira de superar o mundo de cabeça para baixo não é retornar à normalidade, mas abraçar a cabeça para baixo sem ficar de pernas para o ar.

Já a partir dessa breve descrição fica claro que o fenômeno da destituição subjetiva assume muitas formas que não podem ser reduzidas à mesma experiência interior. Existe o nirvana budista, uma desconexão da realidade externa que nos permite distanciar-nos dos nossos anseios e desejos – assumo uma espécie de posição impessoal, os meus pensamentos são pensamentos sem pensador. Depois, há as chamadas experiências místicas que não devem ser confundidas com o nirvana: embora também envolvam uma espécie de destituição subjetiva, essa destituição assume a forma de uma identidade direta entre mim e um Absoluto superior (fórmula típica: os olhos com os quais Eu vejo deus são os olhos com os quais deus se vê) – meu desejo mais íntimo se despersonaliza, se sobrepõe à vontade do próprio deus, de modo que o grande Outro vive através de mim. Em suma, enquanto no nirvana alguém sai da "roda do desejo", a experiência mística atua a sobreposição do nosso gozo com o gozo do grande Outro. Depois, há a posição subjetiva descrita por Giri: a destituição de um agente revolucionário que se reduz a um instrumento-objeto do processo de mudança social radical – ele oblitera sua personalidade, inclusive o medo da morte, de modo a que a revolução viva por meio dele. Depois, há a explosão do niilismo social autodestrutivo – pensemos no *Coringa*, mas também numa cena de *Outubro*, de Eisenstein, na qual uma multidão revolucionária penetra na adega do Palácio de Inverno e se envolve numa orgia de destruição massiva de centenas de garrafas de champanhe caro. E, por último, mas não menos importante, a destituição subjetiva em seu sentido psicanalítico (lacaniano) de travessia da fantasia, que é um gesto muito mais radical do que pode parecer: para Lacan, a fantasia não se opõe à realidade, mas fornece as coordenadas do que experimentamos como realidade, mais as coordenadas do que desejamos – as duas coordenadas não são iguais, mas estão interligadas (quando a nossa fantasia fundamental se dissolve, experimentamos a perda da realidade que também impede a nossa capacidade de desejar). Devemos lembrar também que atravessar a fantasia não é a palavra final de Lacan: nos anos finais de seu ensino, ele propôs como momento final do processo analítico a identificação com o sintoma, um gesto que nos permite uma forma de vida moderadamente aceitável.

Como essas versões estão relacionadas? Elas parecem formar uma espécie de quadrado semiótico greimasiano, uma vez que há dois eixos ao longo dos quais estão dispostas: engajamento ativo (explosão social autodestrutiva; a destituição revolucionária descrita por Giri) *versus* desengajamento (nirvana, experiência mística); autocontração (explosão destrutiva contra a realidade externa; nirvana) *versus* confiança num grande Outro (Deus na experiência mística, História na destituição revolucionária). Numa explosão destrutiva, contraímo-nos em nós mesmos por meio da destruição do nosso ambiente; no nirvana, apenas nos retiramos para dentro de nós mesmos, deixando a realidade da maneira como ela é. Na experiência mística, nos desengajamos da realidade imergindo na divindade; na destituição revolucionária, renunciamos ao nosso *Self* ao nos engajarmos no processo histórico de mudança revolucionária (do ponto de vista lacaniano, essas duas últimas posições cortejam o perigo de cair numa posição perversa de se conceber como um objeto-instrumento do grande Outro).

O que Lacan chama de destituição subjetiva é o nível zero, o abismo neutro no centro desse quadrado. Aqui devemos ser muito precisos: o que alcançamos na destituição subjetiva não é o Vazio absoluto do qual tudo brota, mas a própria perturbação desse Vazio, não a paz interior da retirada, mas o desequilíbrio do Vazio – não a queda do Vazio na realidade material finita, mas o antagonismo/tensão no próprio coração do Vazio que causa o surgimento da realidade material a partir do Vazio. As outras quatro versões da destituição subjetiva vêm estruturalmente em segundo lugar, são tentativas de pacificar o antagonismo ("autocontradição") do Vazio.

A questão que se coloca aqui é: como será que a destituição deveria, na sua forma politicamente engajada, evitar a queda na perversidade? A resposta é clara: deve suspender a sua confiança no grande Outro (na necessidade histórica etc.). Hegel restringiu a filosofia a compreender "o que é", mas para Hegel "o que é" não é apenas um estado estável de coisas, é uma situação histórica aberta cheia de tensões e potenciais – deve-se, portanto, ligar a visão de Hegel com a afirmação de Saint-Just: "*Ceux qui font des révolutions ressemblent au premier navigateur instruit par son audace* (os revolucionários são semelhantes a um primeiro navegador guiado apenas pela sua audácia)". Não é essa a implicação do confinamento da compreensão conceptual de Hegel ao passado? Como sujeitos engajados, temos de agir com vista ao futuro, mas por razões *a priori* não podemos basear nossas decisões num padrão racional de progresso histórico (como Marx pensava), por isso temos de improvisar e correr riscos. Será que também foi essa a lição que Lenin aprendeu ao ler Hegel em 1915? O paradoxo é que o que Lenin tomou de Hegel – que é geralmente criticado como *o* filósofo da teleologia histórica, do progresso inexorável e regular em direção à liberdade – foi a contingência absoluta do processo histórico[302].

O contra-argumento de senso comum que surge aqui é: a destituição subjetiva é um gesto tão radical que se limita a uma elite esclarecida, e continua a ser um ideal ético impossível para as massas, exceto em raros episódios de entusiasmo revolucionário. Porém, penso que essa censura erre o alvo: Giri enfatiza que a destituição subjetiva não é uma posição elitista dos Líderes, mas, pelo contrário, uma posição demonstrada por numerosos combatentes comuns, como – mais uma vez – milhares que arriscam sua vida na luta contra a covid-19.

...versus fundamentalismo religioso

Mas não estaremos, dessa forma, aproximando-nos perigosamente do desrespeito de um fundamentalista pela sobrevivência? Vejamos o que se passa agora – em meados de agosto de 2021 – no Afeganistão: os talibãs estão assumindo suavemente o controle do país, as cidades caem como peças de dominó, embora as forças governamentais estejam muito mais bem equipadas e treinadas, e também sejam mais numerosas (300.000 *versus* 80.000 combatentes talibãs). Quando os talibãs se aproximam, a maior parte das forças governamentais se dissolvem: se rendem e/ou fogem, demonstrando não ter estômago para lutar – por quê? A mídia nos bombar-

---

302. A despeito dos meus comentários críticos ocasionais sobre Lenin, devo enfatizar que o único Lenin mau para mim é Lenin Moreno, o presidente do Equador que entregou Julian Assange à polícia do Reino Unido.

deia com algumas explicações. A primeira é diretamente racista: as pessoas de lá simplesmente não são suficientemente maduras para uma democracia, elas anseiam pelo fundamentalismo religioso... uma afirmação ridícula, se é que alguma vez existiu alguma: há meio século, o Afeganistão era um país (moderadamente) esclarecido, com um partido comunista muito forte que chegou mesmo a assumir o poder por alguns anos (como convém a um verdadeiro partido comunista, o Partido Democrático do Povo do Afeganistão [PDPA] esteve durante a maior parte da sua existência dividido entre as facções linha-dura *Khalq* e as facções moderadas *Parcham*). O país tornou-se religiosamente fundamentalista apenas mais tarde, como reação à ocupação soviética que tentou evitar o colapso do poder comunista.

A mídia nos bombardeia com algumas explicações. A primeira é o terror: os talibãs executam impiedosamente aqueles que se opõem à sua política. A segunda é a fé: os talibãs simplesmente acreditam que os seus atos cumprem a tarefa que lhes foi imposta por Deus, de modo que a sua vitória final está garantida e eles podem se dar ao luxo de serem pacientes – podem esperar; o tempo está do seu lado... Uma explicação mais complexa e realista é que a situação no Afeganistão é caótica, com guerra e corrupção em curso, de modo que mesmo que o regime Talibã acabe por trazer a opressão e a lei Sharia, pelo menos garantirá a segurança e a ordem.

No entanto, todas essas explicações parecem evitar o fato básico, que é traumático para a visão liberal ocidental: o desrespeito dos talibãs pela sobrevivência, a disposição dos seus combatentes a levarem a cabo o "martírio", a morrerem não simplesmente numa batalha, mas até mesmo em atos suicidas. A explicação de que os talibãs, enquanto fundamentalistas, "realmente acreditam" que entrarão no paraíso se morrerem como mártires não é suficiente: não consegue captar a diferença entre a crença no sentido de um *insight* intelectual ("Eu sei que irei para o céu, é um fato") e a crença como uma posição subjetiva engajada. Em outras palavras, não consegue levar em conta o poder material de uma ideologia – nesse caso, o poder da fé – que não se baseia simplesmente na força das nossas convicções, mas na maneira como estamos diretamente comprometidos existencialmente com a nossa crença: não somos sujeitos escolhendo essa ou aquela crença, nós "somos" a nossa crença no sentido dessa crença impregnar a nossa vida. Foi devido a essa característica que Michel Foucault ficou, em 1978, tão fascinado pela revolução de Khomeini que visitou duas vezes o Irã. O que o fascinou ali não foi apenas a postura de aceitar o martírio, de indiferença em relação a perder a própria vida – ele estava

> engajado numa narrativa muito específica da "história da verdade", que enfatiza uma forma partidária e agonística de dizer a verdade, e uma transformação obtida pela luta e pela provação, em oposição às formas pacificadoras, neutralizantes e normalizadoras do poder ocidental moderno. Crucial para a compreensão desse ponto é a concepção de *verdade* em ação no discurso histórico-político, uma concepção da verdade como *parcial*, como reservada a *partisans*[303].

Como o próprio Foucault o colocou,

> se esse sujeito que fala de direito (ou melhor, de direitos) está falando a verdade, essa verdade já não é a verdade universal do filósofo. É verdade que esse discurso sobre a guerra geral, esse discurso que tenta interpretar a guerra sob a paz, é de fato uma tentativa de descrever a batalha como um todo e de reconstruir o curso geral da guerra. Entretanto, isso não o torna um discurso totalizante ou neutro; é sempre um discurso perspectivo. Está interessa-

---

303. Cf. https://journals.sagepub.com/doi/full/10.1177/0191453718794751#

do na totalidade apenas na medida em que pode vê-la em termos unilaterais, distorcê-la e vê-la do seu próprio ponto de vista. A verdade é, em outras palavras, uma verdade que só pode ser implantada a partir da sua posição de combate, da perspectiva da busca da vitória e, em última análise, por assim dizer, da sobrevivência do próprio sujeito falante[304].

Será que um tal discurso engajado pode ser descartado como um sinal de uma sociedade "primitiva" pré-moderna que ainda não entrou no individualismo moderno? E será que o seu renascimento hoje deve ser rejeitado como um sinal de regressão fascista (da mesma forma que fui algumas vezes proclamado um fascista esquerdista)?[305] Para qualquer pessoa minimamente familiarizada com o marxismo ocidental, a resposta é clara: Georg Lukács demonstrou como o marxismo é "universalmente verdadeiro" não a despeito da sua parcialidade, mas *porque* é "parcial", acessível apenas a partir de uma posição subjetiva particular. Heidegger volta e meia repetiu uma crítica à tese 11 de Marx: quando queremos mudar o mundo, essa mudança tem de ser fundamentada numa nova interpretação, e ignora esse pressuposto, embora a sua obra faça exatamente isto – oferecer uma nova interpretação histórico-materialista da história como a história das lutas de classes[306]... Será que essa censura atinge o alvo? Pode-se argumentar que Marx tem em mente algo diferente: uma interpretação para a qual a exigência de mudança é imanente, isto é, uma interpretação que não é neutra ou imparcial, uma vez que só está disponível para aqueles que já estão engajados num esforço para mudar a realidade.

---

304. FOUCAULT, M. Society must be defended. *In:* STONE, B. E. *Lectures at the Collège de France 1975-1976.* Nova York: Picador, 2003, p. 52.
305. Cf. https://jacobinmag.com/2011/07/the-power-of-nonsense
306. Entre outros, em entrevista disponível em "Martin Heidegger – Ein Interview 1/2" – YouTube.

Podemos concordar ou discordar dessa visão, mas o fato é que o que Foucault procurava no longínquo Irã – a forma agonística ("guerra") de dizer a verdade – já estava fortemente presente na visão marxista de que ser apanhado na luta de classes não é um obstáculo ao conhecimento "objetivo" da história, mas sua condição. A noção positivista usual do conhecimento como uma abordagem "objetiva" (não parcial) da realidade que não é distorcida por um engajamento subjetivo particular – o que Foucault caracterizou como "as formas pacificadoras, neutralizantes e normalizadoras do poder ocidental moderno" – é ideologia na sua forma mais pura: a ideologia do "fim da ideologia". Por um lado, temos conhecimento especializado "objetivo" não ideológico; por outro lado, temos indivíduos dispersos, cada um deles focado no seu idiossincrático "cuidado de si" (termo que Foucault usou quando abandonou a sua experiência iraniana), pequenas coisas que trazem prazer à sua vida. Desse ponto de vista do individualismo liberal, o compromisso universal, especialmente se inclui risco de vida, é suspeito e "irracional"...

Aqui encontramos um paradoxo interessante: embora seja duvidoso que o marxismo tradicional possa fornecer um relato convincente do sucesso dos talibãs, forneceu um exemplo europeu perfeito do que Foucault procurava no Irã (e do que nos fascina agora no Afeganistão), um exemplo que não envolveu nenhum fundamentalismo religioso, mas apenas um engajamento coletivo por uma vida melhor. Após o triunfo do capitalismo global, esse espírito de engajamento coletivo foi reprimido, e agora essa postura reprimida parece retornar sob o disfarce do fundamentalismo religioso.

Isso traz-nos de volta ao mistério do que aconteceu no Afeganistão: no aeroporto de Cabul, milhares de pessoas tentaram desesperadamente deixar o país, indivíduos se agarravam aos aviões enquanto estes se deslocavam e caíam deles quando os aviões estavam no ar... como se testemunhássemos o mais recente exemplo trágico do suplemento irônico ao velho lema anticolonialista: "Yankee, vá para casa!" – Yankee, vá para casa... e leve-me com você! O verdadeiro enigma está aqui no que foi uma surpresa para o próprio Talibã: a rapidez com que a resistência do exército derreteu. Se milhares de pessoas estão agora tentando desesperadamente apanhar um voo para fora do país e estão prontas a arriscar a vida para escapar, por que é que não *lutaram* contra os talibãs? Por que preferiram cair do céu à morte em batalha? A resposta fácil para isso é que aqueles que lotaram o aeroporto de Cabul eram a minoria corrupta dos colaboradores americanos... Mas e as milhares de mulheres que ficam em casa assustadas? Será que elas também são colaboradoras? O fato é que a ocupação do Afeganistão pelos Estados Unidos criou gradualmente uma espécie de sociedade civil secular com muitas mulheres educadas, empregadas, conscientes dos seus direitos e também com uma importante vida intelectual independente. Quando Goran Therborn visitou Cabul e Herate há alguns anos, dando palestras sobre o marxismo ocidental, centenas de pessoas compareceram à palestra, para surpresa dos organizadores. Sim, os talibãs estão agora mais fortes do que nunca, mais fortes do que há 20 anos, quando as potências ocidentais vieram ao Afeganistão para libertar o país deles, o que demonstra claramente a futilidade de toda a operação, mas será que deveríamos, por essa razão, ignorar as (pelo menos parcialmente não intencionais) consequências progressistas da sua intervenção?

Yanis Varoufakis tocou nesse ponto difícil no seu último tuíte: "No dia em que o imperialismo liberal-neoconservador foi derrotado de uma vez por todas, os pensamentos do DiEM25 estão com as mulheres do Afeganistão. A nossa solidariedade provavelmente significa pouco para elas, mas é o que podemos oferecer – por enquanto. Aguentem firmes, irmãs!"[307]. Como devemos ler as duas partes do seu tuíte, ou seja, por que a derrota do imperialismo liberal veio com a regressão dos direitos das mulheres (e de outros)? Será que nós (aqueles que nos consideramos os oponentes da esquerda global ao imperialismo neocolonial) temos o direito de pedir às mulheres afegãs que sacrifiquem os seus direitos para que o capitalismo liberal global possa sofrer uma grande derrota? Quando Varoufakis foi acusado de subordinar a libertação das mulheres à luta anti-imperialista, ele tuitou de volta: "Previmos como o imperialismo neoconservador fortaleceria o Fundamentalismo Islâmico Misógino (FIM). Foi o que aconteceu! Como reagiram os neoconservadores? Atribuindo a culpa pelo triunfo do FIM a... nós. Covardes e criminosos de guerra"[308].

Devo dizer que considero essa culpabilização dos neoconservadores um pouco problemática: os neoconservadores podem facilmente encontrar uma linguagem comum com os talibãs – lembre-se de que Trump convidou os talibãs para Camp David e fez um pacto com eles que abriu o caminho para a capitulação dos Estados Unidos. Além disso, já há reações neoconservadoras à queda de Cabul que a interpretam como a derrota definitiva da tradição ocidental do Iluminismo secular e do hedonismo individualista... Não, não foram os neoconservadores que impulsionaram o fundamentalismo islâmico; esse fundamentalismo cresceu em reação à influência do secularismo liberal ocidental e do individualismo. Décadas atrás, o Aiatolá Khomeini escreveu: "Não temos medo de sanções. Não temos medo de uma invasão militar. O que

---

307. Yanis Varoufakis no Twitter: "No dia em que o imperialismo liberal-neoconservador foi derrotado de uma vez por todas, os pensamentos do DiEM25 estão com as mulheres do Afeganistão. A nossa solidariedade provavelmente significa pouco para elas, mas é o que podemos oferecer – por enquanto. Aguentem firme, irmãs!" / Twitter.
308. Cf. https://twitter.com/yanisvaroufakis/status/1427210155767353348

nos assusta é a invasão da imoralidade ocidental". O fato de Khomeini falar sobre medo, sobre o que um muçulmano mais deve temer no Ocidente, deve ser interpretado literalmente: os fundamentalistas muçulmanos não têm quaisquer problemas com a brutalidade das lutas econômicas e militares, o seu verdadeiro inimigo não é o neocolonialismo econômico ocidental e a agressão militar, mas a sua cultura "imoral". Em muitos países africanos e asiáticos, o movimento *gay* também é percebido como uma expressão do impacto cultural da globalização capitalista e do seu enfraquecimento das formas sociais e culturais tradicionais, de modo que, consequentemente, a luta contra os *gays* aparece como um aspecto da luta anticolonial. Será que o mesmo não se aplica, digamos, ao Boko Haram? Para os seus membros, a libertação das mulheres aparece como a característica mais visível do impacto cultural destrutivo da modernização capitalista, de modo que o Boko Haram (cujo nome pode ser traduzido grosseira e descritivamente como "a educação ocidental é proibida", especificamente a educação para as mulheres) pode se perceber e se retratar como um agente que luta contra o impacto destrutivo da modernização, pela imposição de uma regulação hierárquica da relação entre os sexos. O enigma é o seguinte: por que é que os muçulmanos, que foram sem dúvida expostos à exploração, à dominação e a outros aspectos destrutivos e humilhantes do colonialismo, visam na sua resposta aquilo que é (para nós, pelo menos) a melhor parte do legado ocidental: o nosso igualitarismo e liberdades pessoais, que incluem uma dose saudável de ironia e um deboche de todas as autoridades? A resposta óbvia é que o seu alvo foi bem escolhido. O que para eles torna o Ocidente liberal tão insuportável não é apenas o fato de praticar a exploração e a dominação violenta, mas também o fato de, para piorar a situação, apresentar essa realidade brutal sob o disfarce do seu oposto: liberdade, igualdade e democracia.

Então, mais uma vez, temos de aprender a lição crucial de Marx: é verdade que o capitalismo viola sistematicamente as suas próprias regras ("direitos humanos e liberdades") – basta lembrar que, no início da era moderna que celebra as liberdades humanas, o capitalismo ressuscitou a escravatura nas suas colônias... Contudo, o capitalismo, ao mesmo tempo, forneceu padrões para medir a sua própria hipocrisia, de modo que não devemos dizer "já que os direitos humanos são uma máscara de exploração, vamos abandonar os direitos humanos", mas: "Vamos levar os direitos humanos mais a sério do que aqueles que fundaram a ideologia dos direitos humanos!" Isso é o que o socialismo significou desde o início.

A direita populista americana ou europeia opõe-se fanaticamente ao fundamentalismo muçulmano, no qual vê a principal ameaça à civilização cristã ocidental – como gostam de dizer, a Europa está prestes a tornar-se o Europastão, e a retirada dos Estados Unidos do Afeganistão é para eles a última humilhação dos Estados Unidos... No entanto, algo novo aconteceu ultimamente. De acordo com uma análise recente do SITE Intelligence Group, uma organização não governamental americana que monitoriza a atividade *on-line* de organizações supremacistas brancas e jihadistas, alguns supremacistas estão

> elogiando a tomada do poder pelos talibãs como "uma lição de amor pela pátria, pela liberdade e pela religião". Os neonazistas e os aceleracionistas violentos – que esperam provocar o que consideram uma guerra racial inevitável, que levaria a um Estado exclusivamente branco – na América do Norte e na Europa estão elogiando os talibãs pelo seu antissemitismo, homofobia e severas restrições sobre a liberdade das mulheres. Por exemplo, uma citação retirada do canal do Telegram *Proud Boy to Fascist Pipeline* [menino orgulhoso para o pipeline fascista], dizia: "Esses agricultores e homens minimamente treinados lutaram para recuperar sua nação do *globohomo*. Eles retomaram o seu governo, instalaram

a sua religião nacional como lei e executaram dissidentes... Se os homens brancos no Ocidente tivessem a mesma coragem que os talibãs, não seríamos governados por judeus atualmente". "Globohomo" é uma palavra depreciativa usada para insultar os "globalistas", o termo usado por promotores da conspiração para descrever seu inimigo (a elite global do mal que controla os meios de comunicação, as finanças, o sistema político etc.)[309].

Os populistas de direita americanos que simpatizam com os talibãs estão mais certos do que pensam: o que vemos no Afeganistão é o que os nossos populistas querem, só que purificado até a sua versão extrema. São evidentes as características que ambos os lados partilham: oposição ao "globohomo", à nova elite global que espalha valores LGBT+ e multiculturais que corroem o modo de vida estabelecido das comunidades locais. A oposição entre a direita populista e os fundamentalistas muçulmanos é, portanto, relativizada: os populistas de direita podem facilmente imaginar a coexistência de um modo de vida diferente. É por isso que a nova direita é antissemita e pró-sionista ao mesmo tempo, dizendo não aos judeus que querem permanecer na sua terra e assimilar-se, mas sim aos judeus que regressam à terra deles – ou, como o próprio Reinhard Heydrich, o mentor do Holocausto, escreveu em 1935:

> Devemos separar os judeus em duas categorias, os sionistas e os partidários da assimilação. Os sionistas professam um conceito estritamente racial e, por meio da emigração para a Palestina, ajudam a construir o seu próprio Estado Judeu... os nossos bons votos e a nossa boa vontade oficial os acompanham[310].

---

309. Cf.https://edition.cnn.com/2021/09/01/politics/far-right-groups-praise-taliban-takeover/index.html

310. Citado de HOEHNE, H. *The order of the death's head*: The story of Hitler's SS. Londres: Penguin, 2000, p. 333.

O que pode parecer (mas não é) mais surpreendente é que alguns esquerdistas também, de forma limitada, aderem a esse movimento: embora deplorem o destino das mulheres sob os talibãs, ainda assim consideram a retirada dos Estados Unidos como uma grande derrota do neocolonialismo capitalista global, de potências ocidentais habituadas a impor as suas noções de liberdade e democracia aos outros.

"Les non-dupes errent"

Essa proximidade não se limita à postura em relação aos talibãs: também a encontramos dentre aqueles que se opõem a vacinas e regulamentações sociais como medidas contra a pandemia. A recente descoberta do programa Pegasus foi apenas mais uma confirmação da nossa desconfiança geral em relação à maneira como somos socialmente controlados e pode ajudar-nos a entender, porque muitos de nós resistimos à vacinação: se tudo, todo o fluxo de dados e todas as nossas atividades sociais, é controlado, o interior do nosso corpo aparece como a última ilha que deveria escapar a esse controle, e com a vacinação, os aparelhos estatais e as corporações parecem invadir até mesmo essa última ilha de intimidade livre... Podemos assim dizer que a resistência à vacinação é o preço mal direcionado que estamos pagando por sermos expostos ao Pegasus em todas as suas versões. E como a ciência é amplamente utilizada para justificar medidas, e como as vacinas são uma grande conquista científica, a resistência à vacinação também se baseia na suspeita de que a ciência está a serviço do controle e da manipulação social.

Ultimamente temos testemunhado uma decadência gradual da autoridade daquilo que Jacques Lacan chamava de "o grande Outro", o espaço compartilhado de valores públicos dentro do qual apenas as nossas diferenças e identidades podem prosperar – um fenômeno muitas vezes falsamente caracterizado como "era da pós-verdade". A resistência liberal contra a vacinação em nome dos direitos humanos deixa-nos nostálgicos do "socialismo democrático" leninista (debate democrático livre, mas uma vez tomada uma decisão, todos têm de obedecê-la). Deveríamos interpretar esse socialismo democrático no sentido da fórmula do Esclarecimento de Kant: não "Não obedeça, pense livremente!", mas: "Pense livremente, declare seus pensamentos publicamente *e obedeça*!" O mesmo vale para quem duvida da vacina: debata, publique suas dúvidas, mas obedeça às regulamentações assim que o poder público as impuser. Sem esse consenso prático, iremos lentamente derivar para uma sociedade composta de facções tribais.

Na Eslovênia (o meu país), sofremos agora (em setembro de 2021) as consequências catastróficas de uma abordagem liberal da vacinação: somos agora a pior área da Europa, designada como vermelho-escuro. A abordagem do governo não era apenas a de que cada indivíduo deveria ser livre para escolher se quer ser vacinado ou não, mas também foi dada às pessoas a possibilidade de escolher a vacina (muitas escolheram a Janssen, porque as autoridades proclamaram que uma dose seria suficiente para uma proteção total). Quando surgiram problemas (um jovem estudante morreu por causa dos coágulos sanguíneos causados pela Janssen), era possível dizer "você fez uma escolha, então a responsabilidade é sua"... Ao mesmo tempo, o governo estava tornando a vacinação de fato obrigatória em todos os serviços públicos etc., de modo que não é de admirar que o resultado tenha sido um amplo movimento de protesto antivacinação que levou a confrontos violentos com a polícia e jornalistas. É óbvio que a estratégia correta teria sido simplesmente impor a vacinação universal obrigatória, tal como se fazia há décadas no caso de outras doenças infecciosas – isso teria dado às pessoas uma sensação de estabilidade proposital, despolitizando todo o tema da vacinação. Agora, o governo nacionalista de direita está acusando a oposição esquerdista de fomentar protestos antivacinação, interpretando o fracasso da sua estratégia como o resultado de uma obscura conspiração esquerdista, e estamos onde estamos.

Aqui podemos ver claramente a ligação entre a liberdade individual e a coesão social: a liberdade de escolher entre ser vacinado ou não é, obviamente, um tipo formal de liberdade; no entanto, rejeitar a vacinação efetivamente implica limitar a minha liberdade real, bem como a liberdade dos outros. Dentro de uma comunidade, ser vacinado significa que sou uma ameaça muito menor para os outros (e os outros para mim), de modo que posso exercer, num grau muito maior, as minhas liberdades sociais para me misturar com outras pessoas da maneira habitual. A minha liberdade só é real como liberdade dentro de um determinado espaço social regulado por regras e proibições. Posso andar livremente por uma rua movimentada, porque posso estar razoavelmente certo de que outras pessoas na rua se comportarão de maneira civilizada para comigo e serão punidas se me atacarem, se me insultarem etc. – e é exatamente a mesma coisa com a vacinação. É claro que podemos esforçar-nos por mudar as regras da vida comum – há situações nas quais essas regras podem ser relaxadas, mas também reforçadas (como nas condições de uma pandemia), mas um domínio de regras é necessário como o próprio terreno das nossas liberdades.

É aí que reside a diferença hegeliana entre liberdade abstrata e liberdade concreta: num mundo da vida concreto, a liberdade abstrata transforma-se no seu oposto, uma vez que restringe o nosso exercício real da liberdade. Tomemos o caso da liberdade de falar e se comunicar com os outros: só posso exercer essa liberdade se obedecer às regras de linguagem comumente estabelecidas (com todas as suas ambiguidades e inclusive as das regras não escritas de mensagens nas entrelinhas). A língua que falamos não é, evidentemente, ideologicamente neutra, ela incorpora muitos preconceitos e torna impossível para nós formularmos claramente certos pensamentos incomuns – como, novamente, Hegel o sabia, o pensamento sempre ocorre na linguagem e traz consigo uma metafísica de senso comum (visão da realidade), mas para pensarmos verdadeiramente, temos de pensar numa linguagem contra essa linguagem. As regras da linguagem podem ser alteradas a fim de abrir novas liberdades, mas o problema com a novilíngua politicamente correta mostra claramente que a imposição direta de novas regras pode levar a resultados ambíguos e dar origem a novas formas mais sutis de racismo e sexismo.

A desintegração do espaço público está no seu pior momento nos Estados Unidos e pode ser bem ilustrada por um detalhe da cultura comum. Na Europa, o piso térreo de um edifício é contado como 0, de modo que o piso acima dele é o primeiro andar, enquanto nos Estados Unidos o primeiro andar fica no nível da rua. Em suma, os americanos começam a contar com 1, enquanto os europeus sabem que 1 já é um substituto para 0. Ou, para colocá-lo em termos mais históricos, os europeus estão conscientes de que, antes de se iniciar uma contagem, tem de haver uma "base" de tradição, uma base que é sempre-já dada e, como tal, não pode ser contada, enquanto os Estados Unidos, uma terra sem tradição histórica pré-moderna propriamente dita, carece de tal base. As coisas começam aí diretamente com a liberdade autolegislada: o passado é apagado ou transposto para a Europa[311]. Talvez devêssemos, portanto, começar por assumir novamente a lição da Europa e aprender a contar a partir de 0... Deveríamos

---

311. Tratei disso mais detalhadamente na minha parte de *The monstrosity of Christ* (coescrito com John Millbank). Cambridge: MIT Press, 2009.

mesmo? O problema, claro, é que 0 nunca é neutro, mas sim o espaço compartilhado de hegemonia ideológica atravessado por antagonismos e inconsistências inerentes. Mesmo o espaço "pós-verdade" dos rumores ainda é uma forma do grande Outro, apenas diferente do grande Outro do espaço público dignificado. Portanto, temos de apresentar a nossa alegação de uma maneira mais específica e precisa: ignorar o piso térreo ofusca uma forma ainda mais forte do grande Outro.

Alguns lacanianos (inclusive Jacques-Alain Miller) defendem frequentemente a ideia de que hoje, na era das "fake news", o grande Outro realmente já não existe – mas será que isso é verdade? E se existir mais do que nunca, apenas numa nova forma? O nosso grande Outro já não é o espaço público claramente distinto das obscenidades das trocas privadas, mas o próprio domínio *público* no qual circulam as "fake news", no qual trocamos rumores e teorias da conspiração. Não se deve perder de vista o que há de tão surpreendente nesse aumento da obscenidade desavergonhada da direita alternativa tão bem notada e analisada por Angela Nagle[312]. Tradicionalmente (ou pelo menos na nossa visão retroativa da tradição), a obscenidade pública desavergonhada funcionava como subversiva, como um enfraquecimento da dominação tradicional, como privando o Mestre da sua falsa dignidade. O que estamos assistindo hoje, com a explosão da obscenidade pública, não é o desaparecimento da dominação, das figuras do Mestre, mas o seu contundente reaparecimento[313].

Nesse sentido mais preciso, os Estados Unidos são hoje *o* país do novo obsceno grande Outro: o 0 que lhes falta cada vez mais é o 0 da dignidade pública, de um compromisso compartilhado. Além disso, esse obsceno grande Outro é su-

---

312. Cf. NAGLE, A. *Kill all normies*. Nova York: Zero Books, 2017.
313. Tratei dessa nova figura do grande Outro com mais detalhes em *Pandemic 2: Chronicles of a time lost*. Cambridge: Polity Press, 2021.

plementado (embora muitas vezes de forma conflituosa) pelo grande Outro de expertise neutra em suas diferentes formas (aparelhos de Estado, ordem jurídica, ciência), e aqui surge o verdadeiro problema: será que podemos confiar nesse grande Outro, mesmo na sua forma científica? Será que a ciência não está presa nos procedimentos de dominação e exploração tecnológica e de interesses capitalistas? Será que a ciência não perdeu há muito tempo a sua neutralidade? Será que essa neutralidade não foi desde o início uma máscara de dominação social? Aplicada à pandemia, será que esse *insight* não nos obriga a problematizar a justificação médico-científica das medidas de *lockdown* e outras reações à pandemia? O partidário mais consequente do ceticismo marxista em relação à covid é Fabio Vighi, que argumenta que, se juntarmos os pontos fornecidos pela análise atenta do contexto financeiro da pandemia, "poderemos ver emergir um esboço narrativo bem definido":

> os *lockdowns* e a suspensão global das transações econômicas destinavam-se a 1) permitir ao Fed inundar os mercados financeiros em dificuldades com dinheiro recém impresso e ao mesmo tempo adiar a hiperinflação; e 2) introduzir programas de vacinação em massa e passaportes sanitários como pilares de um regime neofeudal de acumulação capitalista... A narrativa dominante deve, portanto, ser invertida: o mercado de ações não entrou em colapso (em março de 2020), porque *lockdowns* tiveram de ser impostos; em vez disso, os *lockdowns* tiveram de ser impostos, pois os mercados financeiros estavam colapsando... SARS-CoV-2 é o nome de uma arma especial de guerra psicológica que foi utilizada no momento de maior necessidade... O objetivo da farra de impressões era colmatar as calamitosas lacunas de liquidez. A maior parte desse "dinheiro da árvore mágica" ainda está congelado dentro do sistema bancário paralelo, das bolsas de valores e de vários esquemas de moeda

virtual que *não* se destinam a ser utilizados para gastos e investimentos. A sua função é apenas fornecer empréstimos baratos para a especulação financeira. Isso é o que Marx chamou de "capital fictício", que continua a se expandir num circuito orbital que é agora completamente independente dos ciclos econômicos no terreno. A conclusão é que não se pode permitir que todo esse dinheiro inunde a economia real, pois essa iria sobreaquecer e desencadear uma hiperinflação[314].

Em suma, não foi a pandemia que colocou a ordem capitalista num estado de emergência, foi o próprio capitalismo global que precisava de um estado de emergência para evitar uma crise debilitante muito mais forte do que o colapso de 2008, e a pandemia foi fabricada como uma desculpa bem-vinda para o estado de emergência. Ao contrário de Agamben, que se concentrou na maneira como a pandemia justificou o estado de emergência permanente com um fortalecimento inaudito da biopolítica, Vighi aventa a reprodução do capital. A passagem do capitalismo global neoliberal para o capitalismo neofeudal corporativo é o processo básico que usa contingências históricas como desculpas, e Vighi não tem medo de acrescentar a essa série de desculpas os *lockdowns* ecologicamente fundamentados: longe de apenas confrontar o capitalismo com suas fatídicas limitações, as crises ecológicas podem ser e serão também utilizadas como uma forma cientificamente fundamentada de disciplinar e controlar a população – o "capitalismo verde" não é apenas uma máscara humanitária da ordem global, é também uma forma de o grande capital corporativo controlar o pequeno capital.

---

314. VIGHI, F. A self-fulfilling prophecy: systemic collapse and pandemic simulation. *The Philosophical Salon,* 16 ago. 2021. Disponível em: https://thephilosophicalsalon.com/a-self-fulfilling-prophecy-systemic-collapse-and-pandemic-simulation/

Vighi leva em conta a complexidade da situação: os interesses das empresas farmacêuticas, a maneira como os *insights* "científicos" dos especialistas que fundamentam medidas antipandêmicas justificam novas formas de controle e regulação social que disciplinam o comportamento da população etc. Sua linha de argumentação contém muitos *insights* perspicazes, e a premissa básica da sua análise econômica acerta o alvo. O crescimento econômico durante a pandemia constitui um caso do já mencionado paradoxo de Lauderdale: houve um enorme aumento da produção na indústria farmacêutica, não apenas de vacinas, mas também de máscaras, instrumentos médicos etc., que formalmente contam como crescimento econômico, embora, na verdade, tornem as pessoas mais pobres. E podemos ter a certeza de que o aquecimento global irá gerar ainda mais desse "crescimento econômico".

Portanto, aprecio profundamente o trabalho de Vighi, mas o que considero problemática é a sua causalidade invertida: como podemos ver nas passagens citadas acima, em vez da história "oficial" da pandemia que desencadeia o *lockdown* e outras medidas de saúde, ele torna as necessidades do capital o agente determinante que utiliza (ou, em algumas das suas formulações, até mesmo produz diretamente) a pandemia a fim de justificar medidas de confinamento. Especialmente quando ele também acrescenta crises ecológicas aos elementos que justificam os confinamentos, penso que ele avance rápido demais. A pandemia não é uma invenção falsa ou um exagero do perigo representado por uma versão da gripe; o perigo é real, foi necessário tomar medidas contra ela. A ciência que a investiga não é uma ciência entre aspas, mas uma ciência real. A ciência e as medidas propostas pelas autoridades de saúde são, obviamente, distorcidas pelos interesses corporativos e pelos interesses de controle e dominação social, mas é precisamente aí que reside o problema: as únicas agências que temos para combater uma ameaça real são sequestradas e distorcidas pelo *establishment*, que é o que torna a situação tão trágica. Então, na realidade somos chantageados: sim, as medidas aplicadas são distorcidas, mas são a única coisa que temos, não podemos ignorá-las. Dito de outra maneira, o erro da abordagem focada no Real do movimento e dos interesses do capital é que ela reduz (implicitamente, se não abertamente) a "aparente" realidade da pandemia e do sofrimento que ela causa a apenas isso, uma aparência que pode ser ignorada com segurança – no entanto, mesmo que a pandemia seja inventada e manipulada pelos interesses do capital, ela tem consequências materiais reais que têm de ser enfrentadas no nível das medidas médicas etc. O que não podemos fazer é precisamente o passo implicitamente defendido por Vighi: quebrar o feitiço da narrativa oficial que justifica as medidas de emergência e retornar à nossa normalidade quotidiana.

Perceber um subproduto tão catastrófico do capitalismo como um momento de um plano grandioso aproxima-se demasiado de um constructo paranoico. Pressupõe que a China é de alguma maneira, a despeito de todos os conflitos geopolíticos e econômicos com o Ocidente, parte da mesma megatrama capitalista. Pressupõe que a ciência em muitos países diferentes seja muito facilmente manipulada pelo sistema. A crítica de Vighi à noção predominante da pandemia decididamente *não* é, obviamente, paranoica: ele permanece firmemente dentro do raciocínio racional – apenas chega perigosamente perto disso.

É aí que reside, então, a diferença entre as teorias da conspiração e o pensamento crítico: embora ambos comecem com a desconfiança na ideologia oficial, as teorias da conspiração dão um fatídico passo adiante, não (apenas) no sentido de manipular os fatos, mas no próprio nível formal. Lembre-se da afirmação de Lacan (à qual me refiro frequentemente) sobre o ciúme: se o que um marido ciumento afirma acerca da sua esposa (que ela dorme com outros homens) for verdade, o seu ciúme ainda é patológico: o elemento patológico é a necessidade do marido de ter ciúme como a única maneira de manter a sua dignidade, até mesmo a sua identidade. Na mesma linha, seria possível dizer que, mesmo que a maior parte das afirmações nazistas sobre os judeus fosse verdadeira (eles exploravam os alemães, seduziam as meninas alemãs...) – o que não era, claro – o seu antissemitismo continuaria a ser (e foi) um fenômeno patológico, porque reprimiu a verdadeira razão pela qual os nazistas precisavam do antissemitismo a fim de sustentar a sua posição ideológica. Na visão nazista, a sua sociedade era um Todo orgânico de colaboração harmoniosa, de modo que era necessário um intruso externo para explicar as divisões e os antagonismos. O mesmo se aplica à maneira como, hoje, os populistas anti-imigrantistas lidam com o "problema" dos refugiados: abordam-no numa atmosfera de medo, da luta que se aproxima contra a islamização da Europa, e são apanhados numa série de absurdos óbvios. Alenka Zupančič[315] aplica perspicazmente essa fórmula às teorias da conspiração: "embora algumas conspirações realmente existam, ainda há algo patológico que pertence a teorias da conspiração, algum investimento excedente que não é redutível a esses ou aqueles fatos". Ela identifica três características interligadas dessa patologia. Em primeiro lugar, as teorias da conspiração estão "inerentemente ligadas ao gozo – ligadas ao que Lacan chamou de *jouis-sens* (um jogo de palavras com *jouissance* [gozo], "goza-sentido" ou o gozo do

---

315. As citações a seguir são de ZUPANČIČ, A. *A short essay on conspiracy theories* (manuscrito).

sentido"): os céticos da covid gostam de afirmar que apenas querem um debate livre, uma disposição a ouvir todos os lados e tomar as próprias decisões, contra o dogmatismo dos especialistas e da ciência a serviço do *establishment*. Eles começam com o ceticismo, duvidando de todas as teorias oficiais, mas depois (quase magicamente) abolem essa dúvida fornecendo uma explicação total unificada – e essa superação da dúvida por uma explicação total, um sentido de tudo isso, proporciona um imenso mais-gozar.

O mote das teorias da conspiração "Faça a sua pesquisa!" (ou seja, não confie nas autoridades, pense por si mesmo) de fato significa exatamente o oposto: *não pense!* Quer dizer: como, concretamente, fazemos "a nossa própria pesquisa"? Uma vez que somos motivados pela desconfiança na visão oficial, "pesquisa" significa uma pesquisa no Google – e, claro, procuramos os sites que negam a covid e que estão no topo da nossa lista... "Faça a sua pesquisa!", portanto, significa: exponha-se a teorias da conspiração que você não está em condições de testar. Lembre-se da famosa teoria da falseabilidade do conhecimento científico de Karl Popper: os cientistas deveriam tentar refutar uma teoria em vez de tentar prová-la continuamente, uma vez que mesmo que haja numerosos casos que a confirmem, basta uma contraobservação para falseá-la – o conhecimento científico progride quando se mostra que uma teoria está errada e é introduzida uma nova teoria que explica melhor os fenômenos (Popper está consciente de que na pesquisa científica concreta as coisas ficam mais complexas). Uma teoria da conspiração parece ser popperiana, procura exemplos que a falseiem – no entanto, trata os falseamentos como provas adicionais da sua própria verdade: o que aparece como falseamento apenas prova a força do grande Outro enganador.

Isso nos traz à segunda característica: a percepção comum de que as teorias da conspiração fazem parte da nossa relativista era da pós-verdade, na qual cada grupo promove a sua própria verdade subjetiva, está simplesmente errada. Os teóricos da conspiração acreditam fanaticamente na Verdade, "eles levam a categoria da verdade muito a sério. Eles acreditam que a Verdade existe; eles simplesmente estão convencidos de que essa verdade é diferente ou outra que não a oficial". A terceira característica (que torna as teorias da conspiração totalmente em desacordo com o marxismo) é que essa Verdade não é apenas um processo social objetivo, mas uma conspiração, uma trama, de um agente ativo e todo-poderoso cujo objetivo principal é enganar-nos, um "sujeito suposto (nos) enganar" por trás do aparente caos (para acrescentar ainda outra variação à noção de Lacan de "sujeito suposto saber"). Como observa Zupančič, há uma espécie de teologia de um deus maligno em ação aqui:

> Será que estamos basicamente lidando com uma tentativa desesperada de preservar a agência do grande Outro nos tempos de sua desintegração num relativismo generalizado, uma tentativa que só pode ser bem-sucedida ao preço de mover o grande Outro para a zona da malevolência e do mal? A consistência do grande Outro (o fato de não ser "barrado") já não pode se manifestar em mais nada, a não ser no Outro que nos engana com sucesso. Um grande Outro consistente só pode ser um grande Enganador (uma grande Fraude ou Trapaça), um Outro maligno. Um Deus consistente só pode ser um Deus mau; nada mais faz sentido. No entanto, é melhor um Deus mau do que nenhum Deus.

Só na sua versão estalinista extrema o marxismo age assim: o pressuposto dos expurgos stalinistas era que existe uma grande trama reacionária que une todos aqueles que se opõem à linha do partido stalinista. Na sua análise da paranoia do juiz alemão Schreber, Freud nos lembra que o que geralmente consideramos como loucura (o cenário paranóico da conspiração contra o sujeito) já é efetivamente uma tentativa de recuperação: após o colapso psicótico completo, a construção paranoica é uma tentativa do sujeito de restabelecer uma espécie de ordem em seu universo, um quadro de referência que o permite adquirir um "mapeamento cognitivo". Será que exatamente o mesmo não se aplica às teorias da conspiração de hoje? São tentativas de recuperar um mapeamento cognitivo global após o colapso do grande Outro.

Há, obviamente, fissuras que imediatamente aparecem nesse edifício: a incerteza abolida retorna na maneira como as teorias da conspiração "dogmáticas" são geralmente inconsistentes e seguem a lógica da piada sobre a chaleira emprestada evocada por Freud: (1) Nunca peguei uma chaleira emprestada de você; (2) eu a devolvi a você intacta; (3) a chaleira já estava quebrada quando a recebi de você. Tal enumeração de argumentos inconsistentes, claro, confirma por negação o que se esforça por negar – que devolvi a sua chaleira quebrada... No caso dos céticos da covid, eles também combinam sem esforço uma série de afirmações contraditórias: não existe o vírus da covid-19; esse vírus foi criado deliberadamente (para reduzir a população, para fortalecer o controle sobre as pessoas, para impulsionar a economia capitalista...); é uma doença natural muito mais branda do que a mídia diz; as vacinas são mais perigosas do que o vírus...

Neste estranho mundo paranóico, Trump diz a verdade enquanto Greta Thunberg é uma agente do grande capital... Conheço pessoalmente pessoas que morreram de covid, conheço pesquisadores que estão analisando o vírus a partir de diferentes perspectivas (médicas, estatísticas etc.). Conheço as suas dúvidas e limitações, que eles confessam abertamente e que fazem parte da sua abordagem científica. Para eles, a confiança na ciência é exatamente o oposto da ortodoxia dogmática: é a confiança na exploração que está constantemente progredindo.

Por todas essas razões, penso que a ideia de uma megatrama ao serviço do capital é infinitamente menos crível do que a ideia da realidade brutal da pandemia como um evento contingente habilmente explorado pelo *establishment*, mas de uma maneira que é em si mesma contraditória: a pandemia que obviamente demanda maior cooperação e coordenação social desencadeia ao mesmo tempo uma reação defensiva do capital, uma reação que vem em segundo lugar e é uma tentativa de controlar o dano. Acho especialmente problemática a ideia de que a ameaça ecológica tem um estatuto semelhante de ser inventada (ou pelo menos exagerada) para fortalecer o capitalismo neofeudal emergente. O aquecimento global é um real traumático que obviamente exige a socialização da economia; a tendência amplamente predominante do *establishment* capitalista é minimizar a ameaça e o fato de ela ser (num grau muito limitado) astutamente utilizada pela ordem global é um fato secundário limitado.

Um outro momento que deve chamar nossa atenção é como, no início de 2020, a covid explodiu subitamente como tema central nos nossos meios de comunicação, eclipsando todas as outras doenças e até mesmo notícias políticas (embora outras doenças e infortúnios estivessem causando muito mais sofrimento e mortes). Agora, as infecções ainda estão muito elevadas, mas há muito menos *lockdowns* e outras medidas defensivas – o modelo é aqui o Reino Unido, que abandonou todas as regulamentações da vida pública e transferiu a responsabilidade para os próprios indivíduos (dessa forma, o governo devolveu-nos a nossa liberdade com um preço: nós próprios somos culpados por quaisquer infecções...). A mídia chama isso de "aprender a viver com a covid"... Será que essa mudança (que está obviamente fora de sincronia com a realidade da pandemia) pode ser explicada pela afirmação de que o *establishment* decidiu que podemos retornar a uma normalidade limitada, uma vez que o *lockdown* desempenhou o seu papel econômico e social e o controle social está bem consolidado? A estranha normalidade na qual entramos agora poderia ser muito mais bem explicada pela psicologia das massas: em situações traumáticas, a temporalidade da reação não acompanha a realidade, as pessoas ficam exaustas pelo permanente estado de emergência e uma indiferença cansada começa a predominar.

Entretanto, é preciso dar um passo adiante aqui. O pânico, bem como o seu oposto, o cansaço e a indiferença, não são apenas categorias da vida psíquica, eles só podem surgir (na forma que estão assumindo hoje) como momentos no processo social de mudança no estatuto do grande Outro. Há um ano e meio estávamos em pânico devido à desintegração do grande Outro que podíamos compartilhar e no qual podíamos confiar: não havia autoridade capaz de fornecer um mapeamento cognitivo global da situação. A importância dessa dimensão – das mudanças no modo de produção simbólica – já era negligenciada por Marx: para combater a pandemia e o aquecimento global, é necessário um novo grande Outro – um novo espaço de solidariedade baseado na ciência e na emancipação.

Nas lutas e conflitos em curso, é crucial fazer a escolha certa. Para caracterizar uma época, a questão a colocar não é o que a une, mas qual é a divisão que a define – "a diferença que faz a diferença". Defensores da ideia de que a luta de classes está fora de questão frequentemente afirmam que a grande divisão hodierna é nova, digamos, entre o *establishment* liberal e a resistência populista. Para Jean-Claude Milner, a divisão que substituiu a luta de classes é aquela entre o sionismo e o antissemitismo, e parece que hoje em dia, no final de 2021, a divisão que importa, pelo menos no mundo desenvolvido, é a que existe entre partidários das medidas antipandêmicas e aqueles que resistem a elas. É precisamente nesse ponto que devemos insistir na primazia da luta de classes como o fator que "em última instância" determina o todo. Com o antissemitismo, essa ligação é clara: o antissemitismo é um anticapitalismo distorcido; "naturaliza" o aproveitamento e a exploração capitalistas na figura do "judeu", um intruso externo que traz antagonismo ao corpo social. Mas e se o mesmo valer para os negadores e céticos da covid? Não serão as teorias da conspiração que negam a covid vagamente semelhantes às teorias antissemitas, pelo menos na sua versão populista de direita, em que o anticapitalismo é deslocado para a desconfiança na ciência como estando a serviço do *establishment* médico-corporativo-financeiro? Em ambos os casos, é crucial traçar a linha de distinção entre o antagonismo básico e o seu deslocamento ideológico.

O conflito entre os céticos da covid e os defensores de medidas antipandêmicas não pode, portanto, ser diretamente traduzido na nossa luta política básica, de modo que mesmo um esquerdista radical tem de fazer uma escolha. Em 9 de setembro de 2021, Biden anunciou "políticas que exigem que a maioria dos servidores federais tomem vacinas contra a covid-19 e pressionam os grandes empregadores a vacinar ou testar seus trabalhadores semanalmente. Essas novas medidas aplicar-se-ão a cerca de dois terços de todos os trabalhadores dos Estados Unidos". "Temos sido pacientes", disse Biden às dezenas de milhões de americanos que se recusaram a tomar vacinas contra o coronavírus. "Mas a nossa paciência está se esgotando, e a sua recusa nos tem custado a todos"[316]. Será

---

316. MASON, J.; ABOULENEIN, A.; HUNNICUTT, T. Attacking anti-vaccine movement, Biden mandates widespread COVID shots, tests. *Reuters*, 10 set. 2021. Disponível em: https://tinyurl.com/5b5wp4dx

essa uma medida destinada a afirmar o controle estatal sobre os indivíduos e a promover os interesses do grande capital? Não: eu aceito "ingenuamente" que isso ajudará milhões.

Vighi aqui fica do lado de Agamben que, numa entrevista incluída na sua coletânea de textos sobre a pandemia, *Em que ponto estamos?*[317], respondeu à observação crítica de que, na sua oposição às medidas de confinamento, ele se aproxima de Trump e Bolsonaro, com a afirmação de que uma verdade é uma verdade, seja ela articulada pela direita ou pela esquerda. Agamben aqui ignora a tensão entre verdade e conhecimento: sim, um fragmento de conhecimento (verdade no sentido de representar adequadamente um fato particular) é um fragmento de conhecimento, mas o horizonte de sentido pode dar uma guinada totalmente diferente a esse fragmento de conhecimento. No fato de haver muitos judeus entre os críticos de arte na Alemanha por volta de 1930 ressoa uma "verdade" diferente se entendermos isso como uma confirmação de que os judeus têm grande sensibilidade para a arte, ou alternativamente se entendermos isso como uma confirmação de que os judeus controlam a nossa produção artística e a empurra na direção da *"entartete Kunst"* (arte degenerada). Embora Vighi se esforce por fazer precisamente isto – discernir a verdade social por trás do conhecimento médico que justifica as medidas contra a pandemia – ele ignora o complexo contexto social e material da pandemia. O movimento circular de autorreprodução capitalista ocorre em três níveis interligados: a dança especulativa do próprio capital; as implicações sociais dessa dança (a distribuição da riqueza e da pobreza, a exploração, a dissolução dos laços sociais); e o processo material de produção e exploração do nosso ambiente que afeta todo o nosso mundo da vida e culmina no "capitaloceno" como uma nova

---

317. Cf. AGAMBEN, G. *Where are we now?* Londres: Eris, 2021.

era geológica na Terra. O outro lado da dança louca do capital fictício que ignora a realidade são os fatos das imensas pilhas de lixo plástico, dos incêndios florestais e do aquecimento global, da poluição tóxica de centenas de milhões de pessoas.

No momento em que também levarmos plenamente em conta esse terceiro nível, poderemos ver como a pandemia e o aquecimento global emergem como produto material da economia capitalista global. Sim, o capitalismo produziu realmente a pandemia e a ameaça ecológica – não como parte de uma tática brutal para sobreviver à sua própria crise, mas como resultado das suas contradições imanentes. A melhor fórmula para caracterizar os céticos da covid é, portanto, a de Lacan, *les non-dupes errent* (os que não são enganados são os que mais erram)[318]. Os céticos que desconfiam da narrativa pública de uma catástrofe (pandemia, aquecimento global...) e veem nela uma trama mais profunda são os que mais erram, deixando escapar o verdadeiro processo que lhe deu origem. Vighi é, portanto, demasiado otimista: não há necessidade de inventar pandemias e catástrofes climáticas, o sistema as produz por si mesmo.

Cordeiros para o abate

Les non-dupes errent deveria ser generalizado no modo básico de como a ideologia funciona hoje, como o anverso – ou melhor, a implicação prática – do processo contínuo de desintegração social. Jill Filipovic (CNN) relatou em 19 de outubro de 2021 um evento "incrivelmente horrível" na Filadélfia: uma mulher foi estuprada num trem da Autoridade de Transporte do Sudeste da Pensilvânia enquanto espectadores

---

318. Devo a Russell Sbriglia (conversa privada) a ideia de usar essa fórmula de Lacan para caracterizar os céticos da covid.

gravavam o evento com seus celulares, mas não intervieram ou ligaram para o 911:

> Sugere não só um total desrespeito pela segurança e bem-estar das mulheres, mas também desintegração social; um impulso perturbador a filtrar eventos terríveis através das lentes do entretenimento e do choque de valores, e a capacidade perturbadora de desumanizar o sofrimento ao mediá-lo através de uma tela[319].

A lista de causas é muito precisa: desrespeito pelas mulheres, desintegração social mais ampla e, uma característica fundamental muitas vezes ignorada, a filtragem de eventos violentos através de uma tela que de alguma forma os desrealiza e desumaniza. Essa desintegração social sob a forma da falta de solidariedade elementar é um fenômeno global – foi notada há alguns anos, até mesmo na China. Quando as pessoas presenciam um evento horrível de uma pessoa causando dor a uma outra, muitas delas reagem de quatro formas de amoralidade descendente: fogem para não presenciar o evento; passam e apenas desviam o olhar, ignorando-o; observam avidamente o evento; ou gravam o evento. As duas últimas formas obviamente geram por si sós um mais-gozar: o que torna a nós, observadores, culpados não é apenas o fato de não fazermos nada (por medo ou por qualquer outra razão), mas de esse gozo estar incorporado no nosso olhar ávido.

Será que algo semelhante não funciona na maneira como os nossos meios de comunicação social noticiam a violência contra as mulheres? Jacqueline Rose destacou recentemente um ponto-chave quando abordou a questão: será que o discurso generalizado sobre a violência contra as mulheres nos nos-

---

319. Cf. FILLIPOVIC, J. A woman is raped and onlookers record it: the story beyond the outrage (opinião). *CNN*, 20 out. 2021. Disponível em: https://edition.cnn.com/2021/10/19/opinions/philadelphia-train-rape-bystander-effect-filipovic/index.html

sos principais meios de comunicação social é uma indicação de que há mais dessa violência na vida real ou simplesmente essa violência tornou-se mais visível, porque, devido à crescente consciência feminista, aplicamos padrões éticos mais elevados que qualificam como violência o que antes era considerado parte de um estado normal de coisas? Rose destacou que essa maior visibilidade é profundamente ambígua: sinaliza o fato de que a consciência feminista penetrou na cultura geral, mas também neutraliza o impacto da violência contra as mulheres, tornando-a tolerável e padronizada – nós a vemos por toda parte, protestamos contra ela e a vida continua...

Tomemos o caso da representação "crítica" direta da atmosfera opressiva de um governo conservador-fundamentalista imaginado. A nova versão televisiva de *O conto da aia*, de Margaret Atwood, nos confronta com o estranho prazer de fantasiar um mundo de dominação patriarcal brutal – claro, ninguém admitiria abertamente o desejo de viver num mundo tão apavorante, mas essa garantia de que realmente não o queremos torna ainda mais prazeroso fantasiar sobre ele, imaginando todos os detalhes desse mundo. Sim, sentimos dor ao mesmo tempo que experimentamos esse prazer, mas o nome de Lacan para esse prazer-na-dor é *jouissance*... E, num nível ainda mais geral, o mesmo se aplica a muitos relatos críticos (ou ficcionais) sobre os horrores do capitalismo: é como se a crítica brutal e aberta do capitalismo fosse imediatamente cooptada, incluída na autorreprodução capitalista. Tomemos como exemplo *Round 6*, o gigantesco sucesso global produzido pela Netflix: sua "não tão sutil mensagem" é:

> o capitalismo desenfreado é ruim. Infelizmente, não tenho certeza se os executivos da Netflix estão particularmente incomodados. Eles estão muito ocupados arrecadando todo o dinheiro que *Round 6* lhes rendeu. Acontece que uma crítica contundente ao capitalismo pode ajudar a levar a Netflix

a tornar-se uma empresa de um trilhão de dólares. *Round 6* aumentou o valor de mercado das ações da Netflix em US$ 19 bilhões desde que foi lançado em meados de setembro; também criou US$ 900 milhões em "valor de impacto", que é uma métrica que a Netflix usa para avaliar o desempenho de programas individuais. A plataforma de *streaming* está tentando descaradamente extrair do programa até o último centavo que ela conseguir: está até mesmo vendendo moletons do *Round 6* em sua loja *on-line*[320].

No entanto, essa cooptação imediata é mais profunda e vai muito além dos imensos lucros que a série está gerando. O que talvez importe ainda mais é o aspecto formal: *Round 6* transpõe a exploração e a competição capitalistas brutais (que são características do sistema como tal) num jogo gerido por organizadores ocultos, e assim torna-nos espectadores-observadores que gozam plenamente as tensões e reversões da trama.

Como, então, podemos contrariar uma ideologia que leva em conta o próprio fato de os indivíduos não confiarem nela? Uma possível solução veio recentemente da Grécia e a sua simples guinada redobrada confirma que a Grécia é a origem da nossa civilização. Em outubro de 2021, a mídia grega informou que foi descoberto um golpe envolvendo mais de 100.000 *anti-vaxxers* e 200-300 médicos e enfermeiros:

> os *anti-vaxxers* pagariam aos médicos ⬜ 400 por vacinas falsas. Basicamente, eles pediriam que lhes injetassem uma dose de, por exemplo, água de torneira, em vez da vacina. No entanto, os médicos envolvidos no esquema iriam então enganá-los,

---

320. MAHDAWI, A. Netflix's Squid Game savagely satirises our money-obsessed society – but it's capitalism that is the real winner. *The Guardian*, 20 out. 2021. Disponível em: https://www.theguardian.com/commentisfree/2021/oct/20/netflix-squid-game-savagely-satirises-our-money-obsessed-society-but-capitalism-is-the-real-winner

trocando no último minuto o líquido "falso" pelo verdadeiro, e assim efetivamente injetariam neles a vacina real, sem o conhecimento do *anti-vaxxer*. O médico (agora simultaneamente corrupto e ético) ainda ficaria com o suborno! E agora a hilariante reviravolta final: o *anti-vaxxer* "secretamente" vacinado naturalmente obteria, e descreveria aos outros, os efeitos secundários da vacina, sem, no entanto, ser capaz de explicar como ou porque eles ocorreriam, uma vez que o *anti-vaxxer* ainda acreditaria que ele ou ela enganou o sistema[321].

Embora eu condene os médicos que participam dessa fraude, não os posso julgar com demasiada severidade. Quando emitiram o documento confirmando a vacinação para um *anti-vaxxer*, eles não estavam trapaceando: a pessoa realmente estava vacinada. A única pessoa que foi efetivamente enganada foi aquela que quis trapacear, ou seja, gozar os benefícios da vacinação sem se vacinar, mas foi enganada por meio da própria verdade: o que ela não sabia é que ela realmente é o que fingiu ser (vacinada)... Será então que o problema foi que o médico não só mentiu para o seu paciente (prometendo-lhe que não seria realmente vacinado), mas também embolsou a propina (400 euros)? Mesmo aqui, pode-se argumentar que se o médico não aceitasse o suborno, o seu paciente poderia suspeitar que não estivesse realmente não vacinado. A verdadeira preocupação ética reside no fato de o paciente ter sido vacinado contra a sua vontade explícita – o que, nessa situação, considero uma contravenção bastante leve, uma vez que a intenção do paciente era trapacear, ou seja, embora não sendo vacinado, ele queria um documento oficial confirmando que tinha sido vacinado, razão pela qual era uma ameaça não só para si, mas também para os outros.

---

321. Nikitas Fessas, comunicação pessoal. O jornalista que divulgou a história é Vasilis G. Lampropoulos.

Muitos dos que se opõem à vacinação argumentam que a vacinação obrigatória não é apenas um ataque à nossa liberdade de escolha pessoal, mas também uma intrusão violenta nos nossos corpos, comparável ao estupro – será que quando sou vacinado, sou estuprado pela autoridade pública (não apenas) médica. ... como se nosso corpo fosse alguma vez realmente apenas nosso? Houve recentemente na Eslovênia o caso de uma senhora muito idosa que estava morrendo lentamente num hospital, incapaz de se alimentar, mantida viva por seis ou sete infusões simultâneas. Quando questionada se gostaria de ser vacinada, ela resistiu ferozmente, dizendo que não sabia o que havia na vacina e não queria que nenhuma substância estranha fosse injetada no seu corpo... Será que não é essa a situação para todos nós? Vacinados ou não, já somos controlados e manipulados de maneiras que desconhecemos, da mesma forma que, embora alguns judeus ricos nos explorem, a nossa exploração também prossegue com força total sem os judeus.

Contudo, o verdadeiro interesse dessa anedota é que, verdadeira ou não, ela funciona como um *exemplum* no sentido de Pierre Bayard, traduzindo numa forma pura, raramente encontrada na realidade social, a forma como somos controlados e manipulados: embora pensemos que enganamos a autoridade pública, a nossa trapaça já está incluída no ciclo de autor-reprodução da autoridade pública. Portanto, de certa forma, estamos agindo ainda pior do que um cordeiro indo para o matadouro: agimos como um cordeiro que paga avidamente pelo seu próprio abate. Mais uma vez, como Lacan o coloca, *les non-dupes errent*, como os membros brancos da classe baixa que não foram enganados pelo *establishment* liberal e acabaram votando em Trump. Deve-se também notar como a lógica do "cordeiro para o matadouro" se aplica a ambos os lados da luta em curso: para os céticos da covid, os cordeiros para o matadouro eram as pessoas que esperavam na fila para serem vacinadas, ou, quando as vacinas eram difíceis de conseguir, até mesmo subornando os médicos para serem vacinadas. Para (por enquanto, pelo menos) a maioria dos cordeiros para o abate, são os negacionistas da covid que representam uma ameaça às suas próprias vidas e às vidas dos outros pela sua recusa em cumprir as medidas antipandêmicas.

Ouve-se frequentemente que os protestos antivacinação não são apenas uma demonstração de irracionalidade anticientífica: eles condensam uma série de outras insatisfações (com a explosão do controle sobre as nossas vidas, com o poder das corporações médicas, dentre outras etc.), de modo que deveríamos entrar num diálogo com eles, e não apenas rejeitá-los com desprezo... O problema que vejo aqui é que exatamente o mesmo pode ser dito sobre o antissemitismo (expressa um protesto contra a exploração financeira etc.), ou mesmo sobre a violência contra mulheres (homens que abusam frequentemente das mulheres a fim de extravasar a sua frustração por serem humilhados na sua vida social). O que, em todos esses casos, mina essa visão "benevolente" e "compreensiva" é o mais-gozar gerado pelo movimento em questão: brutalizar as mulheres traz obviamente um gozo pervertido, o mesmo se aplica aos *pogroms* antissemitas, e as teorias da conspiração antivacinação também geram elas próprias um gozo. Então, deveríamos aqui suplementar a fórmula da ética da psicanálise de Lacan "a única coisa de que você pode ser culpado é ceder do seu desejo" com: sempre se é culpado/responsável pelo próprio gozo, mesmo quando o que leva alguém a gozar lhe é imposto externamente.

É aí que reside o poder material da ideologia: ela não apenas nos treina para tolerar o poder, ou mesmo para participar ativamente da nossa própria submissão. Ela nos ludibria pelo próprio ato de nos alertar contra sermos ludibriados, ou seja, não conta com a nossa confiança (na ordem pública e seus valores), mas com a nossa própria desconfiança – sua mensagem subjacente é: "Não confie naqueles que estão no poder, você está sendo manipulado, e é assim que você pode evitar ser enganado!".

As duas faces do anacronismo

Talvez a cisão mais profunda com a qual estamos lidando aqui seja a cisão entre a imagem da realidade oferecida pela ciência e a normalidade do senso comum, o modo de vida a que estamos acostumados: a normalidade, inclusive de todas as intuições de como a nossa vida funciona, está do lado dos negacionistas da vacina. Eles simplesmente não conseguem aceitar que os problemas que enfrentamos agora – pandemia, aquecimento global, agitação social... – levarão ao fim do nosso modo de vida. Falei com pessoas que precisam de diálise regular para sobreviver e todas me disseram que a coisa mais traumática a aceitar é que a sua própria sobrevivência depende dessa prótese: há uma grande máquina lá fora, à minha frente, e o funcionamento do meu corpo depende de seu uso regular e bom funcionamento. A perspectiva da vacinação nos confronta com a mesma experiência devastadora: a minha sobrevivência depende do sucesso de ser espetado repetidamente.

O que a direita populista e a esquerda libertária compartilham é uma desconfiança de todo o espaço das autoridades públicas: regulamentos policiais, controle dos serviços de saúde e regulamentos mantidos por instituições médicas e farmacêuticas, grandes corporações e bancos... Ambas querem resistir a essa pressão, manter um espaço de liberdade – em nome de quê? A Esquerda – se ainda merece esse nome – deveria dar um passo adiante aqui: não basta resistir a (seja o que for que entendamos como) o *establishment* em nome de algum modo de existência mais autêntico: deve-se também mobilizar o mecanismo da "crítica da crítica" e problematizar a posição "autêntica" em nome da qual resistimos. É fácil reconhecer que a resistência populista à vacinação nos Estados Unidos atua em defesa do "estilo de vida americano" com seu individualismo desenfreado, porte de armas em público, racismo etc. A visão esquerdista que sustenta os céticos da vacina é, via de regra, a da democracia direta de pequenos grupos que querem viver numa sociedade transparente, sem centros de poder alienados. A natureza problemática da visão talibã vai por si só. O paradoxo é, portanto, que para derrotar a ameaça externa (da dominação globalista), deveríamos começar por sacrificar o próprio cerne daquilo que sentimos estar ameaçado.

Deveríamos aprender a confiar na ciência: somente com a ajuda da ciência poderemos superar os nossos problemas (causados, dentre outras coisas, pela ciência ao serviço do poder). Deveríamos aprender a confiar na autoridade pública: só uma tal autoridade torna possível enfrentar perigos como pandemias e catástrofes ambientais por meio da imposição de medidas necessárias. Deveríamos aprender a confiar no grande Outro, no espaço compartilhado de valores básicos: sem ele, a solidariedade não é possível. Não precisamos da liberdade de sermos diferentes, precisamos da liberdade de escolhermos como sermos os mesmos de uma nova maneira. E, talvez o mais difícil, deveríamos estar dispostos a abandonar muitas das crenças e práticas de senso comum que formam o nosso modo de vida. Ser verdadeiramente conservador hoje, lutar por aquilo que vale a pena salvar nas nossas tradições, significa engajar-se numa mudança radical. O velho lema conservador "algumas coisas têm de mudar para que tudo permaneça o mesmo" adquiriu hoje um novo peso: muitas coisas terão de mudar radicalmente para que permaneçamos humanos.

A crítica que ouvimos reiteradamente é que o Ocidente falhou no Afeganistão, porque tentou implementar ali a sua própria ideia de democracia e liberdade, ignorando circunstâncias e tradições locais específicas. Contudo, olhando mais de perto, pode-se ver que o Ocidente estava precisamente tentando estabelecer ligações com formações locais – e o resultado foram pactos com senhores da guerra locais etc. O resultado de longo prazo de tais tentativas só pode ser uma combinação de capitalismo global e nacionalismo local, tal como o vemos na Turquia – não é de admirar que os talibãs tenham boas relações com o governo turco. O Afeganistão não recebeu muita modernidade, mas sim tudo o que não deu certo na nossa modernidade, começando com a ocupação soviética – como Jürgen Habermas o colocou há décadas, a modernidade é um projeto inacabado e os talibãs são a prova disso. Portanto, para se entender adequadamente fenômenos como o Talibã, é necessário ressuscitar a noção dialética de anacronismo[322]: nenhum sistema pode ser puramente contemporâneo de si mesmo, tem de incluir elementos transfuncionalizados do passado. Por que é que a nobreza britânica permaneceu no poder nos aparelhos estatais mesmo quando a Grã-Bretanha se tornou um país capitalista altamente desenvolvido? Marx explicou esse aparente anacronismo: a burguesia o permitiu, porque os capitalistas estavam conscientes de que a nobreza é a melhor representante da classe capitalista como tal, como um todo – entregue a si mesma, a classe capitalista se perderia em lutas faccionais. E o mesmo se aplica à ascensão de movimentos fundamentalistas como os talibãs: não são simplesmente anacrônicos, eles representam uma tradição que nunca existiu, uma tradição reinventada para neutralizar as consequências destrutivas da modernização – os talibãs preenchem a falta da modernidade capitalista falhada.

---

322. RANCIÈRE, J. Anachronism and the conflict of times. *Diacritics,* v. 48, n. 2, 2020.

Contudo, deve-se opor aqui o anacronismo que permite à ordem presente completar a sua hegemonia ao anacronismo que perturba a ordem presente e aponta para um futuro alternativo. Estamos no meio de um processo que

> não apenas está destinado a tornar o trabalho mais flexível, mas a erradicar a realidade do trabalho como forma coletiva de vida e de luta, a fim de torná-lo um mero assunto privado para os indivíduos que gerenciam o seu "capital humano".[323]

Nessa situação, a ideologia hegemônica tenta desesperadamente descartar todos os sinais da persistência da luta de classes (sindicatos, greves etc.) como "anacronismos". No momento em que surge uma orientação esquerdista mais radical (como foi o caso de Corbyn no Reino Unido e de Sanders nos Estados Unidos), essa é imediatamente atacada como fora de época, como remanescente da "velha esquerda" que ignora as novas condições. De um ponto de vista esquerdista autêntico, é claro, a luta de classes continua a ser a unidade abrangente nessa passagem de uma luta de classes ainda visível para cada um de nós como gestor do próprio capital humano – o que significa que o próprio desaparecimento da luta de classes do discurso público indica a vitória do lado dominante na luta de classes, ou, para citar ninguém menos que Warren Buffet: "Há uma guerra de classes, tudo bem, mas é a minha classe, a classe rica, que está fazendo a guerra, e nós estamos vencendo"[324].

Tal noção de anacronismo está fundamentada no que chamo de teologia materialista – o que é teologia aqui? Walter Benjamin (que também pode ser chamado de teólogo materialista) proveu a resposta: "O que a ciência 'determinou' a lembrança pode modificar. Essa consciência pode transfor-

---

323. *Ibid.*, p. 123.
324. Citado em STEIN, B. In class warfare, guess which class is winning. *New York Times*, 26 nov. 2006.

mar o incompleto (felicidade) em algo completo, e o completo (sofrimento) em algo incompleto. Isso é teologia"[325]. A ciência "determina" coisas, visa estabelecer o nexo causal completo e contínuo entre elas, e assim surge uma imagem da realidade na qual a felicidade é sempre "incompleta", frustrada, enquanto o sofrimento permanece o que é, um fato da vida. O que Benjamin chama de "teologia" rompe a continuidade causal do tempo: "completa" a felicidade e "incompleta" o sofrimento num único e mesmo movimento: ao estabelecer uma ligação transtemporal direta entre passado, presente e futuro. Uma luta emancipatória presente é postulada como algo em que as lutas falhadas do passado ressoam e se repetem, e essa luta abre-se para um futuro diferente. Nessa perspectiva, presente, passado e futuro não são estados sucessivos num *continuum* histórico, são todos estratos diferentes de um evento contemporâneo. Como Benjamin o coloca, a presente luta é uma luta pela qual o próprio passado será redimido, o que significa que passado e futuro não são opostos externos: há uma dimensão futura inscrita no próprio passado.

O famoso verso de Arthur Rimbaud *"il faut etre absolument moderne"* é hoje talvez mais atual do que nunca. Aqueles que veem a nossa situação como o resultado final da subjetividade moderna que objetiva e tenta dominar toda a realidade, gostam de propor uma passagem do Sujeito para os humanos: nós, a humanidade, não somos o Sujeito elevado acima de toda a realidade, somos humanos enraizados num dado contexto histórico e ambiental que nos torna humanos... Deveríamos reunir a coragem para inverter essa ideia: as crises em curso impõem-nos a necessidade de sacrificar a nossa forma histórica de humanidade, do que significa ser humano para nós agora e de nos afirmar como puro sujeito abissal.

---

325. BENJAMIN, W. *The Arcades Project*. Cambridge: Harvard University Press, 1999, p. 471.

Os talibãs e os negacionistas da vacina não são um extremismo irracional, são as duas expressões extremas da resistência à modernidade. É relativamente fácil descartá-los como uma excrecência bizarra, mas é muito mais difícil tornar problemática a posição básica que os fundamenta: a ideia de que as nossas sociedades multiculturais globalizadas são sociedades cujo espírito está cansado (como disse Nietzsche), incapaz de engajar-se num projeto apaixonante de grande escala que possa demandar de nós que até mesmo arrisquemos as nossas vidas. Recordemos a vitória talibã no Afeganistão: não houve um engajamento apaixonado para combater os talibãs defendido pelos liberais de esquerda, a única paixão surgiu depois que o Talibã assumiu o poder, quando os nossos meios de comunicação social ficaram obcecados com o destino das vítimas que permaneceram no Afeganistão e foram ameaçadas pelo domínio talibã (mulheres, colaboradoras ocidentais...).

De maneira mais geral, a única paixão que podemos reconhecer hoje é a paixão negativa de identificar e combater preconceitos racistas, sexistas etc. Efetivamente, há uma dimensão niilista nessa paixão pervertida que representa a hermenêutica da suspeita no seu extremo: o esforço frenético para trazer à tona um viés patriarcal, homofóbico, eurocêntrico etc., em cada projeto positivo. "Globohomo" é uma combinação ideal de capitalismo corporativo com uma personalidade politicamente correta. O que devemos temer é que o Ocidente democrático "aberto" demonstre a mesma incapacidade de agir que os residentes pró-ocidentais das grandes cidades do Afeganistão, incapazes de realmente se mobilizarem contra a ameaça nacionalista-populista – será que isso já não está acontecendo? Estamos testemunhando reiteradas vezes a estranha oscilação das forças "democráticas" na UE, adiando indefinidamente o confronto claro com os governos húngaro e polaco.

Nesse contexto, a posição dos populistas nacionalistas europeus não pode deixar de parecer bem fundamentada: o que é mais normal do que combater o globalismo com raízes locais, modo de vida, compromisso com a comunidade etc., como uma proteção contra o niilismo sem vida "globohomo"? Porém, como já vimos, *essa* é a tentação que deve ser evitada a qualquer preço. As múltiplas crises de hoje (das pandemias à ecologia) exigem um compromisso global totalmente em desacordo com a modernidade capitalista global. E o único caminho para essa nova universalidade comprometida passa por um niilismo ainda mais radical, o niilismo que percebe claramente a vacuidade do universalismo liberal. Nos termos de Nietzsche, temos de dar um passo do niilismo passivo para o niilismo ativo – uma explosão de negatividade autodestrutiva cuja figura na nossa cultura popular é o Coringa.

Então, o que os americanos deveriam ter feito no Afeganistão? Sim, eles bagunçaram a situação, mas depois que fizeram isso, perderam o direito de simplesmente fugir da bagunça que criaram. Eles deveriam ter ficado e começado a agir de maneira diferente – como? Deixe-me apenas concluir com uma reversão da conhecida metáfora de como, quando estamos jogando fora a água suja de uma banheira, devemos ter cuidado para não perder o bebê limpo e saudável. Os racistas fazem isso quando percebem que as intervenções ocidentais destinadas a difundir direitos humanos e liberdades nos países pobres e sujos do Terceiro Mundo falham miseravelmente: OK, então vamos jogar fora da banheira dos direitos humanos e das liberdades a água suja das pessoas do Terceiro Mundo que não são maduras o suficiente para a democracia secular, e vamos apenas manter o bebê branco e puro... Talvez devêssemos fazer exatamente o oposto: jogar fora o bebê branco e puro e ter cuidado para não perder a água suja dos pobres e explorados no Terceiro Mundo que realmente merecem os direitos humanos e não apenas a nossa simpatia e caridade.

Então, será que podemos imaginar um retorno do reprimido na sua forma própria de engajamento emancipatório coletivo? Não só o podemos imaginar como já está batendo às nossas portas com muita força. Vamos apenas mencionar a catástrofe do aquecimento global – ela exige ações coletivas em grande escala que demandarão as suas próprias formas de martírio, sacrificando muitos prazeres aos quais nos habituamos. Se realmente quisermos mudar todo o nosso modo de vida, o "cuidado de si" individualista que se concentra no uso dos prazeres terá de ser superado. A ciência especializada por si só não resolverá o problema – terá de ser uma ciência enraizada no mais profundo engajamento coletivo. *Esta* deveria ser a nossa resposta aos talibãs: uma "destituição subjetiva" muito mais forte do que a dos fundamentalistas religiosos.

Niilismo destrutivo

É crucial notar aqui que a destituição subjetiva como a emergência de uma lacuna radical na continuidade da História não é aqui uma explosão de violência destrutiva que só num estágio posterior pode ser transformada numa construção pragmática e realista de uma nova ordem: Giri descreve a destituição subjetiva como uma posição que nos permite engajar-nos na construção de uma nova ordem social. Como tal, a destituição subjetiva revolucionária deve ser estritamente separada das explosões de negatividade radical que aparecem como niilismo político autodestrutivo. Não há melhor exemplo desse tema na arte do que *Coringa*, de Todd Phillips – não podemos deixar de expressar admiração por uma Hollywood em que é possível fazer um filme como *Coringa* e pelo público que o transformou num *megablockbuster*.

No entanto, a razão da popularidade do filme reside na sua dimensão metaficcional: ele fornece a gênese sombria da história do Batman, uma gênese que tem de permanecer invisível para que o mito do Batman funcione. Tentemos imaginar *Coringa* sem essa referência ao mito do Batman, apenas como a história de um garoto vitimizado que adota a máscara de um palhaço para sobreviver à sua situação – simplesmente não funcionaria, teria sido apenas mais um drama realista. A *Time Out* caracterizou *Coringa* como "uma visão verdadeiramente apavorante do capitalismo da era tardia" e o categorizou como um "filme de terror social". Isso teria parecido inimaginável até recentemente – uma combinação de dois gêneros que são percebidos como totalmente díspares, a representação realista da miséria social e o horror fantasiado – uma combinação que, obviamente, só funciona quando a realidade social adquire dimensões de ficção de terror.

As três principais posições em relação ao filme nos nossos meios de comunicação social refletem perfeitamente a divisão tripartite do nosso espaço político: os conservadores temem que este possa incitar os espectadores a atos de violência; os liberais politicamente corretos discerniram nele clichês racistas e outros (na cena de abertura, um grupo de meninos que espancou Arthur aparece como negro), além de também um fascínio ambíguo pela violência cega; e os esquerdistas celebram-no por apresentar fielmente as condições do aumento da violência nas nossas sociedades. Mas será que *Coringa* realmente incita os espectadores a imitar os atos de Arthur na vida real? Enfaticamente não – pela simples razão de que Arthur-Coringa não é apresentado como uma figura de identificação – todo o filme parte da premissa de que é impossível para nós, espectadores, nos identificarmos com ele[326]. Ele permanece um estranho até o fim.

---

326. O máximo que se pode argumentar é que o filme nos incita, os espectadores, a agir pelo Coringa: o Coringa age por nós, ele atualiza a nossa raiva brutal contra a ordem social, permitindo-nos assim continuar a viver como sempre, uma vez que nós desabafamos nossa frustração por meio dele.

Antes mesmo de *Coringa* ser lançado, a mídia alertou o público de que ele poderia incitar violência; o próprio FBI alertou especificamente que o filme poderia inspirar violência por parte de *clowncels*, um subgrupo de *incels* obcecado por palhaços como Pennywise, de *It*, e *Coringa*. (Não houve relatos de violência inspirada no filme.) Depois que o filme foi lançado, os críticos não sabiam como categorizá-lo: será que *Coringa* é apenas uma peça de entretenimento (assim como toda a série *Batman*), um estudo aprofundado da gênese da violência patológica ou um exercício de crítica social?

Uma vez que *Coringa* retrata uma rebelião radical contra a ordem existente como uma orgia autodestrutiva de violência sem nenhuma visão positiva subjacente, também pode ser lido como antiesquerdista – para Tyler Cowen, o filme

> retrata bastante explicitamente o instinto igualitário como uma espécie de atavismo bárbaro e violento e é incisivamente crítico da Antifa e de movimentos relacionados, mostrando-os como representando um fim literal da civilização. Apenas os ricos são gentis, urbanos e adequados[327].

A lição do filme é a seguinte: sem medidas radicais, só podemos contar com a caridade benevolente dos ricos para melhorar gradualmente as coisas. A resposta esquerdista a essa leitura é que a rebelião autodestrutiva retratada em *Coringa*, aquela explosão niilista de raiva brutal, sinaliza precisamente que permanecemos dentro das coordenadas da ordem existente, e que é necessária uma mudança mais radical da imaginação política. Do seu ponto de vista esquerdista radical, Michael Moore considerou *Coringa* "uma obra oportuna de crítica social e uma ilustração perfeita das consequências dos atuais males sociais da América": quando explora como Arthur Fleck se tornou o Coringa, ele traz à tona o papel dos

---

327. Citado de https://marginalrevolution.com/marginalrevolution/2019/10/the-joker.html

banqueiros, o colapso dos serviços de saúde e a divisão entre ricos e pobres. Moore tem, portanto, razão em zombar daqueles que temiam o lançamento do filme:

> Nosso país está em profundo desespero, nossa constituição está em frangalhos, um maníaco vigarista do Queens tem acesso aos códigos nucleares – mas, por alguma razão, é de um filme que deveríamos ter medo... O maior perigo para a sociedade pode ser se você NÃO for ver esse filme... Esse filme não é sobre Trump. É sobre a América que nos deu Trump – a América que não sente necessidade de ajudar os excluídos, os destituídos.

Por conseguinte,

> o medo e o alarido em torno do *Coringa* são um estratagema. É uma distração, de modo a que não olhemos para a verdadeira violência que assola os nossos semelhantes – 30 milhões de americanos sem seguro de saúde é um ato de violência. Milhões de mulheres e crianças vivendo com medo é um ato de violência.

No entanto, *Coringa* não apenas retrata essa América, mas também levanta uma "questão desconcertante":

> E se um dia os despossuídos decidirem revidar? E não me refiro a uma prancheta registrando pessoas para votar. As pessoas estão preocupadas que esse filme possa ser violento demais para elas. Sério? Considerando tudo o que estamos vivendo na vida real?

Em suma, o filme tenta "entender por que pessoas inocentes se transformam em coringas depois de já não conseguirem manter a calma": em vez de se sentir incitado à violência, o espectador

> agradecerá a esse filme por conectá-lo a um novo desejo – não de correr para a saída mais próxima para salvar a própria pele, mas sim de se levantar e lutar e focar sua atenção no poder não violento que tem nas mãos todos os dias[328].

---

328. Citado de www.good.is/the-five-most-powerful-lines-from-michael-moores-masterful-joker-review

Mas será que realmente funciona assim? O "novo desejo" que Moore menciona não é o desejo do Coringa – para ver isso, é preciso introduzir aqui a distinção psicanalítica entre pulsão e desejo. A pulsão é compulsivamente repetitiva, nela, somos apanhados no ciclo de girar continuamente em torno do mesmo ponto, ao passo que o desejo realiza um corte; inaugura uma nova dimensão. O Coringa permanece um ser de pulsão: no final do filme, ele está impotente, e suas explosões violentas são apenas explosões impotentes de raiva, atuações a partir da sua impotência básica. A fim de que o desejo descrito por Moore surja, é necessário um passo adiante: uma mudança adicional de postura subjetiva deve ser realizada se quisermos passar das explosões do Coringa a nos tornarmos capazes de "nos levantarmos e lutarmos e focarmos nossa atenção no poder da não violência que temos nas mãos todos os dias" – quando nos tornamos conscientes desse poder, podemos renunciar à violência corporal brutal. O paradoxo é que só nos tornamos verdadeiramente violentos (no sentido de representar uma ameaça ao sistema existente) quando renunciamos à violência física.

Isso não significa que o ato do Coringa seja um beco sem saída a ser evitado – é antes uma espécie de momento Malevich, de uma redução a um ponto zero de um quadro mínimo de protesto. O famoso Quadrado negro de Malevich sobre uma superfície branca não é uma espécie de abismo autodestrutivo com o qual devemos ter cuidado para não sermos engolidos, mas um ponto pelo qual devemos passar para obter um novo começo. É o momento da pulsão de morte que abre espaço para a sublimação. E da mesma forma que, nas suas pinturas minimalistas como Quadrado Negro sobre fundo branco, Malevich reduziu uma pintura à sua oposição mínima de moldura e fundo, Coringa reduziu o protesto à sua forma autodestrutiva mínima e sem conteúdo. É necessária uma reviravolta adicional para passar da pulsão ao desejo, para deixar para trás o ponto niilista da autodestruição, para fazer com que esse ponto zero funcione como um novo começo. Contudo, a lição do *Coringa* é que temos de atravessar esse ponto zero para nos livrarmos das ilusões que pertencem à ordem existente[329].

Esse ponto zero é a versão hodierna do que já foi chamado de posição proletária, a experiência daqueles que não têm nada a perder – ou, para citar Arthur no filme: "Já não tenho nada a perder. Nada mais me pode machucar. Minha vida nada mais é do que uma comédia". É aqui que a ideia de que Trump é uma espécie de Coringa no poder encontra seu limite: Trump definitivamente não atravessou esse ponto zero. Ele pode ser um palhaço obsceno à sua própria maneira, mas não é uma figura do Coringa – é um insulto ao Coringa compará-lo com Trump. No filme, o pai de Wayne é um "coringa" no sentido simples do agente que exibe a obscenidade do poder.

Agora podemos ver em que M. L. Clark erra ridiculamente quando lê a minha própria filosofia como uma versão da postura niilista do Coringa:

> A filosofia hegeliana de Žižek, unida a uma frágil ciência pop, insiste incansavelmente que a única realidade objetiva não é o Nada a partir do qual Algo foi criado, mas sim a tensão entre o verdadeiro nada-burger que sustenta a existência e a depravação moral de todas as nossas inevitáveis tentativas de lhe impor um significado.

---

329. Recordemos a já citada afirmação de Fanon de que "o Negro é uma zona de não ser, uma região extraordinariamente estéril e árida, uma declividade totalmente em declínio": será que a experiência que fundamenta o "afro-pessimismo" de hoje não é uma experiência semelhante? Será que a insistência dos afro-pessimistas de que a subordinação negra é muito mais radical do que a de outros grupos desfavorecidos (asiáticos, LGBT+, mulheres...), ou seja, que os negros não devem ser colocados na série com outras formas de "colonização", não está fundamentada no ato de assumir que alguém pertence a uma tal "zona de não ser"? Não é esse o significado último do "X" no nome de Malcolm X? É por isso que Fredric Jameson tem razão quando insiste que não se pode entender a luta de classes nos Estados Unidos sem ter em conta o racismo antinegro: qualquer discurso que iguale os proletários brancos e negros é uma farsa.

Em suma, para mim, o fato ontológico básico é a tensão entre o definitivo vazio/fenda sem sentido e as nossas (da humanidade) tentativas de impor algum sentido universal a essa fenda caótica – essa posição não tem nada de especial, ela simplesmente reproduz um certo humanismo existencial que percebe os humanos como seres que heroicamente se empenham em impor algum sentido ao caos do mundo em que somos lançados. No entanto, de acordo com Clark, eu aqui dou um passo adiante na direção do Coringa: uma vez que todas as tentativas de impor significado ao Vazio caótico primordial ofuscam esse vazio e são, portanto, hipócritas, ou seja, uma vez que escapam do absurdo básico da existência, elas são atos de depravação moral – ou, para levar esse ponto ao extremo, a própria moralidade (tentativas de impor um sentido universal à realidade) é uma forma de depravação moral. A única posição moral consequente é, portanto, a de um completo niilismo, de endossar alegremente a destruição violenta de toda tentativa de impor uma ordem moral à nossa vida caótica, de renunciar a todo projeto humanista universal que nos permitiria superar nossa discórdia:

> não importa o quanto queiramos insistir que a nossa humanidade compartilhada é mais forte do que as nossas discórdias momentâneas e as nossas diferenças individuais permanentes… os Coringas e os Žižeks nunca serão persuadidos. Os seus respectivos arcabouços ideológicos exigem que continuem a apontar para as tensões sociais que permanecem: o caos que sempre fará parte da nossa imprensa coletiva em direção a um todo social mais bem sintetizado[330].

É claro que considero essa posição de niilismo radical não apenas totalmente em desacordo com os meus claros compromissos políticos, mas também autocontraditória: precisa

---

330. Cf. www.patheos.com/blogs/anotherwhiteatheistincolombia/2019/10/tribelessness-secular-zizek-joker/

do seu falso oponente moral para se afirmar na sua destruição niilista e no desmascaramento da sua hipocrisia. Aí reside o limite de todas as tentativas desesperadas de reverter a tragédia em comédia triunfante praticada por *incels, clowncels* e pelo próprio Coringa que, pouco antes de atirar em Murray, seu apresentador de TV, lhe diz: "Você já viu como é lá fora, Murray? Você alguma vez realmente sai do estúdio? Todo mundo apenas berra e grita um com o outro. Ninguém mais é civilizado! Ninguém pensa como é ser o outro cara. Você acha que homens como Thomas Wayne pensam como é ser alguém como eu? Ser alguém além de si mesmos? Eles não pensam. Eles acham que vamos apenas sentar e aceitar como bons meninos! Que não vamos virar lobisomens e partir para a selvageria!". A afirmação de destruição alegre permanece parasitária nessa queixa. O Coringa não vai "longe demais" na destruição da ordem existente, ele permanece preso no que Hegel chamou de "negatividade abstrata", incapaz como é de propor sua negação concreta.

Na medida em que o nome freudiano para essa negatividade é pulsão de morte, devemos, portanto, ter cuidado para não caracterizar a defesa autodestrutiva de Donald Trump contra as tentativas de *impeachment* contra ele como manifestações de pulsão de morte[331]. Sim, embora Trump rejeite as acusações contra ele, ele simultaneamente confirma (e até se vangloria) dos próprios crimes de que é acusado e infringe a lei em sua própria defesa – mas será que ele assim não simplesmente atua (mais abertamente do que o habitual, é verdade) o paradoxo constitutivo do Estado de direito, ou seja, o fato de a própria agência que regula a aplicação da lei tem de se eximir do seu domínio? Portanto, sim, Trump é obsceno ao agir da maneira como age, mas ele assim meramente traz à tona a obscenidade que é o anverso da própria lei; a "negatividade" dos seus atos está totalmente subordinada a (sua percepção de) suas

---

331. Cf. https://www.lrb.co.uk/v41/n20/judith-butler/genius-or-suicide

ambições e bem-estar, ele está longe da autodestruição da ordem existente atuada pelo Coringa. Não há nada de suicida no fato de Trump se vangloriar de ter quebrado as regras, é simplesmente parte da sua mensagem de que ele é um presidente durão, assolado por elites corruptas e que impulsiona os Estados Unidos no exterior, e que as suas transgressões são necessárias, porque só um infrator das regras pode esmagar o poder do pântano de Washington. Ler essa estratégia bem planejada e muito racional em termos de pulsão de morte é mais um exemplo de como são os liberais de esquerda que estão realmente numa missão suicida, suscitando a impressão de estarem engajados em incômodos burocrático-legais enquanto o presidente faz um bom trabalho para o país.

Em *O cavaleiro das trevas*, de Christopher Nolan, o Coringa é a única figura de verdade: o objetivo dos seus ataques terroristas em Gotham City fica claro: eles vão parar quando Batman tirar a máscara e revelar a sua verdadeira identidade. O que é, então, o Coringa que quer revelar a verdade por trás da máscara, convencido de que essa divulgação destruirá a ordem social? Ele não é um homem sem máscara, mas, pelo contrário, um homem totalmente identificado com a sua máscara, um homem que é a sua máscara – não há nada, nenhum "cara comum", por baixo da sua máscara. É por isso que o Coringa não tem história de fundo e carece de qualquer motivação clara: ele conta a pessoas diferentes histórias diferentes sobre as suas cicatrizes, zombando da ideia de que deve ter algum trauma profundamente enraizado que o motiva. Pode parecer que *Coringa* tem um objetivo preciso ao fornecer uma espécie de gênese sociopsicológica do Coringa, retratando os acontecimentos traumáticos que fizeram dele a figura que ele é[332].

---

332. Antes de ver o filme e apenas de tomar conhecimento das reações críticas a ele, pensei que ele proveria a gênese social da figura do Coringa. Agora, depois de tê-lo visto, devo admitir, no espírito da autocrítica comunista, que eu estava errado: a passagem da vitimização passiva para uma nova forma de subjetividade é o momento crucial do filme.

O problema é que milhares de rapazes que cresceram em famílias arruinadas e foram intimidados pelos seus pares sofreram o mesmo destino, mas apenas um "sintetizou" essas circunstâncias na figura única do Coringa. Em outras palavras, sim, o Coringa é o resultado de um conjunto de circunstâncias patogênicas, mas essas circunstâncias podem ser descritas como as causas dessa figura única apenas retroativamente, uma vez que o Coringa já esteja presente. Num dos primeiros romances sobre Hannibal Lecter, a afirmação de que a monstruosidade de Lecter é o resultado de circunstâncias infelizes é rejeitada: "Nada aconteceu *com* ele. *Ele* aconteceu".

No entanto, também se pode (e deve) ler *Coringa* no sentido oposto e afirmar que o ato que constitui o personagem principal como "Coringa" é um ato autônomo por meio do qual ele supera as circunstâncias objetivas da sua situação. Ele se identifica com o seu destino, mas essa identificação é um ato livre: nela ele postula a si mesmo como uma figura única da subjetividade[333]... Podemos localizar essa reversão num momento preciso do filme no qual o herói diz: "Sabe o que realmente me faz rir? Eu costumava pensar que a minha vida era uma tragédia. Mas agora eu percebo que é uma maldita comédia". É preciso notar o momento exato em que Arthur diz isso: enquanto, parado ao lado da cama da mãe, ele pega o travesseiro dela e o usa para sufocá-la até a morte. Quem, então, é a mãe dele? Eis como Arthur descreve a sua presença: "Ela sempre me diz para sorrir e fazer uma cara feliz. Ela diz que fui colocado aqui para espalhar alegria e risos". Não será isso o superego materno no seu estado mais

---

333. Os *clowncels* também não são determinados apenas pelas suas circunstâncias: ainda mais do que os *incels* em geral, eles realizam um gesto simbólico de transformar o seu sofrimento numa forma de gozo — eles obviamente gozam da sua situação, desfilando-a com orgulho, e são, portanto, responsáveis por ela, não apenas vítimas de circunstâncias infelizes.

puro? Não **admira** que ela o chame de Happy [Feliz], não de Arthur. Ele livra-se do domínio da mãe (matando-a) ao identificar-se totalmente com a sua ordem de rir.

Isso, no entanto, não significa que o Coringa viva num mundo maternal: sua mãe é uma vítima impassível e meio morta da violência paterna, obcecada com o ultrarrico Wayne como o pai do seu filho, esperando até o fim que ele ajude a ela e ao Arthur[334] (o filme elegantemente deixa em aberto se Wayne é o pai de Arthur ou não). O triste destino de Arthur não é, portanto, o resultado de uma presença materna excessivamente forte – longe de ser culpada, sua mãe é ela mesma a vítima de uma extrema brutalidade masculina. Além de Wayne, há uma outra figura paterna no filme: Murray, o comediante que convida Arthur para o seu popular programa de TV e assim lhe dá uma chance de integração social e reconhecimento público. Somos quase tentados a dizer que essa dualidade de Wayne e Murray representa a oposição entre o pai "mau" e o "bom" (nesse caso, o pai que ignora Arthur e o pai que o reconhece), mas a integração falha, Arthur vê além da hipocrisia de Murray e atira nele no meio do programa de TV, e é somente nisso, após repetir o assassinato de sua mãe no assassinato público de uma figura paterna, que ele se torna plenamente o Coringa (em mais um movimento elegante, Arthur não mata Wayne, o seu suposto pai, ele mesmo – esse ato é deixado para um homem anônimo usando uma máscara de palhaço, um membro da nova tribo do Coringa. Ambos os enigmas edipianos, a questão de quem é o pai de Arthur e a questão de quem pratica o parricídio são, portanto, deixadas no escuro).

Por causa do seu ato, o Coringa pode não ser moral, mas ele definitivamente é ético. A moralidade regula a maneira como nos relacionamos com os outros no que diz respeito

---

334. Baseio-me aqui em Matthew Flisfeder (conversa privada).

ao nosso bem comum compartilhado, ao passo que a ética diz respeito à nossa fidelidade à Causa que define o nosso desejo, uma fidelidade que vai além do princípio do prazer. A moralidade, no seu sentido básico, não se opõe aos costumes sociais; é uma questão daquilo que na Grécia antiga se chamava *eumonia*, o bem-estar harmonioso da comunidade. Recorde-se aqui como, no início de *Antígona*, o coro reage à notícia de que alguém (pelo menos nesse ponto ainda não se sabe quem) violou a proibição de Creonte e realizou ritos fúnebres no corpo de Polinices – é a própria Antígona que é implicitamente castigada como a "proscrita apátrida" envolvida em atos demoníacos excessivos que perturbam a *eumonia* do Estado, totalmente reafirmada nos últimos versos da peça:

> A parte mais importante da felicidade / é, portanto, a sabedoria – não agir impiamente / para com os deuses, pois a vanglória de homens arrogantes / causa grandes golpes de punição / para que na velhice os homens possam descobrir a sabedoria.

Do ponto de vista da *eumonia*, Antígona é definitivamente demoníaca/estranha: o seu ato desafiador expressa uma postura de insistência excessiva e desmedida que perturba a "bela ordem" da cidade; a sua ética incondicional viola a harmonia da *polis* e está, como tal, "além dos limites humanos". A ironia é que, embora Antígona se apresente como a guardiã das leis imemoriais que sustentam a ordem humana, ela atua como uma abominação bizarra e implacável – há definitivamente algo de frio e monstruoso nela, como é demonstrado pelo contraste entre ela e a sua calorosamente humana irmã Ismênia. Se quisermos compreender a posição que leva Antígona a realizar o funeral de Polinices, devemos avançar das linhas excessivamente citadas sobre as leis não escritas para um dos seus discursos posteriores, no qual ela especifica o que denota pela lei que ela não pode deixar de obedecer – eis a tradução correta padrão:

eu nunca teria feito isso
pelos meus próprios filhos, não como sua mãe,
nem por um marido morto em decomposição –
não, não em desafio aos cidadãos.
Para qual lei eu apelo, alegando isso?
Se o meu marido morresse, haveria outro,
e se eu perdesse um filho meu,
eu teria outro com algum outro homem.
Mas como meu pai e, também, minha mãe
estão escondidos na casa de Hades,
Nunca terei outro irmão vivo.
Essa foi a lei que usei para honrar você.

Esses versos causaram um escândalo por séculos, com muitos intérpretes alegando que deveriam ser uma interpolação posterior. Até a tradução da primeira frase varia. Há algumas que invertem totalmente o seu significado, como esta: "Seja mãe de filhos ou esposa, eu sempre assumiria essa luta e iria contra as leis da cidade". Depois, há traduções que eliminam a menção brutal a cadáveres em decomposição, com Antígona apenas afirmando que nunca violaria as leis públicas por causa de um marido ou filho morto. Depois, há a tradução correta citada acima, que menciona cadáveres em decomposição, mas apenas como um fato, não como algo que Antígona assume subjetivamente. Porém, é preciso acrescentar aqui a tradução de David Feldshuh, que traduz plenamente a posição subjetiva de Antígona – embora não seja fiel ao original, deve-se dizer que é, em certo sentido, melhor do que o original, mais fiel à mensagem reprimida do original: "À lei de Creonte, eu me curvaria a ela se / Um marido ou um filho tivesse morrido. Eu deixaria seus corpos / Apodrecerem na poeira fumegante, desenterrados e sozinhos"[335]. "Eu deixaria seus corpos apodrecerem" – como Alenka Zupančič salientou no seu estudo

---

335. *Antigone book* (bcscschools.org).

inovador sobre *Antígona*, essa não é apenas uma declaração do fato de que um cadáver insepulto apodrece ao ar livre, mas a expressão da sua postura ativa para como ele – ela deixaria o corpo apodrecer[336].

Fica claro nessa passagem que Antígona está no extremo oposto de apenas aplicar ao seu irmão morto a regra primordial geral não escrita do respeito pelos mortos. É aí que reside a leitura predominante de *Antígona*: ela promulga uma regra universal mais profunda do que todas as regulamentações sociais e políticas (embora essa regra não deva permitir nenhuma exceção, seus partidários geralmente oscilam quando alguém os confronta com um caso de mal extremo: será que Hitler também deveria receber um funeral adequado? Cornel West gosta de chamar as pessoas sobre as quais escreve de "irmãos" – digamos, em seu curso sobre Chekhov, ele sempre se referiu a ele como "irmão Anton" – mas quando o ouvi dizer isso, fiquei tentado a perguntar-lhe se ele também, ao falar sobre Hitler, se referiria a ele como "irmão Adolph"...). Judith Butler tenta salvar o dia aqui, apontando habilmente que a referência a um irmão que não pode ser substituído é ambígua: o próprio Édipo é seu pai, mas também seu irmão (eles compartilham a mesma mãe); mas não creio que possamos extrapolar essa abertura para uma nova universalidade de respeito por todos aqueles que são marginais, excluídos da ordem pública da comunidade. Uma outra forma de salvar o dia é afirmar que qualquer pessoa que morra está, para alguma(s) outra(s), numa posição de exceção, tal como definida por Antígona: mesmo para Hitler, deve ter havido alguém para quem ele era insubstituível (não esqueçamos que, para

---

336. Baseio-me aqui no extraordinário estudo sobre Antígona de ZUPANČIČ, A. *Let Them Rot*. Nova York: Fordham University Press, 2022. O seu livro é uma verdadeira mudança de jogo: nada permanecerá igual no vasto campo dos estudos de *Antígona* após seu aparecimento.

os cidadãos de Tebas, Polinices *era* um criminoso[337]). Dessa forma, podemos afirmar que a "exceção" de Antígona ("só pelo meu irmão estou disposta a violar a lei pública") é na verdade universal: quando estamos diante da morte, o morto está sempre numa posição de exceção.

No entanto, tal leitura não consegue evitar o paradoxo: Antígona deve ter tido conhecimento de que, para centenas (pelo menos) que morreram na batalha por Tebas, aplica-se o mesmo que a Polinices. Além disso, seu raciocínio é muito estranho: se o marido ou o filho morressem, ela os deixaria apodrecerem apenas porque seria capaz de substituí-los... Por que o respeito pelos mortos deveria ser incondicional apenas para aqueles que não podem ser substituídos? Será que o processo de substituição que ela evoca (ela pode encontrar outro marido, gerar outro filho) não ignora estranhamente a singularidade de cada pessoa? Por que outro marido deveria ser capaz de substituir um marido a quem ela amaria em sua singularidade? Kathrin H. Rosenfield descreveu em detalhes como a exceção de Antígona se baseia na sua situação familiar única: o privilégio que oferece ao irmão só faz sentido no contexto de todas as desventuras que se abateram

---

337. Outra maneira de domesticar Antígona é ignorar o fato de Polinices ser um traidor do seu povo. Há alguns anos, o Teatro da Liberdade de Jenin, um teatro palestino independente na Cisjordânia, encenou uma versão contemporânea de *Antígona*. A premissa era que Antígona é filha de uma grande família palestiniana cujo irmão participou na resistência anti-israelense e foi morto por soldados israelenses; a autoridade da ocupação israelense proíbe seu funeral e Antígona desafia a proibição... Intervim no debate sobre essa encenação e salientei que o paralelo é errado e enganador: *Antígona* encena um conflito familiar e Polinices ataca Tebas juntamente a uma força de invasão estrangeira. Por conseguinte, na Palestina ocupada de hoje, Creonte não é a autoridade do Estado de Israel, mas o chefe da família de Antígona – a situação deveria ser que Polinices colaborou com os ocupantes israelenses e foi renegado e morto pela sua própria família como um traidor, e Antígona quer enterrá-lo adequadamente contra a vontade da sua família. Eu lidei com isso mais detalhadamente em meu *Antigone*. Londres: Bloomsbury Press, 2015.

sobre a família de Édipo[338]. Longe de ser um simples ato ético que expressa completa devoção à própria família, seu ato é permeado por obscuros investimentos e paixões libidinais. Só assim podemos explicar o estranho raciocínio mecânico que justifica a sua exceção (o seu irmão não pode ser substituído): o seu raciocínio é a máscara superficial de uma paixão mais profunda.

Portanto, permanece o fato de que o que Antígona faz é algo bastante singular: a sua regra universal é "deixar os corpos apodrecerem" e ela honra plenamente essa regra, com apenas a exceção do seu caso particular. A lei que ela obedece ao enterrar adequadamente Polinices é a lei da exceção, e essa é uma lei muito brutal, distante de qualquer reconciliação humana. Isso traz-nos de volta à distinção entre exemplos e *exemplum*: o ato monstruoso de Antígona não é exemplo de nada, ele viola claramente a lei universal, mas é, no entanto, o seu *exemplum*, o *exemplum* que não só funciona como uma exceção relativamente a essa lei, mas que *transforma essa exceção mesma numa lei*. Antígona, portanto, dá um passo hegeliano adiante no que diz respeito à tríade da lei, seus exemplos e seu *exemplum*: ela transpõe a lacuna que separa o *exemplum* dos exemplos de volta para o domínio universal da própria lei. Ela demonstra como a consequente atualização da lei universal tem de transformá-la no seu oposto. Em vez de opor a lei pura (o respeito aos mortos) às suas violações factuais (muitas vezes deixamos que apodreçam), ela eleva essas violações mesmas a uma lei universal (deixe-as todas apodrecerem) e eleva a lei do respeito aos mortos a uma ex-

---

338. Cf. ROSENFIELD, K. H. Getting into Sophocles's mind through Hölderlin's Antigone. *New Literary History*, v. 30, n. 1, p. 107-127, 1999. Disponível em: https://lume.ufrgs.br/bitstream/handle/10183/104977/00 0932216.pdf;jsessionid=DF19BCC41BE8B29D5824FFE7E82E920F? sequence=1 (ufrgs.br).

ceção. A posição de Antígona é, portanto, incompatível com qualquer projeto de uma nova ética mundial que devesse unir toda a humanidade além de todas as visões de mundo particulares em torno de um conjunto de axiomas básicos: não matar, respeitar os mortos, seguir a regra de ouro (não faça aos outros o que você não quer que os outros lhe façam) etc. O projeto mais elaborado nesse sentido é o Projeto Ética Global que surgiu do pensamento do teólogo suíço Hans Kung:

> A fim de que pessoas de diferentes culturas, religiões e nações possam viver juntas de uma maneira construtiva, são necessários valores básicos comuns que nos conectem a todos. Isso é verdade no que diz respeito às menores estruturas das famílias, bem como nas escolas, nas empresas e na sociedade como um todo. Valores e normas unificadores – independentemente de cultura, religião ou nacionalidade – estão se tornando cada vez mais importantes na era da Internet, das políticas e das economias globais e de sociedades cada vez mais multiculturais[339].

Dentre as grandes traduções de *Antígona*, a de Friedrich Hölderlin é merecidamente elogiada como única, e não podemos deixar de notar como sua exceção (sua disposição a realizar o funeral adequado do seu irmão) pode ser lida à luz de uma característica específica da poesia tardia de Hölderlin: em vez de primeiro descrever um estado de coisas e depois mencionar a exceção ("mas"), ele muitas vezes começa uma frase diretamente com *"aber"* ("mas") em alemão, sem indicar qual é o estado "normal" perturbado pela exceção, como nos famosos versos de seu hino *Andenken*: *"Was bleibet aber, stiften die Dichter"* / "Mas os poetas estabelecem o que permanece". A leitura padrão, claro, é que, depois dos eventos, os poetas são capazes de perceber a situação de um ponto

---

339. Citado de "Global Ethic." *Global Ethic* (global-ethic.org).

de vista maduro, ou seja, de uma distância segura quando o significado histórico dos eventos se torna claro. E se, no entanto, não houver nada antes do "mas", apenas um caos sem nome, e um mundo (engendrado por um poeta) surgir como um "mas", como um ato de perturbar um vazio caótico? E se no início houver um "mas"? Então, e se lermos o verso de Hölderlin literalmente? "Mas os poetas estabelecem o que permanece" – os poetas doam/criam/estabelecem (*stiften*) uma "estrofe", o verso de abertura de um poema, que é aquilo que permanece depois do quê? Depois da *katastrophe* da lacuna/ruptura pré-ontológica.

Nesse sentido, a escolha de Antígona (do irmão) é um ato ético primordial: não perturba uma lei ética universal precedente, apenas interrompe o caos pré-ético de "deixá-los apodrecerem"... O caos pré-ético é abreviado por *"aber mein Brueder..."* ("mas meu irmão..."). No entanto, não será que o ato de Antígona é tão problemático, porque *efetivamente* perturba uma ordem de costumes preexistente? Só há uma conclusão a tirar aqui: com o seu ato, com o seu "mas", a própria Antígona desvaloriza a ordem de costumes precedente, reduzindo-a a um caos ou a cadáveres em decomposição. Um ato não apenas introduz ordem no caos, ele simultaneamente aniquila uma ordem precedente, denunciando-a como uma falsa máscara de caos. Na medida em que a "ética" é, na sua dimensão mais básica, a rede de costumes que regula a nossa vida comum, e uma vez que o ato de Antígona suspende a substância ética comum, esse ato pode ser caracterizado não como a suspensão ética da política (a insistência na ética quando uma decisão política viola um princípio ético básico), mas, pelo contrário, como um momento da *suspensão política da ética*. A política é, na sua forma mais básica, a suspensão da substância ética predominante. Hoje, precisamos de tais atos mais do que nunca. O ato de Antígona não é uma exceção à universalidade, é uma exceção que se eleva, ela mesma, à universalidade, por isso a sua postura não é masculina (no sentido das fórmulas da sexualidade de Lacan: uma universalidade fundamentada na sua exceção), mas feminina: a universalidade é não todo, porque só há exceções.

Antígona é, portanto, ética, mas não moral no mesmo sentido que o Coringa. Deve-se também tomar nota do nome de família de Arthur, Fleck, que em alemão significa nódoa/mancha – Arthur é uma nódoa desarmônica no edifício social, algo sem lugar apropriado nele. Contudo, o que faz dele uma nódoa não é apenas a sua miserável existência marginal, mas principalmente uma característica da sua subjetividade, a sua propensão a explosões de riso compulsivas e incontroláveis. O estatuto desse riso é paradoxal: é literalmente êx-*timo* (para usar o neologismo de Lacan), íntimo e externo. Arthur insiste que isso constitui o cerne da sua subjetividade: "Lembra que você costumava me dizer que a minha risada era uma doença, que havia algo errado comigo? Não é. Esse é o meu verdadeiro eu"; mas, precisamente como tal, é externo a ele, à sua personalidade, experimentado por ele como um objeto parcial autonomizado que ele não pode controlar e com o qual acaba por se identificar plenamente – um caso claro do que Lacan chamou de "identificação com um sintoma" (ou melhor, "sinthome": não um portador de significado, de uma mensagem codificada do inconsciente, mas uma cifra de gozo, a fórmula elementar do gozo do sujeito). O paradoxo aqui é que no cenário edipiano padrão, é o Nome-do-Pai que permite ao indivíduo escapar das garras do desejo maternal; com o Coringa, a função paterna não está em lugar algum, de modo que o sujeito só pode superar a mãe identificando-se excessivamente com o seu comando superegoico.

O filme fornece não apenas a gênese sociopsicológica do Coringa, mas também implica a condenação da sociedade na qual um protesto só pode assumir a forma de uma nova tribo liderada pelo Coringa. Há um ato subjetivo nesse movimento do Coringa, mas nenhuma nova subjetividade política surge com ele: no final do filme, temos o Coringa como um novo líder tribal, mas sem programa político, apenas uma explosão de negatividade – em sua conversa com Murray, Arthur insiste duas vezes que seu ato não é político. Referindo-se à sua maquiagem de palhaço, Murray pergunta: "O que há com o rosto? Quero dizer, você faz parte do protesto?" A resposta de Arthur: "Não, não acredito em nada disso. Eu não acredito em nada. Eu só pensei que seria bom para a minha atuação". E, novamente, mais tarde: "Eu não sou político. Só estou tentando fazer as pessoas rirem".

Não é político? Num famoso *spot* publicitário de mais de quatro minutos, mas feito soberbamente para a Heineken (a cerveja holandesa em garrafas verdes com uma estrela vermelha no rótulo), de 2017[340], pessoas com pontos de vista opostos se encontram (um homem patriarcal se opõe a uma pessoa transgênero etc.), conversam e selam a amizade compartilhando uma garrafa de Heineken. Embora o *spot* jogue com níveis de complexidade (os papéis são desempenhados por atores que saem dos seus papéis etc.), a mensagem básica é clara: mesmo que estejamos política e ideologicamente em posições opostas, sob esses conflitos superficiais somos todos os mesmos humanos calorosos e podemos debater até mesmo as questões mais difíceis compartilhando uma boa cerveja... Desnecessário acrescentar que essa noção de humanidade compartilhada é ideologia na sua forma mais pura: um olhar mais atento revela que a "humanidade" compartilhada está sempre torcida numa determinada direção política

---

340. Disponível em: www.youtube.com/watch?v=etIqln7vT4w. Devo esse exemplo a Douane Rousselle (comunicação pessoal).

(bem obviamente liberal de esquerda, no sentido do corporativismo politicamente correto, nesse caso – trata-se de uma mercadoria [uma garrafa de cerveja] que incorpora e cimenta relações de amizade). Como Alenka Zupančič o coloca[341], o primeiro passo da crítica da ideologia não é apenas engajar-se na política emancipatória, mas *emancipar a política*, a luta propriamente política, como tal. Quando entrevistada para a televisão, uma manifestante contra as regulamentações pandêmicas na Eslovênia afirmou recentemente que não estava interessada em nenhuma política, apenas queria proteger sua liberdade e manter o controle sobre seu corpo... que liberdade, que política? O que constitui nossos direitos e liberdades básicos é o resultado de uma luta política, a ignorância da luta política sempre serve o *establishment*.

A ideologia hegemônica de hoje pode facilmente tolerar a ideia de que a política é um espaço de corrupção, de trapaça e mentira etc., e que é melhor manter a política à distância. O que ela considera intolerável é a ideia de que nem toda política é igual, de que existe algo que não pode senão ser chamado de política de verdade, e não apenas uma confusão de opiniões conflitantes. Deveríamos acrescentar aqui outra questão: o que poderia acontecer se os amigos continuassem até ficarem completamente bêbados? Há duas opções básicas aqui: ou a fórmula de *O Sr. Puntila e seu criado Matti*, de Brecht (na qual Puntila é caloroso, amigável e amoroso quando bêbado, mas frio, cínico e mesquinho quando sóbrio – semelhante à relação entre o Vagabundo e o Milionário em *Luzes da Cidade*, de Charlie Chaplin) ou, quando os dois ficassem completamente bêbados, as coisas ficariam realmente desagradáveis, pois seus preconceitos oprimidos, brutais, sexistas, racistas etc., retornariam com toda a sua força bruta, não mais restringidos por regras de polidez.

---

341. Comunicação pessoal.

Aí reside a diferença entre as piadas do Coringa, as piadas comuns do dia a dia, e a razão pela qual todo dialético gosta de envolver sua teoria em piadas. Por que conto piadas tão compulsivamente em meus textos? Um meme que circula agora na *web* dá uma dica correta: fala de um casal de Oak Hill sentado em casa no sábado à noite – eles descobrem que há um ladrão em sua casa depois que o homem conta uma piada para sua esposa e eles ouvem uma risada vindo do andar de cima[342]. Portanto, a questão não é apenas divertir o público, mas fazer com que o "ladrão" (o inimigo ideológico) entre eles se traia pelo seu riso – como? O inimigo não é um cara estúpido que não entende uma piada: ele a entende e ri na hora certa pela razão errada – a fim de reafirmar seus preconceitos sexistas, racistas etc. Em suma, o inimigo ri dos outros. O Coringa desce ao nível zero no qual ele apenas ri, ao passo que o dialético, em última instância, ri de si mesmo.

A. O. Scott (no *New York Times*), portanto, se equivoca ao descartar o Coringa como "uma história sobre nada": "A aparência e o som… conotam gravidade e profundidade, mas o filme é sem peso e raso". Na verdade, não há "gravidade e profundidade" na postura final do Coringa – sua revolta é "sem peso e rasa", e esse é o ponto totalmente desesperador do filme. Não há esquerda militante no universo do filme, é apenas um mundo plano de violência e corrupção globalizadas. Os eventos de caridade são retratados como são: se uma figura de Madre Teresa estivesse lá, ela certamente participaria do evento de caridade organizado por Wayne, uma diversão humanitária para os ricos privilegiados. Todo esquerdista autêntico deveria colocar na parede acima de sua cama ou mesa o parágrafo de abertura de *A alma do homem sob o socialismo*, de Oscar Wilde, em que ele ressalta que "é muito mais fácil ter simpatia com o sofrimento do que ter simpatia com o pensamento". As pessoas

---

342. Cf. https://knowyourmeme.com/photos/1079755-funny-news-headlines

encontram-se rodeadas por uma pobreza hedionda, por uma feiura hedionda, por uma fome hedionda. É inevitável que fiquem fortemente comovidas com tudo isto... Por conseguinte, com intenções admiráveis, embora mal orientadas, elas, muito seriamente e muito sentimentalmente, propuseram-se a tarefa de remediar os males que veem. Porém, os seus remédios não curam a doença: apenas a prolongam. Na verdade, os seus remédios fazem parte da doença... O objetivo adequado é tentar reconstruir a sociedade numa base tal que a pobreza seja impossível. E as virtudes altruístas impediram realmente a realização desse objetivo... É imoral usar a propriedade privada para aliviar os horríveis males resultantes da instituição da propriedade privada.

A última frase fornece uma fórmula concisa do que há de errado com a fundação de Bill e Melinda Gates. Não basta apenas salientar que a instituição de caridade de Gates se baseia em práticas comerciais brutais[343] – deveríamos dar um passo adiante e também denunciar a base ideológica da instituição de caridade de Gates, a vacuidade do seu pan-humanitarismo. O título da coleção de ensaios de Sama Naami – *Refusal of respect: Why we should not respect foreign cultures, and our own also not* [recusa do respeito: por que não devemos respeitar culturas estrangeiras e nem a nossa] – acerta em cheio: é a única postura autêntica em relação às outras três variações da mesma fórmula. A caridade dos Gates implica a fórmula: respeite todas as culturas, a sua própria e a dos outros. A fórmula nacionalista direitista é: respeite a sua própria cultura e despreze as outras que são inferiores a ela. A fórmula politicamente correta é: respeite as outras culturas, mas despreze a sua, que é racista e colonialista (é

---

343. Cf. VALLELY, P. How philanthropy benefits the super-rich. *The Guardian,* 8 set. 2020. Disponível em: https://www.theguardian.com/society/2020/sep/08/how-philanthropy-benefits-the-super-rich

por isso que a cultura *woke* politicamente correta é sempre antieurocêntrica). A posição esquerdista correta é: traga à tona os antagonismos ocultos da sua própria cultura, ligue-os aos antagonismos de outras culturas e depois se engaje numa luta comum daqueles que lutam aqui contra a opressão e a dominação que operam na nossa cultura e aqueles que fazer o mesmo em outras culturas.

O que isso significa é algo que pode parecer chocante, mas devemos insistir nisso: não é preciso respeitar ou amar os imigrantes – o que é preciso fazer é mudar a situação de modo a que eles não tenham de ser o que são. O cidadão de um país desenvolvido que quer menos imigrantes e está disposto a fazer algo para que não tenham de vir a esse lugar que eles na sua maioria sequer gostam é muito melhor do que um humanitário que prega a abertura aos imigrantes enquanto participa silenciosamente das práticas econômicas e políticas que levaram à ruína os países de origem dos imigrantes.

No entanto, é difícil imaginar uma crítica mais estúpida a *Coringa* do que a censura de que ele não retrata uma alternativa positiva à revolta do Coringa. Simplesmente imagine um filme rodado nestas linhas: uma história edificante sobre como os pobres, os desempregados, sem cobertura de saúde, as vítimas de gangues de rua e da brutalidade policial etc., organizam protestos e greves não violentos para mobilizar a opinião pública – uma nova versão não racial de Martin Luther King... e um filme extremamente chato, sem os excessos malucos do Coringa que tornam o filme tão atraente para os espectadores.

Aqui tocamos no cerne da questão: uma vez que parece óbvio para um esquerdista que tais protestos e greves não violentos são a única maneira de proceder, isto é, de exercer uma pressão eficiente sobre aqueles que estão no poder, será que estamos lidando aqui com uma simples lacuna entre a lógica política e a eficiência narrativa (para ser franco, explosões brutais como as do Coringa são politicamente um impasse, mas tornam a história interessante), ou será que existe também uma necessidade política imanente na postura autodestrutiva incorporada pelo Coringa? Minha hipótese é que é preciso passar pelo nível zero autodestrutivo que o Coringa representa – não efetivamente, mas é preciso experimentá-lo como uma ameaça, como uma possibilidade. Só assim é possível sair das coordenadas do sistema existente e imaginar algo realmente novo. A postura do Coringa é um beco sem saída, um impasse total, supérfluo e improdutivo, mas o paradoxo é que é preciso passar por isso para perceber o seu caráter supérfluo – não há um caminho direto da miséria existente para a sua superação construtiva. Ou, na medida em que o Coringa é obviamente uma espécie de louco, deveríamos recordar aqui Hegel para quem a loucura não é um lapso acidental, uma distorção, uma "doença" do espírito humano, mas algo que está inscrito na constituição ontológica básica do espírito individual, ser um humano significa ser potencialmente louco:

> Essa interpretação da insanidade como uma forma ou estágio que ocorre necessariamente no desenvolvimento da alma não deve, naturalmente, ser entendida como se estivéssemos afirmando que *toda* mente, *toda* alma, deve passar por esse estágio de extrema perturbação. Uma tal afirmação seria tão absurda quanto assumir que, uma vez que na *Filosofia do Direito* o crime é considerado uma manifestação necessária da vontade humana, cometer um crime é uma necessidade inevitável para *todo* indivíduo. O crime e a insanidade são *extremos* que a mente humana *em geral* tem de superar no decurso do seu desenvolvimento[344].

---

344. HEGEL, G. W. F. *Encyclopaedia of Philosophical Sciences*. Part 3: Philosophy of mind. Oxford: Clarendon Press, 1970, par. 408, addition. Citado de *The subjective spirit* (marxists.org).

Embora não seja uma necessidade factual, a loucura é uma possibilidade formal constitutiva da mente humana: é algo cuja ameaça tem de ser superada se quisermos emergir como sujeitos "normais", o que significa que a "normalidade" só pode surgir como a superação dessa ameaça. É por isso que, como Hegel o coloca algumas páginas mais tarde, "a insanidade deve ser discutida antes da consciência intelectual saudável, embora tenha essa consciência como *pressuposto*"[345]. Em suma, nem todos temos de ser loucos na realidade, mas a loucura é a realidade de nossas vidas psíquicas, um ponto ao qual nossas vidas psíquicas necessariamente se referem a fim de se afirmarem como "normais". E é o mesmo com o Coringa: nem todos somos Coringas na realidade, mas a posição do Coringa é algo que a mente humana *em geral* tem de superar no decurso do seu desenvolvimento. A elegância de *Coringa* é que, a fim de articular uma nova visão política positiva, não temos realmente de nos tornar Coringas – o filme faz isso por nós. O filme encena a loucura, confronta-nos com ela e, assim, permite-nos superá-la.

O retorno dos mediadores evanescentes

Não será essa loucura um caso exemplar daquilo que Fredric Jameson chama de "mediador evanescente" entre o velho e o novo? "Mediador evanescente" designa uma característica específica no processo de passagem da velha ordem para uma nova ordem: quando a velha ordem se desintegra, acontecem coisas inesperadas, não apenas os horrores mencionados por Gramsci, mas também projetos e práticas utópicos brilhantes. Uma vez estabelecida a nova ordem, surge uma nova narrativa e, dentro desse novo espaço ideológico, os mediadores desaparecem de vista[346]. Basta dar uma olhada na passagem

---

345. *Ibid.*
346. Tratei dessa noção em detalhe no meu *For they not know what they do*. Londres: Verso Books, 2008.

do socialismo para o capitalismo na Europa Oriental. Quando, na década de 1980, as pessoas protestaram contra os regimes comunistas na Europa Oriental, o que a grande maioria tinha em mente não era o capitalismo. Eles queriam seguridade social, solidariedade e uma justiça dura; queriam a liberdade de viver as suas vidas fora do controle estatal, de se reunirem e conversarem como quisessem; queriam uma vida de honestidade e sinceridade simples, libertada da doutrinação ideológica primitiva e da hipocrisia cínica prevalecente... em suma, os ideais vagos que guiaram os manifestantes foram, em grande medida, retirados da própria ideologia socialista. E, como aprendemos com Freud, o que é reprimido retorna de forma distorcida. Na Europa, o socialismo reprimido no imaginário dissidente retornou disfarçado de populismo de direita.

Embora, quanto ao seu conteúdo positivo, os regimes comunistas tenham sido um fracasso, eles ao mesmo tempo abriram um certo espaço, o espaço de expectativas utópicas que, dentre outras coisas, nos permitiu medir o fracasso do próprio socialismo realmente existente. Quando dissidentes como Václav Havel denunciaram o regime comunista existente em nome da autêntica solidariedade humana, eles (inconscientemente, na maioria das vezes) falaram a partir do lugar aberto pelo próprio comunismo – razão pela qual tendem a ficar tão desapontados quando o "capitalismo realmente existente" não corresponde às elevadas expectativas da sua luta anticomunista. Numa recepção recente na Polônia, um capitalista novo-rico felicitou Adam Michnik por ser um capitalista duplamente bem-sucedido (ele ajudou a destruir o socialismo e também lidera um império editorial altamente lucrativo). Profundamente constrangido, Michnik respondeu: "Não sou capitalista; sou um socialista incapaz de perdoar o socialismo por não ter funcionado"[347].

---

347. Devo essa anedota a Adam Chmielewski, que estava presente quando isso aconteceu.

Por que mencionar hoje esse mediador evanescente? Será que não está claro que foi apenas uma explosão de esperança utópica irrelevante? Na sua interpretação da queda do comunismo do Leste Europeu, Jürgen Habermas provou ser o fukuyamista de esquerda definitivo, aceitando silenciosamente que a ordem liberal-democrática existente é a melhor possível e que, embora devamos esforçar-nos para torná-la mais justa, não devemos desafiar as suas premissas básicas. É por isso que ele saudou precisamente o que muitos esquerdistas viam como a grande deficiência dos protestos anticomunistas no Leste Europeu: o fato de estes protestos não terem sido motivados por quaisquer novas visões do futuro pós-comunista. Nas suas palavras, as revoluções da Europa Central e Oriental foram apenas revoluções de "retificação" ou de "recuperação" (*nachholende*), cujo objetivo era permitir a essas sociedades ganharem o que os europeus ocidentais já possuíam; em outras palavras, juntar-se à normalidade da Europa Ocidental.

No entanto, a contínua onda de protestos em diferentes partes do mundo tende a questionar essa estrutura mesma – e é por isso que figuras como "coringas" os acompanham (basta pensar nos "excessos violentos" do Black Lives Matter [Vidas Negras Importam]). Quando um movimento questiona os fundamentos da ordem existente, as suas fundações normativas básicas, é quase impossível obter protestos exclusivamente pacíficos sem excessos violentos. Os *"gilets jaunes"* na França, os protestos na Espanha e outros protestos semelhantes hoje definitivamente NÃO são movimentos de recuperação. Eles incorporam a estranha reversão que caracteriza a situação global de hoje. O velho antagonismo entre "pessoas comuns" e elites capitalistas-financeiras está de volta com força total, com as "pessoas comuns" irrompendo em protesto contra as elites, que são acusadas de serem cegas ao seu sofrimento e às suas demandas. Contudo, a novidade é que a direita populista provou ser muito mais hábil em canalizar essas erupções na sua direção do que a esquerda. Alain Badiou estava, portanto, plenamente justificado ao dizer a propósito dos *gilets jaunes*: *"Tout ce qui bouge n'est pas rouge"* – tudo o que se move (provoca inquietação) não é vermelho.

Eis, então, o paradoxo que temos de confrontar: a desilusão populista com a democracia liberal é uma prova de que 1990 não foi apenas uma revolução de recuperação, de que visava mais do que a normalidade liberal-capitalista. Freud falou sobre *Unbehagen in der Kultur*, o descontentamento ou mal-estar na cultura; hoje, trinta anos após a queda do Muro, a nova onda de protestos em curso testemunha uma espécie de *Unbehagen* no capitalismo liberal, e a questão-chave é: quem irá articular esse descontentamento? Será que caberá aos populistas nacionalistas explorá-lo? É aí que reside a grande tarefa da esquerda. Esse descontentamento não é algo novo. Escrevi sobre isso há mais de trinta anos em "As repúblicas de Gilead da Europa Oriental" (uma referência a *O conto da Aia*), que foi publicado na *New Left Review* em 1990 – posso citar-me?

> O lado sombrio dos processos em curso no Leste Europeu é, portanto, o recuo gradual da tendência liberal-democrática em face do crescimento do populismo nacional corporativo com todos os seus elementos habituais, da xenofobia ao antissemitismo. A rapidez desse processo tem sido surpreendente: hoje, encontramos antissemitismo na Alemanha Oriental (onde se atribui aos judeus a falta de alimentos, e aos vietnamitas a falta de bicicletas) e na Hungria e na Romênia (onde a perseguição da minoria húngara também continua). Até mesmo na Polônia podemos perceber sinais de uma divisão dentro do Solidariedade: a ascensão de uma facção nacionalista-populista que imputa ao "intelectual cosmopolita" (a palavra-código do antigo regime para judeus) o fracasso das recentes medidas do governo[348].

---

348. Citado de ŽIŽEK, S. Eastern Europe's republics of Gilead. *NLR* I/183, setembro-outubro de 1990 (newleftreview.org).

Esse lado sombrio está agora ressurgindo com força e os seus efeitos são sentidos na reescrita direitista da história. É por isso que devemos lembrar-nos dos mediadores evanescentes: hoje a ordem capitalista global aproxima-se novamente de uma crise e o legado radical evanescido terá de ser ressuscitado. Esse legado não é apenas o vasto conjunto de esperanças utópicas; é também a pulsão autodestrutiva que os sustenta. A maneira como a fúria destrutiva abre espaço para a criação de novas formas sublimes é esclarecida por Lacan, que insistiu na ligação entre pulsão de morte e sublimação[349] – basta recordar a obra-prima de Andrei Platonov, *The foundation pit* [O poço de fundação]. Será que o poço de fundação – esse buraco gigantesco na terra que nunca será preenchido com o novo edifício comunista, esse símbolo do dispêndio de trabalho sem sentido que não desempenha nenhum papel na luta pela sobrevivência ou por uma vida melhor – não é um monumento espetacular à pulsão de morte como categoria social?

E isso nos traz de volta a *Coringa*: a elegância do filme reside em como a mudança crucial da pulsão autodestrutiva para o que Moore chamou de um "novo desejo" de um projeto político emancipatório está ausente do seu enredo. Nós, os espectadores, somos solicitados a preencher essa ausência... Ou, será que somos? Será que *Coringa* não é apenas mais uma prova de que a esfera hodierna da cultura e do entretenimento pode facilmente integrar até mesmo as mensagens e práticas anticapitalistas mais "subversivas"? Simplesmente imagine uma bienal cujo programa não questione o eurocentrismo ou o reinado onnipresente do capital financeiro ou a nossa destruição do ambiente? Por que *Coringa* deveria ser diferente das pinturas que se destroem, das galerias que "nos

---

349. Cf. A Parte I do Seminário VII: A ética da Psicanálise, de Jacques Lacan. *Seminar VII: The Ethics of Psychoanalysis*. London: Routledge, 2007.

fazem pensar" ao exibir cadáveres de animais apodrecidos ou imagens sagradas encharcadas de urina? Talvez não seja tão simples assim. Talvez o que torna *Coringa* tão perturbador seja o fato de não se engajar em apelar para uma ação política – deixa a decisão para nós. Assistir a uma *performance* de arte "anticapitalista" ou participar de atividades de caridade social faz com que nos sintamos bem – ver *Coringa* definitivamente não o faz e essa é a nossa esperança. O Coringa pratica o que Giorgio Agamben chamou de a coragem da desesperança (cujo caso exemplar é o afro-pessimismo de hoje) – em suma, ele encena uma versão da destituição subjetiva.

A questão crucial aqui é, obviamente, como será que a violência autodestrutiva se relaciona com outras figuras de destituição subjetiva, especialmente com a destituição política descrita por Giri? Deveríamos evitar a armadilha de colocá-las em alguma ordem hierárquica como uma tríade pseudo-hegeliana que parece oferecer a si mesma: na miséria dos tempos de paz, recorremos ao nirvana ou à experiência mística; quando surge uma crise, explodimos em violência autodestrutiva; por fim, transformamos o niilismo numa prática revolucionária centrada num projeto positivo... As figuras da destituição subjetiva formam uma mistura irredutível ecoando umas nas outras, passando umas para as outras, sem qualquer perspectiva de uma delas suprassumir as outras.

Todas essas formas de destituição são, por definição, estados de exceção no que diz respeito a (o que não podemos deixar de chamar de) vida quotidiana normal – será que isso não limita o escopo da nossa análise? Não, porque (como Hegel apontou a propósito da loucura) tais exceções são uma possibilidade, um potencial, em relação ao qual aquilo que experimentamos como vida quotidiana normal se constitui. E esse é o nosso problema hoje, na era das pandemias, das crises ecológicas e das agitações sociais: essas crises representam uma ameaça à nossa vida quotidiana normal, elas a desestabilizam. Diferentes formas de negação dessas ameaças são, em última análise, apenas defesas desesperadas dessa vida quotidiana normal, e o que é necessário hoje é a coragem de passar pelo fogo purificador da exceção, da destituição subjetiva.

As principais vozes da renormalização são os chamados "otimistas racionais", como Matt Ridley, que nos bombardeiam com boas notícias: a década de 2010 foi a melhor década da história da humanidade, a pobreza está diminuindo na Ásia e na África, a poluição está diminuindo etc. Se é esse o caso, de onde então vem a crescente atmosfera de apocalipse? Será que não é consequência de uma necessidade patológica autogerada de infelicidade? Quando os otimistas racionais nos dizem que temos demasiado medo de problemas menores, a nossa resposta deveria ser que, pelo contrário, não temos medo suficiente. Como Alenka Zupančič formula o paradoxo: "O Apocalipse já começou, mas parece que ainda *preferimos morrer* a permitir que a ameaça apocalíptica nos assuste até a morte". Na primavera de 2020, o vice-governador do Texas, Dan Patrick, disse que avós como ele não querem sacrificar a economia do país durante a crise do coronavírus: "Ninguém me procurou e disse: 'como cidadão idoso, será que você está disposto a arriscar a sua sobrevivência em troca de manter a América que toda a América ama para seus filhos e netos?'", disse Patrick. "E se essa for a troca, estou completamente dentro"[350]. Mesmo que tivesse sido expresso seriamente, esse gesto de autossacrifício não é um ato de verdadeira coragem, mas sim um ato de covardia – enquadra-se exatamente nas palavras de Zupančič: Patrick prefere morrer a enfrentar corajosamente a ameaça de catás-

---

350. Citado de "COVID-19: Texas official suggests elderly willing to die for economy" (usatoday.com).

trofe. Como estamos hoje numa espécie de guerra pela nossa sobrevivência, podemos concluir com a descrição de G. K. Chesterton do paradoxo da coragem:

> Um soldado cercado de inimigos, para conseguir escapar, precisa combinar um forte desejo de viver com uma estranha negligência em relação à morte. Ele não deve meramente apegar-se à vida, pois então será um covarde e não escapará. Ele não deve meramente esperar pela morte, pois então será um suicida e não escapará. Ele deve buscar sua vida com um espírito de furiosa indiferença a ela; ele deve desejar a vida como a água e ainda assim beber a morte como vinho[351].

Buscar a própria vida com um espírito de furiosa indiferença a ela – é assim que funciona a destituição subjetiva. Às vezes, a passagem por uma indiferença tão furiosa é a única maneira de estabelecer uma nova normalidade suportável – sem essa passagem, a própria normalidade desmorona.

---

351. CHESTERTON, G. K. *Orthodoxy.* São Francisco: Ignatius Press, 1999, p. 99.

ÍNDICE

A

Abelhas 180
Abolishing freedom (Ruda, Frank) 343
Abuso sexual 152
Academia 24, 30
Aceleracionismo 119
Adorno, Theodor 182, 242
Adorno, Theodor e Horkheimer, Max 83
    Dialética do esclarecimento 83
Afeganistão 119, 410, 411, 414, 415, 416,
    418, 419, 445, 449, 450
Afro-pessimismo 456, 481
Agamben, Giorgio 292, 393, 426, 436
    Em que ponto estamos? 436
Agnosticismo 375
Agostinho, Santo 230
    Confissões 321
Além do princípio do prazer (Sigmund,
    Freud) 285
Algar 221
Al-Hilali, Taj Din 217
Alice no país das maravilhas, (Carol,
    Lewis) 241
Alienação 49, 51, 59, 121, 407
    gozo 325, 326
    natureza 65
    Saito, Kohei 64
    Virno, Paolo 71
Allais, Alphonse 279
Alma do homem sob o socialismo, A
    (Wilde, Oscar) 472
Althusser, Louis 49, 130, 161, 170, 241, 314
Amanhã o sexo será bom novamente
    (Angel, Katherine) 211
America cf. Estados Unidos
America against America (Wang Huning) 38
Amor 207, 258, 312
    Solaris 270
Amoralidade 438
Analista, o 163
    neutralidade política do 177
Anamorfose 245
Anarquismo 47

Anatomia 201, 359, 386
Andenken (Hölderlin, Friedrich) 467
Anders, Name 9
    "Apocalipse sem reino" 10
Anel, O (Wagner, Richard) 399
Angel, Katherine
    Amanhã o sexo será bom novamente 212
Animais
    abelhas 180
Another now (Varoufakis, Yanis) 319
Anouilh, Jean
    Antígona 246, 257, 468
Anticapitalismo 139
Antígona 284, 328
Antissemitismo 9, 165, 365, 418, 429,
    435, 443, 479
Antropologia estrutural (Lévi-Strauss,
    Claude) 184
Apocalipse
    nu 9, 10
    sexualidade 11
Apollonaire, Guillaume e Shostakovich,
    Dmitri
    "Prisão" 397
Apostolov, Pavel Ivanovitch 395
Aquecimento global 9, 120, 131, 334, 367
Arendt, Hannah 108, 297, 339
Argentina 166
Armstrong, Neil 22
Arquitetura
    queeridade 226
Arthur, Chris 129
Ascetismo 322
Aspect, Alain 373
Assange, Julian 145, 410
Ateísmo 230, 292, 293, 350, 356, 385
Ateísmo cristão 385
Através do espelho (Carol, Lewis) 241
Atwood, Margaret (*O conto da aia*) 225,
    439, 479
Austrália 133
Áustria 13, 167
Autodestituição 400, 406
Autoempreendedores 54

Automação 104
  investimento 120
Auto-objetificação 400, 406
Autoridade 296
Autoridade pública, confiança na 445
Autorrealização 205, 206
Autossacrifício 400, 482
A vida é sonho/La vida es sueño
  (*Calderón de la Barca*, Pedro) 388
Axelrod, Lyubov 371

B

Bacon, Kevin 312
Badalamenti, Angelo 398
Badiou Alain 236
Badiou, Alain 138, 363, 369, 479
  Evento, o 313
  revisionismo 401
Baez, Joan e Morricone, Ennio
  "Here's to you" 252
Bakhtin, Mikhail 333
Balibar, Étienne 153, 288
  "A invenção do Superego" 285
Banalidade do mal 108
Baross, Zsuzsa 393
Bastani, Aaron 105
Baudelaire, Charles 294
Bayard, Pierre 108, 386
Beckett, Samuel 247
  Worstward Ho 42
Beleza 230, 266, 313, 404
Bem comum 311
Benigni, Roberto
  A vida é bela 277
Benjamin, Walter 26, 35, 141, 387, 448
Benvenuto, Sergio 393
Berman, Paul 252
Beyond satire (Schuster, Aaron) 325
Bhagavad Gita (Vyasa) 82
Biden, Joe 435
Bielorrússia 13, 323
Blackburn, Jeremy 116
Blair, Tim 132, 133
Boehme, Jacob 384
Bohr, Niels 356
Boko Haram 417
Bong Joon Ho
  Parasita 222
Bósnia 122

Brandom, Robert 20, 32, 121
Brecht, Bertolt 255
  A decisão 171
  autossacrifício 399, 400
  Individual and mass 212
  Jasager 400
  Massnahme, Die 400
  (*Ópera dos Três Vinténs, Ópera do
    mendigo*) 332
  O Sr. Puntila e seu criado Matti 471
Brecht, Bertolt e Weill, Kurt
  Dreigroschenoper (*Ópera dos Três
    Vinténs, Ópera do Mendigo*) 330
  Jasager 400
Breivik, Anders Behring 155
Bress, Eric e Gruber, J. Mackye
  Efeito borboleta 362
Budismo 301, 354
Buffet, Warren 447
Burger, Neil
  Divergente 222
Burgis, Ben 302
Butler, Judith 208

C

Cabul 218
Cadava, Eduardo e Nadal-Melsio, Sara
  Politicamente vermelho 25
Camarada como objeto 403
Canadá 134
Cantor, Georg 81
Capital
  fictício 106, 108, 111, 112, 113, 426, 437
  humano 72, 447
Capitalismo 13, 14, 220, 336, 418
  aceleracionismo 119
  alienação 83
  Álvaro García Linera 45
  anticapitalismo 154
  autoempreendedores 72
  barreira do 129
  China 44
  ciência 86
  circulação 110
  circulação do 50, 56, 59, 436
  consequências do 137
  contradição do 127
  controle estatal 118
  crise 118
  desejo 336
  educação 73
  excedente 341

486

exploração de trabalhadores assalariados 69
fictício 426, 437
Hegel, Georg Wilhelm Friedrich 49, 55
inversão 51
jouissance 439
liberdade 44
livre-escolha 53
lógica do 129
Marx, Karl 65, 91, 94, 101
meio ambiente 437
natureza 95, 125
nobreza 446
Nova Política Econômica 42, 43, 44
ordem simbólica 97
pandemia da covid-19 427, 437
passagem para o 477
patriarcado 48
potencial emancipatório 113
realidade 106
Saito, Kohei 65, 91
subjetividade do 60
subsunção 72, 74, 75, 76, 125
tempo livre 311
trabalho 101
trabalho abstrato 87, 89
troca mercantil 87, 113, 168
vida real 58
woke 303
Capitaloceno, época 77, 436
Capital, O (Marx, Karl) 50, 55, 91, 97, 106
barreira do capital 128
exemplum 110
Carnaval 333
Carol, Lewis
Alice no país das maravilhas 241
Através do espelho 241
Carson, Rebecca 56, 95, 96, 113
Casablanca (Curtiz, Michael) 179
Castração 392
Castrillón, Fernando 392
Catástrofe 13, 79, 132, 367
da modernidade 151
mudanças climáticas 138
preparação para 142
ratos 404
Catolicismo 26, 29
abuso sexual 152
transubstanciação 383
Causa eficiente 194
Causa final 194
Causa formal 194

Causalidade 194
Causa material 194
Causa sui 375
Cavaleiro das trevas, O (Christopher Nolan) 459
Censura 30, 47, 145, 164, 186, 276, 287, 302, 372, 410, 413, 474
Cérebro-computador implantáveis (BCIs) 280
Chambers, Evan 29, 30
Changeling(s) [criança trocada] 272, 274, 280, 282
Chaplin, Charlie
Luzes da cidade 471
Chesterton, G. K. 483
Chile 135, 289
China 40, 140
capitalismo 43, 119
Deng Xiaoping 43
Guerras do Ópio 150
pandemia da covid-19 428
pardais 405
Ciberespaço 192
Ciência 61, 194, 368, 370, 378, 427, 447, cf. tb. tecnologia
confiança 445
controle social 420
experiência neutra 425
física quântica 195, 383
mediação social 84
natureza 79
psicanálise 195
reprodução 231
teoria da falseabilidade 430
verdade 194, 195
Ciência da lógica, A (Hegel, Georg Wilhelm Friedrich) 128
Ciência do cérebro 62
Circunstâncias 331
Ciúme 429
Civilização 150, 153, 440
Clark, M. L. 457
Classe 54, 170, 184, 190, 198
Chile 290
fascismo 220
luta 220
luta de 9, 434, 446
marxismo 220
"modo de vida" 333
Classismo 220
Clemenza di Tito, La (Mozart, Wolfgang Amadeus) 228
Clima 135, 136, 398

Clowncels 460
Código Hays 301, 302
Cogito 281
Colonialismo 70, 418
    imperialismo neocolonial 416
Colonna, Vittoria 254
Comédia 242, 243, 456, 458, 460
Comunicação intersubjetiva 279
Comunidade
    bem-estar da 462
Comunismo 91, 141, 312
    Afeganistão 411
    de guerra 137
    ficção 113
    Jameson, Fredric 322
    liberdade 124
    medo da morte 402
    tecnologia 105
Conceitos fundamentais da metafísica,
    Os (Heidegger, Martin) 385
Concorrência de mercado 107
Condições de tempo de guerra 137
Confissões (Santo Agostinho) 321
Conhecer 276
Conhecimento 414
    verdade 436
Consentimento 11
Conservadores moderados 24
Consumismo 336
Contagem 423
Conteúdo, diferença entre forma e 388
Conto da aia, O (Atwood, Margaret) 439
Controle social 304, 434
Cook, Olivia 29
Coragem 482
Coragem da desesperança 481
Cordeiros para o abate 438
Coringa (personagem) 474, 475
Coringa (Phillips, Todd) 222, 451
Corpo humano 175
Corpo, o 381
Corrupção 120
Cossacos zaporozhianos 397
Covardia 483
Covid-19, pandemia 35, 141, 297
    capitalismo 430, 433, 437
    China 141
    cordeiros para o matadouro 442
    divisão 434
    escolhas 147
    Eslovênia 421

heroísmo 284
liberdade 433
mídia 433
patriarcado de desastre 48
ratos 404
regulamentações 304, 306, 393,
    420, 442
Reino Unido 148
teorias da conspiração 8, 432, 433, 437
Cowen, Tyler 124
Crenças impessoais 337
Crime 475
Crise 13, 35, 450, 481, cf. tb. catástrofe
Cristianismo 261, 349, 384, cf. tb.
    catolicismo
    impotência 349
    liberdade 349
    transubstanciação 383
Cristo 109, 229, 250, 251, 255, 354
Crítica da crítica 144, 149, 445
Croácia, eleições 119
Croce, Benedetto 242
Cruz, Ted 117
Cuba 137
Culpa 248, 283, 286, 347
Cultura 96, 473, 479
Cultura do cancelamento 145
Cúpula de calor 134, 135, 138

D

Dalai Lama (Rammstein) 391
Dasein 369, 379, 380, 381
Dawkins, Richard 383
Deborin, Abram 371
Decepção 279
Decisão, A (Brecht, Bertolt) 171
Declividade 401
Deixar-ser 61
Deleuze, Gilles 47, 276
    Diferença e repetição 369
Delvig, Anton 396
Delvig (Küchelbecker, Wilhelm e
    Shostakovich, Dmitri) 396, 398
Demandas, rejeitar 244
Democracia 41, 138, 219
    liberal 11, 45, 237, 479
Democracia liberal 11, 45, 237, 479
Deng Xiaoping 43
Depravação moral 456, 457
Depressão 272, 308

Derrida, Jacques 369
Descolonização 153
Desconfiança 444
Desconstrução 314, 315
Desejo 248, 290, 308, 311
    alienação 324
    capitalismo 336
    Coringa 455
    gozo 327
    objet a 328, 329
Desespero 350, 363
Desintegração social 38, 437, 438
Desire of psychoanalysis, The (Tupinambá, Gabriel) 144
Desmortalidade 394, 399, 407
Destino 55, 249, 344, 387
    anatomia 358
Destituição 401
Destituição subjetiva 250, 401, 407, 409, 451
    Brecht, Bertolt 399
    Giri, Saroj 400, 406, 407, 408
    Johnston, Adrian 291
    Lacan, Jacques 16, 394, 408
    Shostakovich, Dmitri 399
Deus 300, 345, 349
Deus Pai 290, 293
Diabo, o 353
Dialética estrutural 157, 181, 184, 186
Dialéticos 371
Diários de Motocicleta (Salles, Walter) 252
Diferença
    ontológica 374
    sexual 359
Diferença e repetição (Deleuze, Gilles) 369
Direita, a 340, 399, 418, 444, 477
    capitalismo 342
    proibição 306
Direitos humanos 418, 421
    Terceiro Mundo 450
Discurso 314
    verdade 192
Discurso público 9, 39, 74, 301, 447
Divergente (Burger, Neil) 222
Diversidade 302
Dívida 114
Divisão 434
Dor 386
Dreigroschenoper (*Ópera dos Três Vinténs; Ópera do Mendigo*) (Brecht, Bertolt e Weill, Kurt) 330
Drones 180
Dupuy, Jean-Pierre 147, 321

E

Eagleton, Terry 249
Eckhart, Mestre 351, 352, 353, 354, 356, 384
Ecologia 31, 63, cf. tb. meio ambiente
    ameaças 131, 433
    China 405
    ciência 85
    covid-19, pandemia 403, 433
    culpa 347
    ecoproletários 69
    ecossocialismo 68
    humanidade 65
    Morton, Timothy 403
    natureza 78
Economia 34, cf. tb. capitalismo
    Bolsa de Valores 119
    China 36, 43
    igualdade 44
    investimento 76, 114
    libidinal 16, 19
    Musk, Elon 114
Ecoproletários 69
Ecossocialismo 68
Ecossocialismo de Karl Marx, O (Saito, Kohei) 31
Edifício 423
    queeridade 226
Édipo 247, 248, 249, 250, 252, 317, 464, 466
Édipo em Colono (Sófocles) 247, 248, 249, 252, 317
Educação 73, 76
    escolas residenciais 152
    falso igualitarismo 303
    mulheres 417
Efeito borboleta (Bress, Eric e Gruber, J. Mackye) 362
Efeito borboleta, O (Ronson, Jon) 11
Egito 13
Ego 283, 285, 288, 291
Ego e o Id, O (Freud, Sigmund) 285
Ego, Ideal do 286
Eichmann, Adolph 108, 339
Einstein, Albert 356
Einstein-Rosen-Podolsky, experimento 373
Eisenstein, Sergei 408
    Outubro 408
Eisler, Hanns
    Quatorze maneiras de descrever a chuva 405
ELA (esclerose lateral amiotrófica) 245
Eliot, T. S.
    Notas para a definição de cultura 42

Emissões 128, 140

Em que ponto estamos? (Agamben, Giorgio) 436

Em-si 239, 318

Enciclopédia (Hegel, Georg Wilhelm Friedrich) 337

Encore (Lacan, Jacques) 189

Energia 104

Engel (Rammstein) 353

Engels, Friedrich e Marx, Karl
    ideologia alemã, A 51
        Manifesto comunista 47
        sagrada família, A 144

Entendimento 62

Epicuro 68

Equilíbrio 220

Erasmo 349

Escassez 67

Esclarecimento 421

Escolas residenciais 152

Escolha 147

Escravidão 150, 418

Eslovênia 23, 55, 155

Espaço público 34, 141, 287, 423, 424

Espelho 241, 242, 243, 254, 273

Espião perfeito, Um (le Carre, John) 233

Espiões 233, 316, 420

Espírito 22

Esquerda, a 32, 420, 447, 449, 474, 479
    Coringa 453

Establishment, o 255
    desconfiança 444

Estado
    burocracia 339
    competição 35
    controle 139, 316, 393, 420, 433, 442
    controle econômico 119
    decisões 45
    desconfiança 444
    ética 35
    nazismo 340
    opressão 290
    soberania 12

Estado de exceção 393

Estados Unidos 13, 146
    Afeganistão 415, 418
    ataque ao Capitólio 332
    estupro na Filadélfia 437
    populistas de direita 419
    Wang Huning 38

Estudos sobre a histeria (Freud, Sigmund e Breuer, Josef) 309

Estupro 437

Eternidade 310, 354, 368

Ética 35, 82, 294, 462
    processo ético 15
    Projeto Ética Global 467
    suspensão política da ética 468

Etiópia 12

Eumonia (o bem-estar harmonioso da comunidade) 462

Europa 450
    contar 423

Evento, o 313

Excedente 341

Exemplo/*Exemplum* 466

Existência 277

Experiências místicas 407

Expertise 425

Exploração 66, 68, 70
    sexual 152, 307

Expropriação 68

F

Facebook 33

Fake news 83, 424

Falicismo 187, 189, 199, 200

Falo, o 243, 244, 345, 360

Falso igualitarismo 303

Fanon, Frantz 401, 456

Fantasia 11, 408, 439
    fundamental sadiana 313

Farred, Grant
    Martin Heidegger saved my life 365

Fascismo 220

Feldshuh, David 463

Felicidade 363

Feminismo 200, 201, 204, 212, 299
    reprodução 231
    sexualidade 212
    violência contra mulheres 439

Femme à postiche 268, 275

Fenomenologia do espírito (Hegel, Georg Wilhelm Friedrich) 7, 25, 62, 318

Ferenczi, Sándor 158

Fetichismo 50, 52, 106, 128, 169

Ficção 36
    Bayard, Pierre 109
    capital 107
    exemplum 110
    Marx, Karl 110

Fichte, Johann Gottlieb 368, 377, 389

Filadélfia, estupro 437
Filme noir 344
Filosofia 32, 176, 240
    Hegel, Georg Wilhelm Friedrich 409
    soviética 371
    transcendental 376
Fim da filosofia e a tarefa do pensamento, O (Heidegger, Martin) 368
Final, causa 194
Final exit (Humphry, Derek) 136
Findlay, John Niemeyer 323
Física quântica 195, 356, 383, 384, 389
Flisfeder, Matthew 314, 316
Forma, diferença entre conteúdo e 388
Formal, causa 194
Forsythe Saga, The (série de TV) 29
Foucault, Michel 192, 314, 412
Foundation pit, The (Platonov, Andrei) 480
França 152, 259
Freud, Sigmund 8, 14, 258
    Além do princípio do prazer 285
    anatomia 358
    ciência 194
    corpo, o 381
    culpa 283
    desejo 312
    Dora 163
    Ego/Id/Superego 284, 287
    escolha da neurose 357
    Estudos sobre a histeria 309
    falicismo 187
    Guerra Mundial 285
    Heidegger, Martin 381
    Homem dos Lobos 167
    inconsciente 382
    interpretação 20
    loucura 432
    Lustgewinn 14
    massas 285, 287, 288
    O Ego e o Id 286
    paranoia 432
    perversão 223, 341
    piada da chaleira emprestada 432
    poder 296
    Psicologia das massas e análise do Eu 285
    pulsão de morte 93, 285, 312, 314, 318, 400
    questão histérica 163
    repressão 61
    ritual 93
    sexualidade 93, 223
    superego 229, 346
    trauma 381
    Três ensaios sobre a teoria da sexualidade 223
    troca mercantil 168
    Unbehagen in der Kultur 79, 479
    verdade 195
Freud, Sigmund e Breuer, Josef *Estudos sobre a histeria* 309
Friedlander, Saul 149
Fuga ao passado (Tourneur, Jacques) 344
Fukuyama, Francis 192
Fundamentalismo religioso 132, 300, 411, 414

G

Gabriel, Markus 369
GameStop 114, 115, 117
Gandhi 257
Gansa, Alex 234
Gardiner, Muriel 168
Gates, Bill 33, 473
Gates, instituição de caridade 473
Gates, Melinda 473
Gênero 28, 209
    identidade 28, 191, 209
Genovese, Kitty 108
Gesto 243, 254
Gier, David 28
Gilda (Vidor, Charles) 225
Gilets jaunes 478
Ginzburg, Carlo 39
Giri, Saroj 17, 19, 302, 406, 407, 451
Globalização 334, 417
Globohomo 418, 419, 449
Goethe, Johann Wolfgang von 256
Gozo 293, 307, 322
    capitalismo 337
    desejo 326
    impessoal 338
    jouissance 293, 299, 304, 439
    paradoxo 346
    roubo do 334
    separação 329
    teologia 346
    teorias da conspiração 429
Grã-Bretanha 150, 446
    pandemia da covid-19 433
Grande Outro 18, 63, 79, 259, 263, 278, 280, 281, 374
    alienação 329
    autoridade 296, 420

confiança 445
desintegração 420, 431, 434
espaço público 424
gozo 329, 332
neutralidade 425
obscenidade 424
separação 329
Greene, Brian 367
Gruber, J. Mackye e Bress, Eric (Efeito
borboleta) 362
Grundrisse (Marx, Karl) 19, 55, 87, 101,
103, 129, 386
Guerra 11, 35
Guerras do Ópio 150
Guevara, Che 250, 252
Guilherme Tell (Rossini, Gioachino) 399

H

Habermas, Jürgen 149, 373, 374, 375, 446
Hägglund, Martin
This life 311
Haines Herbert H. 140
Hallward, Peter
Think again 401
Harman, Graham 369, 403
Harvey, David 66, 89
Hasta siempre (Puebla, Carlos) 251
Haugen, Frances 34
Havel, Václav 477
Hawking, Stephen 245
Hegel, Georg Wilhelm Friedrich 7, 143
capitalismo 95
ciência da lógica, A 128
crítica 144
Croce, Benedetto 242
culpa 248
deixar-ser 61
Em-si 240
Enciclopédia 337
Fenomenologia do espírito 7, 24, 62, 318
filosofia 409
filosofia, o fim da 368
historicismo 191
infinito 186, 312
interpretação 20
justiça 173
Lacan, Jacques 143
loucura 475
materialismo dialético 390
modernidade 32
moralidade 323
moralismo 323

negatividade autorrelacional 317, 400
Outridade da natureza 131
perversões empíricas 287
problema/impasse 183
processo histórico 410
Sitten 97
Heidegger, Martin 374
Cadernos negros 365
casa sui 375
catástrofe 379, 382
como fenomenista agnóstico 375
conceitos fundamentais da
metafísica, Os 385
Dasein 379, 380, 381
desarranjado 380
Freud, Sigmund 381
natureza 382, 385
"O fim da filosofia e a tarefa do
pensamento" 368
Seminários de Zollikon 381
ser 377
transcendental 368, 377
Heineken, cerveja 470
Here's to you (Baez, Joan, e Morricone,
Ennio) 253
Hermenêutica da suspeita 17
Heroísmo 284
Herzl, Theodor
Der Judenstaat 155
Heydrich, Reinhard 155, 419
Hinduísmo 227
Histeria 337
História 409
Heidegger, Martin 365
identidade 252
interrupção da 78
tradição 423
verdade 412
História do vento, Uma (Ivens, Joris) 406
História e consciência de classe (Lukács,
Georg) 49, 198
Historicismo 19, 191
Hitchcock, Alfred
Psicose 144
Um corpo que cai 395
Hogrebe, Wolfram 253
Hölderlin, Fredrich 467
Hölderlin, Friedrich
Andenken 467
Holocausto 149, 153, 156
Homeland, cf. *conto da aia, O*
Homem como catástrofe 380
Homens 217

amor 234
  pais 289
  pênis 244
  traição 234
  violência sexual 211
Homossexualidade 152, 302
Hong Kong 37
Horkheimer, Max e Adorno, Theodor 83
  Dialética do esclarecimento 83
Humanidade 448
  anatomia 386
  compartilhada 457, 470
  natureza 65
  pós-humanidade 281
  relação com Deus 349
Hume, David 370
Humphry, Derek
  Final exit 136

I

Id 283, 285, 288
Idealismo 390, 402
  alemão 377
  subjetivo 276
Identidade 28, 191, 302
  ameaça ao homem 269
  apoio ao homem 269
  classismo 221
  gênero 28, 191, 209
  história 252
  ideologia transgênero 204
  masculina 202, 269
  mulheres 231
  racial 28
  sexual 28, 210, 211, 358
  simbólica 275, 279, 286
Ideologia 227, 412, 414, 443
Ideologia alemã, A (Marx, Karl e Engels,
  Friedrich) 51
Igualdade 321
Igualitarismo 141, 303, 417
Ikäheimo, Heikki 123
Iluminismo 41, 416
Imaginário-Simbólico-Real 286
Imigrantes 303, 474
Imoralidade 417
Imperialismo neocolonial 416
Impossibilidade 305
Inconsciente 156, 183, 382
  ideológico 217
Índia 222

Individual and mass (Brecht, Bertolt) 213
Individual/Indivíduo, o 109, 213
Infinito 186, 187, 312, cf. tb. finitude
Informante, O (Mann, Michael) 139
Iniciativa 55
Inimigo do Estado (Scott, Tony) 139
Intelecto geral 33, 101, 103
Intelectual 24
Inveja 303, 311, 321, 322
Invenção do Superego A (Balibar, Étienne)
  285
*Investigações filosóficas sobre a essência da
  liberdade humana* (Schelling, Friedrich
  Wilhelm Joseph) 379
Investimento 73, 75
  algoritmo 114, 115
  prazer 116
Irã 155, 412, 414
Iraque 136, 138
Ironia 123
Islã 217, 348
  culpa por criticar 348
Israel 40, 108, 465
Ivens, Joris 405
  Regen 405
  Uma história do vento 406

J

Jameson, Fredric 178, 384, 456
  mediador evanescente 477
  "Utopia Americana" 322
Jasager (Brecht, Bertolt e Weill, Kurt) 400
Johnston, Adrian 291, 292, 341
Jouissance 293, 299, 304, 439
Judaísmo 229
Judenstaat, Der (Herzl, Theodor) 155
Judeu(s) 153
  ameaça 340
  antissemitismo 9, 153, 154, 155,
    156, 165, 365, 418, 429, 435,
    443, 479
  fascismo 220
  Kristallnacht 333
  piada 227
  populistas de direita 419
  sionismo 155, 419
Justiça 173
  Jameson, Fredric 321
  teoria de Rawls 321

493

K

Kampuchea 300
Kant, Immanuel 287, 295, 317
    Esclarecimento 421
    escolha 357
    filosofia 368
    lutas morais 387
    moralidade 323
    "O que é o Esclarecimento" 40
    transcendental 368
Karatani, Kojin 175
Kardashian, Kim 312
Katla (série de TV) 280, 282
Kelsen, Hans 285, 287
Khmer Vermelho 300
Khomeini, Ruhollah, Aiatolá do Irã 417
Kierkegaard, Søren 43, 313
Kraus, Karl 164
Kristallnacht 333
Küchelbecker, Wilhelm
    "Delvig" 396, 398
Kurc te gleda (deixe um pau dar uma
    olhada em você) 241, 243
Kushner, Jared 393

L

Lacan, Jacques 14, 143, 240
    Antígona 284
    ateísmo 293
    ciência 84
    ciúme 429
    cogito 281
    crítica 161
    desejo 169, 321, 328
    destituição subjetiva 16, 291, 394
    dialética estrutural 186
    Édipo 248
    Ego/Id/Superego 286, 292
    Encore 189
    escola 170
    fantasia 408
    fantasia fundamental sadiana 313
    gozo 305, 307, 334, 346
    Hegel, Georg Wilhelm Friedrich 143
    Imaginário-Simbólico-Real 286
    inconsciente 183
    interpretação 20
    inveja 321
    Johnston, Adrian 291
    liberalismo 161
    Miller, Jacques-Alain 165, 175, 241

Millot, Catherine 161
    não-todo 73
    non-dupes errent 437, 442
    objet a 328
    os vivos e os mortos 93
    perversão 338
    prazer 116
    psicanálise 157, 158, 160
    pulsão 328
    "rapport de Rome, Le" 143
    realidade 181, 238
    relação sexual 387
    religião 292
    repressão 307, 341
    Seminário XI 244, 338
    sexuação 73, 74, 184, 187, 188, 189,
        191, 202, 360
    sexualidade feminina 203
    sinthome 469
    sobreposição de duas faltas 182
    Superego 286
    Télévision 292
    Tupinambá, Gabriel 144, 156, 170,
        174, 187, 199
    verdade 194, 197
Laclau, Ernesto 8
Ladrão de alcova (Lubitsch, Ernst) 257
Lady Macbeth (Shostakovich, Dmitri) 394
Lalaland (Chazelle, Damien) 301
Latour, Bruno 19
Lauderdale, James Maitland, Oitavo
    Conde de 66
Lauderdale paradoxo de 66
Lazzarato, Maurizio 348
Leader, Darian 306
Lebrun, Gerard 55
Le Carre, John
    Um espião perfeito 233
Legendre, Pierre 290
Lei 458
    exceção 466
    misericórdia 228
    proibições 228
    reivindicações financeiras 54
    violações 228
Leis de Manu, As 227
Leitura engajada 25
Lem, Stanislaw 264
    Solaris 264, 266
Lengsfeld, Vera 233
Lenin, Vladimir/ Leninismo 26, 198
    Comissão Central de Controle
        (CCC) 41

marxismo 198
Nova Política Econômica 42, 43
"O que fazer?" 45
processo histórico 410
"Sobre escalar uma grande
montanha" 42
Lévi-Strauss, Claude 184
Antropologia estrutural 185
Lévy, Bernard-Henri 154
Liaisons Dangereuses, Les (Laclos, Pierre
Choderlos de) 342
Liberalismo 415
Liberdade 418
abissal 360
abstrata 422
alienação 324
barreiras 129
concreta 422
cristianismo 349
educação 76
ficção 62
limites 141
linguagem 122
mal 230
pandemia da covid-19 433
predestinação 357
Ruda, Frank 346
sociedade 422
vacinação 422, 442
Liderança 296
Lin Biao 401
Linera, Álvaro García 45
Linguagem 91, 366, 371
contagem 423
ironia 122
liberdade 422
liberdade da 423
reflexividade 312
reversao do significado 388
Lively, Melissa Rein 8
Livre-arbítrio 298, 344, 346
Livre-comércio 150
Livre-escolha 53, 358
Locke, John 70
Lo eterno (O eterno) (Puebla, Carlo) 251
Loucura 432, 475
Lowrey, Kathleen 27
Lubitsch, Ernst 242, 246, 257
Ladrão de alcova 257
Ninotchka 201, 258
O pecado de Cluny Brown 258
Ser ou não ser 243, 257
Lukács, Georg 413
História e consciência de classe 49, 198

Lumley, Joanna 141
Lustgewinn (ganho de prazer) 14
Lutas morais 387
Lutero, Martinho 345, 349, 351, 357
Luzes da Cidade (Chaplin, Charles) 471
Lynch, David
Veludo azul 398

M

Macacos, anatomia 387
MacGowan, Todd 335
Mais-gozar 14, 16, 325, 335, 341, 346,
430, 438, 443
Mais-oprimir 307
Mais-reprimir 307
Mais-valia 14, 70, 71, 75, 111, 335
Maitland, James "Cidadão", Oitavo Conde
de Lauderdale 66
Mal 108, 230, 314, 340, 357, 464
desarranjo 365
Malabou, Catherine
Pleasure erased 359
Malevich, Kazimir
Black square 455
Malm, Andreas 139
Manhattan 404
Manifestações 37, 38, 458, cf. tb. rebelião
Manifesto comunista (Marx, Karl e
Engels, Friedrich) 47
Maomé IV, sultão 397
Máquina do Id 264, 271, 280, 282
Marchevsky, Thomas 392
Martin Heidegger saved my life (Farred,
Grant) 366
Martírio 252, 411, 451
Marx, Karl e Engels, Friedrich
ideologia alemã, A 51
Manifesto comunista 47
sagrada família, A 144
Marx, Karl/marxismo 14, 199
Althusser, Loius 130
anatomia 386
Capital, O, cf. *Capital, O*
capitalismo 64, 91, 93, 94, 101, 106
classe 220
ecologia 128
exemplum 110
ficção 108
Grundrisse 19, 55, 87, 101, 103, 386
Hegel, Georg Wilhelm Friedrich 48,
55, 95

495

ideologia alemã, A 51
intelecto geral 103
liberdade 44
Manifesto comunista 47
marxismo ocidental 31, 128
metabolismo social 125
natureza 32, 65
ocidental 31, 63, 128, 413, 415
sagrada família, A 144
Saito, Kohei 92
sociedade 386
trabalho 87, 88, 89, 110
universalidade 50
valor 126
verdade 413
vida real 58
Máscaras 279, 334, 427
Massas 198, 285, 287, 288, 410, 434
Massnahme, Die (Brecht, Bertolt) 400
Materialismo 276
dialético 31, 49, 63, 389, 390
"mecânico" 389
naturalista 389
Materialista
teologia 385, 390, 447
Maternidade 202, 361
Mbembe, Achille 149
Mecanicistas 371
Medeia 361
Mediadores evanescentes 480
Meillassoux, Quentin 369
Meio ambiente 93, 129, cf. tb. ecologia
aquecimento global 83, 433
ciência 86
colonização 70
mudanças climáticas 138
natureza 79
Menos que nada (Žižek, Slavoj) 23
Mente objetiva 374
Mercadorias 50, 72, 169
trabalho 66, 72, 75
Mestre 157, 158, 160, 163, 164, cf. tb.
autoridade
Metafísica 373
Metafísica experimental 373
Michelangelo 254
Michnik, Adam 477
Mídia, a 433
Milagres 133, 195, 284
Miller, Gerard 299, 308
Miller, Jacques-Alain 159, 160, 170, 175,
240, 268

Millot, Catherine 161
Milner, Jean-Claude 434
Minoria 198, 415, 479
Misericórdia 228
Mistério 175
Modernidade 19, 32, 44, 446
Moore, Michael 453, 480
Moore, Suzanne 208
Morales, Evo 13
Moralidade 7, 152, 283, 284, 324, 345,
457, 461
Moreno, Lenin 410
Morricone, Ennio e Baez, Joan "Here's to
you" 253
Mortalidade 310
Morte 391, 483
changeling [criança trocada] 272
Deus 292
Katla 271
medo da 401
mortalidade 310
mortos-vivos 27, 390, 391
ser-para-a-morte 394
sonhos 277
suicídio 137, 151, 362, 411
triunfo 252
Morte e a donzela, A (Schubert, Franz) 391
Morton, Timothy 403
Mortos 93
respeito pelos 464, 465
Morto-vivo 16, 59, 93, 317
Moses, Dirk 149
Motor termodinâmico 89
Movimentos políticos 139, 255, 478
ataque ao Capitólio 333
Mozart, Wolfgang Amadeus *Clemenza di
Tito, La* 228
Mudança climática 83, 104, 134, 140,
cf. tb. aquecimento global
Mujahid, Zabiullah 216
Mulher 358, 359
Afeganistão 415
Boko Haram 417
clitóris 359
como fantasia masculina 266
desejo 211
educação 415
femme à postiche 268
gozo feminino 187
islã 217
maternidade 361
Miller, Jacques-Alain 268

reprodução 231
traição 234
violência contra 48, 438, 443
Weininger, Otto 269
Música 93
Musk, Elon 33, 114, 120, 142, 280
Mutter (Rammstein) 361

N

Naami, Sama
*Refusal of respect: Why we should
not respect foreign cultures,
and our own also not* 473
Nacionalização 46
Nadal-Melsio, Sara e Cadava, Eduardo
Politicamente vermelho 25
Nagle, Angela 118
Não-saber 212
Não-ser 184, 317, 401, 456
Não-todo 75
Naturalismo 370
de objeto (NO) 370
de sujeito (NS) 370
Naturalismo sem representacionalismo
(Price, Huw) 370
Natureza 31, 77
capitalismo 64, 95
catástrofe 382
ciência 79
cultura 93
desnaturalização 77
dor 386
estranheza 404
excedente 128
Heidegger, Martin 385
humanidade 65
Outridade 131
Saito, Kohei 65
sociedades primitivas 92
Nazismo 108, 339, 340, 365, 429
Negação da negação, paradoxo 318
Negatividade 400, 450, 451
Negatividade abstrata 458
Negatividade autorrelacional 203, 317
Neofeudalismo corporativo 33
Netflix 439
Neuralink 280, 281
Neurologia 62
Neutralidade 425
Newton, Huey 153
Nibbana 401

Nietzsche, Friedrich 321, 322, 370, 449, 450
Niilismo 116, 120, 236, 408, 450, 451,
457, 481
Ninotchka (Lubitsch, Ernst) 201
Nirvana 382
Nobreza 446
Noite do Iguana, A (Huston, John) 232
Nolan, Christopher
O cavaleiro das trevas 459
Nomadland (Zhao, Chloe) 221
Non-dupes errent les 437, 442
Norma, a 225
Normalidade 407, 428, 434, 444, 476
Notas para a definição de cultura (Eliot,
T. S.) 42
Nova ordem, passagem para 451, 476

O

Objet a 328, 329
Objetificação 400, 401, 406
Objeto como camarada 402, 405, 406
Obscenidade pública 424
Olhar 241, 242
Olivier, Laurence 28, 29
Ontologia 370
Ontologia orientada a objetos 239, 369,
375, 389, 403, 406
Oppenheimer, J. R. 82
Opressão 14, 283, 290, 308
O que é o Esclarecimento (Kant,
Immanuel) 40
O que fazer?, (Lenin, Vladimir) 45
Ordem simbólica 79, 121
Otelo (filme de 1965) 28
Otelo (Shakespeare, William) 28
Otimismo 398
Otimistas racionais 12, 482
Ouro do Reno, O (Wagner, Richard) 295
Outro, o 54, 153, 163, 182, 266, 322,
325, Cf. tb. Outro, o
gozo 334
judeus 153
natureza 131
Outubro (Eisenstein, Sergei) 408

P

Pais 289, 296, 298
Paixão 356
Palestina 40, 155, 419, 465

Paraíso 351, 411
Paranoia 335, 432
Parasita (Bong Joon Ho) 222
Pardais 405
Parkin, Gaia 244
Parkin, John 244
Parmênides (Platão) 370
Parrásio e Zêuxis, anedota 238, 239
Particularidades 109
Partido dos Panteras Negras 153
Patriarcado 12, 36, 47, 145, 179, 210
Patriarcado de desastre 48
Patrick, Dan 482
Patriotismo 40, 123
Pecado de Cluny Brown, O (Lubitsch, Ernst) 258
Pegasus (*spyware*) 316, 420
Pênis, o 244
Pensamento mágico 195
Penslar, Derek 155
Perfeição 15
Permissividade 19, 290, 300, 305
Perversão 223, 243, 311, 338
    Freud, Sigmund 341
    gozo 341, 343
    Lacan, Jacques 338
    repressão 341
Pervserão
    gozo 338
Pessoas negras, Cf. racismo
Petain, Philippe 299
Pfaller, Robert 337
Phillips, Todd
    Coringa 222, 451
Philosophical discourse entitled the anatomy of the mind, A (Rogers, Thomas) 7
Piada da chaleira emprestada 432
Piadas 472
Pippin, Robert 344
Planeta proibido (Wilcox, Fred) 264
Platão 230, 318, 370
    Parmênides 370
Platonov, Andrei
    foundation pit, The 480
Pleasure erased (Malabou, Catherine) 359
Pobreza 68, 69, 347, 351, 385
Poder 293, 296, 307
    carnaval 333
    sexualidade 342
Poe, Edgar Allan 249

Política 470, 474
Politicamente correto 190, 302, 306, 473
    Coringa 452
    culpa 347
    globohomo 450
    linguagem 423
Politicamente Correto 145
Politicamente vermelho (Cadava, Eduardo) 25
Polônia 262
Poluição 127
Poluição natural 127
Ponto zero 253, 356, 455, 456
Popper, Karl 430
Populismo nacional 479
Pornografia 11, 15
Pós-capitalismo 35, 36, 64, 311
Pós-humanidade 248
Pós-humanismo 314, 315
Pós-verdade 147, 421, 424, 431
Potencialidade 71
Pour le Mistral (Ivens, Joris) 405
Prazer 14, 116, 439
    clitóris 359
    renúncia 14
Predestinação 357, 384
Price, Huw
    "Naturalismo sem representacionismo" 370
Primeira Guerra Mundial 285
Prisão (Apollonaire, Guillaume e Shostakovich, Dmitri) 397
Prisioneros, Los
    El baile de los que sobran 190
Privação 385
Privatização 33, 35, 67
Processo revolucionário 42
Produção 72
    automatizada 102
    intelecto geral 101, 103
Proibição 228, 290, 293, 301, 305
    ascetismo 322
Projeto Ética Global 467
Proletariado 198
Propriedade da terra 70
Protasevich, Roman 13
Protestos 12, 13, 38, 115, 120, 160, 190, 284, 333, 422, 443, 474, 478, 479
Psicanálise 11, 18, 61, 174, 345
    ciência 194
    custos da 167, 168
    desejo 169

desejos 308
fala/discurso 188
falicismo 187
Hegel, Georg Wilhelm Friedrich 20
historicização 19, 177
Kraus, Karl 164
Miller, Jacques-Alain 159, 160, 161
política 165
proibição 305
sujeito suposto saber (SsS) 157, 158
teoria 176
Tupinambá, Gabriel 163, 166, 167, 169
verdade 195
Psicologia das massas e análise do Eu
(Freud, Sigmund) 285
Psicose (Hitchcock, Alfred) 144, 395
Puebla, Carlos
"eterno, Lo" 251
"Hasta siempre" 251
Pulsão 328, 455
de morte 93, 284, 309, 312, 314,
317, 400, 455, 480

Q

Quadrado negro (Malevich, Kazimir)
455
Quatorze maneiras de descrever a chuva
(Eisler, Hanns) 405
Queeridade 220, 226, 227, 230, 231
Questão/Questões
"eternas" 368
histérica 163

R

Rabinbach, Anson 89
Racionalidade 122
Racionamento 141
Racismo 28, 29, 150, 334, 418
Afeganistão 111
afro-pessimismo 456, 481
Farred, Grant 366
Heidegger, Martin 366
teoria crítica da raça 146
Terceiro Mundo 450
Rammstein
"Dalai-Lama" 391
"Engel" 353
"Mutter" 361
Rancière, Jacques 222, 281
Rap 75
Rapsódia (Vidor, King) 235

Ratos 404
Rawls, John 321
Razão 40
privada 40
pública 40
Realidade 11, 61, 182, 277, 371, 376, 384
capitalismo 106
ciberespaço 192
diferença ontológica na 374
especulação 383
espelhos 241
ficção 36, 61
mundo externo 238
objetiva 185
significante, o 181
situações contrafactuais 147
transcendental 377
Real, o 183, 185
Rebelião
Coringa 453
Recursos 127
naturais 68
Redução 455
Reflexividade 312
Refugiados 69, 83, 84, 128, 429
Refusal of respect: Why we should not
respect foreign cultures, and our own
also not (Naami, Sama) 473
Regen (Chuva) (Ivens, Joris) 405
Regras da linguagem 423
Regulamentações 300, 304
Reich, Robert 117
Reino Unido 34, 145, 148, 410, 433, 447
Relação sexual 387
Religião 32, 42, cf. tb. catolicismo e
cristianismo e teologia
budismo 355, 401
crença 295
Deus 292, 300, 345
eternidade 310
hinduísmo 227
islã 217, 348
Johnston, Adrian 292
judaísmo 229
permissividade 301
verdade 195
Repressão 215, 307, 319, 341, 477
Reprodução 236
Resident alien (Sheridan, Chris) 225
Respeito 473
Ressentimento 302, 321, 339, 342
Revelação religiosa 10
Revisionismo 401

Revisionismo político 402
Revolução 43, 255, 479, cf. tb. protestos
    e rebelião
    Industrial 32, 47
Ridley, Matt 482
Rimbaud, Arthur 448
    Uma temporada no inferno 354
Ripley, Colin 219, 223, 226, 231
    *Stealing home: on the kleptogenetics
    of Architeture* 219
Ritual 93, 221
Robespierre, Maximilien 256
Robinhood 114, 116, 118
Rogers, Thomas
    *philosophical discourse entitled the
    anatomy of the mind, A* 7
Ronson, Jon
    efeito borboleta, O 11
Rose, Jacqueline 438
Roseneil, Sasha 205
Rosenfield, Kathrin H. 465
Rosenthal, John 49
Rossini, Gioachino
    Guilherme Tell 399
Round 6 439, 440
Rousselle, Duane 32, 301, 470
Ruda, Frank 130, 343, 358
    Abolishing freedom 343
Rushdie, Salman 348

S

Saber Absoluto 130, 143, 171
Sacrifício 92, 229, 262, 338, 393
    autossacrifício 277, 400
Sadiana, fantasia fundamental 313
Sagrada família, A (Marx, Karl e Engels,
    Friedrich) 144
Saint-Just, Loius Antoine de 409
Saito, Kohei 17, 20, 127
    capitalismo 65
    humanidade/natureza 95
    trabalho 91, 92
Salles, Walter
    Diários de Motocicleta 252
Sanderling, Kurt 398
Saúde pública 305
Sbriglia, Russel 332
Schelling, Friedrich Wilhelm Joseph 329,
    354, 357, 377, 384, 389
    *Investigações filosóficas sobre a essência
    da liberdade humana* 379

Schubert, Franz
    "A morte e a donzela" 391
Schuster, Aaron 296, 297
    "Beyond Satire" 325
Scott, A. O. 472
Scruton, Roger 23
Semblantes 293, 299
Seminários de Zollikon (Heidegger,
    Martin) 381
Seminário XI (Lacan, Jacques) 244, 338
Separação 329
Ser 276, 302, 363
    Dasein 369, 379, 380, 381
Ser ou não ser (Lubitsch, Ernst) 243, 258
Ser-para-a-morte 390, 394
Serviços de saúde 53, 73
Sexo 27, 208
    poder 307
    relação entre os sexos 47, 307
Sexuação 202, 360
Sexualidade 11, 179, 200, 203, 209,
    Cf. tb. pornografia
    "996" 37
    antagonismo 219
    antagonismo/impossibilidade 237
    cinema 301
    comédia 243
    consentimento 11
    desejo feminino 211
    fantasias 12
    feminina 203
    Freud, Sigmund 93, 223
    homossexualidade 301
    igualitarismo 304
    infantil 224
    Lubitsch, Ernst 243
    perversão 243
    poder 342
    probição 300
    queeridade 226
    simbólica 232, 238
Shakespeare, William
    A tempestade 264
    Otelo 28
Sheng, Bright 28
Sheridan, Chris
    Resident alien 225
Shostakovich, Dmitri
    "Carta ao Sultão" 397
    "Delvig" 396
    Lady Macbeth 394
Sibelius, Jean 395
Significação 188

Significante, lógica do 187
Simbólica 278
Sinais 132
Sinthome 469
Sionismo 155, 435
Sloterdijk, Peter 35, 193
Snowden, Edward 13
Sobre escalar uma grande montanha
(Lenin, Vladimir) 42
*Sobre o materialismo dialético e o materialismo
histórico* (Stalin, Joseph) 198
Socialismo 11, 32, 43, 44, 65, 120, 138,
139, 146, 311, 319, 418, 421, 477
Socialismo democrático 139, 311, 421
Sociedade 182, 347, Cf. tb. classe
divisão 435
liberdade 422
Marx, Karl 386
modelo de Ralws 321
passagem à modernidade 32
Winnebago 184
Sófocles 363
Édipo em Colono 247, 248
Solaris (Lem, Stanislaw) 264, 270
Solaris (Tarkovsky, Andrei) 264, 267, 270
Solidariedade 35
Solzhenitsyn, Aleksandr 396
Sonhos 277
Sorte 55
Sr. Puntila e seu criado Matti, O (Brecht,
Bertolt) 471
Stalin, Joseph/stalinismo 25, 149
*Sobre o materialismo dialética e o
materialismo histórico* 198
teorias da conspiração 431
*Stealing home: on the kleptogenetics of
Architecture* 219
Strong, D. Philip 253
Subjetividade 54, 268, cf. tb. sujeito
sem substância 130
Substância simbólica 95, 96, 97, 121, 125
Subsunção 72, 74, 75, 125
Suicídio 137, 151, 266, 362
Sujeito 59, 278, 317
desconstrução 315
dividido 213, 406
reversão 388
Sujeito suposto saber 157, 158, 159, 161,
163, 171, 173, 293, 431
Superego 229, 282, 300, 304, 346
Supremacistas brancos 418
Suslov, Mikhail 25
Suspensão política da ética 468

T

Tales 372
Talibã 216, 218, 411, 415
Talibãs 410
Tarkovsky, Andrei 264
Solaris 267
Teatro da Liberdade de Jenin 465
Tecnologia 77, 83, 86, 368, cf. tb. ciência
Teleologia 386
Télévision (Lacan, Jacques) 292
Tempestade, A (Shakespeare, William) 264
Temporada no inferno, Uma (Rimbaud,
Arthur) 354
Teologia 133, 357, 390, cf. tb. religião
Dawkins, Richard 383
gozo 343
Martinho Lutero 343
materialista 384
teorias da conspiração 431
transubstanciação 383
Teologia materialista 385, 390, 447
Teoria crítica da raça 146
Teorias da conspiração 8, 435
Terapia do foda-se 244
Terceiro Mundo 69, 119, 450
Terrorismo 13
Tezier, Ludovic 93
Therborn, Goran 415
The Wall Street Journal 91
Think again (Hallward, Peter) 401
This life (Hägglund, Martin) 311
Thunberg, Greta 85, 140, 432
Topsy-turvy world [mundo de cabeça
para baixo] 7
Totalitarismo 23
Tourneur, Jacques
Fuga ao passado 344
Trabalhadores assalariados 68
como mercadoria 66
exploração 66, 68
Trabalho 58, 63, 131, 447
abstrato 56, 103, 106, 112
automatizado 104
como mercadoria 66, 72, 75
definição 88
exploração dos trabalhadores
assalariados 68
humano 58, 63, 86, 87, 92, 102
Marxismo 90
produtividade 73
Saito, Kohei 63
sociedades primitivas 92
valorização 66

501

Transcendental 288, 314, 316, 357
Transgressão inerente 305
Transubstanciação 383
Trapaça 443
Trauma 161, 164, 213, 214, 215, 459
Três ensaios sobre a teoria da sexualidade
(Freud, Sigmund) 223
Tristão (Wagner, Richard) 399
Troca mercantil 87, 113, 168
Trump, Donald 39, 155, 186, 208, 456
ataque ao Capitólio 332
crimes 458
obscenidades 332, 456, 458
Talibã 416
Tucídides 23
Tupinambá, Gabriel 17, 163, 167, 170, 172
Desire of psychoanalysis 144
dialética estrutural 181, 184, 186
falicismo 187
ideologia transgênero 200
Lacan, Jacques 144, 168, 174
Miller, Jacques-Alain 166
Real, o 182
sexuação 184
universalidade 177

U

Último Homem 322
Um corpo que cai (Hitchcock, Alfred) 395
Unbehagen in der Kultur (Freud,
Sigmund) 79, 479
UNESCO 221
União Soviética 29, 137, 405
Comissão Central de Controle
(CCC) 41
Nova Política Econômica 42
Universalidade 20, 55, 176, 300
Antígona 469
negativa 177
positiva 178
trabalho abstrato 96
Universal, o 50

V

Vacinação 9, 134, 420, 421, 422, 425,
441, 442, 444, 445
cordeiros para o abate 443
Eslovênia 442
negacionistas 444
trapaça 440

Valor 67, 68, 69
Valorização 56, 64, 65, 66
Vanzetti, Bartolomeo 253
Varoufakis, Yanis 17, 34, 320, 321, 415, 416
Another now 319
Vazio, o 407, 409
Veludo azul (Lynch, David) 398
Verdade 11, 83
Vergonha 39
Verkehrte Welt, die (mundo de cabeça
para baixo) 7
Vida 92, 391, 393, 483
Vida é bela, A (Benigni, Roberto) 277
Vida real 58
Vidor, King
Rapsódia 235
Vighi, Fabio 425, 426, 427, 428, 436, 437
Vikings (série de TV) 21, 259
Vingança 260, 261, 263
Violência 139
contra a mulher 210, 213, 438
Violência sexual 212, 214
Virno, Paolo 71
Vitimização 54, 74, 159, 459
rap 74
Voluntarismo 141

W

Wagner, Richard
O anel 399
O ouro do Reno 295
Tristão 399
Wall Street 117, 118
WallStreetBets 114, 118
Wang Huning 36
America against America 38
Wang Zhen 37
Warren, Elizabeth 118
Weil, Kurt e Brecht, Bertolt
Dreigroschenoper (Ópera dos Três
Vinténs, Ópera do Mendigo)
330
Ópera dos Três Vinténs, Ópera do
Mendigo 399
Weininger, Otto 269
Welles, Orson 137
Welt, Die 24
West, Cornel 464
Wilcox, Fred
Planeta proibido 264

Wilde, Oscar
    alma do homem sob o socialismo, A 472
Winnebago 184
Winterson, Jeanette
    Frankissstein: A love story 208
Wiseman, Eva 11
Woke, capitalismo 303
Wollenberger, Knud 233
Worstward Ho 42

X

Xenofobia 479

Y

Yolo (You Only Live Once) 116

Z

Zangão 180
Zêuxis e Parrásio 238, 239
Žižek, Slavoj 23
    acusações de autoplágio 27
    "As repúblicas de Gilead da Europa
        Oriental" 479
    Clark, M. L. 456
    Menos que nada 23
    pandemia da covid-19 392
Zuckerberg, Mark 34
Zupančič, Alenka 335, 336, 338, 340, 387
    Antígona 463
    apocalipse 482
    ideologia 471
    teorias da conspiração 429

Conecte-se conosco:

f facebook.com/editoravozes

 @editoravozes

✕ @editora_vozes

▶ youtube.com/editoravozes

© +55 24 2233-9033

www.vozes.com.br

Conheça nossas lojas:
www.livrariavozes.com.br

Belo Horizonte – Brasília – Campinas – Cuiabá – Curitiba
Fortaleza – Juiz de Fora – Petrópolis – Recife – São Paulo

  Vozes de Bolso

EDITORA VOZES LTDA.
Rua Frei Luís, 100 – Centro – Cep 25689-900 – Petrópolis, RJ
Tel.: (24) 2233-9000 – E-mail: vendas@vozes.com.br